UMBERTO ECO
STORIA DELLE TERRE
E DEI LUOGHI
LEGGENDARI

图书在版编目 (CIP) 数据

传奇之地 /（意）翁贝托・艾柯编著；林洁盈译 .—北京：中央编译出版社，2022.9

ISBN 978-7-5117-3946-9

Ⅰ.①传… Ⅱ.①翁… ②林… Ⅲ.①世界史—古代史 Ⅳ.① K12

中国版本图书馆 CIP 数据核字（2022）第 040187 号

传奇之地

责任编辑	翟　桐
责任印制	刘　慧
出版发行	中央编译出版社
地　　址	北京市海淀区北四环西路 69 号（100080）
电　　话	（010）55627391（总编室）　（010）55627302（编辑室） （010）55627320（发行部）　（010）55627377（新技术部）
经　　销	全国新华书店
印　　刷	北京雅昌艺术印刷有限公司
开　　本	710 毫米 ×1000 毫米　1/16
字　　数	320 千字
印　　张	23
版　　次	2022 年 9 月第 1 版
印　　次	2022 年 9 月第 1 次印刷
定　　价	258.00 元

新浪微博：@ 中央编译出版社　　**微　　信：**中央编译出版社（ID：cctphome）
淘宝店铺：中央编译出版社直销店（http://shop108367160.taobao.com）（010）55627331

本社常年法律顾问：北京市吴栾赵阎律师事务所律师　闫军　梁勤
凡有印装质量问题，本社负责调换，电话：（010）55626985

传奇之地

STORIA DELLE TERRE E DEI LUOGHI LEGGENDARI

UMBERTO ECO

[意大利] 翁贝托·艾柯　编著
林洁盈　译

中央编译出版社
CCTP Central Compilation & Translation Press

目录

前言

《格列佛看见天空之城》，插画，取自乔纳森·斯威夫特《格列佛游记》，约 1910 年于德国莱比锡出版。

本书的主题是传奇性的地域和地点。为什么说是地域和地点呢?

因为书中所述的对象有时候是一整块大陆，例如亚特兰蒂斯，有时候则是某个国度、城镇、城堡或一间房子（例如夏洛克·福尔摩斯的伦敦贝克街公寓）。

市面上已经有许多以幻想及虚构之地为主题的辞书，其中以阿尔维托·曼古埃尔（Alberto Manguel）和詹尼·盖德鲁皮（Gianni Guadalupi）合著的《想象地名私人词典》(*Manuale dei luoghi fantastici*) 搜罗得最齐全。不过本书并不涉及“全然凭空捏造”的地点，否则必然得将包法利夫人的家、《雾都孤儿》中扒手集团头目费金的巢穴、《鞑靼人沙漠》的巴斯蒂亚尼堡等纳入书中，这些地方曾出现在长篇小说中，想象力丰富的书迷们试着找到它们的实际位置，却往往徒劳无功。有些小说里的场景则是受到真实地点所启发而撰写的，读者会在这些地方流连忘返，寻找爱书里的蛛丝马迹，例如乔伊斯作品《尤利西斯》的书迷，每到 6 月 16 日，他们总会到都柏林的埃克尔斯街去，寻找书中主人公利奥波德·布卢姆的家，参观现已成为乔伊斯博物馆的马尔泰洛古塔，或是向药剂师购买布卢姆在 1904 年买过的柠檬皂。

有些小说里提到的地点甚至已被辨认出来确实存在于现实世界里，例如雷克斯·斯托特（Rex Stout）笔下侦探奈罗·沃尔夫位于纽约曼哈顿的那间砂岩住宅。

然而，笔者在此所想要讨论的，是那些在现在或过去，由于许多人相信它们真的存在于世界上某个角落，或者是曾经存在，因而使人产生妄想、理想或幻想的地方。

阿尔布雷希特·阿尔特多费尔（Albrecht Altdorfer）在《沐浴中的苏珊娜》里描绘想象中的景致。这件作品绘于1526年，目前收藏于慕尼黑古代美术馆。

如此说来，我们需要考虑的筛选条件其实还有很多。有些地方的传说也许已经失传了，不过世人并无法排除它们在远古时期曾经存在的可能性，例如亚特兰蒂斯，甚至有很多理性卓越的人曾尝试要找出它曾经存在的线索。有些地方仍然被许多传说笼罩着，然而其存在的真实性极低（尽管微乎其微），甚至被部分人士认为它们只是纯粹“精神上”的存在，如佛教里的香巴拉；另一些地方则无疑只是虚构小说的产物，不过因为游客太好骗，因此不断地出现“冒牌货”，如香格里拉。有些地方只存在于《圣经》的文字中，如人间天堂或希巴女王之国（regina di Saba）——不过却有很多人相信它们的存在，并因此亲自去寻找，发现新大陆的克里斯托弗·哥伦布就是个很好的例子。也有些地方只存在于虚构的文献中，却能激发旅人的好奇心，前往亚洲和非洲探访，祭司王约翰（Prete Gianni）的国度就属此类。另外更有许许多多至今尚且存在的地方，虽然有些早已成了废墟，但是关于它们的神话仍然四处流传着，例如总让人联想到阿萨辛派传说的阿拉穆特堡，又如已和圣杯神话密不可分的英国小镇格拉斯顿伯里；或如雷恩堡、吉索尔堡等地，近年被附加上种种传说以追求商机。

总之，具备传奇性质的地域与地点有许多不同的类别，不过它们都有一个共通的特点：无论是来自过于久远而无法得知源头的古代传说，或者是现代创造的产物，这些地方都使得某些信念或信仰在人群间流传。

本书论述的主题，就是这些想象里的真实。

第一章

地平说与对跖点

许多神话故事对这个世界有着诗意浪漫的想象，这些想象通常是拟人化的，例如希腊神话中的大地女神盖亚（Gaia）。有一则东方传说认为大地被鲸鱼驮在背上，鲸鱼由站在岩石上的公牛轮流支撑着，岩石的下方是尘土，而尘土下方如果不是无限浩瀚的大海，大概也没有人知道是什么。还有一种说法则认为大地被巨龟驼在背上。

地平说 当古人开始以“科学”的角度思考大地到底是什么形状的时候，主张大地是圆盘状的“地平说”其实是相当切合实际的概念。荷马认为该圆盘的周围是大海，上方罩着穹顶；此外，根据“前苏格拉底学派”留下的零碎片段说法——有时因来源出处不同而显得含糊且矛盾——泰勒斯相信大地是一个扁平的圆盘；阿那克西曼德认为是圆柱形；阿那克西美尼则说大地有平坦的表面，四周被海洋环绕，飘浮在某种压缩气体之上。

在诸多前苏格拉底学派哲学家之中，显然只有巴门尼德猜测到大地是圆形的这个事实，毕达哥拉斯则因为宗教的与数学的理由而秉持着相同的看法。后来也有人根据实证观察推衍出地圆说，在柏拉图与亚里士多德的著作里可以找到相关记载。

虽然德谟克利特和伊壁鸠鲁仍然对“地圆说”（sfericità）持怀疑的态度，卢克莱修（Lucrezio）亦否定“对跖点”（Antipodi）的存在，一般而言，整个古典时代晚期已经不再争论地球是不是圆的。托勒密自然知道地球是圆的，否则就不会划分出三百六十度子午线；埃拉托色尼当然也知道，所以才能在公元前3世纪根据亚历山大港

T-O 型地图，出自《历史之花》（*La Fleur des Histoires*），1459~1463年出版，收藏于巴黎的法国国家图书馆。

和塞伊尼（Syene）两城的距离，以及夏至正午的阳光在两地射入井底时的不同角度来计算，他算出的地球直径相当接近事实。

尽管中世纪有许多传说——至今仍然在网络上流传——当时所有学者都知道地球是圆的。即使是高中一年级的学生都可以轻易推论出来：如果但丁（Dante）从漏斗型地狱的这一端走进去，然后从另一端走出来时在炼狱山脚看到了未知的星辰，这就意味着但丁很清楚地知道地球是圆的。其他支持此说的学者还有俄利根与安波罗修、艾尔伯图斯·麦格努斯与托马斯·阿奎纳、罗杰·培根、约翰·萨克罗博斯科等，在此仅列举数例。

到了公元7世纪，圣依西多禄（Isidoro di Siviglia，事实上，他不算是严谨科学家的典范）计算出赤道长度为8万斯达地（stadi，视矩）。那些想知道“赤道有多长”的人，显然知道且相信地球是圆的。更何况圣依西多禄算出来的结果尽管只是近似值，却和实际数值相差不大。

那么，为什么长久以来世人会认为——乃至有不少人至今仍然这么想——甚至有许多科学史书籍的作者也这么说：早期基督教世界抛弃了古希腊天文学，并且重新相信地平说。

让我们做个实验，找个具备一般知识水平的人来问问：当哥伦布计划向西航行以便抵达东方的时候，他想证明什么？萨拉曼卡城（Salamanca）的学者为什么否定哥伦布的想法？大部分人都会这么回答：因为哥伦布相信地圆说，而萨拉曼卡城的学者则相信地平说。后者认为，哥伦布率领的三艘卡拉维尔三桅帆船如果一直往西航行，就会沉入宇宙深渊。

到了19世纪，出现了各式各样极力反对进化论的宗教学说，这种情形使教会之外的思想家们感到恼怒，因而一股脑儿地将地平说的谬误归咎于所有的基督教思想家（包括教父学派以及经院学派）。这是一种论证策略：既然教会曾经对于地球形状的判断是错误的，那么他们对于物种起源的说法可能也是错的。于是非宗教思想家们大肆批评一名公元4世纪的基督教作家拉克坦提乌斯（Lattanzio）。由于

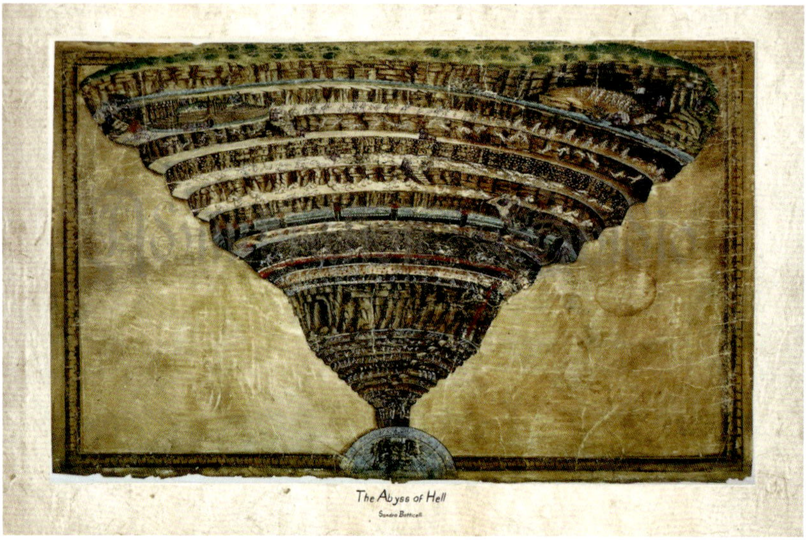

桑德罗·波提切利（Sandro Botticelli），《地狱深渊》，约于1480年为《神曲》（*Divina Commedia*）所作之插画，目前藏于梵蒂冈教廷图书馆。

《圣经》将宇宙描绘成“会幕”（Tabernacolo）的形状，而会幕是四角形的，因此，拉克坦提乌斯在《神圣原理》这本书里指斥地圆说为异端，而且他也无法接受对跖点的观念——位于对跖点的人，走路时是头朝下脚朝上的。

此外，人们后来也发现，公元6世纪的拜占庭地理学家科斯马斯·印地科普雷乌斯特斯（Cosma Indicopleuste）撰写《基督教地形学》时，依然相信《圣经》里的会幕之说，他主张宇宙是矩形的，下方是平坦的陆地，而上面悬着一座穹顶。在科斯马斯的模型里，弧形的穹顶被“诸天”（stereoma，亦即“天幕”）遮住，所以人的肉眼看不到它。

诸天之下是“墺”（ecumene），也就是人类居住的地方，它坐落在海上，以几乎让人难以察觉的斜度向西北方缓缓上升。在这西北方的尽头，有一座拔地而起的高山，它是如此的高大，山顶没入云层，超过了人类肉眼能看清的极限。天使在早晨推动太阳从东方升起，照亮高山前方的整个世界，到夜晚则从西方落入山后——这世上的雨水、地震与其他气候现象等，也是由天使操控的。月亮和星星则以反方向循环，从西方升起，在东方落下。

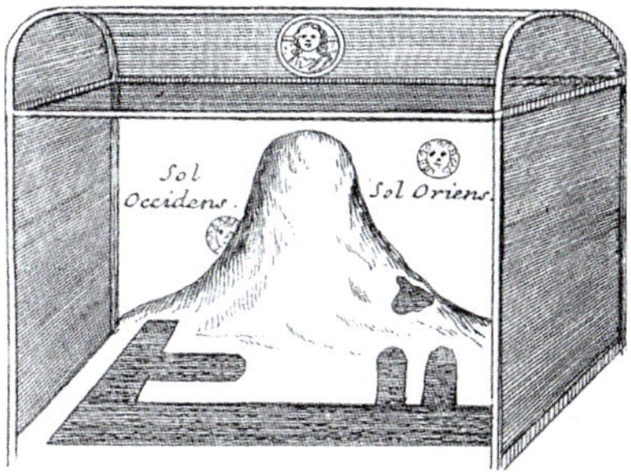

以会幕形式呈现的宇宙。

如杰佛瑞·伯顿·罗素（Jeffrey Burton Russell）在1991年的著作所示，今天的学校还在对学生讲述许多带有偏见的天文史故事，依然声称整个中世纪时期无人知晓托勒密的作品（然而就史实而言这个说法是错的），认为科斯马斯的理论在美洲大陆被发现之前已广为流行。然而，科斯马斯的作品是以希腊文写成的（中世纪的基督教徒只能通过极少数对亚里士多德哲学感兴趣的译者，才能了解希腊文写的作品），直到1706年才被引介到西方世界，英文译本更是到了1897年才出版。事实上，中世纪的作者并不知道科斯马斯。

那么，我们为什么会认为中世纪普遍支持地平说呢？这是因为圣依西多禄的手抄本里出现了“T–O型地图”（我们前面已经提到圣依西多禄曾经谈起赤道的概念）。这张地图将亚洲画在上半部（因为据说人间天堂就在那里），地图中央那条水平线，一端是黑海，另一端是尼罗河，垂直线则代表地中海，左下的四分之一圆是欧洲，右下的四分之一圆是非洲，而大海围绕着整片陆地。

T–O 型地图，出自巴托洛梅乌斯·安格利库斯（Bartolomeo Anglico）《论事物的本质》，1372年。

西班牙学者比亚图斯（Beato di Liébana）在《启示录》注释内所附的地图也表现出地球像是圆盘的概念。比亚图斯《启示录》的文字部分成文于公元8世纪，并在接下来的几世纪由负责制作手抄本的莫扎拉布工匠绘制插画（mozarabici，8至11世纪穆斯林统治伊比利亚半岛时住在西班牙的基督教徒），这本书对于仿罗马式修道院与哥特式教堂艺术有深远的影响，同样形式的地图也不断地出现在其他手抄本之中。为什么这些相信地圆说的人们会画出看来像是地平说的地图呢？直觉上可以这样解释：我们现代人也同样是这么做的。批评这些中世纪地图把地球画成平的，就等于是在批评现代地图也把地球画成平的。它其实是一种朴素且传统的投影制图形式。

不过我们还是得考虑其他因素，首先看看圣奥古斯丁（Agostino）怎么说。他非常了解由拉克坦提乌斯以会幕说引发的关于宇宙形状的争论，不过他也了解古代的地圆说观点。他的结论是："我们不应被《圣经》里关于会幕的说法所影响，因为我们都知道，《圣经》常常以比喻的方式来说明事情。地球也许是圆的，然而，知道地球到底是不是圆的，并不能拯救人的灵魂，所以一般人可以忽略这个问题。"这并不表示中世纪的人对天文学缺乏研究——虽然经常有这类暗示。在公元 12 世纪与 13 世纪时，托勒密的《天文学大成》和亚里

世界地图，取自《圣塞韦罗启示录》，1086年，收藏于巴黎的法国国家图书馆。

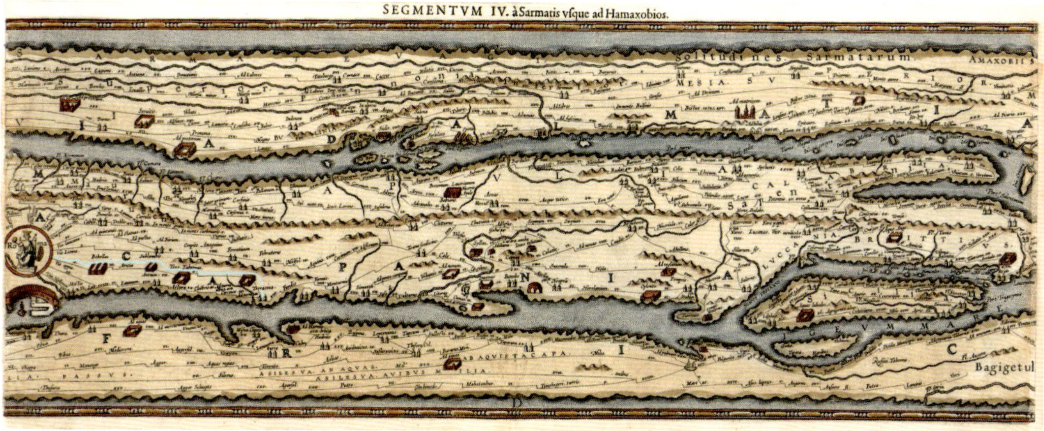

《波伊廷格古地图》局部，复制本。

士多德的《论天》先后被翻译出来。如我们所知，天文学是中世纪欧洲大学所传授的四艺之一；约翰·萨克罗博斯科在13世纪撰写了一本《天球论》，继托勒密的著作之后，这本书在随后几个世纪里是无可置疑的天文学权威著作。

中世纪的人们经常长途旅行，不过当时的道路年久失修，旅人为了穿越茂密的森林和辽阔的大海，有时只能将命运托付给当时的船夫，因此完全不可能绘制精确的地图。当时的地图只是参考性的，就像为了前往圣地亚哥德孔波斯特拉的朝圣者所编写的《朝圣者指南》，上面的指示都只是个大概："如果你们要从罗马前往耶路撒冷，应该朝南走，并沿途问路。"现在，试着想想旧时的火车路线图，你可以清楚地看到米兰到里窝那之间的一系列铁路交会点（你会发现途中得经过热那亚），但你无法借此推断出意大利半岛的确切形状。去车站搭车的人，对意大利到底是什么形状并不感兴趣。古罗马人曾经将连接当时世上所有已知城市的一系列道路绘成地图，这张地图在15世纪被重新发现，并以发现者来命名为《波伊廷格古地图》。这张地图的上半部是欧洲，下半部是非洲，不过我们会发现，看着这张地图的时候，我们所面对的状况和铁路路线图是一样的。人们可以从这张地图上看到一条路从哪里开始，在哪里结束，不过我们无法据此推测出欧洲、地中海或非洲的形状。但可以确定的是，古罗马人应该有

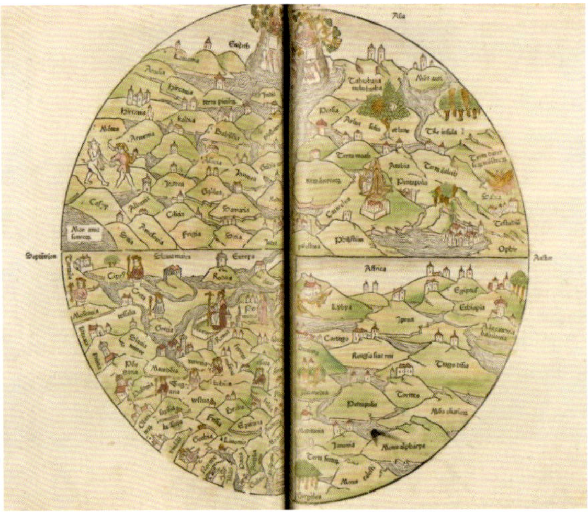

上图：卢卡斯·布兰迪斯（Lucas Brandis）绘制的地图，取自《初学者手册》，1475年于德国吕贝克印制出版，目前收藏于英国牛津奥利尔学院图书馆。

下图：德国地图学家哈特曼·舍德尔（Hartmann Schedel）绘制的世界地图，出自《纽伦堡编年史》，1493年于纽伦堡印制出版。

更精确的地理概念，因为他们早已航遍地中海的每一个角落，但是制图师在绘制这张地图的时候，对马赛和迦太基之间的距离并不感兴趣，他们提供的信息是：马赛和热那亚之间有道路连接。

除此之外，中世纪的游记里充满了想象的成分。当时曾出现许多像是《世界图像》这类的百科全书，这些著作力求满足读者的猎奇心态，描述着遥不可及的国度，而且全都是由根本没有去过书中提及地点的人所撰写，因为在那个年代，传统说法比实际体验更重要。地图不是用来呈现陆地形状的，而是用来列出你旅行时会遇到的地点和人群，而这些信息并非来自最新的实地经验，而是源于前人的传统说法。

从1475年制作的《初学者手册》里的地图中，我们再一次看到呈现象征重于呈现实际经验的例子。这份手稿的插图绘制者关心的是该怎么呈现位于地图中央的耶路撒冷，而不是到底该怎么走才能抵达那里。而在同一时期的其他地图上，意大利和地中海地区已经画得相当准确了。

最后要考虑的一点是，中世纪的地图并不具备科学上的用途，而是用来满足大众的猎奇心态。我可以这么说，现在那些声称飞碟确实存在的图片杂志，或是告诉我们金字塔是外星文明产物的电视节目，跟这些地图其实是一样的。例如《纽伦堡编年史》所附的地图，尽管表现方式就制图学而言尚可接受，却依然画上了神秘怪兽，因为人们相信它们栖息在那里。

另一方面，天文学的发展史本身也非常有意思。古希腊唯物主义思想家伊壁鸠鲁提出的概念持续流传下来，即使到了公元17世纪，法国思想家伽桑狄仍然在讨论它。更早之前，古罗马哲学家卢克莱修就曾在《物性论》里提到伊壁鸠鲁的概念："太阳、月亮与星辰（因为许多重要的原因）不可能比我们肉眼所见的更大，也不可能更小。"因此，伊壁鸠鲁判断太阳的直径约为30厘米。有一些远古文化确实相信地平说，这也就是许多现代人不顾史实地认为古代人和中世纪人都相信地平说的原因。从这一点可以看出，现代人比前人更倾向于相信传说。更别说近现代依然有许多人——多到超乎你的想象——写书反对哥白尼假说，在布拉维耶1982年的作品以及尤斯塔夫莱年份不详的著作里都列出了很有意思的书目，沃利瓦甚至还坚持地平说是正确的。

马鲁斯的克拉特斯（Cratete di Mallo）想象的对跖点，出自康拉德·米勒（Konrad Miller）的《世界地图》，1895年于德国斯图加特印制出版。

对跖点 毕达哥拉斯学派曾提出一种复杂的行星系统。在这个系统中，地球甚至不是宇宙的中心，太阳也处于边缘地带，所有行星都围绕着一个位于中心的火球运转；此外，每个行星在转动时还会如音阶般发出声响，这派学者为了建立起声学现象与天文现象之间精确的对应关系，甚至在他们的学说中引进了一个不存在的行星，并将其命名为“反地球”（Antiterra）。人们在所居住的这个半球无法看到反地球，只有在对跖点才看得到。柏拉图曾在《斐多篇》表示，世界很大，希腊人只占据了小小的一个角落，如此一来，其他民族才可能在地表上其他区域生活。马鲁斯的克拉特斯在公元前2世纪再度提起这个概念。根据克拉特斯的说法，南北半球各有两块适于人居的陆地，这四块大陆由十字型的海洋通道分隔开来。克拉特斯认为，南方大陆有人居住，不过无法从北方大陆抵达。公元前1世纪，古罗马地理学家梅拉（Pomponio Mela）甚至妄下断语，表示塔普罗巴尼岛（Taprobane，稍后会讨论）是未知南方陆地隆起的一部分。许多古罗马文学作品都曾讨论过对跖点的存在问题，例如维吉尔的《田园诗》、卢坎的《法沙利亚》、曼尼里乌斯的《天文学》、老普林尼的《自然史》等。

在论及对跖点时，当然都会提到那里的居民如何头下脚上而不会坠入虚空的问题[1]，古罗马时期的卢克莱修就对这个假说嗤之以鼻。最坚决反对对跖点概念的人显然也最反对地圆说，例如拉克坦提乌斯和科斯马斯·印地科普雷乌斯特斯。即使智者如圣奥古斯丁，也无法接受人类头下脚上生活的想法，更何况，假如对跖点真的存在，就等于承认世界上存在着不是亚当后裔，也不受救赎的人类。

然而，早在公元5世纪，马克罗比乌斯就已经提出合理论证，表示相信有生命能在地球的另一边好好地生活，并没有什么不合理的地方。抱持同样观点者还有卢基乌斯·安佩里乌斯（Lucio Ampelio）与曼尼里乌斯，对此争论非常敏感的浦尔契甚至透过长篇诗作《摩尔干提》表达相同的立场。为什么对于对跖点会出现两种不同的立场？因为从宗教观点而言，承认对跖点的存在，就无法解释救赎的普世性。这种态度一直延续到马克罗比乌斯（Macrobio）之后的时期，教皇圣匝加利亚甚至将马克罗比乌斯的说法视为异端邪说，在公元748年将之斥为“不正当且不公正的教义”。到了公元12世纪，劳滕巴赫的马内戈尔德（Manegoldo di Lautenbach）亦曾大力抨击之。一般以为，中世纪时期的人们已经普遍接受对跖点的概念，从法国哲学家孔什

注1：有关此问题的完整讨论可见莫雷帝（Moretti）在1994年、布洛克（Broc）在1980年撰写的文章。

取自圣奥梅尔的朗伯（Lambert de Saint-Omer）的《撷英集》，公元 12 世纪出版，收藏于巴黎的法国国家图书馆，排架号 Ms. Lat.8865，f.45r。皇帝手持的圆形物体是一张 T-O 型地图。

的威廉到德国神学家艾尔伯图斯·麦格努斯，从英国作家杰瓦斯到意大利学者彼得罗·达阿巴诺与切科·达斯科利，甚至法国神学家皮埃尔·德阿里都是如此（尽管德氏的态度有些犹豫），其中德阿里的著作《世界图像》更启发了哥伦布的远航壮举。至于诗人但丁的立场，假使地球的另一端有炼狱山，而且人类在登山时不至于头下脚上地落向虚空，甚至可以抵达人间天堂，那么但丁自然也属于相信对跖点存在的那一派。

在古罗马时期，对跖点早已被当成帝国朝未知土地扩张的正当理由；到了现代，这个概念又随着地理探索的兴起而再度被提起。至少在哥伦布以后，西方人再也不怀疑此概念的正确性，这是因为他们开始进入原本被认为是无法抵达的南半球，而且曾经到过这些地方的探险家们——例如意大利的韦斯普奇——谈起南方之旅时更是一派稀松平常之故。到了 18 世纪，唯一剩下的“未知的陆地”是 15 世纪时才开始被人们谈起的，位于南方极远之处的“南方大陆”（Terra Australe），关于这个地方，我们将在另一章里讨论。

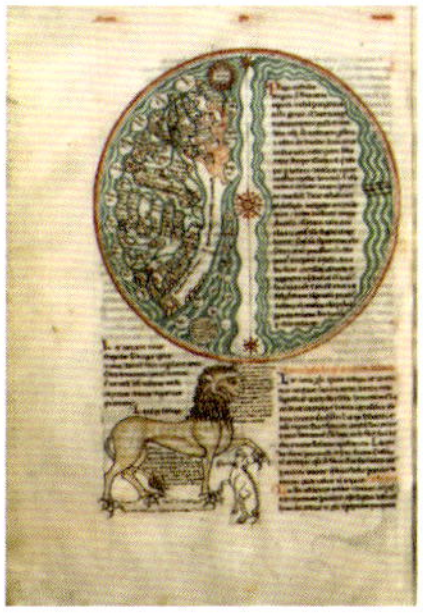

取自圣奥梅尔的朗伯《撷英集》，排架号 Ms. Lat.8865，f.35r。右边是南方，也就是对跖点。

尽管对跖点不再遥不可及，这源远流长传说的另一层意义仍然继续存在，圣依西多禄（和其他许多人）就曾经这么表示：对跖点如果不宜人居，无论如何一定是怪兽肆虐之地。即使到了中世纪以

海怪，取自塞巴斯蒂安·明斯特（Sebastian Münster）的《宇宙志》，1550 年于瑞士巴塞尔出版。

后，探险家（包括意大利探险家皮加费塔）总想在旅行途中找到那些出现在各种传奇故事里的可怕、畸形的生物，或是那些奇特而温驯的物种。即便现代人类已经踏遍了地球的每一个角落，因而不得不排除这些奇异生物存在的可能性，但是在科幻小说里，其他星球还是存在着虫眼怪兽或外星人之类的生物。

乌龟说

史蒂芬·霍金（Stephen Hawking）
《时间简史：从大爆炸到黑洞》*Dal big bang ai buchi neri*，1988 年

一位知名科学家［有人认为是伯特兰·罗素（Bertrand Russell）］受邀公开发表天文学主题的演讲。他谈到地球如何围绕着太阳运行，也讲到太阳又如何绕着众星云集的银河系中心公转。演讲结束后，一位身型娇小的老太太从演讲厅后方站了起来，说："你刚刚讲的那些都是胡诌，世界实际上是一个放在大乌龟背上的大盘子。"科学家露出满是优越感的微笑，然后回答道："那么大乌龟又靠在什么东西上面？""年轻人，你很聪明，真的很聪明，"老太太答道，"每只乌龟都会靠在另一只乌龟的背上！"

前苏格拉底学派的地平说

亚里士多德（Aristotele，公元前 4 世纪）
《论天》*Il cielo*，第 294a 页

同时代的其他人认为（世界）是平的，像是鼓的其中一面，并且以太阳下沉或升起时，地面上与地面下的交界处是直线来作为地平说的证据，因为如果地球是圆的，那条交界线应该是曲线……有人则认为世界被水所环绕。据称这是最古老的学说，而且可能是米利都的泰勒斯提出的。根据泰勒斯的说法，陆地因为具有浮力而能维持平稳，它就好像木材或其他类似物质一样：由这类质料构成的东西无法在空气中飘浮，不过却能够浮在水上。

希波吕托斯（Ippolito，公元 2 至 3 世纪）
《哲学教诲》*Refutatio*，第 1 卷，第 6 页

［阿那克西曼德（Anassimandro）认为］世界是悬浮着的，没有受到任何支撑……它的边缘是弧形的，状似石造圆柱的一个平面；人类生活在圆柱的两个平面的其中之一，另一个平面在圆柱的另一侧。

希波吕托斯
《哲学教诲》第 1 卷，第 7 页

世界是飘浮在空中的平盘，就如太阳、月亮和其他天体，它们的本质炽热，由于形状扁平，所以能悬浮在空气中……阿那克西曼德曾说，星辰不会在地底下移动，它们就如其他人所相信地围绕着世界，就像我们戴在头上的帽子一样……太阳会从我们的眼前消失，不是因为它沉到地底下去，而是因为它被这个世界比较高的地方给遮住了。

地圆说

柏拉图（Platone，公元前 5 至前 4 世纪）

《斐多篇》*Fedone*，第 99c、109a 页

有人假设地球周围有一个漩涡，认为地球由于天空运动而静止不动，其他人则认为地球的下方有空气作为支撑，地球就好比一个大盆子……因此，首先，我柏拉图确信，大地是球形的，位于天空的中央，它不需要空气或其他类似的东西的支持来防止它坠落，天空本身的均质状态与大地本身的完美平衡就足以让它维持在天空中央。事实上，一件飘浮在某一均质之中的平衡物体，不可能往哪一个方向倾倒，它会保持不动也不倾斜。

亚里士多德

《论天》第 2 卷，第 14、298a 页

另一方面，我们肉眼所见的星辰，不只清楚地显示出世界是圆的，而且它的体积也不大。如果我们往南或往北移动一点，地平线就会明显改变，我们头顶上的星辰，大小也会随着改变，而且当我们朝南或朝北移动的时候，看到的星辰也不一样。有些星辰在埃及或塞浦路斯附近可以观察得到，在北方却看不到，而在北方随时都可以看到的星辰，在刚才提到的埃及或塞浦路斯等地却消失了。我们可以从这些观察中清楚得知，世界不只是圆形的，

上帝用圆规测量圆形的地球，取自《道德化〈圣经〉》，约 1250 年出版。

而且它的体积并不大；否则如此微小的位移不可能造成这么大的变化。

第欧根尼·拉尔修（Diogene Laer-zio，公元 2 至 3 世纪）

《名哲言行录》*Vite dei Filosofi*，第 9 卷，第 21 页

巴门尼德是第一位断言世界是球形而且位于宇宙中心的人。

第欧根尼·拉尔修

《名哲言行录》第 8 卷，第 24、25 页

亚历山大·波里希斯托在《哲学家的继承》(*Successioni dei Filosofi*)中声称，他曾在《毕达哥拉斯回忆录》(*Memorie Pitagoriche*) 中找到以下叙述：……宇宙是动态且富有智慧的，它呈球形，包围着位于中心的大地，大地本身也是圆形的，而且到处都有人居住。然后，对跖点

确实存在，对我们来说位于低处的地方，对于住在对跖点的人来说则是位于高处。

会幕说

科斯马斯·印地科普雷乌斯特斯（公元6世纪）

《基督教地形学》第3卷，第1、53页

大洪水以后，人类造（巴别）塔挑战上帝，待人类登塔抵达高处，便开始持续观察天空中的星辰，并在一开始受到误导，误以为天空是球形的……上帝命令摩西根据他在西奈山看到的蓝本来建造会幕，一个代表宇宙形象的帐幕。摩西因此建造了会幕，并以下列方式尽可能地模仿宇宙的形状：长度为三十腕尺，宽度为十腕尺，在中央放上一幅布幔隔出两个空间，其中第一个空间称为圣所，位于布幔后方的第二个空间为至圣所。根据神的使徒所言，会幕外部为从陆地到苍穹之间可见世界的形象。会幕内部的北侧有桌子，桌上有十二块饼；这桌子代表土地，上面摆放了各种水果，每一种代表一年十二个月中的一个月。桌子边缘有绳结状装饰代表海洋，海洋周围则有个宽度约一掌的框架，代表另一个世界。会幕内部东侧为天堂之所在，拱顶状天空的每一端都倚在每一块陆地的边缘。最后，摩西在会幕南侧放了一座烛台，从南方照亮北方的陆地，并在烛台上放了七盏灯来表示一周七天，也代表所有在天上发亮的星辰。

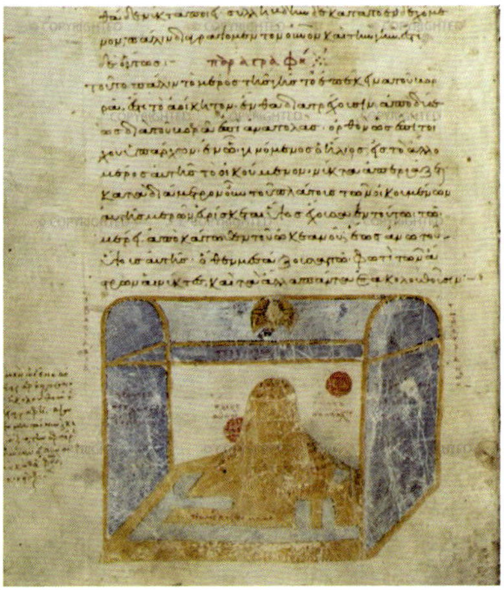

会幕形式的宇宙，取自科斯马斯·印地科普雷乌斯特斯的《基督教地形学》，收藏于意大利佛罗伦萨罗伦佐图书馆，排架号Ms. Plut.9.28，f.95v。

沃利瓦的地平说

里昂·斯普拉格·德康（Lyon Sprague De Camp）与**维利·莱**（Willy Ley）

《传说之境》*Le Terre Leggendarie*，1952年

如果大航海时代之前的思想家还能提出一些自己的论点——这些人谈论的通常是《圣经》的权威或他们对于《圣经》有权威的诠释——在新大陆发现以后，那些企图重新将地平说发扬光大的尝试，在萌芽之初就被扼杀了。最近一次有人试图复兴地平说，是1906至1942年间美国伊利诺伊州锡安市天主教使徒教会长老威尔伯·格伦·沃利瓦（Wilbur Glen Voliva）的尝试，而这也是最著名的一次。该教派的创始人是一名身材短小且不安

分的苏格兰人，名叫亚历山大·道伊（Alexander Dowie）。他原本在大洋洲担任公理会牧师，后来放弃牧师身份，创立了另一个以重建信仰为目标的组织。1888 年，道伊动身前往英格兰，打算在那里设立分会，不过在途经美国的时候，觉得美国更适合发展，于是立刻在芝加哥创设了一间教堂。由于遭受迫害之故，道伊被迫退居到芝加哥北方六十多公里的锡安（Zion），在那里平平静静地待了将近四十年，这都是因为他是一位高明的“灵魂抚慰者”，还能妥善运用商业技巧，并且坚决反对各式各样伤风败俗的行为，例如抽烟、吃生蚝、看医生与购买人寿保险等。道伊的影响力下降，始于他开始自称以利亚三世（也就是先知以利亚的第二次转世，施洗者约翰是第一次）并试图将势力推向纽约的时期。为了进入纽约，塞满八辆火车车厢的追随者护送他前往这座充满罪恶的大都会，并在麦迪逊广场花园租房停留了一个礼拜。为了目睹这位能展示奇迹的人，纽约人蜂拥而至，不过他们看到的却是一个看起来像圣诞老人、操爱尔兰口音且满口胡言秽语的老粗。群众最终心生厌倦，纷纷离去，留下不停呼喊着威胁侮辱言语的先知。然而，贩卖“股票”（事实上是利息高达 10% 的本票）一举，才是使道伊毁灭的主要原因，因为他必须支付已售出股份的利息，最后无可避免地被困在数字游戏之中。威尔伯·沃利瓦是道伊在一时大意之下任命的代理人，他趁着道伊前往墨西哥购买不动产供未来退休之用的时候，利用职权鼓动教派高层造反，一举剥夺了道伊的权力和财富。没过多久，以利亚三世辞世。继承教派领导人地位的沃利瓦生性简朴，眉毛浓密，他原本在印第安纳州的一座农场当学徒，后来成为教会牧师，又转投道伊的教派。在沃利瓦的管理下，锡安当地本就很严厉的法律变得更加严苛，任何人若被发现在城内泥泞街道上抽烟或嚼口香糖，都有可能被关进监牢。大权在握之后，沃利瓦试着重整教会财务，由于规划妥当，到了 1930 年，锡安地区的产业包括一座由道伊设立的蕾丝工厂，以及其他如油漆工厂、糖果工厂等，加起来的总利润竟高达每年六百万美金……地平说在沃利瓦的宇宙进化论里面找到立足之地，而且在这个圆盘状的世界中，北极位于世界的中心，周围则有冰壁环绕。那些环绕世界旅行的人（沃利瓦自己就有数次环游世界的经验），则是绕着圆盘中心打转。当有人问他“环绕着南极的冰墙内侧到底有什么？”的时候，他会回答：“没有必要知道。”如果还有人问他，根据沃利瓦的看法，南极圈（以及南极大陆的海岸线）大约为 68,000 公里，不过曾经实际绕行南极洲的人所测量到的数字比较低，这时沃利瓦就会转移话题。

科斯马斯·印地科普雷乌斯特斯想象的对跖点。

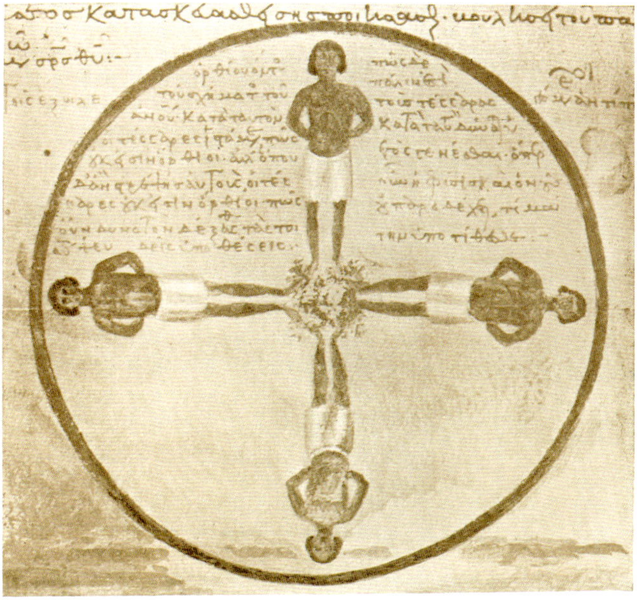

对跖点

亚里士多德

《形而上学》*Metafisica*，第 1 卷，第 986a 页

由于“十”这个数字似乎是完美的，而且能将所有数字包含在内，于是他们（毕达哥拉斯学派）指出，在天空中移动的星体必然也是十个；但是，因为人们只看得到九个，所以他们就加上了第十个，也就是“反地球”。

亚里士多德

《论天》第 2 卷，第 13、293a 页

根据毕达哥拉斯学派的说法，宇宙中心有火，作为星体之一的地球通过绕行此中心的运动来形成日夜。此外，他们还假设了一个和我们的世界完全相反的地球，并因此将之称为“反地球”。

马库斯·曼尼里乌斯（Marco Manilio，公元前 1 世纪至公元 1 世纪）

《天文学》*Astronomica*，第 1 卷，第 236~246、377~381 页

地球周围住着许多不同种族的人、许多动物以及飞鸟。
一个可供居住的区域一直朝北延伸抵达大小熊星座之处；另一个可供居住的区域则延伸到南方：
南方陆地在我们的脚下，不过对南方人来说，他们似乎认为自己站在地面上，因为地球隐藏了其曲度，而且地表也有高低起伏。

《上帝之城》中的一页，书中记述了圣奥古斯丁讨论对跖点的存在之事。

当太阳从我们这里下山时，便会去照亮那个地区。
在那里，新的一天唤醒了沉睡中的城市。
光明也将活力和辛勤劳作带回那些土地上；
而我们沉浸在夜里，沉沉睡去：
大海随着波浪起伏分分合合……
在它们（南方星座）的下方是世界的另一个区域，一个我们无法抵达的区域，
那里有未知种族的人类，那些边界未曾有人穿越，
那里照射着与我们一样的阳光，
阴影的方向与我们的相反，星体从左方落下，
并在一个和我们相反的天空里从右方上升。

卢克莱修（公元前 1 世纪）

《物性论》第 1 卷，第 1052 页以后

噢，迈密乌斯，我们在这个题目中，应避免相信有些人提出的概念：世界上的一切都受到宇宙中心的吸引，因此世界的本质是稳固的，不会受到外力影响；事物无论大小都不可能消失，因为所有事物都会回归到这个中心（如果你相信有些东西可以自行存在）；在对跖点的那些笨重物体看起来是倒过来的，反着平放在地面上，如同我们在水中看到的倒影。本着同样的标准，这些人相信动物可以倒着走，但不会从地面掉到下方天空的虚空之中，就像我们人类不能从地面一飞冲天一样。他们认为，当对跖点的人看

到太阳的时候，夜晚星辰会在我们这边升起，他们的季节和我们不同，而且他们的夜晚同时就是我们的白天。

然而，徒劳无益的推理让愚蠢的人类相信了这些假设，而以错误的思维接受了这样的说法。

拉克坦提乌斯（公元3至4世纪）
《神圣原理》第3卷，第24页

对于那些认为世上存在着相对于我们立足之地的对跖点的人，我们又该怎么说呢？他们只是随便说说，还是有人愚蠢到相信世上真有人头下脚上地倒过来生活？或是在那里的所有东西都倒挂着？所有谷物和树木都倒过来生长？雨水、雪和冰雹都是倒过来下的？据说空中花园是世界七大奇迹之一，而这些哲学家竟然敢想象出飘浮着的田野、大海、城市与高山？什么样的推理，才会让这些人去相信对跖点的存在？他们也不是没看到星辰往东方运行，太阳和月亮总是从一个方向落下，另一个方向升起。然而，由于这些人并不了解规范天体运行的法则，以及天体为何从西方回到东方的原因，就假设天空是高挂在每一个方向的……更相信这个世界像一颗球一样圆，天空随着天体运动旋转；如此一来，太阳和星辰就会因为地球迅速运动之故，重新回到东方。

科斯马斯·印地科普雷乌斯特斯
《基督教地形学》第1卷，第14~20页

我认为，这些嚣张之徒一个比一个厚颜无耻，竟然脸不红气不喘地宣称，这个（圆球形）世界的另一面还有其他人类存在。当感到疑惑的反对者问道："那么太阳是否毫无理由地往地底下沉？"这些丝毫不担心自己言论荒谬可笑的人会马上回答："世上存在着一个头下脚上、河水流动方向和我们的世界相反的反世界。"这些人力图颠倒世界，而不是遵循真理的信条，这些真理会显示出诡辩者的虚荣，而且真理容易理解，处处充满着对上帝的敬畏，还能确保明智追随者的救赎……如果要根除对跖点的问题，最好的办法就是马上揭露这些小人言论的谬误。让我们假设一个人的双脚站立的方向恰好与另一个人相反，而且这两人的双脚都受到地面、水、空气或任何你想要的东西支撑。这两人怎么可能同时保持站立呢？怎么可能一个人可以根据自然定律生活，而另一人则（头下脚上）违反自然？此外，既然两人生活的地方都会下雨，就可以说在两个地方雨水都是由上往下滴落吗？难道不是其中一地的雨水由上往下，而另一地则由下往上、反着地面或由内往外下吗？事实上，如果我们设想对跖点的情形，我们还得同时思考反方向的雨，那么我们就有理由嘲笑这些支持着支离破碎、紊乱且违反自然的荒谬悖理的言论。

取自马克罗比乌斯《西庇阿之梦》，1526年出版。越过海洋便是“我们一无所知的”对跖点。

圣奥古斯丁（公元354~430年）

《上帝之城》*La città di Dio*，第16卷，第9页

至于对跖点的传说，也就是关于那些住在世界另一面的人类，那个日夜恰与我们颠倒，位置完全与我们相对的地方，你们没有任何理由相信这个说法。这些说法并非来自历史知识，而是不折不扣的猜想。由于世界悬浮在苍穹之中，下方的那面恰和位于中间的世界接合在一起，他们因此认为，位于世界下方的另一面也可能有人居住。然而在论及世界是圆形的假设，以及可以根据某些原理来证明此一论点的说法时，他们并没有想到，世界的下半部分也有可能只是水体；而且假使果真如此，也不表示它就必然有人居住。现在，由于以描绘预言实现之事实为信念基础的《圣经》绝对不可能说谎，那么，宣称有人类能在那里航行，甚至横渡广阔大海，并将亚当的后代带至那个区域，则实在荒谬。

马克罗比乌斯（公元5世纪）

《西庇阿之梦》*Commentario al Somnium Scipionis* 第2卷，第5、23~26页

同样的推论使我们有理由相信，在我们认知中位于下半部分的地表上，两个温带地区的周长必然与我们所在的半球相同，因而可以推测，下半部分那两个相距甚远的区域，也同样有人居住。所以，如果有人反对这个信念，那么请他告诉我们，他到底是以什么理由来驳斥我们的说法？事实上，如果我们能在世界的这一边生活，是因为脚踩地面时能看到头顶的天空，是因为太阳会为我们升起和落下，是因为我们很享受地呼吸着围绕在我们周围的空气；我们为何不能相信，下面的世界存在着享受着同样条件的其他居民呢？事实上，我们必须假设这些所谓的下方居民呼吸着同样的空气，因为在他们的区域里，同样的温带气候也盛行于具有相同圆周的整个区域：他们受到同一个太阳照射，所以他们的日落就是我们的日出，我们的日落就是他们的日出；他们就像我们一样脚踩在地表上，头顶总是看得到天空；他们也不会害怕从地上掉到天空中，因为没有东西可以往上掉落。事实上，如果我们认为那里的下方是地面所在，上方是天空所在（对我们来说，把这话讲出来甚至是很荒谬的），那么对他们来说，上方也将是视线由低处往高处看的那个方向，而他们永远也不可能掉入头上的区域中。我们

甚至可以说，在他们中教育程度较低的人，同样也知道我们的事情，也无法相信我们能够住在我们所居住的地方，深信如果有人试着站在他们下方的区域，最终会落入掉落的下场。尽管如此，我们之中没有人曾害怕掉到天空中：所以，他们之中也不会有人往上方掉落；因为"所有有重量的东西都会因为一股属于这些东西的力量而受吸引（西塞罗《西庇阿之梦》4，3）"落向地面。

卢基乌斯·安佩里乌斯（公元3世纪）
《记忆之书》*Liber Memorialis*，第6卷

地球位于天空下方，可以分成四块有人居住的区域，我们住在第一块区域。第二块区域——与我们相反的那块——的居民叫做"反人"（Antictoni）。其余两区域分别与第一和第二区域相对，那两区域的居民叫做对跖点人。

路易吉·浦尔契（1432~1484年）
《摩尔干提》第25首，第228~233行

里纳尔多认出了这个曾经见过的地方，向阿斯塔罗特问道："告诉我，这个标志有何目的？"阿斯塔罗特回答道："这是一个远古以来的错误，一个数世纪以来的错误认知，人们将它称为'赫拉克勒斯之柱'，据传越过这个地方以后死亡者众。"你要知道，这个想法是错误的，因为人们还是可以航行到柱界之外，越过此界以后，水面看起来依然完全是平的，而且地球是圆的。从前的人类比较无知，甚至会让赫拉克勒斯为了在该地立了那根柱子而感到羞愧，因为许多船只仍然能够越过此界，继续航行。人们也可以往下抵达另一个半球，因为地球会把万物往中心点吸引。地球确实因为一种神圣的奥秘而飘浮在众星之间，另一半球的世界确实也有城市、城堡和帝国；只不过古人并不知道这些人的存在。你看到了吗？太阳急着下沉到我说的那个地方，那里正在等待它的到来……那些人叫做对跖点人，他们爱慕太阳、朱比特和战神，和你们一样有植物和动物，也常有争战。里纳尔多说："既然我们讲到这些，那再告诉我另一件事，阿斯塔罗特：这些对跖点的人是不是亚当的后裔？从他们开始崇拜虚假偶像的那一刻起，他们要怎么像我们一样地拯救自己的灵魂？"阿斯塔罗特说："别再问下去了，因为我只能解释这么多，而且你的问题似乎也不太聪明。"因此，你认为你们的救世主是因为偏好你们这一边，才让亚当出现在这里？是因为他对你们的爱，耶稣才被钉在十字架上？你要知道，世上的每一个人都因为十字架上的牺牲而获得救赎。即便长期以来一直有误解，你们所有的人难道不是爱慕着同样的上帝？难道不是都因为上帝的怜悯而获得救赎？

意大利摩德纳大教堂石雕博物馆的排档间饰浮雕，题为《对跖点》，作者不详，一般泛称为“排档间饰师”（Maestro delle Metope）。

劳滕巴赫的马内戈尔德（1040~1119?）《驳布劳魏勒的沃夫夏》*Opusc ul um Contra Wolfelmum Coloniensem*，收录于《拉丁教父选集》*Patrologia Latina*，第155卷，1103年，第153~155页

在过去，人们曾经接受这个世界存在着四块人类居住地区的说法，而且各区域之间相互无法往来，那么，请你告诉我，该以何种方式来合理解释圣使徒教会（亦即救世主）的道理？

……他为了拯救人类而来，如果我们排除掉马克罗比乌斯所谓住在另一区域的种族……那个救赎福音无法到达之地。

安东尼奥·皮加费塔（Antonio Pigafetta）《第一次环游世界报告》*Relazione del Primo Viaggio Intorno al Mondo*，1524年

我们的老舵手马鲁可说，据传这里曾有一座叫做阿鲁喀托的岛，岛上居民身高不到一腕尺，而且有着和身体一样大的耳朵：其中一耳为床，另一耳为被，全身被剃得精光，一丝不挂；他们善于奔跑，声音很细；住在地底洞穴，吃鱼和吃一种生长在树干和树皮之间状似碎花纸片的东西；不过由于水流湍急且暗潮汹涌，我们未曾去过该岛。

第二章

《圣经》的世界

佚失的支派　西方人对《圣经》里的巴勒斯坦及周边地区都非常熟悉。耶利哥和伯利恒这两座城市至今仍然存在，西奈半岛、加利利海，以及摩西带领他的人民穿越的红海也一样。然而，有一些《圣经》故事里提到的地方只存在于传说之中。

就拿以色列十二支派的故事来说好了。这十二支派的名号都很响亮，分别是流便、西缅、利未、犹大、但、拿弗他利、迦得、亚设、以萨迦、西布伦、约瑟、便雅悯。以色列人民由约书亚领导，在以色列地区重新安顿下来（约在公元前1200年），此后，整个国度被分割成十一个部分，每个部分分属一个支派，其中的利未支派因为由祭司组成，所以不参与分配土地，由其他支派供养。

人数最多的犹大支派被分配到以色列国的南部地区。当时以色列人分裂成两个王国，一个是犹大王国，一个是由其他十支派人民居住的以色列王国。以色列王国在公元前721年受到亚述帝国入侵，居民被驱逐到亚述帝国境内的其他地方，十支派的成员因此渐渐被各地区人民同化，终于失去一切踪迹。尽管如此，对许多犹太人来说，重新找回失去的同胞仍旧是一个有待实现的计划，一个与弥赛亚来临

让·富凯（Jean Fouquet）绘制的所罗门圣殿建造图，取自约1470年出版的《犹太古史》，目前收藏于巴黎法国国家图书馆，排架号Ms. Fr.247, f.153v, 1470 ca., Paris,。图中这座圣殿看起来像哥特式教堂。

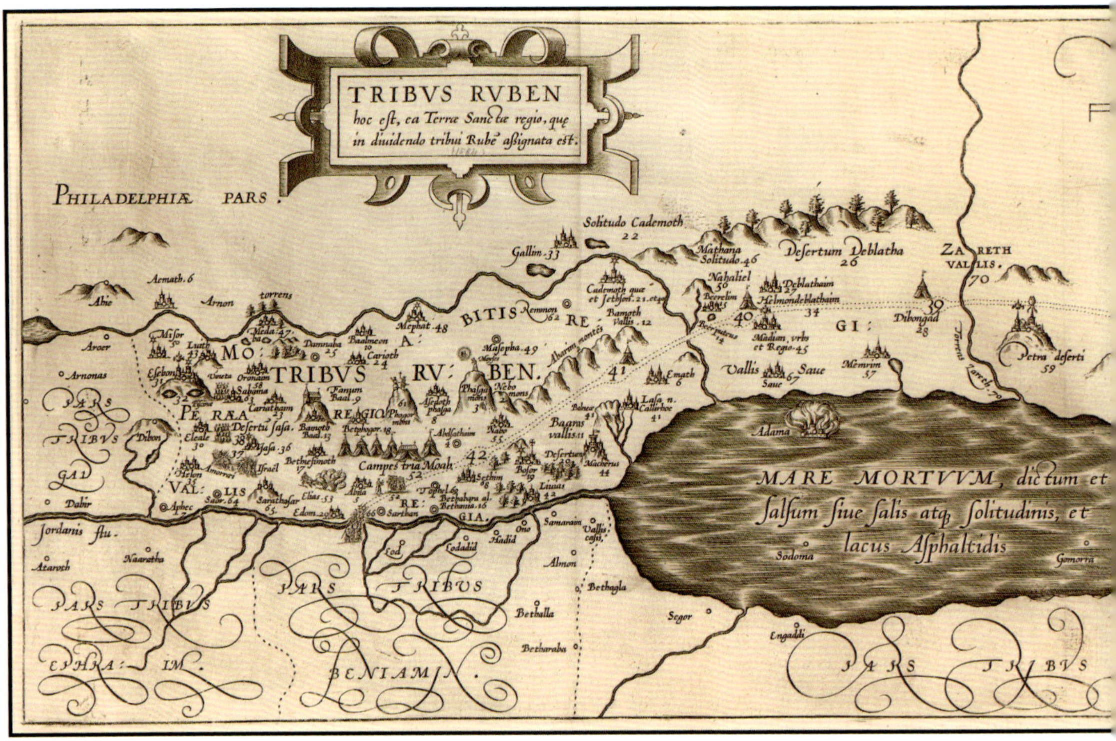

时刻有关的理想。

根据传说，这些佚失的支派之所以无法回到以色列，是因为上帝用传说中的桑巴提安河将他们围住。桑巴提安河的河水终日沸腾，巨大的石块会从河底升上空中，砸在试图从浅滩过河的人身上。桑巴提安河只有在周六才会缓和下来，不过没有犹太人敢违反周六安息日的戒律，试图在这天渡过平静的河道。另一个传说则提到，桑巴提安河里流的是石块和沙子，整条河里都是石块和泥沙不停翻搅，站在河岸上欣赏奇观者，得要把脸遮住才不会被搞得伤痕累累。

到了中世纪时期，犹太旅人艾达·哈达尼（Eldad ha-Dani）在公元9世纪带回了佚失支派的消息，据说这十个支派待在阿比西尼亚地区诸多河流的另一侧，或者就在桑巴提安河的河岸。1165年，图德拉的本杰明（Benjamino di Tudela）写下了他某次前往波斯和阿拉伯半岛的游记，提到曾无意间遇到一些犹太部落。然而，也有人曾经

克里斯蒂安·阿德里琼姆（Christian Adrichom），《以色列十二支派》，1628年绘制。

在其他意想不到的地方见过这些佚失支派的踪迹。举例来说，16 世纪的西班牙教士巴托洛梅·德拉斯·卡萨斯（Bartolomé de Las Casas）在协助美洲印第安人抵抗西班牙征服者的压迫时，就声称这些印第安人是十个佚失支派的后裔；17 世纪曾经出现一位名叫萨瓦塔伊·塞维（Shabbatai Zevi）的谜样卡巴拉先知，据说这位先知终于跨越了桑巴提安河，他的追随者于是宣告弥赛亚已经来临，十个支派也将回归。不幸的是，塞维的宣告并没有产生太大的影响力，因为没过多久，他改信伊斯兰教，对犹太社群的公信力也因此大打折扣。

这些佚失的支派而后又被认为可能位于克什米尔，或是中亚鞑靼人聚居处、高加索地区、阿富汗一带，或者哈扎尔帝国（哈扎尔帝国由突厥人建立，其人民在公元 8 世纪改信犹太教）。因为那些地方有些地名和部落名称可能源自希伯来文。其他还有一些说法甚至牵涉到祖鲁人、日本人、马来人等。

在诸多假设之中最离奇的是认为十个佚失支派与英伦三岛有关。此说最早是由 18 世纪的理查德·布拉泽斯（Richard Brothers，1757~1824）提出的，这位假先知（声称自己是神的孙子）曾在精神病院度过许多年，也发起过一个千禧年运动。布拉泽斯认为，英伦三岛的居民就是佚失支派的后裔。到了 19 世纪，爱尔兰人约翰·威

丁托列托（Tintoretto），《沙漠里的犹太人》，16 世纪于威尼斯创作，陈列于圣乔治马焦雷教堂圣坛。

尔逊（John Wilson）发起不列颠以色列主义运动，他认为，在驱逐下幸存的犹太人从中亚地区经过黑海来到英格兰（不列颠皇室就是大卫支派，亦即犹大支派的后裔）；该运动的支持者相信，不列颠人在迁徙过程中获得了蓝眼金发，更有人不顾词源学，将“撒克逊人”（saxons）解释为“以撒之子”（Isaac's sons）。这个运动在英语系国家流传甚广，至今仍有追随者，而且支持这种血统说的著作也仍持续出现。

传说的产生总是以历史真相为基础。在驱逐与离散的过程中，若有犹太支裔出现在亚洲和非洲之间，事实上也不是不可能的。这也是为什么埃塞俄比亚的犹太裔贝塔以色列人（在当地被称为法沙拉人，意指“流亡者”）会受到承认；根据贝塔以色列人的传说，他们在所罗门圣殿毁坏以后迁移到阿比西尼亚（译注：也就是埃塞俄比亚）。目前大部分贝塔以色列人都已迁居以色列，他们被当作“但”支派的后裔。假使这些法拉沙人真的是佚失支派的后裔，那么，关于他们是来找寻圣物约柜的传说（据传被保存在埃塞俄比亚阿克苏姆市），多少就显得有些不合逻辑了。

所罗门、希巴女王、俄斐与神殿 根据《圣经》记载，希巴女王（regina di Saba）受到所罗门王声名远播的智慧与辉煌宫殿所吸引，前往拜访所罗门王。希巴女王这次造访之事，成了无数艺术杰作的灵感，皮耶罗·德拉·弗朗切斯卡（Piero della Francesca）在意大利阿雷佐留下的壁画就是其中之一。我们都知道所罗门王住在耶路撒冷，不皮耶罗·德拉·弗朗切斯卡（Piero della Francesca），《所罗门与希巴女王会面》，创作于1452至1466年间，陈列于意大利阿雷佐圣方济各教堂。

过希巴女王从何而来呢？关于这一点，传说更盛于史实，至于相关的历史文献，目前较完整的记载出现在《旧约·列王纪》。

人们后来得知，希巴女王就是阿拉伯人口中的拜莱盖斯女王（regina Bilquis），而埃塞俄比亚人则将她称为玛切达（Macheda），这个故事也在波斯流传，《古兰经》亦有记载。希巴女王在埃塞俄比亚尤其被视为国家神话，14世纪时在埃塞俄比亚当地撰写的《王之荣耀》

埃塞俄比亚帝国的旧旗帜上有犹大之狮，现在的埃塞俄比亚国旗用的则是所罗门封印。

（*Kebra Nagast*）亦曾提及。

尽管《圣经》满腔热枕地描述了这次拜访，却没有提到所罗门王和希巴女王除了外交关系以外的事情，然而《王之荣耀》除了记载希巴女王拜访以色列之后，决定再也不崇拜太阳，改信以色列的神，同时也表示，所罗门王和希巴女王落入情网，希巴女王因此生下孟尼利克（Menelik），这个名字是“智者之子”的意思，他就是所罗门支派的创始人；这也是埃塞俄比亚帝国国旗上先后出现过犹大之狮和所罗门封印的原因，借此展现出身于伟大国王直系后裔的骄傲。当然，基督教传说绝对少不了约柜（正如电影《夺宝奇兵》所示）。根据传说，历经沧桑的孟尼利克某日前往造访父亲，偷偷用一个木头做的假约柜将真正的圣物掉了包，最后将约柜带到埃塞俄比亚的阿克苏姆市。

让我们试着做出几个结论：根据其中一项传说，希巴女王来自埃塞俄比亚，不过这传说也指出，希巴王国的位置大约在贩香商队从阿拉伯半岛南部前往红海的转运交会处，大概是今日也门所在的位置。而这一点也告诉我们，有关埃塞俄比亚的概念在当时确实有点混淆（我们在另一个传说中看到，祭司王约翰的国度从远东被移到埃塞俄比亚，也就不那么令人意外了）。然而，既然有这么多传说都和埃塞俄比亚有关，这不禁让我们思考，埃塞俄比亚应该曾是相当丰裕强大的国家。

《历代志下》第 9 章叙述希巴女王故事的部分，讲到希巴女王带给所罗门的贡品时提到：“希兰的仆人和所罗门的仆人从俄斐运来了金子。”这里说的俄斐（Ofir、Ofhir）到底在哪里?《圣经》里曾经多次提到过俄斐这个地方，而且它肯定是个港口。根据来自前伊斯兰、阿拉伯和埃塞俄比亚等三种不同的传说，希巴女王将俄斐并入希巴王国，并用金砖打造之，因为周围山区盛产黄金。犹太历史学家弗拉维奥·约瑟夫斯（Flavio Giuseppe）在《犹太古史》第1卷第6章表示俄斐位于阿富汗；葡萄牙探险家瓦斯科·达·伽马的旅伴托美·洛佩斯（Tomé Lopes）则推测，俄斐是文艺复兴时期黄金交易重镇大津巴布韦的古名，然而大津巴布韦遗址顶多只能追溯到中世纪。西班牙探险家阿尔瓦拉·德·门达尼亚（Alvaro de Mendaña）——我们稍后在讲到未知南方大陆的时候会再提到——在1568年发现所罗门群岛时，以为自己找到了俄斐；英国诗人弥尔顿在《失乐园》中表示俄斐在莫桑比克（第11卷第399~401行）；16世纪神学家贝尼托·阿里亚斯·蒙塔诺（Benito Arias Montano）认为俄斐在秘鲁；到了19世纪，许多学者认为俄斐就是印度河河口的阿毗罗（Abhira），位于今日的巴基斯坦。还有一些人认为俄斐位于也门，不过到头来还是只能说俄斐位于希巴，实际位置并无定论。

以色列在1970年占领西奈半岛沙姆沙伊赫（Sharm el-Sheikh，今为埃及地区蓬勃发展的旅游胜地）的时候，曾将此地更名为俄菲拉（Ofira），意为"往俄斐"，认为这里是《圣经》里提到所罗门王的船队运载丰富宝藏的路线会经过之处。俄斐也曾出现在英国小说家瑞德·哈格德（Rider Haggard）的代表作《所罗门王的宝藏》之中，只不过文中说俄斐位于南非；另外，泰山故事里出现在非洲丛林里的神秘城市欧帕，作家的灵感也是来自传说中的俄斐。

因此，俄斐这个希巴女王的领地到底在哪里，同样是众说纷纭，和本书提到的许多失落岛屿一样，成了众人难以寻及的地方。

所罗门王在耶路撒冷建造的辉煌圣殿让希巴女王大感惊奇，这座圣殿通常称为第一圣殿，于公元前10世纪建造，在公元前586年被巴比伦国王尼布甲尼撒二世摧毁。犹太人结束巴比伦流亡后重回故地，于公元前536年开始重建，称为第二圣殿，之后在公元前19年左右由大希律王扩大修建，又在公元70年被罗马皇帝提图斯摧毁。

尽管如此，第一圣殿仍然是许多传说与情感投射的主角。

《圣经》中有两处文字描述了第一圣殿，一处在《列王纪上》第6章，另一处为《以西结书》第40至41章有关神之幻象的部分。其中《列王纪上》的记载比《以西结书》来得精确，而且根据一看便知的测量比例来描述圣殿。《以西结书》里的描述就不怎么清楚了，而且正因为它显然前后不一致的描述，造成接下来许多世纪里有许多《圣经》诠释者做出各种大胆直观的解读。

为了诠释以西结在幻象中见到的第一圣殿，中世纪寓言作家做了许多很有趣的尝试；有人甚至试图提供将第一圣殿完美重现的方法。当然，人们其实把《以西结书》的这些文字解读成是在描述幻象即可，就像对于梦的记忆，梦中的形体会出现、变形、消失，而从文学的角度来看，想象着先知在某些致幻剂的影响下写出这样的文字，其实也挺有趣的。另外，以西结并没有表示自己看到真正的建筑物，而是某些“几乎成形的结构”。不过犹太人们同样也承认，要从《以西结书》的文字解读出或多或少一致而合理的建筑构造是不可能的。到了12世纪，拉比所罗门·本以撒（Rabbi Solomon ben Isaac）也同意，没有人能够从这些文字中了解北侧空间如何配置，到底是从西边的哪里开始，在东边的哪里结束，从内侧的哪里开始，往外延伸多少［罗西瑙（Rosenau），1979］——此外，举例来说，多位早期基督教教父都曾表示，若要全凭书中记载的测量数据来理解《以西结书》所描述的第一圣殿建筑规模，那么门就得比墙还宽。

然而，逐字从字面上解读《以西结书》的做法，对中世纪的人却是必要的，因为这么做才是遵循着源于圣奥古斯丁的解经原则；也就是说，当《圣经》里出现了显然过于详尽且基本上是无用的表述时（例如数字和规模尺度等），解经者必须从中读出它们所代表的寓意。因此，假使《圣经》里提到有六腕尺长的芦苇，这样的叙述不仅是一种口头表达，更是一个早就由上帝安排好、验证过的事实，让我们能解读出背后的寓意。所以，这座圣殿实际上应该要能根据这些叙述来重建，否则就表示《圣经》撒了谎。

拉斐尔（Raffaello），《以西结的愿景》，约于1518年绘制，目前收藏于意大利佛罗伦萨皮蒂宫帕拉提那美术馆。

现在让我们试着一手拿尺，一手拿着单位转换表，根据《圣经》经文来重构圣殿模型。曾经尝试这么做过的中世纪作家并没有这类测量转换表，而且他们手上的资料可能因为经过多次翻译、抄录而错乱了。然而，即便是现在的建筑师，要把这些文字指示转化成设计图，其实也有困难。

正因为如此，圣维克多的理查德（Riccardo di San Vittore）才会为了将这座先知描绘的“几乎成形的结构”表现出来，而在《以西结的愿景》（*In Visionem Ezechielis*）一书中努力重新计算绘制建筑结构的平面图和截面图，他认为，对同一物件的尺寸如果出现了两处不一样的描述，其中一个必然是指整个建筑物，另一个则是指其中一部分。他拼命想将这座“几乎成形的结构”表现成中世纪石匠能够据以重建的蓝图，却注定要失败，更遑论普拉多（Prado）和比利亚尔潘多（Villalpando，1596）所提出的那种初始巴洛克风格的再诠释。

从考古学观点而言，这些重建工程都注定要失败，其他评论家则只针对圣殿的神秘意涵加以讨论，如此一来就不涉及建筑设计实践与否的问题。要不然，人们也可以自由发挥想象，就像中世纪的手抄本插画家将它当成哥特式教堂来诠释，又如围绕着据传被窃取秘密不成的工人所暗杀的神殿石匠海勒姆（Hiram）的传说而来的石匠工坊文学，或者像是据传为耶路撒冷圣殿保护者、因认为阿克萨清真寺坐落在第一圣殿原址上而加以占领的圣殿骑士团故事。

以上这些例子都将所罗门圣殿这个真实存在过的场所转化为传奇之地，人们在其后许多世纪里所做的努力都是想重建它——至少是在想象中——却不曾试着找到它的确切所在地。三大宗教的信徒至今还是会前往耶路撒冷圣殿山朝圣，好像圣殿依旧存在一样：犹太人沿着哭墙祈祷，那是被古罗马皇帝提图斯摧毁的第二圣殿遗迹；基督徒将注意力放在圣墓上；穆斯林前往建造于公元7世纪、目前仍完好无损的圆顶清真寺；而第一圣殿终究是永远失落了。

三贤士从何而来？又往何处去？ 在《圣经》故事中，大概没有比三贤士（magi）更具传奇性的故事了。这个故事为无数艺术杰作提供灵感，也使无数孩童对其尽情想象，以至于再也没有人会去问三贤士是否真的存在的问题，毕竟这个问题其实属于历史学家、《圣经》专家或神话学家的范畴。无论如何，他们曾短暂地出现在两个传说地点之间，其一为他们所来之处，另一个则是他们的圣体安置所。

至于历史文献方面，《马太福音》是基督教正典中唯一一个描述贤士故事的来源。《马太福音》并没有说贤士有三位，也没说他们是

汉斯·梅姆灵（Hans Memling），《简·弗洛雷因斯》主幅，以三贤士的礼拜为题，绘制于1474至1479年间，目前收藏于比利时布鲁日梅姆灵博物馆。

国王，只说有人从东方追随伯利恒之星到来，并带着黄金、乳香与没药为礼；以及贤士拒绝将圣婴之所在告诉希律王。我们至多只能从《马太福音》所说的三样礼物去推测贤士有三人。

将贤士视为国王，并且试图在东方国家中寻找他们的确切来源地，应该是后来的事情，而且只在未纳入《圣经》正典的次经里才有相关记载。阿拉伯文献中也曾提及三王之事，举例来说，公元 9 世纪的百科全书作家塔巴里（al–Tabari）在提到贤士奉献的礼物时，曾以公元 7 世纪作家瓦哈布·本·穆纳比（Wahb ibn Munabbih）的著作为根据。

另一方面，无论《马太福音》是谁所著，这些文字都是在公元 1 世纪末叶才写下的，因此，在耶稣诞生时，圣马太或福音的作者都还没出生，所以这只能是根据二手资料撰写的。因此，早在福音书出现之前，关于贤士的故事早就以某种方式流传着，甚至在基督信仰形成之前就已经出现了。希尔德斯海姆的约翰（Giovanni di Hildesheim，14 世纪的贤士传记作者）认为古代亚美尼亚王国境内的瓦奥斯山（Vaus）是诸贤士旅程的起点，也是他们观测天象的地方。这个地方也叫做维托里亚勒（Vittoriale），就是现在伊朗境内的萨巴兰火山，亦即古亚美尼亚帝国境内阿塞拜疆地区的最高峰。据传，琐罗亚斯德教的祭司和占星家会登上圣山，在山上等待一颗与神灵降世预言相关的星辰。事实上，意大利文的贤士“magi”一词来自希腊文的“magos”或“magoi”，所指的可能是波斯琐罗亚斯德教的祭司［参见公元前 5 世纪古希腊作家希罗多德（Erodoto）的作品］，这不免让我们想到福音书提到的星象观察者，不过也可能意指智者——虽然在《新约》里（例如《使徒行传》）这个词也被用来指称巫师（异教徒西门就被称为“行邪术的西门”）。这些贤士可能来自波斯，不过也有可能来自巴比伦尼亚南部的迦勒底地区，希尔德斯海姆的约翰则认为他们来自古印度地区，不过也提到他们可能来自非洲的努比亚地区，因此，关于贤士从何而来的问题，地区范围大得令人惊讶——这也因为希尔德斯海姆的约翰根据那个时代的传统而将贤士的故事和传说中祭司王约翰的国度连在一起[1]，也就因此把这范围扩大到远东的某个地区。在所有传说中大致共通的部分，就是这三贤士中一位是波斯的白种人，一位是阿拉伯人，以及一位黑人，借此暗指普世性救赎的概念。

关于贤士人数的传言非常多，有时是两个，有时是十二个，也就是霍尔米德兹、叶兹德格德、卑路斯、荷尔、巴桑德、卡伦达斯、梅尔科、加斯帕、法迪札尔达、巴尔萨泽、梅里基奥尔和迦塔斯帕。在西方世界里最后流传下来的说法里，三贤士分别叫做加斯帕、梅里基奥尔和巴尔萨泽。不过，对天主教埃塞俄比亚分支来说，三贤士却是荷尔、巴桑那特和卡伦达斯；叙利亚的基督教徒则认为是拉挽达、荷尔米斯达斯和古胥那萨夫；在撒迦利亚·克里索坡里塔诺（Zaccaria Crisopolitano，1150）的《协同福音》里则是阿佩柳斯、阿美鲁斯和大马士革；或是以希伯来文书写的马迦拉斯、迦尔迦拉斯和萨拉信。

此外，将贤士尊奉为王这件事，则是在人们将主显节与《诗篇》第72章的预言连接起来之后，才透过主显节的礼仪传统确立的（本书后面章节也会以撒冷王麦基洗德为例来探讨王权与神职紧密融合的现象）。《诗篇》第72章是这么写的："他施和海岛的王要进贡，希巴和色巴的王要献礼，诸王都要叩拜他，万国都要侍奉他。"

安葬贤士的故事也许更有意思。马可·波罗说自己曾在希巴城造访贤士之墓，不过我们还有比马可·波罗早了一个世纪的历史证词。当神圣罗马帝国皇帝腓特烈一世在1162年攻灭米兰城时，曾在圣尤斯托乔教堂找到一座石棺（石棺目前仍存在，不过是空的），据说这石棺里装的就是三贤士的遗体。据传，公元4世纪的尤斯托乔主教希望自己有朝一日能葬在贤士旁边，因而从君士坦丁堡圣索菲亚大教堂取得他们的遗体（君士坦丁大帝的母亲圣海伦纳前往耶路撒冷朝圣时，发现贤士的遗体并带回君士坦丁堡）。在更早之前，据传贤士被葬在波斯，也就是马可·波罗声称发现贤士之墓的地方。

在米兰发现贤士遗体的人，是腓特烈一世攻进米兰时的大

注1：参阅第四章。

臣——达赛尔的莱纳尔德（Rainaldo di Dassel）。他知道，从经济的角度来看，一件圣物可以为一个城市带来络绎不绝的朝圣人潮，因此才将贤士遗体运到科隆大教堂，而世人至今仍然能在科隆大教堂内看到贤士的圣龛。米兰人长久以来一直抱怨这次强夺圣物之事（意大利作家博维辛·德拉里瓦就指责过），试图索回这些珍贵遗体却无计可施：直到1904年，科隆大主教才提供一部分遗体（两块腓骨、一块胫骨和一块椎骨），让米兰大主教慎重地将它们放回圣尤斯托乔教堂内。然而，当年将贤士遗体从意大利运往德国途中，许多地方都获得了遗体的一部分，因此多了好几座贤士之墓（每座墓都有属于每位贤士的一块硬骨或软骨）。生前是朝圣者的三贤士，死后却四散漂泊，所以这世上才会出现这么多纪念处。

保罗·委罗内塞（Paolo Veronese），《希巴女王》，绘于1580~1588年间，目前收藏于意大利都灵市萨包达美术馆。

示巴女王[2]

《旧约》

《列王纪上》第10章第1节开始

示巴女王听见所罗门因耶和华之名所得的名声，就来要用难解的话试问所罗门。跟随她到耶路撒冷的人甚多，又有骆驼驮着香料、宝石和许多金子。她来见了所罗门王，就把心里所有的对所罗门都说出来。所罗门王将她所问的都答上了，没有一句不明白、不能答的。示巴女王见所罗门大有智慧，和他所建造的宫室，席上的珍馐美味，群臣分列而坐，仆人两旁侍立，以及他们的衣服装饰，和酒政的衣服装饰，又见他上耶和华殿的台阶，就诧异得神不守舍，对王说："我在本国里所听见论到你的事和你的智慧实在是真的。我先不信那些话，及至我来亲眼见了，才知道人所告诉我的还不到一半。你的智慧和你的福分，越过我所听见的风声。你的臣子、你的仆人常侍立在你面前听你智慧的话，是有福的。耶和华你的神是应当称颂的，他喜悦你，使你坐以色列的国位。因为他永远爱以色列，所以立你作王，使你秉公行义。"于是，示巴女王将一百二十他连得金子和宝石，与极多的香料，送给所罗门王。她送给王的香料，以后奉来的不再有这样多。希兰的船只从俄斐运了金子来，又从俄斐运了许多檀香木和宝石来。王用檀香木为耶和华殿和王宫作栏杆，又为歌唱的人作琴瑟。以后再没有这样的檀香木进国来，也没有人看见过，直到如今。示巴女王一切所要所求的，所罗门王都送给他，另外照自己的厚意馈送她。于是女王和她臣仆转回本国去了。所罗门每年所得的金子共有六百六十六他连得。另外还有商人和杂族的诸王，与国中的省

注2：即希巴女王。本书《圣经》选段均出自2000年版简化字现代标点和合本。

长所进的金子。所罗门王用锤出来的金子打成挡牌二百面，每面用金子六百舍客勒；又用锤出来的金子打成盾牌三百面，每面用金子三弥那，都放在黎巴嫩林宫里。王用象牙制造一个宝座，用精金包裹。宝座有六层台阶，座的后背是圆的，两旁有扶手，靠近扶手有两个狮子站立。六层台阶上有十二个狮子站立，每层有两个，左边一个，右边一个。在列国中没有这样作的。所罗门王一切的饮器都是金子的；黎巴嫩林宫里的一切器皿都是精金的。所罗门年间，银子算不了什么。因为王有他施船只与希兰的船只一同航海，三年一次，装载金银、象牙、猿猴、孔雀回来。所罗门王的财宝与智慧，胜过天下的列王。普天下的王都求见所罗门，要听神赐给他智慧的话。他们各带贡物，就是金器、银器、衣服、军械、香料、骡马，每年有一定之例。

所罗门圣殿的规模

《旧约》

《以西结书》第 40 至 41 章

我们被掳掠第二十五年，耶路撒冷城攻破后十四年，正在年初，月之初十日，耶和华的灵降在我身上，他把我带到以色列地。在神的异象中带我到以色列地，安置在至高的山上；在山上的南边有仿佛一座城建立。他带我到那里，见有一人，颜色如铜，手拿麻绳和量度的竿站在门口……宽一竿。又量门廊，宽八腕尺[3]，墙柱厚二腕尺；那门的廊子向着殿。东门洞有卫房：这旁三间，那旁三间，都是一样的尺寸；这边的柱子和那边的柱子，也是一样的尺寸。他量门口，宽十腕尺，长十三腕尺。卫房前展出的境界：这边一腕尺，那边一腕尺；卫房这边六腕尺，那边六腕尺。又量门洞，从这卫房顶的后檐到那卫房顶的后檐，宽二十五腕尺；卫房门与门相对。又量廊子六十腕尺，墙柱外是院子，有廊为界，在门洞两边。从大门口到内廊前，共五十腕尺。卫房和门洞两旁柱间并廊子，都有严紧的窗棂；里边都有窗棂，柱上有雕刻的棕树。他带我到外院，见院的四围有铺石地；铺石地上有屋子三十间。铺石地，就是矮铺石地在各门洞两旁，以门洞的长短为度。他从下门量到内院外，共宽一百腕尺，东面、北面都是如此。他量外院朝北的门，长宽若干。门洞的卫房，这旁三间，那旁三间。门洞的柱子和廊子与第一门的尺寸一样。门洞长五十腕尺，宽二十五腕尺。其窗棂和廊子，并雕刻的棕树，与朝东的门尺寸一样。登七层台阶上到这门，前面有廊子。内院有门与这门相对，北面、东面都是如此。他从这门量到那门，共一百腕尺。他带我往南去，见朝南有门。又照先前的尺寸量门洞的柱子和廊子。门洞两旁与廊子的周围都有窗棂，和先量的窗棂一样。门洞长五十腕

注 3：即腕尺。

桑蒂·狄·提托（Santi di Tito），《建造所罗门圣殿》，绘于16世纪，位于意大利佛罗伦萨至圣报喜教堂圣卢卡会礼拜堂。

尺，宽二十五肘尺。登七层台阶上到这门，前面有廊子，柱上有雕刻的棕树，这边一棵，那边一棵。内院朝南有门。从这门量到朝南的那门，共一百肘尺。他带我从南门到内院，就照先前的尺寸量南门。卫房和柱子，并廊子都照先前的尺寸。门洞两旁与廊子的周围都有窗棂。门洞长五十肘尺，宽二十五肘尺。周围有廊子，长二十五肘尺，宽五肘尺。廊子朝着外院，柱上有雕刻的棕树。登八层台阶上到这门……他带我到殿那里量墙柱，这面厚六肘尺，那面厚六肘尺，宽窄与会幕相同。门口宽十肘尺。门两旁，这边五肘尺，那边五肘尺。他量殿长四十肘尺，宽二十肘尺。他到内殿量墙柱，各厚二肘尺。门口宽六肘尺，门两旁各宽七肘尺。他量内殿，长二十肘尺，宽二十肘尺。他对我说："这是至圣所。"他又量殿墙，厚六肘尺，围着殿有旁屋，各宽四肘尺。旁屋有三层，层叠而上，每层排列三十间。旁屋的梁木搁在殿墙坎上，免得插入殿墙。这围殿的旁屋，越高越宽，因旁屋围殿悬叠而上，所以越上越宽，从下一层，由中一层，到上一层。我又见围着殿有高月台。旁屋的根基，高足一竿，就是六大肘尺。旁屋的外墙厚五肘尺。旁屋之外还有余地。在旁屋与对面的房屋中间有空地，宽二十肘尺。旁屋的门都向余地：一门向北，一门向南，周围的余地宽五肘尺。在西面空地之后有房子，宽七十肘尺，长九十肘尺，墙四围厚五肘尺。这样，他量殿长一百肘尺，又量空地和那房子并墙，共长一百肘尺。殿的前面和两旁的空地，宽一百肘尺。他量空地后面的那房子，并两旁的楼廊，共长一百肘尺。内殿、院廊、门槛、严紧的窗棂，并对着门槛的三层楼廊，从地到窗棂，直到门以上，就是到内殿和外殿内外四围墙壁，都按尺寸用木板遮蔽。墙上雕刻基路伯和棕树。每二基路伯中间有一棵棕树，每基路伯有二脸。这边有人脸向着棕树，那边有狮子脸向着棕树，殿内周围都是如此。从地至门以上都有基路伯和棕树。殿墙就是这样。殿的门柱是方的。至圣所的前面，形状和殿的形状一样。坛是木头作的，高三腕尺，长二腕尺。坛角和坛面并四旁，都是木头作的。他对我说："这是耶和华面前的桌子。"殿和至圣所的门各有两扇。每扇分两扇，这两扇是一折叠的。这边门分两扇，那边门也分两扇。殿的门扇上雕刻基路伯和棕树，与刻在墙上的一般。在外头廊前有木槛。廊这边那边都有严紧的窗棂和棕树殿的旁屋和槛，就是这样。

贤士从何而来

《新约》

《马太福音》第2章第1至14节

当希律王的时候，耶稣生在犹太的伯利恒。有几个博士从东方来到耶路撒冷，说："那生下来作犹太人之王的在哪里？我们在东方看见他的星，特来拜他。"希律王听见了，就心里不安；耶路撒冷合城的人也都不安。他就召齐了祭司长和民间的文士，问他们说："基督当生在何处？"他们回答说："在犹太的伯利恒。因为有先知记着，说：'犹大地的伯利恒啊，你在犹大诸城中并不是最小的；因为将来有一位君王要从你那里出来，牧养我以色列民。'"当下希律暗暗地召了博士来，细问那星是什么时候出现的，就差他们往伯利恒去，说："你们去仔细寻访那小孩子，寻到了，就来报信，我也好去拜他。"他们听见王的话就去了。在东方所看见的那星，忽然在他们前头行，直行到小孩子的地方，就在上头停住了。他们看见那星，就大大地欢喜；进了房子，看见小孩子和他母亲马利亚，就俯伏拜那小孩子，揭开宝盒，拿黄金、乳香、没药为礼物献给他。博士因为在梦中被主指示不要回去见希律，就从别的路回本地去了。他们去后，有主的使者向约瑟梦中显现，说："起来！带着小孩子同他母亲逃往埃及，住在那里，等我吩咐你；因为希律必寻找小孩子，要除灭他。"约瑟就起来，夜间带着小孩子和他母亲往埃及去。

希尔德斯海姆的约翰

《三贤士的历史》*Historia de Gestis et Translatione Trium Regum*，1477年

三王的国度位于印度地区，他们领土的四周都是遍布可怕沼泽的岛屿，沼泽中长着坚韧的芦苇，当地人会拿这些芦苇来建造房屋和船只。这些地方有许多不同于他处的植物和动物，人们若要在岛屿之间

东方三贤士（Ire Magi），公元6世纪，收藏于意大利拉芬纳的圣阿波里纳新教堂。

移动，得面临巨大的困难和危险。首先是梅尔基奥尔统治的努比亚王国，他也拥有阿拉伯，包括西奈山和红海；人们很容易就能渡过红海在叙利亚、埃及和印度之间航行。然而，苏丹不允许印度之王祭司王约翰收到任何基督教国王的信，以避免他们阴谋串通。基于同样的原因，祭司王约翰也严格控制，确保没有人通过他的领土前往苏丹的国度。因此，要前往印度的人，被迫取道波斯，得经过一段漫长且艰苦的旅程才能抵达目的地。那些越过红海的人曾说，那里的海底是红色的，海水表面因此而呈现出红酒的颜色，不过海水本身和其他水的颜色并无二异。再者，红海的海水也是咸的，而且清澈到足以看见海底深处的石块和鱼儿。红海的宽度将近四至五英里，呈三角形，潮水不断向外流。以色列子民离开陆地出发渡海的地方是红海最宽的地方，那里分出另一条河流，旅行者能够顺着它从印度前往埃及。阿拉伯的土地几乎都是红色的，此地的岩石、木头与所有产物，大多也是红色的。在这里蜿蜒细长的矿脉中可以找到质量绝佳的黄金，此外，有一座山上蕴藏着祖母绿，人们想尽办法努力去开采它。这片曾经属于阿拉伯的土地，原为祭司王约翰的领地，不过现在几乎全都被苏丹占领。尽管如此，苏丹还是持续向祭司王约翰进贡，因为祭司王约翰允许来自印度的货品安全地通过他的领地……其次是巴尔萨泽统治的革达里雅王国，希巴王国也是他的领地，那里盛产珍贵香料和某种树脂制成的焚香，他带给神的礼物是乳香。第三个则是加斯帕统治的塔尔西斯王国，他献给神的礼物是没药。圣多马遗体长眠的艾格里绥拉岛也是加斯帕的领地，这里的没药品质比其他地方都来得好，在树上看起来像是谷物熟黄的垂穗。来自这三个国度的三王，把这些来自其领土的产物献给耶和华，因此大卫王的预言才会说："塔尔西斯与岛屿之王会献上礼物，阿拉伯与希巴的王会带来贡品。"无论哪一段文字，都没有提到最大王国的名称，因为三王之中的每一个王，都拥有两个王国。梅尔基奥尔是努比亚与阿拉伯的王，巴尔萨泽是戈多利亚与希巴的王，迦斯巴是塔尔西斯与艾格里绥拉岛的王。

马可·波罗与三王之墓

马可·波罗（Marco Polo，1254~1324 年）

《马可·波罗游记》*Il Milione*，1298 年，第 30~31 页

波斯有个叫做希巴的地方，三贤士就是从那里出发，在神子降临时前往礼拜。在那个城市里，三贤士被葬在三座美丽而壮观的墓里，至今遗体完整，连胡子和头发都还在：其中一名叫做巴尔萨泽、一是加斯帕、第三位是梅尔基奥尔。马可·波罗曾在城里多次询问有关三贤之事：人们只知道三贤在很久以前就葬于此地，除此以外一无所知。继续往前旅行三天，他到了一个名叫卡拉萨塔的城堡，这个名字在法文里的意思是“拜火者的城堡”；城堡里的那些人真的崇拜火，我会告诉你们为什么。那个城堡的人说，在古代，那地区的三个王在一位先知出生时前往参拜，并且带了三样礼物，也就是黄金、乳香和没药，以了解这位先知到底是人间之王？是神？还是永恒的君主？他们抵达圣婴出生地之后，年纪最轻的王先进去参拜，发现圣婴的形貌年龄与他相仿；之后，年龄居中与最长的王先后进去参拜，每个人都看到类似的景象，发现圣婴的形貌年龄与自己相仿。三人互相描述了自身所见，惊讶之余，决定一起进去再参拜一次；他们一起进去，看到了真实的景象，也就是一个十三日大的婴孩。三王献出了黄金、乳香与没药，圣婴将礼物全收了下来；然后，圣婴给了他们一个合上的小匣子。然后，三王就踏上返乡的旅程。三王启程骑行几日以后，想起了圣婴给他们的匣子。他们把匣子

凡尔登的尼古拉斯（Nicolas di Verdun），《三贤士之棺》，1181 年创作，目前收藏于德国科隆大教堂。

打开，发现里面放了一颗石头。圣婴给他们这颗石头的意思，是告诉他们，信仰应坚如磐石。看到石头的时候，他们感到惊讶，由于不了解个中含义，便把石头丢入深井中；他们一将石头丢下去，天空就降下火焰，直接打入井中。三王看到这个奇景，突然领悟到上帝的教诲，对自己的作为感到沮丧，于是马上拿起这个火种，将它带回他们的国度并供奉在一间教堂中。他们将这火视为上帝来崇敬；所有的献祭品都用这火来焚烧；每当火焰熄灭时，他们会去附近有同样信仰的城市求火，奉归本城的礼拜堂中，绝对不用其他火源来点燃。城堡里的人告诉马可·波罗，这就是他们真实的历史故事，而这三王之一来自希巴，另一个来自亚瓦，第三位则是这个拜火城堡的王。

三王遗骨被窃

博维辛·德拉里瓦（Bonvesin de la Riva，13世纪）

《米兰城的伟大宝藏》*De Magnalibus Urbis Mediolani*，第4卷

在腓特烈一世毁了米兰城以后，为了惩罚米兰人的忠贞信仰，这些教会的敌人抢走了在公元314年由圣尤斯托乔带回米兰的东方三贤士遗骨。

我们米兰人这么努力，到底换来了什么报酬：我们因为信仰忠诚而与教会的反叛者对抗，却因此失去了这样的宝藏！对于这片土地上的人民来说，失去这个宝物真是莫大灾祸，然而人们却忙着交相指责，不去寻找弥补这等耻辱、将宝物光荣带回的方法，只知针对教会法典争论不休。如果我能向米兰城的诸位主教进言，我宁愿说："祸哉，米兰的大主教，因为他不顾圣人遗骨尚且遗落在外的事实，未能施展教会的力量将其取回。那些圣物并不是因为市民的过失才失去的，而是因为市民凭借着绝对且坚定不移的忠诚捍卫教会，才导致的灾祸！"米兰建城比罗马晚了两百年，自米兰在公元前504年建城以来，我认为，没有比这三贤士遗骨被劫持还更让人感到耻辱之事。

第三章

荷马的世界与古代七大奇迹

安德烈·曼特尼亚（Andrea Mantegna），《帕纳塞斯山》，1497年创作，目前收藏于法国巴黎卢浮宫。

我们对希腊神话里的世界非常熟悉：阿提卡地区、奥林匹斯山，以及故事里的河流、湖泊、森林、海洋等。除此之外，希腊人的想象力还不停地将这世界的每一个角落都转化为传奇之地。在希腊神话中，奥林匹斯山是众神的住所，精灵（ninfe）则住在广阔的水域与山林间：俄瑞阿得斯（Oreadi）是山之精灵，德律阿得斯（Driadi）寄宿在植物上，伊德里阿得斯（Idriadi）是水之精灵，涅瑞伊得斯（Nereidi）是海之精灵，克莱尼伊（Creneidi）与佩吉伊（Pegee）是泉之精灵，还有天空精灵普勒阿得（Pleiadi）。更不用说希腊神话

威廉－阿道夫 · 布格罗（William-Adolphe Bouguereau），《精灵与森林之神》，约 1873 年创作，目前收藏于美国马萨诸塞州威廉姆斯镇的斯特林暨弗朗辛 · 克拉克艺术学院。

安尼巴莱、阿戈斯蒂诺与卢多维科 · 卡拉齐（Annibale，Agostino e Ludovico Carracci），《伊阿宋得到金羊毛》，绘于 16 世纪，目前收藏于意大利博洛尼亚的法瓦宫博物馆。

安尼巴莱、阿戈斯蒂诺与卢多维科 · 卡拉齐，《建造阿尔戈号》，16 世纪绘于意大利博洛尼亚的法瓦宫博物馆。

里还有许许多多半人半兽的森林之神萨蒂尔（satiri）、英雄以及与某些特定地方有关的较低阶神祇……因此，若不是我们现在早已认识其中大部分的地区，整个希腊世界——虽然现在早已被神灵抛弃了——也许都能成为传奇地域研究的题材。我们今天已经不需要去猜测特洛伊城或阿伽门农宫殿位于何处，也很清楚伊阿宋为了寻找金羊毛而前去的科尔基斯究竟在哪里，还有许多游客会前往阿尔戈斯和迈锡尼旅游。尽管如此，世人对这些地方仍然充满了想象，它们具有和那些不存在的地方同样的特质。因此，世人才会不断地讨论尤利西斯到底在流浪的过程中去过哪些地方。我们知道，尤利西斯去过的地方应该都近在眼前，全都位于爱奥尼亚海到直布罗陀海峡之间，然而我们至今依然在讨论，到底哪些真实地点可以对应《奥德赛》里出现的地方。

多索·多西（Dosso Dossi），《女巫喀耳刻》，绘于16世纪，目前收藏于意大利罗马博盖赛美术馆。

尤利西斯的世界 让我们跟着尤利西斯的脚步重新上路，如同现今百科全书中所罗列之地，试着找出他冒险游历的每个地点。在被海之女神卡吕普索在奥杰吉厄岛上囚禁了七年以后，尤利西斯逃离该岛，经历一场暴风雨，辗转来到费埃克斯人居住的斯克里亚岛。这个斯克里亚岛应该是现今的科孚岛，与现在的伊萨卡相距不远。尤利西斯在斯克里亚岛向阿尔基诺奥斯国王叙述了他过去几年的冒险：遇上了吃忘忧果的人（也许位于利比亚海岸）、他和独眼巨人波吕斐摩斯的故事（可能在西西里岛），停留在风神埃俄罗斯的岛屿，登陆巨型食人族拉斯忒吕戈涅斯出没的坎帕尼亚地区海岸，在拉齐奥地区奇尔切奥山的喀耳刻女神的岛上生活了一年，抵达辛梅里安人的国度并前往冥府一游，穿越那不勒斯海湾里塞壬女妖出没的岛屿；之后又冒险通过女海妖斯库拉与卡律布狄斯大漩涡之间的通道墨西拿海峡，经过太阳神牧牛的特里纳基亚岛，从可怕海难中幸存后登上位于摩洛哥海岸的奥杰吉厄岛，并在该岛成为女神卡吕普索的情人与俘虏，待了很长的一段时间，然后才来到费埃克斯人的岛屿，再回到伊萨卡。

我们可以用现代的地图来重建尤利西斯的环游路径，不过尤利西斯真的曾经到过这些地方吗？今日由海路抵达希腊的游客，当他们

皮耶·弗朗西斯科·奇塔迪尼（Pier Francesco Cittadini），又称米兰内塞（Milanese），《尤利西斯与喀耳刻》，绘于17世纪，目前收藏于意大利博洛尼亚的提齐安娜·萨梭里古美术馆。

阿诺德·波克林（Arnold Böcklin），《尤利西斯与卡吕普索》，绘于1882年，目前收藏于瑞士巴塞尔市立美术馆。

从远处眺望伊萨卡的时候，可以感受到一股荷马史诗的情怀。然而，现在的伊萨卡果真是尤利西斯那时的伊萨卡？即使古希腊地理学家斯特拉波（Strabone）曾在公元1世纪确认了伊萨卡的位置，许多现代学者却认为现在的伊萨卡并不符合荷马的描述；例如荷马笔下的伊萨卡位于平原，现在的伊萨卡却是山地。因此才会有人推测，尤利西斯的家乡比较可能是现在的莱夫卡斯岛。

假如连尤利西斯的故乡在哪里都无法确认，更别说荷马在《奥德赛》里提到的其他地方了。

我们如果追随重建尤利西斯游历行程的稀奇古怪理论——沃尔夫（Wolf）在1990年指出这些理论有80个之多——会发现16世纪制图家亚伯拉罕·奥特柳斯（Abraham Ortelius）的《古史地图集》极可能首次尝试描绘出尤利西斯的足迹。对奥特柳斯来说，尤利西斯游历的范围远比众人的想象有限，根本没有超出西西里岛（吃忘忧果的人也在这个岛上）与意大利半岛，辛梅里安人的国度与卡吕普索之岛都在意大利半岛上；更别说奥杰吉厄岛的位置也从摩洛哥海岸移到大致在今日的塔兰托海湾一带，这样子多少就可以解释为何一个海难幸

《航行中的尤利西斯的船与他的同伴》，拼贴画，创作于公元3世纪，目前收藏于突尼斯的巴尔多博物馆。

存者会在斯克里亚岛登岸。如此看来，奥特柳斯所依据的古老史料可能认为奥杰吉厄岛很接近意大利卡拉布里亚地区的克罗托内岛。

然而，在1667年，地理学家皮埃尔·杜瓦尔（Pierre Duval）画了另一张地图，认为吃忘忧果的人应该在非洲海岸。假使我们一一研究19世纪的各种重构，会发现奥杰吉厄岛被放在巴尔干半岛，辛梅里安人和卡吕普索则在黑海地区。英国小说家塞缪尔·巴特勒（Samuel Butler，1897）除了推测荷马事实上可能是位女性之外，也提出伊萨卡位于西西里岛的特拉帕尼的说法；还有一位化名“欧墨鲁斯”（Pseudo–Eumaius，1898）的人曾断言，尤利西斯曾经绕行非洲并发现了美洲——不过通常认为这个说法是具有戏谑意味的。

这场重构旅程的比赛，即使到现在还在继续进行。汉斯·施托依瓦尔德（Hans Steuerwald，1978）认为尤利西斯曾抵达英格兰西南部的康沃尔郡与苏格兰，所以喀耳刻女神岛上生产的酒应该是纯粹的苏格兰威士忌；汉学家休伯特·道尼希特（Hubert Daunicht，1971）分析了《奥德赛》与一些中国故事之间的相似之处，将尤利西斯的足迹延伸到中国、日本和韩国；克莉丝汀·佩雷希（Christine Pellech，1983）更是认为尤利西斯早已发现了麦哲伦海峡与大洋洲。近年来，费里切·文奇（Felice Vinci，1995）则表示，《奥德赛》的所有旅程都介于地中海和波罗的海之间。

如果探讨尤利西斯旅程的理论真的有80个，我们的研究大可以就此打住，把讨论范围局限在最常被提到的一个理论上（这个理论给了爱尔兰作家乔伊斯灵感，写下《尤利西斯》，利用故事主人公在都柏林的一天重构了希腊英雄的整个旅程），这里指的是《奥德赛》法文版译者维克多·贝拉尔（Victor Bérard）的几本著作，其中以《尤利西斯的航程》（*Les Navigations d’Ulysse*）尤其为人称道。贝拉尔坚信荷马的描述是以腓尼基人在地中海地区的航行经验为根据，然而他重构的旅行路线却饱受批评，因为他虽然实际按自己描述的行程走了一遭，却是用现代的船只来航行，这种交通工具让他无法了解尤利西斯从一个地方到另一个地方到底花了多少时间。无论如何，贝拉

升天的抹大拉马利亚画师（Maestro della'Assunzione della Maddalena della Johnson Collection），《尤利西斯历险：与巨型食人族间的较量》，绘于13至14世纪，目前收藏于美国纽约州波基普西市瓦瑟学院弗朗西斯雷曼勒布艺术中心强森收藏。

尔认为吃忘忧果的人在突尼斯海岸、独眼巨人则在意大利维苏威火山附近、风神埃俄罗斯之岛是位于意大利半岛西侧的斯特隆博利岛、巨型食人族部落拉斯忒吕戈涅斯位于撒丁岛北部、喀耳刻女神住在奇尔切奥山、女海妖斯库拉与卡律布迪斯大漩涡位于墨西拿海峡、卡吕普索在直布罗陀、费埃克斯人的岛屿在希腊科孚岛、太阳神之岛在西西里、伊萨卡则是科林斯海湾的西阿基。

最具争议性的反对观点则来自弗劳（Frau，2002），他审慎重读原典文本以后提出反驳，认为荷马笔下的赫拉克勒斯之柱并不在直布罗陀海峡（据说从希腊化时代就认为赫拉克勒斯之柱位于直布罗陀海峡，因为在亚历山大大帝完成东征之后，出现了一种回过头朝向西方扩张的企图），希腊人在古代地中海的航行范围远比现在小很多，整个地中海西部都是腓尼基人的领域，希腊人对那里十分陌生，所以当时象征希腊世界西方尽头的赫拉克勒斯之柱应该是位于西西里岛和非洲海岸之间的西西里海峡，尤利西斯的整个旅程应该都是发生在地中海东部，撒丁岛应该是传说中的亚特兰蒂斯（本书另有专章讨论这块“消失的大陆”）。

然而，如果对弗劳来说，尤利西斯的世界比之前认定的更狭小，我们在此提出另一个来自文奇（Vinci，1995）的假设，他认为荷马笔下的环游航程，其实位于遥远的北方。文奇巨细无遗地根据事件描述与地名来加以重构并做出结论，认为荷马（或其他以他的名义）所

《巨型食人族攻击尤利西斯的船》

描述的所有事件，都发生在波罗的海和斯堪的纳维亚地区。这个假设来自一个已经被阐述好几次的理论，认为北方民族在青铜时代已经迁移到爱琴海地区；这些北方人后来根据他们的古老传说，重新改写出一个地中海地区的版本。

笔者撰写本章之目的，并不在于重建尤利西斯的游历路线。诗人荷马（或许是荷马们）是事后才根据从前流传的说法将这个故事组合起来，而《奥德赛》是一则非常美丽的传说，每一个在现代地图上重构这次旅程的尝试，都创造出更多的传说。我们提到的诸多说法之中，也许有一个是真的或比较接近事实，不过，真正让我们着迷的，是世人在许多世纪以来一直沉醉于这次从未发生过的旅程。无论卡吕普索住在哪里，许多人都曾经梦想在她那甜蜜的牢笼里度过几年人生。

七大奇迹 在古代世界的传说地点之中，我们还应该记述一下所谓的七大奇迹，也就是塞米勒米斯（Semiramide）在每个季节都可

扬·勃鲁盖尔一世（Jan Bruegel il Vecchio），《尤利西斯与卡吕普索》，绘于16至17世纪，私人收藏。

以采到新鲜玫瑰花的巴比伦空中花园、曾经伫立在希腊罗得岛港口内的巨大太阳神铜像、哈利卡纳苏斯的摩索拉斯王陵墓、土耳其以弗所的阿尔忒弥斯神庙、埃及亚历山大港的灯塔、出自古希腊雕刻家菲迪亚斯之手的奥林匹亚宙斯神像以及埃及吉萨的胡夫金字塔。我们有希腊地理学家保萨尼亚斯、古罗马作家老普林尼、古罗马历史学家瓦勒里奥·马希莫、古罗马作家格留斯等人所留下的记载，甚至凯撒大帝都曾经谈起并一一描述过这七大奇迹，即使这些地方事实上并不如传说中那样的奇妙，但这些地方真的存在过。

人们最常讨论的奇迹，其实是阿尔忒弥斯神庙（亦即戴安娜神庙），因为根据传说，一位名叫赫洛斯塔图斯的年轻人，为了在史上留名而纵火烧毁神庙；我们不能不承认，尽管死后留名这件事令人疑惑，他确实是达成了他的目的。

胡夫金字塔是唯一幸存至今的奇迹。由于至今仍然存在，它也成了七大奇迹之中拥有最多传说的地方，其中有许多是现代才出现的，而且新传说还持续不断地被创造出来。虽然真实的金字塔今天仍旧存在，人们也可以进入参观，然而所谓的“金字塔神秘学者”却创造出他们自己的传说，幻想着一种只存在于探秘者想象中的平行世界金字塔。

弗朗切斯科·海耶兹（Francesco Hayez），《尤利西斯在阿尔基诺奥斯宫殿》，约绘于1814年，目前收藏于意大利那不勒斯卡波迪蒙蒂国家美术馆。

阿尔基诺奥斯国王的宫殿

荷马（公元前9世纪）
《奥德赛》第7卷，106~178页

奥德修斯来到阿尔基诺奥斯的华丽宫殿，千头万绪，他走到宫殿那青铜制的门槛边，停了下来。宛如太阳或明月般，阿尔基诺奥斯的宏伟宫殿散发着光辉。青铜制的墙面沿着两侧，从宫门往内部延伸，周围还贴着一道珐琅檐壁。黄金打造的大门，护卫着坚固的宫邸，白银门柱伫立在青铜门槛之上；连同白银的门楣与黄金制的门环：门的两侧矗立着黄金与白银的狗像，为赫菲斯托斯匠心打造，好守护着阿尔基诺奥斯的宏伟宫殿；一切都永垂不朽，年华无尽。沿着两侧的墙，座椅一字排成两列，从门一直延伸到内室；椅上覆盖着织工精美的帷幔，出自女人的手工。费埃克斯人的王公贵族在此聚会吃喝，有着食之不尽的丰富粮食。金铸童像矗立坚固底座上，手持火把，照亮着宫中夜宴……庭院外有一大片果菜园，四天才能耕完的面积为围篱所环绕。里面种着正在盛开的高大果树，梨子、石榴、苹果个个闪闪发亮，还有甜美的无花果与枝叶繁盛的橄榄树；无论冬夏，它们的果实从没少过，终年茂盛：西风的吹抚让这里生生不息，一批果实刚结，另一批早已成熟。黄熟的梨子相互挤碰，苹果堆积，一串串葡萄硕果累累，无花果相互顶簇。那儿也有一座盛产的葡萄园，其中有一部分土壤肥沃、日照丰沛；一部分的葡萄正在收成，另一部分的葡萄正被踩踏酿酒；一旁是未成熟的绿色果实，还在开花，其他则刚转成熟。果菜园尽头是一片青绿的鲜菜，终年苍郁不断。此地有两处水源：一条遍布园区，另一条往反方向朝着庭院下方流去，直达宫殿：城里居民到此汲水。这些神赐的美好礼物，都在阿尔基诺奥斯的宅邸。

尤利西斯的航行离家乡并不远

塞尔吉奥·弗劳（Sergio Frau）

《赫拉克勒斯之柱调查》*Le Colonne d'Ercole Un'inchiesta*，2002 年

谁在直布罗陀海峡立下赫拉克勒斯之柱？又是何时立下的？古希腊人的遥远西部真的是从那里开始的吗？马耳他、西西里和突尼斯之间的诸多海峡——那些在水底下、被隐匿的岩石和沙滩所环绕的秘密峡谷——也可能是赫拉克勒斯之柱的所在地吗？……押注在雷焦卡拉布里亚和墨西拿海峡吗？那里也不一定比较好：有可怕的怪物斯库拉和卡律布狄斯大漩涡守卫着……事实上，你愈是读下去，这通道愈让人害怕：历来对地中海地区的想象与叙述中，这是怪物密度最高、悲剧最多、海难最频发的区域。这全部都是幻想吗？……荷马非常善于将所有位于西西里海峡的怪物、恐惧和危险运用在他的故事中，可以说是毫无保留，当时的人们也没有否认这些当时在地中海港口间流传的故事……在荷马的年代，当众人听到这些东西的时候，都只会想到一件事：西西里岛海域……所以，如果这些学者（比其他人更了解希腊的人）都是对的，那些吵吵闹闹的海洋子民为什么要将柱子放在直布罗陀海峡之外？放在那里对任何人都没有用。既然如此，为了这一连串混乱而难以厘清的地名吵成一团有什么用呢？对谁有意义呢？既然没有人能前往摩洛哥的河流、塞内加尔的海湾或西方的金苹果园，人们光是想到渡过奥特兰托海峡就颤抖个不停，那又何必扯到这些地方？……总之，荷马笔下让人畏惧的大洋到底从哪里开始？它可能在直布罗陀海峡之外吗？这让人无法想象，而且事实上，也没有人如此想象。

尤利西斯的航行离家乡很遥远

费里切·文奇（Felice Vinci）

《波罗的海的荷马》*Omero nel Baltico*，2008 年

最后一个冰河时期结束以后，北欧地区经历了许多不同阶段的气候变迁，以下概要描述各阶段的主要特征，尤其是植被：

——前北方期（公元前 8000～前 7000 年）：气候寒冷，大陆型气候；北美黄杉、桤木和欧榛开始散布。

——北方后冰期（公元前7000~前5500年）：夏季炎热，冬季相对温和。

——大西洋期（公元前5500~前2000 年）：比北方后冰期炎热，夏季炎热，冬季温和且潮湿。

——亚北方期（公元前2000~前500 年）：气候更接近大陆型气候，平均温度降低。云杉与山毛榉开始散布。

就我们的研究来说，我们感兴趣的是“大西洋期”——相当于是冰河时期结束以后的最适宜气候，约在公元前2500 年达到高峰，而且一直延续到公元前2000 年左右——而后续时期的整体平均气温较低。

就如拉维奥萨·赞波提（Laviosa Zambotti）教授所言，这也是斯堪的纳维亚地区有史以来气候最好的时期，也因而促成了当时斯堪的纳维亚地区的高度文明：这大概是公元前2500年……

走笔至此，我们不难想象，青铜时代技术纯熟的航海家，利用了这最适宜气候之全盛时期的绝佳有利条件（如前所述出现在公元前第三个千禧年的中期），甚至能够航行到非常遥远的地方……

《伊利亚特》和《奥德赛》的真实场景并不在地中海，而是在北欧。这两篇史诗引以为源的诸多传说故事，其实来自波罗的海和斯堪的纳维亚，这两个地区在公元前2000年的青铜时期蓬勃发展，至今仍有许多可被视为是荷马诗作提及地点之处，其中更包括特洛伊和伊萨卡；随着最适宜气候的消失，这些冒险故事被这群伟大的航海家（他们在公元前16世纪创立了迈锡尼文明）带到希腊：那个特洛伊战争和其他希腊神话故事发生的原本世界，都被这些人带到地中海地区加以重构，代代相传，让他们祖先在失去的家园发生过的英雄事迹的记忆维持生命力，并延续到接下来的时代。

总的来讲，我们在此根据研究提出一些结论。导致人们将《荷马史诗》的场景放在地中海地区的原因是如此荒诞，因为这些地点与迈锡尼文明的地理并不相符，因为这些故事发生的地方在北欧（皮果，Pigguo），也因为迈锡尼文明可能源自北方（尼尔森，Nilsson）——在意识到其荒谬性以后，这个研究就从普鲁塔克提出的“奥杰吉厄岛实际上位于北方”这个说法开始，这才是开启荷马世界大门之钥，它让我们能够巨细无遗地重构出荷马的世界，而初步成果也显示最初的假设是成立的。这个不乏波尔普所谓可否证性之必要条件的角度，除了对古代的问题提出较合宜的解答、驳斥“荷马是诗人不是地理学家”的既有看法以外，也自然融入了近年来有关《荷马史诗》和迈锡尼文明的研究所得，让我们能够把所有成果融合成连贯且统一的观点，并做出一个除此以外绝无可能的结论。

重构《荷马史诗》地点之举，对于特洛伊和伊萨卡地区特别重要，因为我们手中握有大量证据，证明这两个地方分别代表《伊利亚特》

和《奥德赛》的场景：光是发现杜里奇奥（Dulichio）是荷马曾多次提及的神秘长岛本身——它的正确位置是在伯罗奔尼撒半岛低地，以及一群两首史诗都提及过的岛屿的相对位置——就是这个理论的重要佐证。我们也发现，虽然两首史诗分别将场景设定在不同的地方，不过就某种意义而言其实是互补的：其一，透过《船舰编录》，我们能够重建青铜时代早期沿着波罗的海海岸建立的希腊前哨；其二，尤利西斯的流浪历程呈现出非常鲜明而连贯的知识画面，让我们了解古代民族对于让人着迷却又充满危险的“外部世界”到底有多少认识。例如充满力量的大西洋（荷马曾两次提及大西洋，两次的形象完全不同：一次是深具威胁性的卡律布狄斯大漩涡，一次则是仁慈地帮助英雄前往陆地，将他送往斯克里亚河河口），以及许多奇异现象，例如巨型食人族国度的夏天特别漫长，这又预示了在喀耳刻所住的艾尤岛以北的极远之处，那儿夏不落日，还有“极光之舞”。总之，我们能从荷马的整个世界推衍出来的地理信息，大致可以分成几组：伊萨卡的世界（位于丹麦的群岛）、尤利西斯的冒险（在北大西洋）、特洛伊的世界（位于芬兰南部），以及希腊前哨的世界（波罗的海沿岸）。每一组都与对应的北欧地区显示出非比寻常的关联，相较之下，传统上以为这些地方位于地中海的认知就显得相当矛盾；而且，就每一个地区，我们都能确知其气候系统寒冷、多雾且不稳定，这些都和北欧的环境条件一致。此外，高纬度地区夜晚清朗，希腊人和特洛伊人才可能毫不间断地打了两个昼夜，而且斯卡曼德洛斯河和西摩伊斯河涨潮的时间也和北欧地区河流的季节性变化一致。

巴比伦空中花园

化名拜占庭的裴洛（Pseudo-Filone di Bisanzio，公元前3世纪）

《世界七大奇迹》*I Sette Grandi Spettacoli del Mondo*

所谓的空中花园，植物种在空中，不在地面，是一个铺有土壤以让植物扎根生长的空中露台。露台以石柱为支撑，整个露台空间满是浮雕石柱。因此，花园内架满了密密麻麻的棕榈木横梁。棕榈木是唯一一种不易腐烂、甚至在潮湿且受到重压时，会向上弯曲的木料；此外，这种材质本身多孔隙，能够将来自外部的物质保留下来，借此为植物根须提供养分。

这些梁木上堆了一层厚厚的土壤，上面种植了花园内最常见的阔叶树，也有各式各色的花朵，简言之，所有的事物皆赏心悦目，并提供最大的欢娱。园内的工作方式与一般田地并无不同，和任何地形一样都能适应种植工作。因此，人们在下方石柱间散步时，上方园里可能正在犁地，当我们踏在园内土壤

《巴比伦的空中花园》，石版印刷，约制作于1886年，目前为私人收藏。

路易·德·考勒里（Louis de Caullery），《罗得岛的太阳神铜像》，绘于17世纪，目前收藏于法国巴黎卢浮宫。

表面时，靠近梁木的下层土壤仍能维持完整不动。来自更高处水源的水道，不是直接在园里形成美丽的溪流，就是用一种螺旋状结构架高并以另一种螺旋机器迫使水流进水管里；水流从大大小小的喷泉口流出，灌溉着整座花园，替深根树木提供水分，也维持园区土壤湿润。因此我们可以想象，园内青草终年翠绿，从树上嫩枝长出来的树叶总是生气蓬勃且繁茂持久。事实上，这些植物的根部永远不会缺水，它们可以吸收被根部包围的水分并借以保持湿润，让植物稳定长久地生长下去。这座花园是一件精美、奢侈且豪气的杰作，园内的一切都是人工打造的，农工辛勤工作之处，正是位于花园观赏者的头顶。

罗得岛的太阳神铜像

老普林尼（Plinio，公元 23~79 年）

《自然史》，第 34 卷，第 41 节

在所有巨型雕像中，最令人赞叹的是出自林多斯人哈里斯（Carete di Lindo）的罗得岛太阳神铜像，哈里斯是著名雕刻家留西波斯（Lisippo）的弟子。这座雕像高 70 腕尺（约 32 米），完工 66 年之后在一场地震中崩塌，不过即使在崩塌以后，同样是极其精彩的奇景。很少人有办法环抱它的大拇指，而且它的手指比许多其他完整的雕像都来得大。断裂的手臂内有非常大的空间；走进去可以看到大块大块的岩石，是艺术家在施工期间用以巩固巨大雕像的重物。据说这座雕像花了 12 年的时间才打造完成，而且在此期间利用德米特里一世长期围攻罗得岛不成之后所抛弃的物资，将之贩卖，换得 300 人力投入建造工作。

同城市内另外还有上百座规模较小的此类雕像，不过这么庞大的雕像无论出现在什么地方，都会让所在地名声大噪。

摩索拉斯王陵墓

奥卢斯·格留斯（Aulo Gellio，公元 125~180 年）

《阿提卡之夜》*Notti Attiche*，第 10 卷，第 18 节

有人说，阿尔特米西亚二世（Artemisia）对丈夫摩索拉斯（Mausolo）的爱无人能比，超越了人类情感的所有表达形式。如马库斯·图利乌斯（Marco Tullio）所述，摩索拉斯是卡里亚地区的国王；根据某些希腊史家的说法，他只是一个省的提督，也就是希腊人所说的总督。据说，当摩索拉斯去世以后，妻子为他举行了一场盛大的葬礼，她因为失去挚爱而悲恸不已，受到痛楚折磨的阿尔特米西亚将摩索拉斯的骨头和骨灰混在香水里，或将之捣成粉末溶在水里喝下；此外还有许许多多的证明，展现出她对挚爱满怀激情。为了纪念她的丈夫，她耗

费大量人力物力建造了那座名声响亮、足堪名列世界七大奇迹之一的陵墓。阿尔特米西亚宣布要为摩索拉斯纪念碑的题献词举办一场比赛，让参赛者以竞诗的方式来赞美摩索拉斯的功绩，并提出丰富的奖金与奖品。有人说，当时许多以聪明才智和滔滔辩才闻名的人物都参加了这场比赛：塞奥彭普斯、塞奥德克特与纳克拉底等；甚至有史学家认为伊索克拉底也参加了这场比赛。然而，拜伊索克拉底为师的塞奥彭普斯却赢得了这场比赛。

阿尔忒弥斯神庙的建造

老普林尼

《自然史》，第36卷，第95节

目前仍然存在于以弗所的戴安娜神庙，是一座值得被列入奇迹的宏伟希腊建筑。为了建造这座神庙，整个小亚细亚地区花了120年的时间。这座神庙建在沼泽地上，如此一来就不会受到地震或土壤龟裂的影响，但由于不能把一座如此庞大的建筑物直接盖在湿滑且不稳定的地基上，建造者在底下铺了一层煤炭碎片和一层羊毛毡。整座神庙长425英尺，宽225英尺，共有127根高60英尺的柱子，每根柱子都是某位国王的献礼（其中有36根石柱有雕刻装饰，其中一根出自斯珂帕斯之手）。据说这座神庙是由建筑师伽尔瑟夫农（Chersifrone）设计，全部工程中最让人印象深刻的，是竟然能够将规模惊人的楣梁给架上去。伽尔瑟夫农用装满沙子的大篓子来解决这一问题，他将大沙篓堆成与石柱顶端一样高的缓坡，把楣梁运上去放好以后，再慢慢把下面的沙篓清空，如此，整个结构就慢慢稳定下来。最困难的问题在于如何安放大门正上方的楣梁？这是所有建材中最巨大的一块，而且底下没有任何结构可以支撑。建筑师因无法寻得解决之道而感到绝望，想要自杀。据说某天晚上，他思考着这个挥之不去的困扰，在他累到睡着以后，阿尔忒弥斯显灵了，女神告诫他要活下去，因为她已经把楣梁安置好了。

第二天的事情是这样的：这楣梁似乎单凭自身的重量就轻易稳定了下来。有关这个神庙的其他装饰，需要写好几本书才讲得完，不过这些装饰丝毫没有运用自然元素，完全采用抽象元素装饰。

《哈利卡纳苏斯的陵墓》，年代不详。

阿尔忒弥斯神庙被纵火烧毁

瓦勒里奥·马希莫（Valerio Massimo，公元前1世纪至公元1世纪）

《值得纪念的事实与名言》*Fatti e Detti Memorabili*，第8卷，第14则

渴望荣耀可能会引致亵渎。曾经有一个人，他想要放火烧毁以弗所的戴安娜神庙，好借着这件杰作毁坏的消息，将他的名号散播到世

界各地：他在几经拷打折磨以后才承认这一疯狂之举。因此，以弗所人决定立法消除有关这名邪恶男子的记录；只有能言善道得过了头的塞奥彭普斯曾在他撰写的《历史》中提其此事。

奥林匹亚宙斯神像

保萨尼亚斯（Pausania，公元2世纪）
《希腊志》*Periegesi*，第5卷

宙斯坐在一个由黄金和象牙打造的宝座上；他的头上戴着一顶看似橄榄枝的头冠。他的右手拿着一座也是用黄金和象牙打造的胜利女神维多利亚像，小神像上有丝带与头冠装饰；左手则拿着一把以各种金属装饰的权杖，上面还有一只老鹰。神的凉鞋和衣服是金子做的，衣上刻有动物与百合花作为装饰。宝座以黄金、各种宝石、乌木与象牙装饰，全都塑造成动物与其他图形。展现出不同舞姿的胜利女神维多利亚像共有四座，分别位于宝座的每只椅脚下；每只椅脚的基座上另外各有两座胜利女神雕像。前面的椅脚上有被斯芬克斯绑架的底比斯孩童像；斯芬克斯下方是阿波罗和阿尔忒弥斯正以箭矢射杀尼俄伯的子女。

威廉·范·埃伦伯格，《以弗所的戴安娜神庙》，绘于17世纪，目前为私人收藏。

宝座的椅脚之间有四根横杆，从一只椅脚延伸到另一只椅脚；正对着入口的那根横杆上有七幅图，第八幅不知道怎么消失了。这些图所展现的应该是古时候的比赛，因为雕刻家菲迪亚斯的年代还没开始举办青年运动会。据说图中头上绑着丝带的男子是潘塔尔喀斯，一名来自伊利斯城的年轻人，据传是菲迪亚斯的爱人；后来潘塔尔喀斯也赢了第86届奥运的角力比赛。其他横杆上则是和赫拉克勒斯一起对抗亚马逊人的战士。双方总共有29名战士，忒修斯也出现在赫拉克勒斯的同伴之中……

至于宝座上半部，菲迪亚斯在雕像头顶的两侧分别放了美惠三女神与时序三女神。这些女神在史诗中被列为宙斯的女儿，荷马在《伊利亚特》（第5卷第749节）提到时序三女神的时候曾说，她们看来就像皇家宫廷的守卫，看守着天空。宙斯踩在脚下的凳子是雅典人所说的脚凳，上有金狮，并饰有忒修斯与亚马逊人战斗场面的浮雕，那是雅典人与异族的第一场战争。支撑着宝座和宙斯雕像的底座上有许许多多的装饰，例如太阳神的战车、宙斯和赫拉、赫菲斯托斯与其身旁的美惠女神，全都以黄金打造；紧接着是赫尔墨斯、赫斯提亚，其后则是厄洛斯欢迎阿佛洛狄忒从海上

费舍尔·冯·埃拉赫（Fischer von Erlach），约翰·伯恩哈德（Johann Bernhard），《奥林匹亚的宙斯雕像》，版画，制作于1721年，私人收藏。

到来，以及佩托替阿佛洛狄忒加冕的景象。以浮雕来表现的，还有阿波罗与阿尔忒弥斯，以及雅典娜和赫拉克勒斯；最后，在脚凳的最后方，则是安菲特律特和波塞冬，以及骑马疾驰的月亮女神卢娜。有人说卢娜骑的是骡子，而且这骑骡子的小故事还相当有趣。

我知道奥林匹亚宙斯神像的高度与宽度都已经有过测量与记录，不过我不建议参考这些测量者的数据，因为他们提出的数字远比实际观察所给人的印象来得微小。根据传言，即便是宙斯都极其赞叹菲迪亚斯的技艺高超。事实上，在雕像完成以后，菲迪亚斯向宙斯祈求，如果神对这件作品感到满意，就给他一个征兆；据说天上马上降下闪电打在地面上，即使到笔者的年代，此地仍覆有一只双耳瓶作为标记。雕像前方的地板都以黑色而非白色石板覆盖。

亚历山大港的灯塔

尤利乌斯·凯撒（Giulio Cesare，公元前1世纪）

《内战记》*La Guerra Civile*，第3卷，第112节

这座灯塔坐落于一小岛上，塔非常高，是一件杰出的建筑作品，所在的小岛亦因此与塔同名。这座位于亚历山大前方的岛屿也成了该城的港口；古代君王在海上造了一座900步长的防波堤，将岛和城市用这座狭桥连接起来。岛上有私人住宅，这些住宅形成了庞大的住宅区，宛如城镇；任何因为经验不足或暴风

雨而偏离航道的船舰，经常被居民和海盗洗劫一空。无论如何，由于航道狭窄，如果没有灯塔管理人的许可，船只就无法进入。

金字塔神秘学

翁贝托·艾柯（Umberto Eco）

《论有悖常理的数学应用》"Sugli Usi Perversi Della Matematica"，2011 年

拿破仑远征埃及以后，科学家便更容易接近金字塔了，因而展开一系列重建与测量工作，其中有关胡夫金字塔的种种更是相当受到重视；人们在胡夫金字塔的国王墓室并没有找到任何法老木乃伊（也没有宝物），尽管世人合理推测，认为随着穆斯林到来，金字塔早已成为掠夺的对象，木乃伊与宝物可能因此佚失；但还是有些人开始猜测，认为胡夫金字塔事实上可能根本不是陵墓，或者它并不只是一座陵墓，而是一座庞大的数学与天文实验室。这座实验室的尺寸数据应该能传递出一种由古代金字塔建造者所拥有、然而目前已经佚失的科学知识，这知识也许连古埃及人都不得而知，因为根据某些金字塔神秘学家的说法，原先的金字塔建造者来自更遥远的时空，也许是来自另一个星球的外星人。

根据目前所知，胡夫金字塔的每侧长约 230 米（每侧皆稍有差异，部分原因是石材因年代久远受到侵蚀，再加上原本覆盖在石块上的平滑石板也被穆斯林拆去建造清真寺），高 146 米。无疑地，此金字塔的方位乃依照东南西北四个基点（角度误差低于 10 度）；而且，在建造它的年代，透过其中一条入口廊道看出去，似乎可以观察到北极星。这并不至于让我们感到惊讶，因为古埃及人悉心观察天象，而且从巨石阵到基督教教堂的建造，方位一直都是非常受到重视的问题。

然而，这里的问题在于古埃及人到底用什么单位来测量，因为若用现在的单位米或厘米来表示，常常会出现"666"这个数字，假设古埃及人想要借此表示《圣经·启示录》里代表"兽"的数字，是非常不合理的，因为在古代人所使用的腕尺制度中，同样的长度并不具有任何意涵。

19 世纪初，有位名叫约翰·泰勒（John Taylor）的仁兄，尽管从未亲眼看过金字塔，却在研究他人的绘图之后发现，若将金字塔底部周长除以高度的两倍（或是将底部边长除以高度，然后将得到的商数乘以二），得到的数值与圆周率非常接近。后来泰勒又进一步推算出金字塔高度和周长的比例，等同于地球极半径与通过南北两极之圆周长的比例。泰勒的发现在 1865 年左右对一名苏格兰天文学家查尔斯·皮亚齐·史密斯（Charles Piazzi Smyth）造成很大的影响，而史密斯也将他的著作《大金字塔的遗产》（*Our Inheritance in the Great Pyramid*,

埃及亚历山大港的灯塔。

1880）献给泰勒。尽管我们不知道史密斯以何种基础来计算，根据他的计算，古埃及人的1腕尺（约63厘米）可能等于25“金字塔寸”，而这个金字塔寸则相当于英制英寸。事实上，皮亚齐·史密斯在书中用了一整个章节来批评法国公制单位的共和特性及其违反基督教精神的人为化，借此称颂英制单位的基础是上帝律法的自然性。

若以金字塔寸来表示胡夫金字塔的周长，长度则相当于36,506寸；若将逗号向后移一位，天知道为什么，竟然会得到日历年的确切天数（365.06）。皮亚齐的弟子弗林德斯·皮特里（Flinders Petrie）也发现，国王墓室的长度与周长比也等于圆周率（尽管他似乎影射某天曾看到老师在打磨一条走道里方方正正的石块，好让自己计算出来的数字得以吻合），再次确认这圆周率数字的计算。将国王墓室的长度（以金字塔寸为单位）乘以3.14，仍然可以得到365.242，或多或少相当于日历年的天数。一张皮亚齐绘制的地图显示，在胡夫金字塔相交的经线和纬线（北纬30 度与东经31度）所经过的陆地比其他经纬线都多，古埃及人似乎想让这座金字塔坐落在人类可居住的世界的中心。

根据皮亚齐和后继金字塔神秘学家的推论，我们可以说，将胡夫金字塔的高度乘以100万，可以得到地球与太阳之间的最短距离（即1.46亿而非1.47亿公里）。将胡夫金字塔的重量乘以10亿，则得到地球重量的近似值。将胡夫金字塔底部四边总和乘以2，得到的数值几乎等于在赤道纬度上每一经度距离的1/60。陆地在海平面上的平均高度，差不多就是胡夫金字塔的高度。最后，其墙面曲度（肉眼几乎难以察觉）和地球曲率相同。总之，胡夫金字塔或大金字塔与地球的比例尺为1:43200……我们必须知道，即使中世纪时期的建筑师对所谓的数学黄金分割并没有明确的概念，他们按直觉设计出来的结构，后来也发现有符合黄金比例的例子。另一方面，一名19世纪的心理学家费希纳（Fechner）也证明，若把不同形状的卡片拿给不懂数学的人看，大部分人按本能都会选择边长遵循黄金比例的那些卡片。因此，如果人类的头脑能够欣赏特定比例，古埃及人就可能有某种能够注意到特定比例的能力，尽管古埃及人在数学知识方面比亚述人与巴比伦人落后许多，而且他们只将几何学当成工具，用来按尼罗河泛滥的情形来决定耕作的面积——而且这些程序可能根本就是以建筑师的实务经验为根据的。当然，圆周率或者是非常接近圆周率的数字（也就是3.1605）确实曾经出现在莱因德数学纸草书上，不过金字塔建造者可能凭经验利用芦苇来测量，这也解释了为什么他们的结果总是无可避免地以近似值呈现。最后也有人认为，这些数值都是以车轮的倍数来测量，所以直径与周长之间的关系（亦即圆周率）自然就会出现在这里。因此，就让我们暂时略过圆周率的问题。事实

《吉萨金字塔》，当代摄影。

是，金字塔神秘学家认为古埃及人想要透过金字塔来传递古埃及人根本不可能知道的科学数据百科全书。皮亚齐·史密斯是天文学家，不过并不是古埃及专家，也不具备充分的科学史知识。坦白说，这个人甚至缺乏常识。让我们来看看有关金字塔位于陆地中央位置的说法：这必须假设古埃及人手中握有现代人手中的地图，也要假设古埃及人知道美国和西伯利亚的确切位置，而且这还排除了格陵兰岛和大洋洲大陆的存在——而且无论如何，至今并没有任何考古发现证实古埃及人有能力绘制出一份可靠的地图。同样地，古埃及人无从得知陆地在海平面的平均高度。虽然在前苏格拉底时期的人早已提出地圆说（无论如何都比金字塔的建造晚了非常久），硬要说古埃及人确实知道地球的真实曲度与地球圆周，这其实是令人存疑的，因为一直到公元前3世纪，埃拉托色尼才计算出地球子午线长度的近似值。

至于地球到太阳的距离，还得等到世界上出现适当的工具才能测量。我不是说古埃及人的想法和伊壁鸠鲁一样，认为太阳不比人类肉眼所见来得大（也就是说，太阳的直径只有大约30厘米），不过无论如何，这些人手上都没有适当的工具，而且提出的数字至少相差了100万公里。最后，将金字塔重量拿来和地球重量相比的计算是不可能的，因为即使到现在，我们仍然无法确知金字塔是否每个部分都是实

心的……

皮亚齐在某个时间点写下：“大金字塔从顶点到底部的高度是 1610 亿金字塔寸。从亚当到现在，有多少人曾经活在这个世界上？大约有 1530 亿至 1710 亿人之间。”（《大金字塔的遗产》，第 583 页）应该注意的是，如果金字塔要预测数世纪以后的世界人口数，为什么这一数字只停在皮亚齐·史密斯的年代，而不更谨慎地继续往前或往后计算个 1000 年？皮亚齐·史密斯继续根据这些科学原理研究下去，发现了国王墓室石棺、诺亚方舟和约柜之间的线性与体积关联（据我所知，所谓的约柜只有印第安纳琼斯曾在电影里看到过），不过这是因为他毫不犹豫地直接采用了《圣经》里的数字，而且直接将犹太腕尺换算成古埃及腕尺的缘故。

不仅如此，金字塔内各走廊长度之间的关系，甚至部分地揭露了决定命运的日期，如未来摩西带领犹太人离开埃及的时间（公元前 1553 年），而且由于出埃及与耶稣被钉上十字架的时间相距 1485 年，它也预言了耶稣的死亡时间。皮亚齐·史密斯的后继者更算出，国王墓室两通道长度的总和，刚好是耶稣门徒钓到的鱼的数量。此外，由于希腊文的“鱼”（iktys）一字的代表数值是 1224，而 1224 很容易就被推

大金字塔断切面。出自查尔斯·皮亚齐·史密斯,《大金字塔的遗产》，1880 年于伦敦出版。

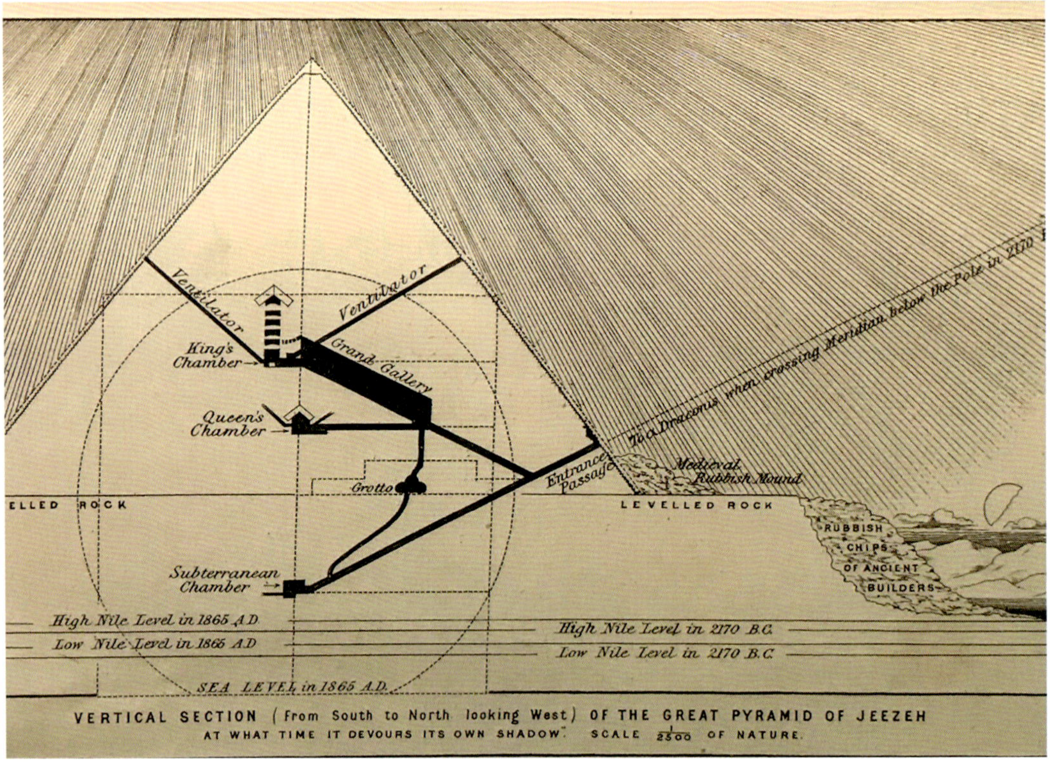

论出来是153乘以8 的积数。为什么是8？当然是因为将1224除以8可以得到153（在此之前也试着用前面7个数字当除数）。那么，假使把1224拿来用任何数字除，都得不到153呢？显然，这就不会被拿来当成示例，而且绝对不会有人提起。其他金字塔神秘学家也以同样的方式计算出耶稣生活在这个世界上的确切天数是12240天，而这一数字刚好是10×8×53。这里只要把1224乘以10，然后除以80就可以得到153；这个演算只是为了确立耶稣活在这世上12240天，而《圣经》的文字没有任何部分可以支持这个数字——更何况假使耶稣活了33年，乘以365天所得到的是12045天，即使把耶稣出生的那一年算成闰年，在33年之间有9个闰年，这样子最多也才12054天（然而耶稣生命的最后一年只能算到复活节，所以耶稣活在世界上的天数实际上比这个数字还更低）。

事实是，你可以随心所欲地解释数字。在讨论金字塔神秘学家的发现时，一位名叫尚-皮埃尔·亚当（Jean-Pierre Adam）的建筑师对他家附近的乐透投注站做了一个实验。投注站货架的长度是149厘米，等于地球与太阳距离的一千亿分之一。后方高度除以窗户宽度是176÷56=3.14。前方高度是19分米，相当于希腊阴历周期的年数。前方两角与后方两角的高度总和是190×2＋176×2＝732，刚好是图尔战役战胜之年。隔板厚度是3.1厘米，窗框宽度是8.8厘米；将这两个数字的整数用英文字母代替，可以得到$C_{10}H_8$，也就是萘的化学式。

第四章

东方奇观

虚构的动物，中央为格里芬（狮鹫），取自巴托洛梅乌斯·安格利库斯《论事物的本质》，15世纪绘制，目前收藏于法国亚眠市立图书馆。

古人眼中的东方 古希腊人长久以来一直深为东方着迷。早在希罗多德的时期（约公元前475年），波斯早已和印度与中亚地区间有贸易往来，而且对古希腊人来说，亚历山大大帝东征更是打开了新通路，让他们的触角抵达了印度河流域（实际上超过了现今阿富汗的位置）。亚历山大大帝手下的海军将领尼阿库斯（Nearco）开辟了从印度河三角洲到波斯湾的航线，也让古希腊文明的影响力进一步扩展到其他地区。不过，天知道那些东行的商人和士兵在返乡时到底讲了些什么。尽管当时的西方人已造访过这些地区，在此之前早有许多传说故事流传了数世纪之久，尽管历史上有一些较为可信的旅行者（如中世纪时期的约翰·普兰诺·加宾尼或马可·波罗等）都曾详尽记载他们的旅程，留下大量文字记述，这些传说故事仍然在不断流传。总之，从古代到中世纪之间，有关东方奇观或“寻奇”的风土记述，早已成为一种不会受到地理大发现影响的文学类别。

这类文学作品数量丰富，其中有关印度的种种奇观，早在公元前4世纪就被泰西阿斯（Ctesia di Cnido）记录下来；老普林尼（公元1世纪）的大部分作品都已经佚失，不过他笔下丰富的奇珍异兽却能随着《自然史》流传下来，而且这部作品更启发后继者写下无数辑录类型作品，从公元3世纪索利努斯（Solino）的《要事集》（*Collectanea Rerum Memorabilium*），到公元4至5世纪间马尔提亚努斯·卡佩拉（Marziano Capella）以自由七艺为题写下的《论语言学与墨丘利的结合》（*Nozze di Filologia e Mercurio*），皆属此类。公元2世纪，萨莫萨塔的琉善（Luciano di Samosata）可能单纯只是想

拉邦努·毛鲁斯（Rabano Mauro），取自《论宇宙或事物本质》（*De Universo seu De Rerum Naturis*）的局部图，11世纪出版，目前为意大利卡西诺山修道院档案收藏，排架号Cod. Casin.132。

要嘲弄世人的传统信仰，在《信史》（*Storia Vera*）一书中放入了许许多多的奇兽，如骏鹰、以莴苣叶为翅膀的飞鸟、牛头怪，以及体形相当于12头大象加起来的跳蚤射手。[1]

无论亚历山大大帝到底看到了什么，有关其旅程的奇妙故事一直让中世纪的人感到着迷，我们可以在《亚历山大演义》（*Romanzo d'Alessandro*）一书中看出端倪。这本书自公元4世纪开始就流传着许多不同的拉丁文译本，这些译本全都来自古希腊文本，可以追溯到公元3世纪化名为“凯利斯尼兹”（Pseudo-Callistene）的作者。在这本书中，这位来自马其顿的征服者曾经抵达许多令人惊讶的地方，而且不得不面对许多让人畏惧的民族。

透过亚历山大大帝的各种故事，西方世界逐渐发展出一种以

注1：有关中世纪奇观可参考勒高夫（Le Goff，1985）、塔尔迪奥拉（Tardiola，1991）和札加内利（Zaganelli，1990与1997）。

《飞行器上的亚历山大大帝》，取自《亚历山大演义》（*Roman d'Alexandre*），1486年出版，为法国尚蒂伊城堡博物馆的收藏，排架号Ms.651。

东方“寻奇”为题的次文学类别，这些故事列举或诉说着旅途中可能遇上的各种怪兽，其中如圣奥古斯丁、圣依西多禄和约翰·曼德维尔（John Mandeville）等人，都曾做过此类描述。

这些充斥于中世纪百科全书的想象生物、奇兽与类人动物，都受到一本在公元2至3世纪间以希腊文撰写的《物源论》（*Fisiologo*）所影响，这本书后来被翻译成拉丁文与各种东方语言，其中列举了40种动物、树木与石头。在描述这些存在物以后，《物源论》也说明它们又为何分别是道德伦理与神学教诲的媒介。举例来说，相传会用尾巴扫除自己足迹以躲避猎人的狮子，在书中象征着消弭人类罪恶的耶稣。

这些事物被赋予的道德与宗教化意涵，解释了为何这些描述会在中世纪时期持续流传了好几个世纪，而且无论是兽类典籍、宝石典籍、药草集或根据老普林尼的模式结集编纂的“百科全书”等，都有它们的影子。这些百科全书包罗万象，从《论各式奇珍异兽》（*Liber Monstruorum de Diversis Generibus*，公元8世纪）、

骑乘两只狮鹫的亚历山大大帝，拼贴画，1163至1166年制作，位于意大利奥特朗托大教堂中殿。

拉邦努·毛鲁斯(Rabano Mauro)的《论事物本质》(*Natura delle Cose*,公元*9*世纪),到公元12至13世纪的恢弘巨著,如来自霍诺里乌斯·奥顿(Onorio di Autun)所作的《世界图像》(*L'immagine del Mondo*)、汤玛斯·坎提普雷(Tommaso di Cantimpré)的《事物本质之书》(*Libro della Natura delle Cose*)、亚历山大·尼卡姆(Alessandro Neckham)的《事物的本质》(*La natura delle Cose*)、巴托洛梅乌斯·安格利库斯(Bartolomeo Anglico)的《论事物的本质》(*Le Proprietà delle Cose*)、博韦的樊尚(Vincenzo di Beauvais)的《自然宝鉴》(*Specchio Naturale*)与布鲁内托·拉蒂尼(Brunetto Latini)的《宝藏》(*Trésor*)等,皆属此类。中世纪的人深信,这个世界是上帝笔下的巨作,在这本世界巨作中,包括动植物在内的每一种生物和每一块石头,都是具有更深层意义的载体,宇宙中必须存在各式各样具有不同特性的物质,人们才可能透过这些特性一窥某种喻意。12世纪神学家里尔的阿兰(Alano di Lilla)曾提出警示:"宇宙中的每一种生物/好比一本书或一幅画/对我们来说都像是一面镜子/生命、死亡的镜子/映照出我们的生命与死亡/我们的状况与命运/诚实的象征标志。"[《另一种节奏》(*Rhythmus Alter*)]

然而,有关东方和印度的概念其实是非常模糊的,这一方面是因为这些信息来自亚洲的最东端,也就是地图上标示着"人间天堂"的区域(参考本书相关章节);另一方面则由于最初几篇以"寻奇"为题的文章所致(这些文章或许是在公元6世纪以希腊文撰写,而后在公元7世纪被翻译成拉丁文),著名的《致哈德良皇帝信》(*Lettera all'Imperatore Adriano*)、《东方奇观》(*De Rebus in Oriente Mirabilibus*)或《印度奇观》(*Le Meraviglie dell'India*)等,实际上记述的是波斯、亚美尼亚、美索不达米亚、阿拉伯和埃及等地之旅游见闻。我们接下来也会看到,传奇故事如何毫无顾忌地将祭司王约翰的国度从远东搬到埃塞俄比亚。

祭司王约翰的国度 弗莱辛的奥托(Ottone di Frisinga)曾在

《双城史》(*Cronaca*)里写到，公元1145年，加巴拉主教乌戈(Ugo vescovo di Gabala)在陪同亚美尼亚大使拜访教皇尤金三世期间，曾经向教皇提及一位叫做约翰(Gianni)的人，他是东方三贤士后裔的基督教聂斯托利派的祭司王，因此敦促教皇发起第二次东征，讨伐异教徒。

公元1165年，一篇后来被称为《祭司王约翰书信》(*Lettera di Prete Gianni*)的文件开始流传。这是祭司王写给拜占庭皇帝曼努埃尔一世·科穆宁(Manuele Comneno)的一封信，不过教皇亚历山大三世和神圣罗马帝国的腓特烈一世同时也都收到了。它肯定让收信者印象深刻，以至于教皇在1177年通过御医菲利浦(Filippo)将这封信带给这位传说中的国王，敦促他放弃聂斯托利派这种异端信仰，臣服在罗马教会之下。我们对于这位特使菲利浦所知有限，既不知道他是否真的见到了祭司王，也不知道祭司王是否曾回复，不过整个故事情节显示，这封信展现出的政治意图远超过宗教意义。

信中提到，在穆斯林占领区的东方、比十字军曾试图与异教徒争夺的区域更远的远东地区，有个回归基督教信仰的国度蓬勃发展，由一位同时拥有国王权力及上帝与耶稣基督美德的优秀祭司王约翰所统治。

祭司王约翰，取自哈特曼·舍德尔的《纽伦堡编年史》，1493年于纽伦堡印制出版。

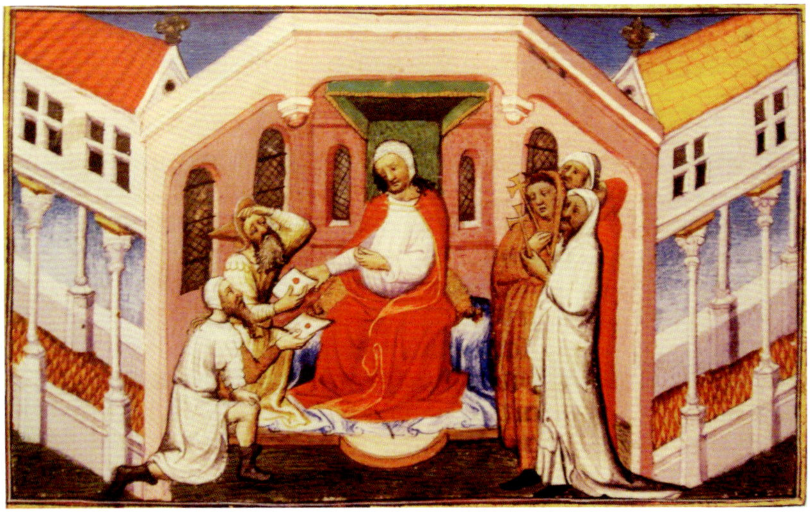

成吉思汗派出信使，请祭司王约翰将公主嫁给他。取自布锡考特大师（Maestro di Boucicault）的《奇迹之书》（*Livre des Merveilles*），15世纪出版，目前收藏于巴黎的法国国家图书馆，排架号Ms. F r.2810，f.26r。

假使在穆斯林掌控地区的另一头存在一个基督教的国度，一般人就可能认为西方罗马教会和遥远东方国度之间存在着一种关联，而所有扩张与探索的活动都能因此正当化。所以，这封信在接下来的几个世纪曾经被多次翻译、转述成不同的语言与版本。基督信仰的西方世界之所以积极向外扩张，这封信扮演着决定性的重要角色。公元1221年，在法国神父雅克·德·维特里（Jacques de Vitry）写给教皇和诺理三世的信中，就将祭司王约翰当成救世主般、能扭转形势让十字军在军事行动上得以占上风的同盟，不过，根据若因维莱（Joinville）的《圣路易传》（*Storia di San Luigi*），到了第七次十字军东征期间，路易九世则将祭司王约翰视为潜在敌人，反而希望能和鞑靼人结盟。到了16世纪神圣罗马帝国皇帝查理五世在位时期，人们在博洛尼亚再次论及祭司王约翰，将他视为夺回耶路撒冷圣墓教堂的可能盟友。

世人一次又一次地引用这封《祭司王约翰书信》，毫不质疑其真实性，祭司王约翰的传说也因此被流传下来。约翰·曼德维尔（John Mandeville）就曾在《曼德维尔游记》（*Viaggi*，*ovvero*，*Trattato delle cose più meravi-gliose e più notabili che si trovano al mondo*）中描述祭司王国度的种种情况。这位作家从来就没有出过国，而且写作时间比马可·波罗抵达契丹的时间晚了将近 70 年。然而对曼德维尔来说，讲述地理仍然意味着是描述“应该存在”于这些地方的人事物，而非“真正存在”的人事物。尽管曼德维尔在字里行间确实让人觉得其消息来源可能包括了马可·波罗的见闻记述，但是他并非总是在空穴来风，例如他在文中曾提到变色龙是一种会改变身体颜色的动物，不过又添油加醋，表示这种动物的外观与山羊类似。

把曼德维尔笔下的苏门答腊、中国南部与印度拿来和马可·波罗的记述相比较，是很有趣的一件事。两者论述的核心有很大程度的相似性，只是曼德维尔的记述中仍然充斥着曾经在他从前作品中出现过的动物与人形怪物。

到了 14 世纪中期，祭司王约翰的国度从位置不明的远东地区移往非洲，而这祭司王的乌托邦国度肯定也促成了西方世界对非洲大陆的探索与征服。葡萄牙人后来相信了这个说法，认为祭司王的国度就在埃塞俄比亚，而且确实是一个基督教帝国，尽管并不如那封众所周知的信中描述的富裕堂皇。关于这一点，可见于曾在 1520 至 1526 年间随葡萄牙使团出使埃塞俄比亚的弗朗西斯科·阿尔瓦雷斯（Francisco Alvarez）所撰写的报告《印度祭司王约翰国度真实报告》（*Verdadera Informaçam das terras do Preste Joam das Indias*，1540 年出版）（译注：阿尔瓦雷斯所谓的“印度”泛指非洲与南亚的热带地区）。

那么，《祭司王约翰书信》到底是怎么来的？又有什么目的？它也许是反拜占庭的政治宣传文件，可能来自神圣罗马帝国皇帝腓特烈一世的抄书室（因为在提及拜占庭皇帝的时候使用了相当贬义的表达方式），或是许多该时期学者喜欢做的修辞写作练习，因此写出来的文字是否符合真实状况一点都不重要。然而，真正的问题并不在于这封信的来源，而是在于它的对象。通过这些经过幻想化的地理资讯，政治计划一点一滴慢慢成形。换句话说，某些想象力丰富的抄写员编造了这个根本不存在的幻想，变成一个可以支持白人企图的有力凭据，让它成了基督教徒向非洲和亚洲扩张的借口。此外，信中的描述也有火上浇油之效，那片各式怪物肆虐、拥有丰富珍贵物资且到处都是华丽建筑与其他奇观的土地，可以替本章章末诸多引用文献的出版提供许多灵感。无论这封信到底出自谁的手笔，作者必然通晓以各种东方奇观为题的古代文献，能够以修辞与叙事技巧来利用一个已有1500年以上历史的传说，不过最重要的是，这类著作的撰写对象是一群特别着迷于东方前所未闻的富庶丰饶的读者，从一个大部分人都过着贫困生活的世界来看，那种富足简直可以说是一种幻想。[2]

那么，这封祭司王书信全都是假的吗？可以肯定的是，这封信结合了所有关于神话般东方世界的刻板印象，不过，它至少讲对了一件事，中东和亚洲地区确实有基督教信仰存在，尽管不是一个王国，而是许多不同的社群团体。这里所说的就是聂斯托利教派（nestoriane）（译注：从东正教分裂出来的教派，在唐代正式传入中国，称为景教，是最早进入中国的基督教派。）。

聂斯托利教派遵循君士坦丁堡宗主教聂斯托利（约公元381至451年）的神学主张，认为耶稣基督身上同时存在着人格与神格，马利亚只是生了耶稣，赋予他肉体而非神性，因此拒绝将马利亚神化称为上帝之母。这样的神学主张被斥为异端邪说，不过聂斯托利教派仍在亚洲广为流传，从波斯、马拉巴到中国等地都有。

我们发现，当伟大的中世纪旅行家将足迹推进到蒙古和契丹之际，在旅行途中听闻当地居民提到一名祭司王约翰。这些居住在遥远东方的人们，绝对没有读过祭司王书信，不过可以肯定的是，祭司王约翰这位人物至少像传说一样地在聂斯托利教派团体之间流传，这传说支持着这些人的身份认同，让他们自诩为贵族后代，在他们生活的异教徒之地展现出身为基督教徒的自豪。

这封信最后一个让人着迷的元素，在于约翰自称为“祭司王”，同时兼具国王和祭司的身份。王权与圣职的融合是犹太基督传统的根基，这可以回溯到同时是撒冷王（re di Salem）和最高神之祭司的麦基洗德（Melchisedec），即使以色列人始祖亚伯兰（Abramo）亦对

注2：关于信件的诸多版本及其影响，可参考札加内利（Zaganelli，1990）。

其礼敬的王。麦基洗德最先出现在《创世记》第 14 章第 17 至 20 节：“亚伯兰杀败基大老玛和与他同盟的王回来的时候，所多玛王出来，在沙微谷迎接他；沙微谷就是王谷。又有撒冷王麦基洗德带着饼和酒出来迎接；他是至高神的祭司。他为亚伯兰祝福，说：‘愿天地的主、至高的神赐福与亚伯兰！至高的神把敌人交在你手里，是应当称颂的！’亚伯兰就把所得的拿出十分之一来，给麦基洗德。”

拿着饼和酒的麦基洗德，马上让人联想到基督，如圣保罗曾多次在宣布万王之王再临的时候，说耶稣是“照着麦基洗德的等次永远为祭司”。在我们这个世代，已故教皇若望保禄二世曾在 1987 年 2 月 18 日公开接见时表示：“基督之名，正如我们所知，就是希腊文的弥赛亚，也就是受膏者，亦有‘君王’之意，我们曾在之前的省思讨论过，根据《旧约》，也有‘祭司’的含义……这组同义词最先出现在麦基洗德，亦即与谜样的亚伯兰同一年代的撒冷王身上，麦基洗德可以说是雏形，也预告救世主耶稣的降临。”

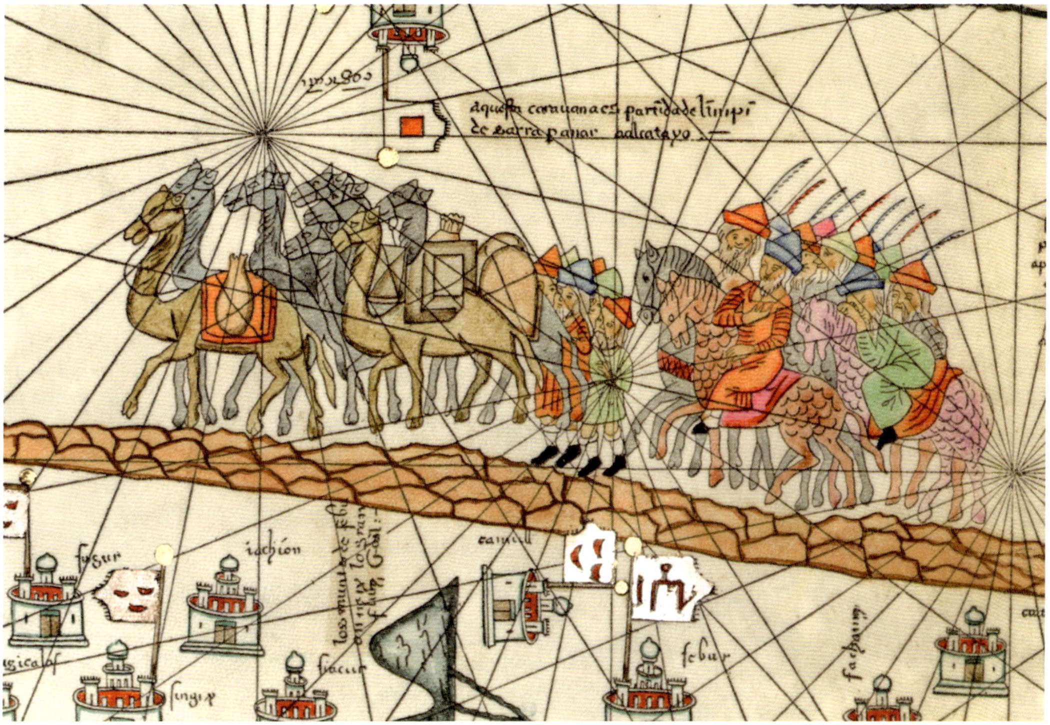

丝路之旅，绘于 14 世纪，加泰罗尼亚航海图局部，目前收藏于巴黎的法国国家图书馆。

祭司王之信的执笔人也有这种结合王权与圣职的想法——这也就解释了为什么这位遥远国度的帝王会被称为祭司王。

传说与旅行者 率先抵达东方的第一批旅行者，在游记中也曾经提到祭司王约翰，尽管相关记述往往含糊不清，而且通常是旅途中道听途说而来的消息。

意大利人柏郎嘉宾（Pian del Carpine）于1245年经波兰取道俄罗斯前往蒙古帝国，根据他在《蒙古行纪》（*Storia dei Mongoli*）一书的记载，成吉思汗曾遣其子率兵攻打肤色极深、被称为埃塞俄比亚人的萨拉森人（Sarraceni）所在的中南半岛（译注：在公元前2世纪至中世纪时期，萨拉森人是穆斯林或回教徒的通称），这支军队后来转往印度半岛，在那里遇到当地国王抵抗。这些国王“一般被称为祭司王约翰”，会制作内有火焰燃烧的铜偶，这铜偶被放在马上，而且铜偶

《独角兽与仕女》（局部）壁毯，1484~1550年间制作，目前收藏于法国国立中世纪博物馆（前巴黎克吕尼博物馆）。

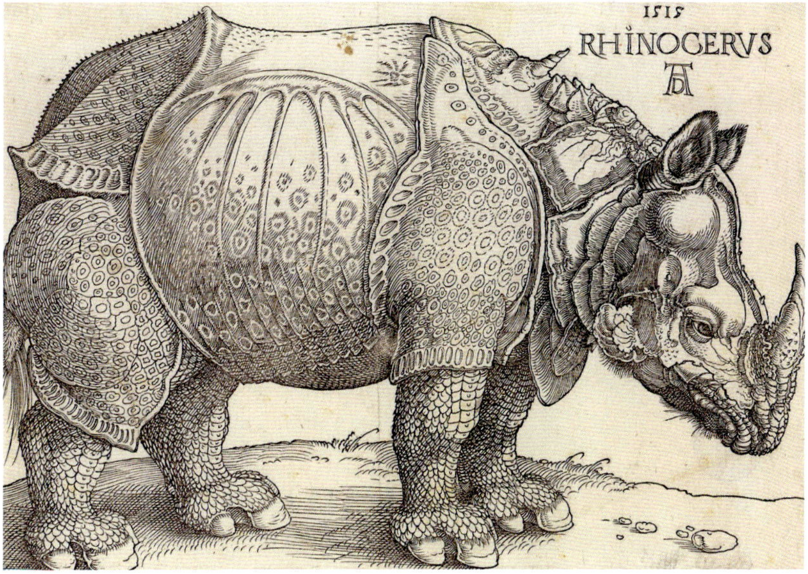

阿尔布雷特·丢勒（Albrecht Dürer），《犀牛》，版画，制作于1515年，私人收藏。

身后还有手持风箱的骑士操控它。在遭遇敌人时，国王的人马会往风箱里送风，如此一来，敌方骑士就会被希腊火药燃烧殆尽（V，12）。

法国教士卢布鲁克（Gugliemo di Rubruk）在1253年的《卢布鲁克东游记》（*Viaggio in Mongolia*）写下了他的蒙古之旅。根据书中记载，他对于途中听到的传说或多或少持怀疑的态度："人们告诉我，在契丹的另一侧还有一个长生不老的国度……他们跟我保证这是真的，不过我并不相信。"（XXIX，49）。卢布鲁克也曾听人提到过一名叫做约翰、统治着乃曼人的聂斯托利教派国王，卢布鲁克认为，这国王的故事"太过夸大且不符合真相"，因为（根据他的看法）聂斯托利教派的人很会无中生有，编造骇人听闻的传言。卢布鲁克后来也承认自己曾经经过这位国王的领土："不过在问到这位国王的时候，除了一些聂斯托利教派的人以外，其他人都不知道他的存在。"（XVII，2）在1271至1310年间到东方旅行、足迹最远曾抵达中国的马可·波罗，可能也受到同一个故事的影响，在《马可·波罗游记》中，至少花了两章谈论这位祭司王约翰。马可·波罗没说自己曾经到过这个国度，只说了自己在旅途中听到的故事。他提到天

无头人、独脚人与独眼人，取自布锡考特大师的《奇迹之书》，15 世纪出版，目前收藏于巴黎的法国国家图书馆，排架号 Ms. Fr. 2810。

德（Tenduc）这个地方，说这个现在受大可汗统治的东部省份由祭司王约翰的后裔为领主。马可·波罗对于祭司王后裔的战役并没有太多着墨，因此我们可以判定，在马可·波罗的时代，祭司王约翰早已经是过去式。

在公元 1330 年东游的意大利旅行家鄂多立克（Odorico da Pordenone）也对祭司王之事持怀疑态度，在《论未知之事》（*Sulle Cose Sconosci ute*）中曾写道："从契丹出发以后，我朝西前进……航行了将近一个月，抵达祭司王约翰的领土，看到的景象跟传说中的完全不一样。该国首都叫做科萨尤（Cossaio），领土狭小且混乱无章；这位祭司王约翰之所以这么出名，是因为他和大汗有亲戚关系，而且娶自己的女儿为妻。就我所知，不是什么重要的人物，所以我们在那里并没有多做停留。"

尽管如此，祭司王传说在亚洲地区历久不衰，这情形告诉我们，尽管这封《祭司王约翰书信》可能是假的，它还是带来了一些源于异国的信息，见证当时西方世界尚且未知的东方传统。

至于其他，一般人也会认为，那些确实到过原本只存在于传说中的地方游历的旅行者，亲眼见证了自己的所见所闻，而不是自己想

兽面人，取自布锡考特大师的《奇迹之书》，15 世纪出版，目前收藏于巴黎的法国国家图书馆，排架号 Ms. Fr. 2810。

要看到的东西。然而，即便是这些值得信赖的旅行者，在动身前便已听过了这些传说，因此经常无法避免它们所带来的影响。

从马可·波罗的作品可以看到一种冲突，传统上认为他应该看到的，和他实际上看到的存在落差，典型的例子便是爪哇岛的独角兽。中世纪的人深信独角兽存在，1567 年，伊丽莎白一世在位时期，冒险家爱德华·韦伯（Edward Webbe）就看到过三只，一只在苏丹的动物园，一只在印度，还有一只甚至在西班牙马德里的埃斯科里亚尔修道院［参考薛帕德（Shepard），1930］；17 世纪耶稣会教士罗伯（Lobo）则在埃塞俄比亚看到过；1713 年，约翰·贝尔（John Bell）也看到另外一只。马可·波罗知道，根据传说，独角兽是一种野兽，额头上有一支明显的长角，身体是白色的，性情温驯，会受到处女吸引。据说，若要捕捉独角兽，得让一名纯洁的处女待在树下，独角兽会把头靠在处女腿上休息，猎人就可以伺机捕捉。正如意大利学者布鲁内托·拉蒂尼所言：“当独角兽看到少女，天性所致，马上会情不自禁地走到少女身边，放下所有身段，臣服其下。”

马可·波罗可能不去找独角兽吗？他寻找独角兽，也找到了独角兽，这是因为他受到引导，以传统的眼光来看待事物之故。然而，在他看过、观察以后，就开始按文化传统的基础，以真实见证人的角度来反思所见所闻——一名知道应该对异国风情的刻板印象提出批评的真实见证人。事实上他也承认，自己看到的独角兽，和英国皇室徽章上形态优雅、头上有螺旋状角、状似白鹿的形象稍有不同。他看到的其实是犀牛，所以才会说独角兽有“水牛的皮毛与大象的脚”，它们的角又黑又粗，舌头有刺，头像野猪：“它是外观很丑的野兽，并不是书中所言什么会臣服在处女之下的野兽，而是完全相反。”《马可·波罗游记》一书充满各种奇闻逸事，不过书中不曾出现什么怪诞疯狂，更别说骇人听闻之事。

当然，马可·波罗曾在罗布沙漠（Lop）听到神秘的声音，不过你们试着自己在沙漠里连续骑马骑上好几个星期看看。[3] 在这样的情形下，一个人可能将鳄鱼认成只有前脚的大蛇，不过却无法假装自己是根据近距离观察而做出这样的结论。然而，他却以让人信服的方式描述石油和煤炭。

有时，马可·波罗看起来就像他的前人或后继者一样会编造传说，例如“莫斯卡多”（moscado）这种能在一种似猫动物的肚脐下方囊肿里找到的稀有香水。然而，这种动物确实存在于亚洲，那是一种叫做香獐的小型鹿类，它的牙齿就如马可·波罗叙述的一样，其下腹部包皮开口处前方的真皮层会分泌一种香味极具穿透力的麝香。而且这个“似猫”的说法其实出自意大利托斯卡纳流传的《马可·波罗游记》版本，原本的法文版则正确指出这种动物和瞪羚很像。马可·波罗也曾讲到“火蜥蜴”，不过他确切指出“火蜥蜴”指的是一种用石棉制成的布料，不是什么生活在火里的怪物。“这才是‘火蜥蜴’，其他都是无稽之谈。”他表示。

因此我们可以看到，马可·波罗试图控制自己的想象力。不过在后来一个目前收藏在法国巴黎国家图书馆的《马可·波罗游记》法文版中，当他描述到位于马拉巴海岸（Malabar）的科以卢国（Coilu）时，提到一个会采收胡椒的民族，然而在托斯卡纳版却成了采“梅李”（被当成香料或药材使用）。在这样的状况下，手抄本装饰画家

注 3：参考盖革（Geiger，2009）：在身处“极端环境”（如高峰或沙漠）的时候，即便正常人也可能感受到超自然力量的存在，或是出现视觉与听觉上的幻觉。

该怎么表现这些马拉巴海岸的居民呢？结果，这些居民在画家笔下成了嘴巴长在肚子上的无头人（Blemma）、躺在自己大脚阴影下的独脚人（Sciapode），还有一种是独眼人（Monocolo），三种都是读者期望在这个地区看到的神话生物。马可·波罗的文字并没有提到这三种怪物，至多提到科以卢居民的肤色很深，打赤膊不穿衣，此地有很多黑狮子、红嘴白鹦鹉和孔雀，而且在他描述到当地风俗时，以其一贯中立冷淡的语气指出，这些人没有什么道德感，无论是堂表姐妹、继母或哥嫂弟媳，都可以娶来当太太。

那么，为什么手抄本装饰画家要创作出这三种不存在于《马可·波罗游记》的怪物？因为画家就和该书读者一样，仍然受到东方“寻奇”传说的限制和影响。

另外，有人曾经注意到，许多伟大旅行家对于东方宫殿建筑的叙述，似乎都以祭司王约翰的皇宫为样本［参考奥尔胥齐（Olschki），1937］。这样的建筑当然会用上相当大量的贵重宝石、黄金和水晶，然而马可·波罗描述的皇宫，只有在外观上和中式皇宫相符，对内部的描绘并不尽然正确，这可能是因为他只能趁路过时匆匆瞥一眼，没有机会仔细观察，因此后来只得根据他或执笔者鲁斯蒂谦（Rustichello）看过的文献资料印象来编造。鄂多立克曾提到皇宫大厅里有24根黄金打造的柱子，而在《祭司王约翰书信》中的数字则是50根，不过卢布鲁克在描述元宪宗蒙哥的宫殿时，只提到两排柱子，并没有什么黄金。这些柱子可能是上了金漆的木柱，所以鄂多立克看到的时候才会大感震撼，只不过他联想到的应该还是祭司王约翰。

自动机　旅行者经常谈论到的惊奇之一是自动机。希腊文化里相当盛行自动机的概念，希罗（Erone，公元1至2世纪）在《气动工具》（*Spiritalia*）里描述的机器，就证明了当时的人已经对自动机产生极大的兴趣，这些机器结合了自然动力（重力与水力）与人工动力（热空气膨胀）；例如当时有一个祭坛，设计用火加热装满水的容器来制造蒸汽，然后将蒸汽送到地底下以启动另一个机制，将神

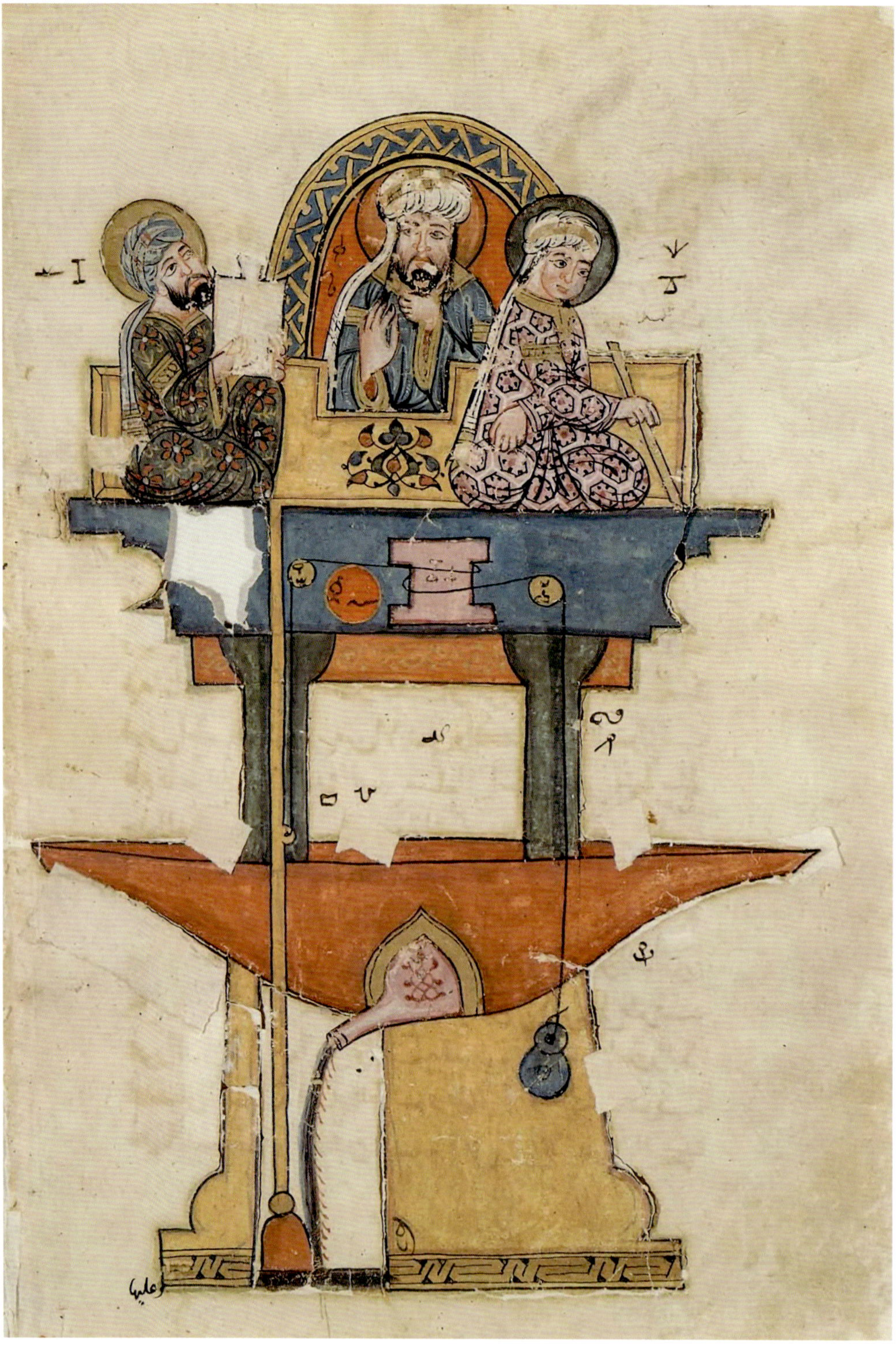

左图：水泵系统，取自加扎利《精巧机械装置的知识之书》，1206年出版，伊斯坦堡托卡比皇宫藏品。

殿的门打开。无论是否确实制造成功，或单纯只有设计，这些亚历山大文化奇观都持续为拜占庭与伊斯兰的世界带来启发。

关于拜占庭时期的自动机，普罗科匹厄斯（Procopio）曾在公元7世纪描述过一个位于加沙市集的巨大时钟。这个时钟的上方饰有一个每到整点就会转动眼睛的蛇发女妖头，下面有12个窗户，分别表示晚上的12个小时，另外的12扇门，则分别在整点太阳神雕像经过时打开，门打开时会出现由飞鹰带来加冕皇冠的赫拉克勒斯。对于中世纪的西方世界来说，拜占庭也属于东方。利乌特普兰德（Liutprando）在公元10世纪代表神圣罗马帝国出使君士坦丁堡的时候，就对出使期间的见闻大感惊讶。尽管利乌特普兰德曾经语带刻薄地描述尼基弗鲁斯二世和他的宫廷，却曾在《论欧洲名人》（*Antapodosis*）里以推崇的口吻描述尼基弗鲁斯二世那巨大惊人的宝座，表示在台阶上两只金狮雕像发出咆哮声时，机械装置会让宝座逐渐上升，而且在整个过程中，这些机械装置也会帮尼基弗鲁斯二世穿上新衣服。

有许多例子都能证明穆斯林对自动机的兴趣，从希罗作品的阿拉伯译本，到巴格达马蒙哈里发（Baghdad al–Ma'mūn）那棵用黄金

水钟，取自加扎利的《精巧机械装置的知识之书》，1206年出版，伊斯坦布尔托卡比皇宫藏品。

白银打造的自动树，再到哈伦拉希德（Hārūn al-Rashīd）本来打算送给查理大帝的时钟（这座液压时钟利用落在碗里的金属球来整点报时，饰有12扇窗口，打开时分别会出现12座不同的骑士像），都是很好的例子。

自动装置，取自维拉德·德奥内库尔《描绘之书》，约1230年出版，目前收藏于巴黎的法国国家图书馆。

在1204至1206年间，一位名叫加扎利（al-Jazari）的阿拉伯机械工程师写了一本《精巧机械装置的知识之书》（*Libro della Conoscenza dei Meccanismi Ingegnosi*），我们目前还保有一些出自这本书的设计图，见证当时在制造自动机方面所取得的进展。

即使在西方，也不乏有能力建造自动机的工匠，据传，教皇西尔维斯特二世曾制作了一个用黄金打造、可以小声提供秘密咨询的头盔状扬声器。

根据13世纪蒂尔伯里的杰维斯（Gervasio di Tilbury）的《皇帝的游艺》（*Otia Imperialia*），有位名叫维尔吉里奥（Virglio）的那不勒斯主教发明了一种机器苍蝇，能够保护那不勒斯地区的肉贩免受昆虫所苦，德国神学家大阿尔伯特（Alberto Magno）据传协助发明了一种能替宾客开门的铁制机器人。13世纪的维拉德·德奥内库尔（Villard de Honnecourt）在《描绘之书》（*Livre de Portraiture*）里设计了各种自动装置。斯特拉斯堡大教堂有一座公元14世纪制作的时钟，借由自动装置展现东方三贤士在圣母圣婴前鞠躬崇拜的样子，此外，各式各样的自动机也常常出现在骑士故事中。

自动机之所以会如此令人着迷，有一部分是因为它来自神话般取自赫拉德·兰茨贝格（Herrade de Landsberg）《享乐花园》（*Hortus Deliciarum*）的19世纪副本，作于1169至1175年间，目前收藏于法国凡尔赛市图书馆。

的东方，也因为《祭司王约翰书信》中曾经提到许多异乎寻常的自动机之故。所以，鄂多立克笔下才会出现那堆以金线装饰的玉石，这玉石堆里有同样用黄金打造的四条蛇钻出来，蛇口不停流出各种不同的液体；他也曾提到栩栩如生的黄金孔雀，只要有人在前面拍手，孔雀就会拍动翅膀（而且他也纳闷这到底是因为巫术还是什么藏在地下的机关）。另外，柏郎嘉宾曾在元定宗贵由的宫殿看到全以象牙制造，加上黄金、宝石与珍珠装饰的宝座，尽管没有什么自动装置，却和利乌特普兰德描述的拜占庭宝座非常类似（《蒙古行纪》第9章第35页）。

卢布鲁克在蒙古帝国首都哈拉和林的时候，曾在大汗蒙哥的宫廷看到一株由四头银狮支撑的银树，每只狮子的嘴巴都有马奶徐徐流出。树顶有四条用尾巴盘在树干上的金蛇，每条蛇的嘴巴都流出不一样的液体，其一是酒，其二是牛奶，其三是蜂蜜水，其四是用米酿成的啤酒。在树顶的四条蛇之间，有一尊手持喇叭的天使像。在饮用完毕的时候，斟酒人会下令吹响天使手上的喇叭，一名躲在角落的侍者就会往一条直通天使雕像的秘密管道吹气，借此吹响喇叭；此时，其他侍者就会在四条直通金蛇的管道分别倒入所属饮料，斟酒人就能倒好流出的饮料供宾客饮用。这当然是东方奇观，不过卢布鲁克知道这些奇观事实上出自一位法国金匠威廉·布榭（Guglielmo Buchier）之手。这个迹象显示，许多东方奇观其实来自西方世界，西方世界对这些东西并不陌生，只是不重视而已；西方人在东

塔普拉班岛，取自杰拉杜斯·麦卡托（Gerardo Mercatore）《托勒密的世界地图》（*Universalis tabula iuxta Ptolemeum*），英国伦敦地理学会 1578 年出版。

方世界看到这些东西的兴奋感，部分是因为他们在一个自己怀有幻想的遥远国度里发现了这些东西。

塔普拉班岛 为了让读者了解古代与中世纪时期对于神秘东方到底抱有什么困惑的概念，让我们用塔普拉班岛（Taprobane）的例子来说明。

很多人都谈论过塔普拉班岛，如埃拉斯特尼、斯特拉波、老普林尼、托勒密、科斯马斯·印地科普雷乌斯特斯等。根据老普林尼的看法，世人在亚历山大大帝在位期间发现塔普拉班岛，这个地方从前普遍被说是“反人”（Antictoni）所住的地方，被认为是“另一个世界”。老普林尼口中的塔普拉班岛可能是锡兰，至少从 16 世纪版本的托勒密地图可以如此推断。古罗马地理学家梅拉（Pomponio Mela）在《大地的位置》（*De Situ Orbis*）曾提问，塔普拉班到底是一个岛屿，还是如老普林尼假设，是另一个世界的延伸？此外，许多东方作者也都曾提及该岛。

圣依西多禄也认为塔普拉班岛在南印度，不过他只说该岛宝石蕴藏量丰富，并且一年内有两个夏天和两个冬天。然而，我们却在一张据说是出自化名为“依西多禄”者之手的地图上，看到塔普拉班岛

塔普拉班岛，取自塞巴斯蒂安·明斯特（Sebastian Münster）《世界志》（*Cosmographia Universalis*），1555 年巴塞尔出版。

被放在地球的极东之处，而且那儿正是人间天堂的所在位置。事实上，就如阿尔图罗·葛拉夫（Arturo Graf）的重构，根据传说，锡兰是亚当之墓的所在地。

问题是，长久以来，人们一直认为塔普拉班和锡兰是两座不同的岛屿，在曼德维尔的游记中就清清楚楚地出现这个状况，并在两个不同的章节中分别谈论了这两个岛。尽管曼德维尔并没有说明锡兰的确切位置，却明确指出锡兰岛的周长八百英里，岛上“满是蛇、龙和鳄鱼，没有人敢居住。鳄鱼属于蛇类，体色黄，背上有盾片突起，有四只脚，臀部短，且爪子很大。有些鳄鱼体长相当于五只手臂，其他也有相当于六、八，甚至十只手臂长的个体”。

至于塔普拉班，曼德维尔认为它位于祭司王约翰的国度，这个岛每年有两个夏天两个冬天，岛上有由巨蚁看守的巨大金山（参考章末相关引文）。

此后，塔普拉班就像纺锤一样，从一张地图到另一张地图，在印度洋的各个不同角落穿梭，有时候自成一地，有时候和锡兰分属两地。在 15 世纪，旅行家尼科洛·德孔蒂（Niccolò de Conti）认为塔普拉班就是苏门答腊，不过有时候我们又会看到此岛位于苏门答腊和中南半岛之间，靠近婆罗洲之处。

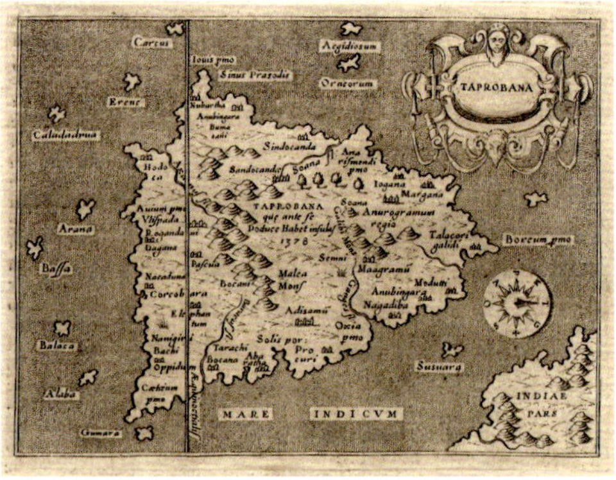

塔普拉班岛，取自托马索·波尔卡齐《世界最著名岛屿》，约1590年于威尼斯出版。

托马索·波尔卡齐（Tommaso Porcacchi）在《世界最知名岛屿》（*L'isole Più Famose del Mondo*，1590）中曾谈到一个资源极其丰富的塔普拉班，岛上有大象和巨龟，也因为古希腊学者西西里的狄奥多罗斯（Diodoro Siculo）对于该岛居民特征的描述，波尔卡齐认为居民的舌有分叉（舌头从尖端到根部分成两叉，其中一叉和一个人说话时，另一叉可以和另一个人说话）。

他在引用了各种过去留下的说法以后，却向读者道歉，因为他找不到哪里确实提到塔普拉班的地理位置，并下了结论："尽管许多古代与现代的作家都曾讨论过这个岛屿，我却无法找到什么人曾提到它的确切位置：因此我也必须在此致歉，无法回应通常必须满足的要求。"在提到是否为锡兰的时候，波尔卡齐持怀疑的态度："（根据托勒密）这个岛屿原本叫席梦地（Simondi），然后成了萨里切（Salice），最后才出现塔普拉班的称呼；然而，许多现代人下了结论，认为塔普拉班就是现在的苏门答腊，不过也有人认为它不是苏门答腊，而是泽兰姆（Zeilam）岛……不过有些现代人相信，没有任何一位古人正确界定出塔普拉班的位置：他们甚至认为，古人认定的区域内并没有任何岛屿可能是塔普拉班。"

因此，塔普拉班慢慢地从一座有太多种可能的岛屿变成一座不存在的岛屿，正如托马斯·莫尔（Thomas More）将他的乌托邦放在"锡兰与美洲之间"，而康帕内拉（Campanella）也将他的太阳之城放在塔普拉班岛上。

希罗多德眼中的东方

希罗多德（公元前484~前425年）
《历史》*Storia*，第3卷，第99~108页

住在这些印度人以东的是另一个游牧部族，他们吃生肉，自称为帕德伊人。据说帕德伊人有这些习俗：如果其中一位族人生病了，无论是男是女，病人最亲密的友人会把他杀了，因为他们认为这名重病者孱弱的肉体对其他人有害；生了病却否认自己生病的人，精神已经混乱，众人也会把他杀了，然后吃他的肉。同样的，如果一名女性族人病了，她的诸位女友也会以同样的手法对待她。若有族人步入老年，其他族人也会把他杀了，然后吃他的肉；不过很少人可以活到老年，因为在此之前都因为生病而被杀掉。

其他印度人则有下面这些习俗：他们不杀生，不耕种，也没有固定的居所；他们吃草，而且在他们的国度有一种大小如黍、生长在荚里的植物，会自行从土地里长出来。他们会进行采收，连着荚一起烹煮后食用……我讲到的这些印度人会像野兽一样公开交媾，他们的肤色全都相同，和埃塞俄比亚人类似。这些男人射出的精子不同于其他民族的男人，而是和他们肤色相同的黑色……

这块沙漠里有比狗小却比狐狸大的蚂蚁；波斯国王养了几只这样的蚂蚁，都是在这个地区捕捉到的。这些蚂蚁在地下筑巢，会把沙子运出巢穴，就如希腊蚂蚁的行为，而且外观上也和希腊蚂蚁非常类似。然而，它们运出巢穴的沙子里含有黄金，印度人为了寻找这些黄金，会带着三只上了轭的骆驼进入沙漠，一只两侧绑着拉绳的公骆驼在前拉，另一只公骆驼在后，中间则为母骆驼。骑士会骑乘在母骆驼身上，在幼崽还非常小的时候就将其与母骆驼分开，让母骆驼上工。这些骆驼的速度不亚于马匹，而且非常适合负重……

印度人以这样的方式来替动物上轭，在计算好以后出发前往寻找黄金，好在日头最大的时候采集黄金：如此一来，在他们抵达时，蚂蚁全都因为环境炎热而躲到地底下去……

印度人在带着袋子抵达以后，会尽快把袋子装满并马上启程踏上归途：蚂蚁——根据波斯人的说法——闻到人类的味道时，会跑出来追赶。据说这些蚂蚁有着其他动物比不上的速度，如果印度人在蚂蚁聚集时无法利用骆驼取得优势，就无法逃离蚂蚁的魔掌。公骆驼的速度不如母骆驼快，在速度减缓开始被拖着走的时候，骑士会把公骆驼身上的缰绳解开，不过不会同时放开两只公骆驼，母骆驼因为记得自己撇下的幼崽，则会尽全力跑，不显疲惫。根据波斯的说法，印度人采集到的黄金，大部分都是这么来的；其他少量则是在家乡炼金而来……

除了没药以外，这些都是阿拉

伯人难以取得的产品。香的采集，是透过燃烧腓尼基人出口到希腊的安息香木来取得；燃烧这些木材，就能获得香。产香的树由有翅膀的蛇来保护，这些蛇体形不大，颜色各异，每棵树上都有许多只，而且这和侵入埃及的是同一种。只有燃烧安息香木产生的烟，能让蛇离开树。

阿拉伯人认为，如果这些蛇没有遇上和毒蛇同样的遭遇，那么整个世界将会满是这些蛇类。当然，自然且充满智慧的天意，让所有生性害羞的动物能生下许许多多的后代，并让它们成为其他动物的食物，以避免这些被吞食的动物绝迹；那些危险凶猛的动物，后代的数量大部分不多。

圣米歇尔山与大天使米迦勒和龙，波尔·德林堡（Pol de Limbourg）的手抄本插画，出自贾克·罗格朗（Jacques le Grand）的《贝里公爵的豪华时祷书》（*Les Très Riches Heures du Duc de Berry*），为法国尚蒂伊城堡博物馆的收藏。

那许多让人惊讶的事

老普林尼

《自然史》第6卷

……世界上有很多惊人且让人难以置信的事情。在确实看到埃塞俄比亚人之前，有多少人真的相信他们的存在？在一个人初次看到、认识某件事物的那一刻，有哪些是看起来一点都不异乎寻常的？有多少事情在发生之前，是人们认为绝对不可能发生的？如果只单从部分而非整体来看，大自然在所有层面表现出来的力量与宏伟，都是非常惊人的。更别说孔雀以及老虎和豹身上的斑纹，以及许多动物身上的花纹，这里有一件看似微小、不过认真思考起来却极其重要的事：世上的许多民族有着不同的文字与各种不同的语言，这些语言如此多样，一个外地人在另一个人的眼里，看起来几乎不是人！……

世上有些斯基泰人部落——事实上是很多——以人肉为食。这状况看来也许令人难以置信，不过如果试着想想，即使在世界的中心地带，也存在着像是独眼巨人和巨型食人族之类具有同样可怕习惯的民族；到了近代，在阿尔卑斯山的另一侧出现了某些以人献祭的民族，这和吃人其实也相去不远。在那些斯基泰人居住地的北边，离北风源头不远之处，有一个叫做“大地之栓”的地方，据说住着阿里玛斯波伊人（Arimaspi），我在前面已经提到过，他们因为额头前有一只眼睛而闻名于世。这个民族曾经出现在许多作家笔下，其中最著名者如希

左图：独脚人与其他怪兽，取自乌利塞·阿尔德罗万迪《怪物史》，1698年博洛尼亚出版。

右图：怪物，取自康拉德·冯·梅根伯格（Conrad von Megenberg）《自然之书》（*Das Buch der Natur*），1482年奥格斯堡出版。

罗多德和阿里斯特亚斯（Aristea di Proconneso），这些作家都说，阿里玛斯波伊人和狮鹫这种（据传）会从地洞里掘取黄金的有翅动物争战不休，双方都非常投入这场战争：狮鹫试着保卫黄金，阿里玛斯波伊人试着占有之。在食人族斯基泰人另一侧的伊马弗山山谷中，有个叫做阿巴里莫的地区，那里住着脚掌朝后的野蛮人；这些人跑得非常快，会带着野兽一起四处流浪……

印度地区和埃塞俄比亚的领土尤其无奇不有。在印度出生的动物都比较大：以狗为例，印度出生的狗比世界上其他地方的狗都要大。据说，那里的树木也长得相当高，远超过射箭所能达到的高度——而且由于土壤肥沃、气候温和且水汽丰沛，如果你愿意相信，只要一棵无花果树就足以替一整队骑士团提供遮蔽——芦苇也长得很高，每节的长度有时足以做出一艘能够乘载三人的小船。

当然，在印度，许多人的身高都高于五腕尺：他们不随地吐痰，从来不会头痛、牙痛或眼睛痛，身体其他部位的病痛也很少发生；事实上，这些人因为各地气候都相当炎热，而锻炼出强健的身体。他们的哲学家又叫禁欲者，从日出到日落，能眼睛动也不动地盯着太阳，而且整天都能稳稳地在炙热沙地上以单脚站立。

根据麦加斯梯尼（Megastene）的说法，努罗山上住着一群脚掌朝后且每只脚有八根趾头的人。其他还有许多山地里住着身穿兽皮的狗头人，他们不会讲话只会吠叫，以打猎和设陷阱捕猎为生，而且会以爪子来捕捉猎物。历史学家克特西亚斯（Ctesia）表示，在他撰文时，该民族人口超过12万；他又曾写道，印度有一个民族，女性族人一辈子只生产一次，而且她们的孩子一生下来头发就变白。克特西亚斯也曾谈到另一种仅有一只脚却能敏捷跳跃的人——独眼人。独眼人也称独脚人，他们在天气炎热的时候会躺在地上，用大脚的阴影遮蔽自己。离独眼人不远的地方，还有穴居人；继续往西，还有一种没有脖子、眼睛长在肩膀上的民族。在印度东部的山上（一个叫做卡塔尔克鲁迪的地区）有许多萨提尔，他们行动敏捷，有时会用四只脚奔跑，有时用双脚站立，外观看来很像人类；他们跑得非常快，如果不是因为年老或生病，根本不会被捉到。

陶洛内（Taurone）将科罗曼地人视为野蛮民族，他们没有声音，只会发出让人害怕的尖叫，身上满是鬃毛，眼睛呈灰绿色，还有尖尖的獠牙……

麦加斯梯尼提到印度游牧民族的其中一支，这些人没有鼻子，鼻孔的位置上只有几个洞，而且因为腿脚不便，只能像蛇一样拖着走，他们叫做习拉提人。麦加斯梯尼又说，在印度东侧边境靠近恒河源头处，是阿斯托密人的居住地，这种人没有嘴巴，全身长满硬毛，身着棉絮；只靠呼吸进去的空气和闻到的味道就能活。这些人不用吃喝，而是靠各种根、花和野果的气味来获得营养，他们会长途跋涉去采集，以确保气味食物之充裕；这些人只要闻到稍微刺鼻的味道，很轻易就会丧命。

在阿斯托密另一侧的遥远山峦之间，据说住着特里斯皮塔米人和俾格米人，身高都不超过三个掌幅；因为北方有高山屏障，所以他们能生活在有益身体健康、四季如春的气候中；此地有很多白鹳聚居，荷马也曾提到这一点。据说，每到春暖花开的季节，俾格米人会骑在羊背上，带着弓箭，排成一列下山到海边，去破坏白鹳的蛋并杀害幼雏。这个行动每年都会进行，为期三个月，如果不这么做，俾格米人根本不可能应付得来那可能出现的大量白鹳。俾格米人会用泥巴、羽毛和蛋壳来造屋。

亚历山大大帝的冒险事迹

《亚历山大演义》*Il romanzo di Alessandro*，第2卷，第33页，公元3世纪

然后，我们来到一个灰蒙蒙的地区，这里有些和巨人相似的野蛮人，身躯圆圆壮壮，眼冒火光，看来就像狮子。这里也有一种叫做欧克里提的生物：全身无毛，身高四腕尺，体宽如矛。当他们看见我们的时候，便开始朝我们跑来；身披狮皮，体格强健且训练有素，可以徒手搏斗；我们击中了他们，不过他们也用棍子回击，造成我方许多伤亡。我害怕我方气势被压倒，于是下令放火烧林：一看到火，那些强壮的巨人马上开始四处逃窜；不过在此之前，我方已有180名兵士遭

到杀害。

隔天，我决定前往他们的洞穴：我们在那里遇到被链子拴在门上的猛兽，它们看起来很像狮子，不过有三只眼睛且毛色很杂……之后，从那里启程，我们来到了一处地方，这里遍布春天江（一种玫瑰）。之后我命令军队安营扎寨，并在营地四周挖壕沟、设路障，以防食肉动物来袭。而后，在大约九点钟方向，那里有个全身长满毛的人，体形高大魁梧，我们看了很害怕。我下令捕捉之。士兵们成功将他捉住，不过他却一直用那野兽般的眼神打量着我们。接着，我下令把他带到一名裸女前，他抓起女人，正要把她吃下肚，士兵即刻上前把女人抢了过来，之后，他开始用自己的语言呼喊了起来。在那一刻，上千名他的同类应声而起，从沼泽里现身，往我们这儿冲了过来，而我们的军队有四万士兵。接着，我下令放火烧沼泽，而他们一看到火，马上就开始逃跑。我们捉到了三个人并用绳索捆绑起来，但他们连续八天不进食，最后还是死了。这些兽人不像人类会讲话，而是像狗一样地吠叫。

东方的怪物

圣依西多禄（公元 560~636 年）

《词源》*Etimologie*，第 11 卷，第 3 页

就像人与人之间，有些人会将其他人称为怪物，如果放大到人类整体来看，其中也存在着一些由怪物构成的民族，如巨人族、狗头人、独眼巨人族等。巨人的称呼可以回溯到希腊文的词源。

事实上，希腊人认为巨人族源自陆地，生于大地，因为根据神话，只有大地才能生得出像大地一样这么巨大的东西……

有些人因为未读过《圣经》，误

《亚历山大传奇》插画，1338 年出版。

以为在大洪水之前，堕天使和人类的子女相结合，产下所谓的巨人族，这些巨人特别强壮魁梧，本应强大起来，遍及整个大地。

狗头人的名称来自外形，而且发出的声音比较像动物吠叫而非人类语言。这些类人在印度出生，独眼巨人同样也生于印度，之所以这么称呼，是因为人们相信他们只有一只长在额头上的眼睛。由于独眼巨人只吃野兽的肉，所以又称为食兽人。有些人相信，利比亚存在着只有身躯没有头，而且嘴巴和眼睛都长在胸前的无头人。还有一些没有脖子，眼睛长在肩膀上的生物。根据记载，在远东还有脸长得很可怕的人；有些没有鼻子，脸部变形且完全是平的；还有下唇非常突出者，他们在睡觉的时候，可以用下唇遮蔽整张脸，保护自己免受炙热的太阳荼毒；另外还有嘴巴看起来就像凝固了一样的人，他们只会用燕麦秆通过一个小洞来吸食物吃；最后，有些则没有舌头，完全靠手势和动作来沟通。据说靠近斯基泰人居住的地方，还有耳朵非常大的帕诺帝人，他们的耳朵大到足以包覆整个身体……据说，四脚人生活在埃塞俄比亚，走路姿势就像绵羊一样，年龄至多40岁。萨提尔人是歪鼻子的小矮人，额头有角，而且有着跟山羊一样的脚。大圣安东尼曾在沙漠里看过一只独行的萨提尔人。这些四脚人在受到神职人员质问时会回答："我只是凡人，是沙漠周边的居民之一，外邦人因为受到许多错误的欺瞒，将我们当成牧神和萨提尔来崇拜。"有人也曾提及林中之人的存在，他们也被称为大羊男。据说，埃塞俄比亚有独脚族，他们的脚很特别，而且行动非常迅速；希腊人称他们为脚影人，这些人因为阳光太强而躺在地上休息的时候，会用大脚替自己提供遮荫。住在利比亚的反人（即对跖点附近的人）有着倒过来的脚底板，也就是说，脚趾向着身体后方，而且每只脚有八根趾头。

马蹄人住在锡西厄：他们外形类似人类，却有着和马一样的脚。据说印度住着一个叫做长寿人的民族，身高可达12英尺。印度同样还有一个身材只有一腕尺的民族，被希腊人称为俾格米人，被如此称呼正是因为我们之前提过的一腕尺身高：他们生活在印度山区靠海处。根据传说，印度还有另一个女性民族，她们五岁就可以怀孕，而且寿命不超过八岁。

蛇怪巴西利斯克

布鲁内托·拉提尼（Brunetto Latini，1220~1294或1295年）

《宝藏》*Il tesoro*，第5卷，第3页

巴西利斯克是一种蛇，全身上下充满了让它看起来闪闪发光的毒素，而且不只有毒素，身上还发出远近可闻的臭味，会感染周围空气，造成树木枯死腐坏，而且它光用眼

睛盯着就可以杀死空中飞过的鸟儿，也可以让人中毒：所有长者都表示，它不会先攻击看到它的人。

它的体型、脚、背上的白色纹路与蛇冠，看起来跟公鸡一样，而且姿态奇异，身体的一半高于地面，另一半就像蛇一样在地上匍匐。尽管巴西利斯克非常凶猛，伶鼬却是它唯一的克星。

据说，当亚历山大大帝找到巴西利斯克的时候，下令制作用玻璃铸造的大安瓿，在进入这安瓿的时候，士兵可以看得到蛇怪，不过蛇怪却看不到士兵，如此一来，士兵就可以用箭杀死蛇怪，亚历山大大帝也因为这样的智慧才干而战胜了敌人；以上为巴西利斯克的特征。

东方奇观

作者佚名

《东方奇观》*De rebus in Oriente Mirabilibus*，公元6世纪

人们从巴比伦到红海的时候总是小心翼翼且秘密行动，因为那些地方有头上长着山羊角的蛇怪柯西亚出没：无论是谁，只要稍微碰到它，就会马上死掉。红海一带盛产胡椒，产地有蛇群出没并保护。因此，在采集胡椒时得这么做：到处点火，迫使蛇群躲到地底下。这也是胡椒为什么是黑色的……

采集胡椒，取自布锡考特大师的《奇迹之书》，15世纪出版，目前收藏于巴黎的法国国家图书馆，排架号Ms. Fr.2810。

同样在那个地区，还有狗头人：头上有像马鬃一样的毛，牙齿丑陋如野猪，头状似狗头；他们甚至可以从口中吐出火焰……

尼罗河流经埃及，是河川之王；当地人称之为阿克罗波雷塔，意为“大水”。这些区域有许多大象，还有一群身高15英尺、有着白色身体且头顶黑发的双面人。这些双面人还有红色的膝盖与长鼻子。每到生殖季，他们会迁徙到印度，在那里产下后代，生出有三种体色、头似狮、铲状大嘴与20只脚的生物：他们一看到人或发现有人想抓他，就会赶紧逃跑……

布里松特河另一侧往东处，有一群体格高大魁梧的人，他们的股骨和胫骨有12英尺长，臀宽和胸宽可达7英尺。他们的皮肤是黑色的，我们无法警告你他们何时接近：事实上，他们抓到什么就吃什么……

在这条河流经的区域中，有一座位于南方的岛屿，上面住着眼睛和嘴巴都长在胸前的无头人……

那一带还有长着野猪獠牙、发长及踝且背部下方有牛尾的女人；她们身高13英尺，身形姣好，白皙宛如大理石，不过却有着状似骆驼的脚。亚历山大大帝对于这种毫无羞耻且淫荡的躯体暴露感到极端厌恶，又捉不到活的，所以杀死了不少……

在此地区附近，居住着一群胡长及胸、身披马皮的女人；她们是身手矫健、无人能比的猎人，她们不养狗，而是以老虎、豹与其他生长在那座山的野兽来代替，并且会带这些动物出去打猎。

祭司王约翰书信

作者佚名

《祭司王约翰书信》“Lettera del Prete Gianni”，12世纪

我，因上帝与王中之王耶稣基督的美德与力量而称王的祭司王约翰，向罗马人的皇帝曼努埃尔致上最高敬意，敬祝身体安康，国家繁荣昌盛。我王得知，你们崇敬我王，有关我王的消息也远播至贵国度。我们也从使节处得知，贵国想要送给我们一些有趣且赏心悦目的东西，以取悦我王。

身为人，我们很乐意接受，我们也会通过我方使节送给您一些来自我国的东西，因为我们想要也希望知道，你们是否和我们一样遵循真正的信仰，以及你们是否在各方面都相信我主耶稣基督。……我，祭司王约翰，是王中之王，我的美德、富贵与权力在全天下人之上，世上有七十二个王国向我进贡……我们的主权已及印度三国，而且自使徒多马（犹大的双胞胎兄弟）安葬之地延伸进入荒漠，向东方的边界推进，然后往回向西，一直到荒芜的巴比伦，巴别塔的附近……

我国境内有大象、单峰骆驼、双峰骆驼、河马、鳄鱼、豹、野驴、白狮、红狮、白熊、黑鸟、不会叫的蝉、狮鹫、老虎、豺狼、鬣狗、野牛、半人马、野人、有角人、羊男、萨提尔与雌萨提尔、俾格米人、狗头人、四十腕尺高的巨人、独眼人、独眼巨人、一种叫做凤凰的鸟，以及各种在苍穹下生活的动物……我们的土地会渗出蜂蜜，而且充满乳汁。在某些区域，“不受毒物损害，没有呱呱叫不停的青蛙，没有蝎子，也没有在草地上滑行的蛇”。有毒动物既无法在此生活，也无法伤害其他人或动物。在我国领土内的一个异教徒省区内，有一条印度河。这条河源自天堂，支流众多，遍布全省，沿岸可以找到许多天然宝石如祖母绿、蓝宝石、红玉、黄玉、橄榄石、玛瑙、绿柱石、紫水晶、红缟玛瑙等贵重宝石。这里还有一种叫做阿西迪欧的草本植物，若把这种植物带在身上，它能驱赶恶灵，并迫使恶灵说出它是谁、从何而来，以及它的名字……在我国领土边缘靠南方的几个省区，有一个面积庞大且无人居住的岛屿。

上帝每个礼拜都会在这座岛屿降下两场吗哪（manna），终年不间断，供周围居民采收为食……此地不耕不种不收割，也不可能以任何方式刺激土壤长出更丰盛的果实。这吗哪的味道确实和以色列人出埃及时所吃的相同。事实上，他们除了自己的妻子以外，并不认识其他

祭司王约翰的国度，取自亚伯拉罕·奥特柳斯《世界概貌》(*Theatrum Orbis Terrarum*)(局部图)，1564 年出版。

女人，心中没有嫉妒与恨意，生活平静，不动手争夺他人的财物；他们没有领袖，以我们派去收税的官员为首领。

他们每年进贡五十头大象和许多河马，每只动物身上都载满了一锅锅的贵重宝石和黄金。事实上，那个地方的人拥有大量的贵重宝石和微红的黄金。这些人只靠上天恩赐的食物维生，可以活到五百岁。然而，在满一百岁的时候，他们会前往当地的一棵树，汲取从根部涌出的泉水饮用三次，以此回春并恢复体力……在喝过三次泉水以后，似乎从一百年的年岁解放、恢复，外表看起来似乎不超过三十或四十岁。所以，他们每一百年会完全回春一次。后来到了五百岁的时候，就会死亡，而根据该民族的习俗，死者不会被下葬，而是被带到我们前面提到的岛上，在那个树木繁茂生长、终年不落叶的地方，高高地放在树上。这些树叶的遮荫非常舒适，结下的果子散发着甜美的香气。死者的肉体不会损坏腐烂，不会浸软，也不会化作灰烬，而是维持着生前的新鲜红润，就这么保存下来，就如某些先知所言，一直到反基督者的时代来临……

从该地旅行三日，会抵达一处山区，那儿有一条往下流的石头河，河里无水，流域遍及我国领土，直达由沙子构成的大海。这石头河每周有三天在流动，大大小小的石块挟带着树干在河中翻滚，直达沙海；流入沙海以后，石块和树干就会消失不见。石头河流动时，无人能够渡河，不过在其余四天平静之际，是可能横越的……石头河的另一边，是以色列十支派生活之处，尽管他们有自己的王，事实上还是受我们统治，向我王进贡缴税……在另一个靠近热带的省区，有一种被我们称为色拉曼德的蠕虫。这些蠕虫只能活在火里，会像蚕一样用薄膜把自己包起来。我国女性会采集这些薄膜，悉心加工并制成我王所需的各式衣物与织品。这些布料只能用烈火来清洗。

我们因为有丰富的黄金、白银和贵重宝石，与大量的大象、单峰骆驼、双峰骆驼和狗，而能放心生活。我们温柔欢迎每一位外来访客与每一位朝圣者。我们这里没有穷人，周围也没有小偷强盗，更没有马屁精和贪婪者生存的空间。这儿没有财产分配，我们的官员握有各式各样的财富……

事实上，我王居住的宫殿，其形象宛如使徒多马替印度王根达法鲁斯王建造的宫殿，而且在内部和其他结构等方面都很类似……

我们还拥有另一座宫殿，尽管长度不如第一座，但其高度更甚，而且更为华美。这座宫殿是按照我父在我们出生之前所获得的预示所建造，并以我父非凡的圣洁与公义，命名为似神宫。我父是在梦中被告知的："替你即将出世的儿子建造一座宫殿，他将成为王中之王，万主之主。由于神的旨意，宫殿被赋予如此的美德：这里没有人会饥饿与体弱，任何人在进入宫殿的那一天都不会死亡。若有即将饿死之人进入宫殿，在里面待上一会儿，他将会感觉到像吃了一百道菜一样的饱足，像是从没生过病一般地健康。"宫殿里会出现一道永远不会流出宫殿的源泉，它比世界上所有泉水都还甘美、香气芬芳；从源头的那一角落穿过宫殿流到相对侧的另一个角落，在此流入地下，回到源头，就如太阳从西方落下再从东方升起的方式。

在饮用者口中，这泉水会随着他的欲望，化为任何食物或饮料的味道。泉水让宫殿里充满浓郁的香气，好像各种药物、香料和香膏都被带到那里搅拌而散发出的味道，而且味道还更强烈。如果一个人能连着三年三月三周三日三小时，每天在三个时段空腹喝下这泉水，每个时段长达三小时，而且喝水的时间要避开整点，每个小时喝水三次，那么在三百年三月三周三天与三小时的时期中，绝对不会死亡，而且青春永驻……

然后，如果你想要知道为什么我王不想使用比祭司更能彰显地位的名号——既然造物主让我们成为这世上力量最强大、享有最高荣耀的人，睿智的你也不应该感到惊讶。我们宫内有许多名称和功能都比实际更尊贵的不同部会，这涉及教会尊严，名称等级甚至比我们的宗教办事处还要高。我们的总管被称为主教长王，我们的酒政叫做大主教王，我们的蹄铁匠是修士王，主厨是修道院长王。由于我国宫内人事已使用了许多如此显赫的名称，我王不愿使用同样的头衔，宁可谦卑以对，选择一个比较不高贵、等级低了一级的称呼。

我们的荣耀与力量无法言述。然而，在你前来参访时，你绝对会表示我们确实是这世界的万主之主。

康拉德·格鲁恩伯格（Conrad Grünenberg）《徽章，日尔曼修士典》（*Wappenbuch*，*Codex Germaniae Monaciensis* 145）中的一页插画，1483 年出版，书中有关于祭司王约翰的介绍。

此时此刻，你只要知道，我们的领土广大，从领土的一侧横跨到另一侧需要旅行四个月，而且实际上没有人能知道这边界到底远及何处。

如果你能数尽天上的星辰和海里的沙，你就可能有办法测量我国的领土与力量。

曼德维尔版本的祭司王约翰

约翰·曼德维尔（公元14世纪）

《约翰·曼德维尔游记》，第30卷

这位祭司王约翰统治着许多国王、岛屿和生活环境各异的人们。他的国度非常繁荣富裕，不过富裕程度不及大汗国。事实上，商人会前往大汗国从事贸易，却因为路途遥远而不会前往祭司王的国度购买商品。另一方面，契丹岛上几乎什么都找得到，可以完全满足商人的需求：黄金和蚕丝织成的布、香料，以及所有其他种类的商品。因此，即使这些东西在祭司王约翰的岛屿比较便宜，人们还是因为对于长途跋涉与那一带危险海域的恐惧而却步。在那个海域的许多地方，存在着具有磁性的岩石和峭壁，会将所有用铁打造的东西吸过去。因此，用铁条和铁钉打造的船舰无法通过：如果人们乘船通过，磁岩会将船舰吸过去，船舰再也无法航行。我曾经从远处眺望那片大海，它看起来就像是一座长满树木与荆棘的巨大岛屿：水手向我们解释，那些都是受磁岩吸引的船舰所留下的残骸，它们都因为船上的铁材而被吸了过去。之后，这些残骸里慢慢长出荆棘、灌木、青草之类的东西，而船上的桅杆则给了人一大片森林的印象。那一带类似的岩石很常见，这也是为什么商人只有在熟悉航道而且有好向导的时候才愿意冒险。此外，对于路程遥远一事也心生畏惧……

祭司王约翰的国度有很多令人意想不到的东西，珍贵宝石的产量之大尤其让人惊讶，而且宝石尺寸大到让人能用它来制作食器，如盘子、碗和杯子等。这里还有很多其他奇观，然而若要一一在书中列举，可能既冗长又让人厌烦……

那片沙漠有很多让人害怕的野蛮人，他们身上有角，不会说话只会像猪一样地叫。那里也有很多野狗，以及在当地语言中叫做“赛塔克斯”的鹦鹉。这些鹦鹉天生就会和去沙漠的人们说话和打招呼，而且能够像人类一样地清楚表达。那些话说得很好的鹦鹉，舌头比较大，而且脚上有五趾。那里还有其他种不同的鹦鹉，脚上只有三趾，不太会说话，只会咯咯叫。

阿尔瓦雷斯的报告

弗朗西斯科·阿尔瓦雷斯（Francisco Alvarez）

《印度祭司王约翰国度实录》*Verdadera Informaçam das terras do Preste*

Joam das Indias，1540 年

我们在那里看到祭司王约翰坐在一个平台上，平台的阶梯有六阶，每一阶都有精美的装饰。他头上戴着用黄金和白银打造的皇冠，也就是说，一半是黄金一半是白银，另外，手上还拿着白银打造的十字架，脸上盖着一块天蓝色的塔夫绸，这绸巾在他面前时上时下，有时他的脸会整个露出来，有时又被盖着。他的右侧有一位身着丝绸的侍童，手上拿着一个以浮雕人物装饰的银制十字架……他身着华美金色织锦与袖子宽大的丝质衬衫，腰上围着丰富的丝绸与金布，就好像主教身上的围裙，他的坐姿威严，如天父在壁画里的姿势。除了手持十字架的侍童以外，该名侍童的两侧各有一位打扮类似的侍童，两人手上各握着一把出鞘的剑。

从年龄、肤色和身形来看，祭司王显得年轻，肤色并不是太黑，呈现栗子色……中等身材，看起来约二十三岁。脸形偏圆，眼睛很大，鹰钩鼻，也开始长胡子……

接下来的几天，没有人知道该何去何从，不过每个人都能从睡觉处看到搭起的白色帐篷……他戴着皇冠骑马，而且被红色帘幕围绕着，那些扛着帘幕的人用细矛将之撑起。在祭司王前面有二十名侍童，侍童前面是六匹装饰华丽的马，马前面是六只上了鞍的骡子，每只都装饰得很漂亮，而且每只都由四名男子引导。在这六只骡子前面，还有二十名骑着骡子的绅士，其他走路或骑马的人都不能接近他们。

怪物，取自约翰·曼德维尔《曼德维尔游记》，14 世纪出版。

马可·波罗的见证

马可·波罗

《马可·波罗游记》*Il Milione*，第 63~67 页

哈拉和林是一个周径三公里的城市，是鞑靼人在很久以前最先定居的地方。笔者会在此告诉你们有关鞑靼人的所有事情，以及他们如何开始称王并散居世界各地的故事。鞑靼人原本生活在北方，与女真比邻；他们居无定所，也就是说，没有城堡与城镇，只有辽阔广大的平原，以及茂盛的牧草和丰沛的水源。

他们没有自己的君主，而是臣服在另一个君王之下，这位君王就

是祭司王约翰，一位被全世界传颂的君王。鞑靼人每有十头牲畜，就会将一头进贡给祭司王约翰。

鞑靼人的繁衍非常快速。看到鞑靼人口迅速增长的情形，祭司王约翰认为鞑靼人可能会对他造成伤害，决定要将他们分成许多部落，并让他们散居各地。因此，祭司王就派他手下的贵族来进行此事；鞑靼人发现了祭司王的真正意图，感到非常痛苦。因此，他们全都一起离开，朝着北方荒漠前进，去到一个祭司王约翰再也无法伤害他们的地方；他们就此反叛，再也不向祭司王进贡。就这样经过了一段很长的时间……到了1187年，拥立成吉思汗为王。在鞑靼人眼中，成吉思汗值得尊敬、聪明机智且以勇敢著称；由于他善良公正的统治，在他称王以后，所有的鞑靼人，无论远近，都前来归顺，愿意听从他的命令。聚集在成吉思汗身边的鞑靼人多到令人难以置信；当成吉思汗看到这么多人愿意跟随他，便整装待发，带着他的子民攻城掠地。成吉思汗在极短时间内就攻下八个省区，所到之处，既不伤人亦不抢夺，而是征召之，带着他们一起去征服其他地区，以这样的做法来收买人心。人们看到他的良善，都自愿追随他。成吉思汗看到有这么多人愿意接受他的领导，决定要进一步征服世界。他在1200 年派遣使者到祭司王约翰那里，要求迎娶祭司王约翰的女儿为妻。祭司王约翰听到这个请求，勃然大怒说：“成吉思汗胆敢要求娶我女儿为妻？他难道不知道自己是我的奴隶？你们回去告诉他，我宁可把女儿烧了也不会嫁给他；告诉他，既然他是个叛徒，我最好把他给杀了。”他跟使者说：“马上给我滚，再也不要回来。”使者离开以后马上回到成吉思汗那里，一字不差地将祭司王约翰的话带到……接到祭司王约翰的无理回复，当时已称王的成吉思汗勃然大怒，表示祭司王会因为他的无理而付出代价，他绝对会让祭司王好看，看看谁才是奴隶。之后，成吉思汗集结了有史以来最强大的军队，同时派遣使者通知祭司王约翰，要他准备作战。祭司王约翰对此嗤之以鼻，不相信成吉思汗会这么大胆，于是欣然接下战书，并下令捕杀成吉思汗。成吉思汗准备就绪以后，率领大军前往一个叫做天德的大平原，并在这片祭司王约翰的领土上扎营。祭司王约翰一听到风声，马上率军前往迎战；成吉思汗接获消息，竟也大

祭司王约翰，取自弗朗西斯科·阿尔瓦雷斯《印度祭司王约翰国度真实报告》，版画，制作于1540年。

感欣慰。现在让我们先离开成吉思汗，看看祭司王约翰和他的军队，到底怎么迎战。当祭司王约翰听闻成吉思汗率军入侵时，他集结自己的兵力，来到天德大平原，在距离成吉思汗十英里处扎营。此时，双方都在养精蓄锐，准备迎战；两军在天德大平原对峙…… 开战当日，两军整装待发，开始艰苦交战，打了一场史上最浩大的战争。两军死伤惨重，然而成吉思汗最后得以战胜，祭司王约翰则死于沙场，自此以后失去了他的所有领土。

拜占庭的自动机

利乌特普兰德（Liutprando，10 世纪）
《论欧洲名人》*Antapodosis*，第 6 卷，第 5 页

在伊斯坦布尔皇宫旁，有一座气势磅礴的豪宅，被希腊人称为马瑙拉宫，是一座具有伟大光环的建筑…… 君士坦丁大帝之所以准备这座房子，一方面是为了安顿才刚抵达的高加索伊比利亚人，另一方面也是为了招待我和利乌提弗雷多。皇帝的宝座前有一棵镀金的铜树，树枝上停满了各式各样镀金的铜鸟，而且每种鸟根据其种类都有不同的叫声。皇帝的宝座上设有一装置，前一刻看来在地面，现在稍微高了一点，之后马上升高，展现出崇高之姿，宝座前设有几座巨狮雕像，尽管看不出来到底是铜制还是木制，每只都有镀金装饰，它们的尾巴在底下拍打，张开嘴时舌头可以活动，会发出咆哮声。之后，我被两位内官扛在肩膀上，就这么进宫觐见皇帝。

虽然在我抵达的时候，狮子发出咆哮声，每种鸟儿也发出不同的鸣叫，我并没有畏惧或惊奇之感，因为熟知内情者早就讲给我听过了。我向皇帝跪拜三次以后抬起头来，原本坐在离地不远的地方的皇帝，这会儿已经换了衣服，坐在靠近天花板的地方；若不是有台绞车让他升了上去，我实在无法想象这到底是怎么发生的。

曼德维尔的塔普拉班

约翰·曼德维尔
《曼德维尔游记》，第 23 卷

在祭司王国度的东方有一座美丽的大岛，名叫塔普拉班，是个既高贵又丰沃的地方。那儿的国王很富有，不过却臣服在祭司王约翰的统治下，而且这王总是由人民选出的。这座岛屿每年有两个夏天两个冬天，种植的谷物也是每年收成两次，花园则是四季如春，终年都开花。

这里的居民明智和善，其中有许多富裕到不知如何处置财产的基督徒…… 在那座岛的东方另外还有两座岛屿：一座叫做奥里耶，另一座叫做阿尔吉特。他们的土地可以

水泵系统，取自加扎利的《精巧机械装置的知识之书》，1206年出版，收藏于伊斯坦布尔托卡比皇宫。

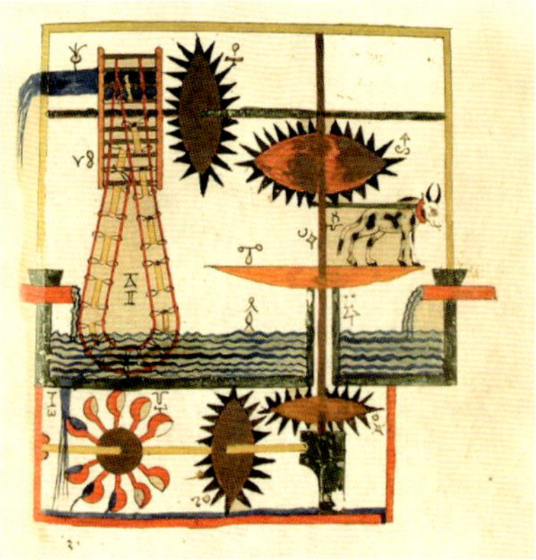

说是黄金和白银的宝库。这些岛屿位于红海和大洋的交界处。那里的星辰不如其他地方闪亮；除了一颗非常明亮叫做卡诺波的星星以外，根本看不到其他星星。即使是月亮，也只有在上弦月到满月这段时间才看得到。

塔普拉班岛上有许多高大的金山，由蚂蚁勤奋看守。这些蚂蚁会将这种贵重金属纯化，把纯金和杂质分开。它们的体形庞大如狗，所以没人胆敢靠近那些金山，以免转眼间就受到这些昆虫攻击吞噬。因此，唯有运用智慧，才可能拿到那些黄金。

天气热的时候，这些巨型蚂蚁从早上到午后会躲在地底下休息。所以当地人就趁着这段时间，带着骆驼、马匹和其他动物到那里，尽快把能装的装好，趁着蚁群还没从地底下跑出来之前，赶紧带着动物逃跑。

有时天气不是这么热，蚂蚁不会到地底下休息，人们就会用另一种诡计，好把黄金带走。他们会在刚出生小马的母马身上装上两个没有盖子的及地长篓，把这些母马送去山区，小马则留在家里。

蚂蚁一看到篓子就会马上跳上去：天性所致，这些蚂蚁无法忍受有容器是空的，所以就会马上用周围能找到的任何东西把这些篓子装满，如此一来，这些篓子就被装满了黄金。人们在认为篓子应该已经被装满的时候，就会放出小马，让它们发出嘶鸣声寻找母亲，母马就会马上带着黄金回到小马身边，人们就可以取下篓子，利用这种伎俩，想拿多少黄金就拿多少。事实上，蚂蚁可以忍受其他动物在身边走动，就是无法忍受人类。

斯里兰卡的亚当之墓

阿尔图罗·葛拉夫

《人间天堂的神话》*Il mito del Paradiso Terrestre*，收录于《中世纪的神话、传说与迷信》*Miti, leggende e superstizioni del Medio Evo*，第3章，1892~1893年

另外有一种看法曾在东西方广为流传，以为亚当和夏娃被逐出天堂以后，在旧称锡兰的斯里兰卡生活，不过目前只有东方还流传此说。这样的想法无疑来自穆罕默德，或者该说是被伊斯兰观点转化过的佛教信念；接下来说明此观点是怎么来的。从过去到现在的佛教徒都相信，佛陀曾经在锡兰岛的一座山上

住过一段时间，这座山被印度半岛上的贵族祭司婆罗门称为兰卡山；佛陀曾在这里静思修行；佛陀得道升天以后，在峭壁上留下了一个清楚可见的脚印。伊斯兰教信徒运用了一种在传说演变史中非常常见的手法，将佛陀的事迹改成亚当的事迹，因此佛陀和亚当的传说就这样持续并行流传下来。关于此事，马可·波罗曾在游记中提出一个有些古怪的见证。他说，在锡兰岛上有一座只能靠链条协助才可能攀登的高峰，这座山的山顶有一座坟，萨拉森人说是亚当的坟墓，拜偶像者（指佛教徒）认为是赛加蒙·波尔卡摩（指佛陀）之墓。马可·波罗接下来的叙述表示，这位赛加蒙其实就是佛陀，而且众所周知的是，佛陀也经历过另一类似的转化，成为基督教传说中的圣人约瑟法。阿拉伯人将这座山称为拉胡德山，第一位将这传说记录下来的阿拉伯作家据说是苏莱曼（Suleyman）。在西西里王国鲁杰罗二世（Ruggero II di Sicilia）的宫廷写下地理学杰作的伊德里塞（Edrisi），曾在1154年证实自己曾亲眼在芦荟、没药和樟树之间看到以弗所七圣童的肉身，尽管他并没有清楚表示看到的到底是遗体还是再次沉睡的七圣童，他的记述指的其实就是圣山的传说，并把这座山称为拉胡克山。根据伊德里塞的说法，多位婆罗门表示曾经到过留有亚当足迹圣迹的山顶上，这圣迹据说有七十腕尺长，而且看来非常清晰。据传，亚当从那个地方，只跨了一步就抵达路程两三天远的海边。伊斯兰教徒还说，被天堂放逐的亚当掉落到锡兰岛，并且在前往后来的麦加朝圣以后，回到岛上终老。14世纪旅行家伊本·巴图塔（Ibn Battuta）也曾在他的游记里提到这座山。这个传说也从东方传到了西方，从伊斯兰教徒传给基督教徒；后来被葡萄牙人称为亚当之峰的锡兰山则因此声名大噪。亚历山大城宗主教犹提修斯（Eutichio，殁于公元940 年）只提到过，亚当被放逐到印度的一座山里，不过到头来犹提修斯所指的，仍然是锡兰山。鄂多立克也曾简明扼要地叙述，表示这座山的山顶上有一座湖，据说是亚当和夏娃在次子亚伯死去时流下的眼泪所形成。14世纪传道士乔凡尼·马里诺利（Giovanni de'Marignolli）的叙述则比较详细明确。天使抓起亚当，将他放在锡兰山上，亚当的足迹奇迹般地印在大理石上，长度达两个半掌幅。天使将夏娃放在另一座与锡兰山相隔四天路程的山顶上，两名罪人就这么分开着，被哀伤笼罩。四十天以后，天使将夏娃带到亚当所在之处，当时的亚当早已陷入绝望之中。除了亚当的足迹以外，第一座山上还有一尊右手指向西方的亚当坐像、亚当的住所，以及一潺清澈纯净、据说来自天堂的泉水，当地居民相信，亚当的眼泪形成了泉水里的宝石；此外，这里还有一座长满甜美果实的果园。这个地方吸引了许多朝圣者前来。在17世纪末，文森佐·柯罗

《亚当之峰》，版画，
制作于 1750 年。

内利（Vincenzo Coronelli）仍然表示这山顶上有亚当之墓，那里有一座湖，是夏娃哀悼亚伯流下的眼泪形成的。不过柯罗内利的说法和另一个比较不为人所知的看法相抵触。之前已经提过的布查德（Burcardo di Monte Sion）曾经表示，亚当和夏娃在希伯仑谷某座山旁的一个洞穴里悼念亚伯之死，泪流了一百年，那个洞穴至今仍有两人睡过的床，以及两人曾经取水饮用的泉源。尽管原本认为亚当之墓位于锡兰山上，有关亚当之墓到底位居何处的相关传说着实众说纷纭。

第五章

人间天堂、幸运之岛与黄金国

雅各布·德贝克（Jacob de Backer），《伊甸园》，约1580年绘制，目前收藏于比利时布鲁日格罗宁根博物馆。

人间天堂也属于东方奇观的一部分。《圣经》谈及犹太基督教文化中的伊甸园，《创世记》诉说亚当与夏娃所在的乐园，以及两人犯下原罪以后如何遭受放逐：上帝“于是把他赶出去了；又在伊甸园的东边安设基路伯和四面转动发射火焰的剑，为了把守通往生命树的道路……”此后，伊甸园就成了一个让人朝思暮想之处，一个所有人都想重新找到却难以寻及的地方。这种关乎世界起源的梦，描写一处人类原本过着幸福纯真的生活，尔后因故失去的地方，是很多宗教的共通点，它所代表的往往是进入天堂的前奏曲。

耆那教、印度教和佛教都提到过须弥山。须弥山是四条河的起源（就如《圣经》中提到从天堂流出的四条河——比逊、基训、底

爱的花园或不老泉花园，取自《天球论》，15 世纪出版，目前收藏于意大利摩德纳埃斯特图书馆，排架号 Ms. Lat.209 DX214，c.10r。

《耆那教的宇宙图》，帆布蛋彩画，约1890年绘制，目前收藏于美国华盛顿特区美国国会图书馆。

格里斯与幼发拉底），山上矗立着神的居所与人类的古老家园。在梵文史诗《摩诃婆罗多》中，因陀罗神建造了和伊甸园有许多共通之处的移动城市因陀罗世界。

道家典籍（约在公元300年著作的《列子》或《冲虚经》）曾提到一个梦境，梦中是一个没有统治者（其国无师长）也没有被统治者的美好之境，在那里的一切都顺其自然（译注：出自《列子》黄帝篇）；居民入水不溺，入火不侵，乘空如履实。埃及神话也曾提到一个幸福快乐的时代，那些有关金苹果圣园之梦的描绘，最早也许就是在这些神话中成形。苏美人的天堂叫做迪尔蒙（Dilmun），是个没有疾病和死亡的地方。昆仑山是道教圣地。中国神话和日本神话都曾提到的蓬莱山（蓬莱山在许多不同的传说中出现在不同的地点），是个

老卢卡斯·克拉纳赫（Lucas Cranach il Vecchio），《黄金时代》，约1530年绘制，目前收藏于德国慕尼黑古绘画陈列馆。

保罗·弗莱明（Paolo Fiammingo），《黄金时代的爱情》，1585年绘制，目前收藏于奥地利维也纳艺术史博物馆。

没有病痛也没有寒冬的地方，这里有吃不尽的美味和喝不完的美酒，有神奇仙果能治愈所有疾病，而且居民长生不老。希腊人和拉丁人则在传说中提及黄金时代与克洛诺斯（Crono）和萨图恩（Saturno）统治的幸福国度。根据古希腊诗人赫西俄德（Esiodo）的说法，当时人类的生活并无后顾之忧而且青春永驻，无须辛勤劳动，土地就会长出食物，死亡时就好像睡着了一样。

古希腊诗人品达（Pindaro）早已提到了幸运岛（Isole Fortunate，一个注定在中世纪后开始进一步发展的主题），据说这里的居民是已经经过三次转世的纯洁灵魂。另一方面，无论在荷马或是古罗马诗人维吉尔的作品中，都曾经出现关于极乐世界的描述，那是受赐福者居住的世界。古罗马诗人贺拉斯（Orazio）谈到内战后罗马社会的

老卢卡斯·克拉纳赫，《伊甸园》局部，1530年绘制，目前收藏于德国德勒斯登古典大师美术馆。

种种不安时，也曾提到这个极乐世界，将之当成一种对于现实世界不满的逃避方式。

《古兰经》里描述的天堂，和西方文化里出现的各种人间天堂有类似的特征：受赐福者待在乐园中，身边围绕着美丽女子、丰盛水果与香醇饮料。这个天堂乐园的形象，启发了独特的伊斯兰式建筑，衍生出各种花园、凉亭与喷泉等。

总之，似乎在每个文化中，由于现实世界往往让人感到痛苦不堪，人们总梦想着那曾经归属的幸福快乐之地——一个也许在未来的某一天能够回归的地方。如阿尔图罗·葛拉夫关于人间天堂传说的经典研究所述，有些学者甚至进一步推演假设，认为伊甸园式的传说反映出“对于人类开始确立土地所有权以前那种原始社会环境的朦胧回忆”。

让我们回到《圣经》里的伊甸园。根据传说，自始以来，伊甸

伊甸园也出现在埃布斯托夫的《世界地图》中（左侧局部图），约1234年绘制。

园就位于东方，而且是太阳升起的极东之境，然而，这个位置还是不够明确，由于伊甸园是四条河的起源，其中包括灌溉着整个美索不达米亚的底格里斯河和幼发拉底河在内，所以它指称的东方绝非远东，反而是世界的中心而非边缘地带。既然底格里斯河和幼发拉底河也可能源自非常遥远的地方，中世纪的地图就将伊甸园放在一个位置不甚明确而且位于偏远地带的印度（这一点可以在圣奥古斯丁和圣依西多禄的记述中看到）。

我们在前面的章节已经提到过拜占庭地理学家科斯马斯·印地科普雷乌斯特斯提出的一些可疑地理学叙述，他在一幅地图中描绘了大海另一侧的世界，也就是已知世界以外地区，表示那里是人类在大洪水之前的居所，也是伊甸园的位置。中世纪大部分的地图都将伊甸园放在大海的范围之内——例如席洛斯（Silos）的《启示录》——不过在14世纪赫里福德（Hereford）的地图里，它却位于

雅各布·巴萨诺（Jacopo Bassano）《伊甸园》，1573年绘制，目前收藏于意大利罗马多利亚潘菲利美术馆。

一个被人类居住世界围绕着的岛上。

但丁则将天堂放在炼狱山的山顶，也就是说，天堂位于当时人们不知晓的另一个半球上。

至于其他人，有将伊甸园和亚特兰蒂斯放在一起的（我们在专章讨论这块失落大陆的时候再行讨论），也有把它和幸运岛放在一起的。至于通常语出惊人的曼德维尔，在遇到伊甸园之谜的时候终于坦白了一次，承认自己从来没有见过这个地方。

14世纪的教士乔凡尼·马里诺利（Giovanni de'Marignolli）曾前往鞑靼人大可汗的领土传教。马里诺利在《编年史》一书中表示，伊甸园离锡兰岛四十英里，锡兰岛上可以听到水从伊甸园落下所发出的轰鸣声——而且事实上，有这么多河水从那样的高度落下，水流造成的轰然巨响必然会让周围地区的所有居民耳聋。

许多“异象录”（visiones）中都有人物在梦境或现实中参访死后世界的描述，也有人因此看到了伊甸园。这些所谓的异象有很多，而且很多都比但丁的幻想旅程还要早。这里指的是《罗马圣马卡里奥生平》（*Vita di san Maccario romano*）、《三圣人的伊甸园旅程》（*Viaggio*

多米尼克·迪米凯利诺（Domenico di Michelino），《但丁与神曲》，绘于 15 世纪，目前收藏于意大利佛罗伦萨圣母百花大教堂。

di tre santi monaci al paradiso terrestre）、塞席尔（Thurcill）的异象、《纳达鲁斯的异象》（*Visione di Tugdalo*），甚至于《圣帕特里克的炼狱》（*Tractatus de Purgatorio sancti Patricii*）或圣帕特里克之井的传说等；据传，在穿过这口圣帕特里克之井（位于爱尔兰）以后，骑士欧文先参观了下炼狱者接受折磨的地方，接着到了好人居住的伊甸园，这些好人全都几乎超脱了净化的痛苦，在那里愉快地等待进入天国世界。

从公元 2 世纪神学家特图里安（Tertulliano）到经院哲学的诸位学者，长久以来一直在争论，伊甸园到底是位于远离已知世界的热带，还是在具有宜人温和气候的温带。一般而言，位于温带的理论较占上风，13 世纪神学家圣托马斯·阿奎纳（San Tommaso）也支持这个概念，他在《神学大全》第 1 部第 102 问中曾提到："那些主张伊甸园位于赤道的人认为，赤道地区的天气因为终年日夜长度相等而非常温和；一方面因为太阳永远不会太偏斜，所以不会出现过度寒冷的情形，另一方面就如众人所言，这里不会过度炎热，因为太阳直射居民头顶的时间并不会太长。然而，亚里士多德曾明确指出，赤道地区

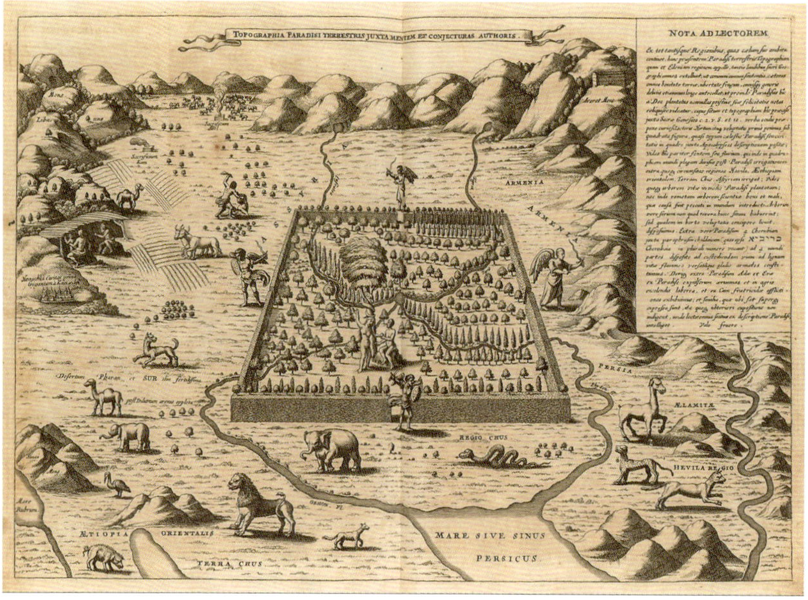

阿塔纳斯 · 珂雪（Athanasius Kircher），《天堂地形图》，取自《诺亚方舟》，1675 年于阿姆斯特丹出版。

由于炎热而不适合居住……但是，我们都相信，不管伊甸园到底在赤道还是其他地方，它都位于一个气候非常温和之处。”

无论如何，一般人都认为，伊甸园在一个海拔非常高的地方，因为唯有如此，才可能在大洪水中幸存下来——我们稍后也会讲到克里斯托弗·哥伦布从这个观点衍生出什么奇怪的论调。为了找到世界上最高的地方，意大利文艺复兴诗人阿里奥斯托（Ludovico Ariosto）在作品《疯狂奥兰多》（*Orlando Furioso*）中，不受神学观点局限地让主角阿斯托尔福（Astolfo）骑着骏鹰飞到位于前往月球半路上的伊甸园。

圣布伦丹的岛 另一个传说则把伊甸园放在西方，而且是非常接近北边的位置。这个传说来自 10 世纪的一本书《圣布伦丹航海记》（*Navigatio Sancti Brandani*）。布伦丹（Brandano）是公元 6 世纪的爱尔兰僧侣，他驾着一艘非常脆弱的爱尔兰传统木舟库拉客（在木制框架上覆盖薄兽皮造成的小船）往西航行，根据传说，他和同行僧侣驾船抵达美洲，甚至重新发现了亚特兰蒂斯。

圣布伦丹和同行的神秘水手们曾经去了许多岛屿，如鸟岛、地狱岛、那块将犹大拴住的海中孤岩，以及曾让辛巴达上当的假岛屿。布伦丹一行人曾在这座假岛上停泊，而且直到过了一天之后，船员在岛上生火，这时他们看到这岛竟然动了起来，才发现自己所停靠的并不是岛屿，而是一只可怕的海怪贾斯康尼乌斯（Jasconius）。

然而，在圣布伦丹去过的诸多岛屿中，最能激发后人想象的，却是布伦丹一行人在航行七年以后抵达的福人岛（L’isola dei Beati）[1]，一个充满愉悦甜美的地方。

福人岛能让人产生一股强大的欲望，因而在整个中世纪时期到文艺复兴时期，一般人都深信其确实存在。这个岛曾出现在地图上，例如13世纪的埃布斯托夫（Ebstorf）世界地图和15世纪托斯卡内利（Toscanelli）替葡萄牙国王绘制的地图，都有福人岛的踪迹。它有时在和爱尔兰差不多纬度的地方，不过在较近期的地图上，则往南移到非洲西北岸加纳利群岛或幸运岛一带，而且幸运岛也常常和圣布伦丹所说的福人岛相混淆；有时，福人岛被认为是北非西岸的马德拉群岛，有时又和另一个虚构岛屿安提利亚（Antillia）混淆，例

注1：圣布伦丹并没有很明确地提到伊甸园，反而用了“应许给圣人之地”的说法，至于在讲到福人岛时提到人间天堂，是在中世纪时期为了通俗化之目的的用词，可参考Scafi（2006，pp.41~42，意大利文版）。

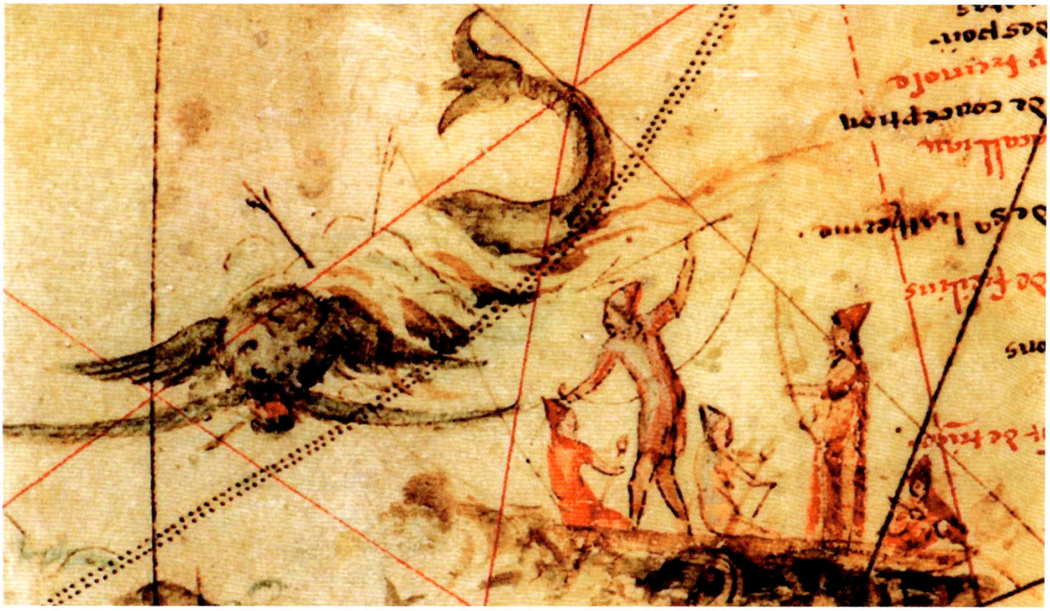

法国地图学家皮耶·德塞利耶（Pierre Descelliers）所制作地图中的圣布伦丹，1546年绘制，目前收藏于英国曼彻斯特大学约翰瑞兰兹图书馆。

如在16世纪地图学家佩德罗·德梅迪纳（Pietro de Medina）的《航海艺术》里就出现了这个情形；在15世纪德国地理学家倍海姆（Behaim）于1492年制作的地球仪上，福人岛的位置比较偏西边，且靠近赤道，而且在那个时期，福人岛已改称失落之岛。

德国神学家霍诺里乌斯·欧坦（Onorio di Autun）在《世界图像》一书中，曾经将福人岛描绘成最宜人的岛屿：“大海中有一个不为人知的失落之岛，是全世界最舒适、最肥沃的地方。即使人类偶然间发现了这个岛，一旦离开以后就难以寻及，因此被称为失落之岛。”14世纪的法国作家皮耶·贝绪尔（Pierre Bersuire）曾以同样的方式来形容幸运岛，据说：“因为只有偶然间凭借着运气才可能找到这座岛，然而，想要再次找到它，是不可能的事。”

许多人都在寻找这个永远无法再次找到的失落之岛，好望角与新大陆被发现后，更是让更多人投身这波探险热潮中；有人声称自己至少确认了福人岛的位置，因此葡萄牙国王伊曼纽尔一世在1519年6月4日和西班牙签署埃武拉条约，放弃葡萄牙在加纳利群岛的权利时，失落之岛也被明文包含在条约内。佛兰德斯地图学家杰拉杜斯·麦卡托在1569年制作的地图内，也还标示着失落之岛。

《被误认为岛屿的海怪康塞利斯》，版画，制作于1621年。

即使到了现代，仍然有人在缅怀着这难以寻及的失落之岛，意大利诗人圭多·戈札诺（Guido Gozzano）便为一例。

位于新世界的伊甸园　人类在1492年抵达美洲大陆，为中世纪画下句点，这也是约定俗成的说法，而哥伦布也被视为第一个步入现代世界的人。事实上，一个历久不衰的普遍看法认为，哥伦布是第一不顾普遍存在的敌意，站出来支持地圆说的人。这个看法其实是无稽之谈，因为希腊人早就已经提出地圆说——我们早在本书第一章就已经谈过——而且这个学说（至少在学术圈）也欣然被中世纪文化所接受。哥伦布和其他人一样，都认为地球是圆的，而且就像同时代的人一样，认为地球保持不动，是全宇宙的中心，而波兰天文学家哥白尼在《天体运行论》里发表的日心说，则在发现新大陆之后五十年才问世。然而，哥伦布对于地球大小的计算是错误的，他的反对者们的想法较合理，这些人认为西班牙与哥伦布想要往西航行抵达的东方，距离根本遥远到无法越过（无论是哥伦布或他的反对者们自然都没想到那片广阔的大海中间有美洲大陆的存在）。

事实上，哥伦布这位“现代的第一位主角”在思想上同时也属于中世纪，他的态度显然倾向于从字面意义来解读《圣经》。这位热那亚人在试着抵达他所相信的远东时，怀抱着许多根深蒂固的想法，其中之一就是要寻找伊甸园。

对哥伦布造成深刻影响的书籍之一，是主教皮埃尔·艾利的《世界图像》。艾利在书中屡次提及有关伊甸园的一些刻板印象（哥伦布的这本藏书流传至今，页边处还有他的笔记）。在哥伦布的游记中，他曾经好几次提到自己找到了一片被长满丰富水果的森林覆盖，且住着多彩鸟儿的土地，认为那就是传说中的应许之地。不只如此，哥伦布坚信伊甸园位于一个几乎与天空等高的地方，并告诉西班牙王室一个让人惊讶的假设，表示地球并不完全是圆的，而是在他新发现的地方向上隆起，成了梨形。

哥伦布以后，安东尼奥·莱昂·皮涅罗（Antonio de Leon Piñelo）

于1656年在《新世界的天堂》(*El Paraiso en el Nuevo Mundo*)再次提出伊甸园位于美洲的假设。新世界的发现引起了一连串有关美洲原住民起源的广泛讨论，许多人都支持美洲原住民是诺亚后裔移民至美洲的论点。然而，皮涅罗并不支持美洲印第安人来自地中海地区的说法，反而持完全相反的看法，他认为：这些居民早在大洪水之前就在此定居，诺亚就是在那里建造了方舟；由于人们认为这艘方舟有28125吨重，它足以越过大洋，抵达亚美尼亚的亚拉拉特山上。这趟旅程应该是始于公元1625年11月，一直到1626年11月为止；起点是安第斯山脉，从中国的那一侧进入亚洲大陆，到达恒河，最后抵达亚美尼亚，距离总共3605里格（译注：1里格为3海里）。从以上这些假设得出的结论，就是伊甸园位于新世界。皮涅罗更表示，从伊甸园流出来的四条河并不是《圣经》里提到的那四条，而是拉普拉塔河、亚马逊河、奥里诺科河及马格达莱纳河。

然而事实上，似乎从那个时候开始，就再也没有人在新大陆上寻找伊甸园。意大利航海探险家韦斯普奇在态度上比哥伦布谨慎，他仅仅指出有一片沃野“似乎是”伊甸园，不过并没有进一步讨论。

位于巴勒斯坦的伊甸园　接下来，人们开始往非洲和亚洲寻找伊甸园。皮埃尔-丹尼尔·尤埃（Pierre-Daniel Huet）在《论伊甸园位置》(Trattato sulla situazione del paradiso terrestre，1691）一文中，以怀疑的态度检验了所有的假设，其中包括一个奇怪的论点：认为伊甸园位于法国阿图瓦地区的埃丹（Hédin），因为埃丹与伊甸的发音相近。然而尤埃最后还是认为伊甸园位于美索不达米亚，尤其可能在底格里斯河东岸，并且在书末附上不同地点的详细地图。

卡梅神父（Dom Calmet）在评注《旧约》与《新约》的时候提到，他认为伊甸园位于亚美尼亚（1706）。

然而，最让人着迷的假设，应该是认为伊甸园位于唯一也是真正的应许之地，即巴勒斯坦。举例来说，17世纪神学家艾萨克·佩雷尔（Isaac de la Peyrère）在《亚当前人说》(*Preadamitae*）中写道，经过计算，他发现若根据东方历史来回溯世界的起源，那么世界起源的时间远比《圣经》所述早了许多，因此佩雷尔做出结论，认为亚当的创造以及后来基督的到来，仅与中东地区有关，而且世界上其他地方则有非常不同的发展，时间上也早了数千年。因此，认为伊甸园位于遥远国度的想法是无意义的，因为那些地方的人们完全处于另一个现实，所以我们应该将思考范围局限在埃及到幼发拉底河之间的区域。然而，如果认定伊甸园位于人们从未到过的地方，那么就可以把伊甸园想象得非常大；假使伊甸园位于中东地区，则它的面积必然小了许多，而且还夹在沙漠与大海之间，这怎么可能呢？倘若亚当没有犯下原罪，伊甸园就得容纳未来的所有人类，因为上帝要人繁衍生息，那么，在亚当的后代增长到无可估计的数量以后，又该住在哪里？他们会因此被赶出伊甸园吗？这是个不容小觑的问题，相关《圣经》文本的论述更是不胜枚举。

后来，在神话力量的运作下，伊甸园重新出现在非洲，因此亚历山德罗·斯卡菲（Scafi，2006）在他的历史巨作《人世间的天堂》（*Il Paradise in Terra*）中写道，即使是19世纪的探险家兼传教士利文斯顿（Livingstone）在前去寻找尼罗河源头的时候都深信，只要自己能够找到源头，就能同时找到这座人间天堂。

皮耶－丹尼尔·尤埃，《论人间天堂位置》封面，1691年巴黎出版。

黄金国 中东地区并没有非常丰富的自然资源。由于世人希望能找到比这片人类因遭受降罪而被迫居住之处更美好的土地，许多理想主义者、探险家和冒险家又纷纷回到新世界去搜寻；这也是为什么另一个传说，也就是世俗伊甸园——亦即黄金国埃尔多拉多——会进一步发展。

我们在前面讲到，在众多不同的人间天堂传说中，居民都长生不老或至少非常长寿，而且有许多故事都谈及不老泉。希罗多德曾提到，埃塞俄比亚有一个地下泉源（一般相信埃塞俄比亚人和非洲中部居民都很长寿），不过后来的传说却讲到伊甸园内的泉水，而且说这泉水不但可以治病，如果在泉里沐浴，还能恢复青春。《亚历山大演义》里曾出现生命之水，这座谜样的喷泉只有在越过阿布哈兹的“黑暗大地”之后才可能找得到，此外，亚历山大大帝的故事也提到了几处阿拉伯的泉源。

有许多中国传说曾提到过奇迹之泉，有一则韩国民间故事也讲到两名穷困的农夫偶然间发现奇迹之泉的故事：他们喝下一口泉水，马上就恢复青春。这个传说历经整个中世纪时期流传下来，之后到了美洲，而寻找青春之泉的任务，则落在16世纪西班牙探险家胡安·庞塞·德莱昂（Juan Ponce de León）身上。庞塞·德莱昂原本在哥伦布的船上，和哥伦布一起抵达伊斯帕尼奥拉岛（Hispaniola，即今日的海地）。那里的印第安人告诉他，某座岛上有能够让人返老还童的泉水。然而，印第安人给的位置很粗略，因此庞塞·德莱昂从南美洲北部海岸出发，穿过加勒比海，一直到了佛罗里达，沿路慢慢寻找这座岛。在1512至1513年间，庞塞·德莱昂徒劳无功地在那些

生命之泉旁边的希尔与以利亚，15世纪。

17世纪法国画家尼古拉·普桑（Nicolas Poussin），《春》，又名《伊甸园》，1660至1664年间绘制，目前收藏于法国巴黎卢浮宫。

地方航行；后来又再次启程寻找，一直到1521年为止，他在佛罗里达海岸被印第安人用弓箭射伤，最后因为感染死于古巴。

泉水的传说并没有随着庞塞·德莱昂死去，英国探险家沃尔特·雷利爵士（Sir Walter Raleigh）也从1596年起数次展开寻找黄金国的探险活动。

等到寻找黄金国这件事逐渐失去吸引力的时候，人们便开始以讽刺的形式来谈论这一主题，借以批判人类世界的精神，例如伏尔泰撰写的《赣第德》（*Candide，ou L'Optimisme*）即为一例。

这泉水的位置衍生出许多有关“封闭花园”的幻想故事，封闭花园就像已将亚当驱逐出去之后的伊甸园，虽然再也没有人类存在，仍然充满各种欢愉和美味。伊甸园神话的重重回声，早已转化成各式各样既迷人又邪恶的世俗异教传说，例如16世纪意大利诗人塔索（Torquato Tasso）的诗作《被解放的耶路撒冷》（*Gerusalemme liberata*），女巫阿尔米达用爱情来囚禁骑士里纳尔多的花园，就是从伊甸园传说衍生而来的。

19世纪法国画家尚·奥古斯特·多米尼克·安格尔（Jean Auguste Dominique Ingres），《黄金时代》，1862年绘制，收藏于美国马萨诸塞州剑桥市福格美术馆。

伊甸园传说的主要来源

《旧约》

《创世记》第2~3章

耶和华神用地上的尘土造人，将生气吹在他鼻孔里，他就成了有灵的活人，名叫亚当。耶和华神在东方的伊甸立了一个园子，把所造的人安置在那里。耶和华神使各样的树从地里长出来，可以悦人的眼目，其上的果子好做食物。园子当中又有生命树和分别善恶的树。有河从伊甸流出来滋润那园子，从那里分为四道：第一道名叫比逊，就是环绕哈腓拉全地的。在那里有金子，并且那地的金子是好的；在那里又有珍珠和红玛瑙。第二道河名叫基训，就是环绕古实全地的。第三道河名叫底格里斯，流在亚述的东边。第四道河就是幼发拉底河。耶和华神将那人安置在伊甸园，使他修理、看守……耶和华神便打发他出伊甸园去，耕种他所自出之土。于是把他赶出去了；又在伊甸园的东边安设基路伯和四面转动发射火焰的剑，要把守生命树的道路。

黄金时代

赫西俄德（公元前7世纪）

《工作与时日》*Le Operaei Giorni*，第109~126节

一开始的时候，居住在奥林匹斯的神先创造了黄金民族的人类：那是克洛诺斯统治天空的年代。人类如神仙般地生活，心情安适平静，不受辛劳与不幸所苦；他们也没有悲惨晚年，身体总是充满气力，欢度节庆，远离厄运：死亡时，他们就好像睡着了一样。他们享受所有的美好事物，肥沃的土壤自然长出许多丰硕的果实，和平知足的人们在诸多喜乐之间享受着这些丰盛。在大地掩埋他们的身体以后，他们成了让人敬畏的灵魂，在世间保护人类不受邪恶侵害的守护者；他们监督着各种判决与罪恶；乘着风，在世间徘徊游荡，予人财富：因为他们也得到了这样尊贵的权力。

穆罕默德参观天堂，取自15世纪土耳其手稿《登霄之书》，目前收藏于巴黎法国国家图书馆。

极乐世界

维吉尔（Virgilio，公元前1世纪）

《埃涅阿斯纪》*Eneide*，第6卷，第941~963节

他们一起在黑暗中走着，迅速接近门边。虔诚的埃涅阿斯抵达入口，喷上汲取的水，将树枝固定在门槛上。做好以后，就实现了对女神的誓言，于是便来到受福者居住的具有宜人森林的快乐之境。这里的空气较自由，原野散发着红色光辉，天空上有许多星辰与一个太阳。有些受福者在草地上进行运动竞赛，或在黄褐色的竞技场上搏斗；有些人则吟唱诗歌，或是一同跳舞。色雷斯人奥菲斯身着长袍，用手指或象牙拨子轻轻弹着手中的七弦琴。

《古兰经》里的天堂

《古兰经》，第47章，第15节

敬畏的人们所蒙应许的乐园，其情状是这样的：其中有水河，水质不腐；有乳河，乳味不变；有酒河，饮者称快；有蜜河，蜜质纯洁；他们在乐园中，有各种水果，可以享受；还有从他们的主发出的赦宥。

（马坚译本，参考《古兰经》汉译经文查询网站 http：//www.islam.org.hk/cqse/ cqse.asp）

圣奥古斯丁的天堂

圣奥古斯丁

《创世记字解》*Genesi alla lettera*，第8卷

我很清楚，许多作者都曾经以天堂为题撰文：这么说好了，总的来说，有关此主题的最常见观点有三，其一从字面上来解释“天堂”，其二单从其喻意来解释，其三则综合前两者：也就是说，有时从字面上解释，有时采用比喻性含义。简单且坦白地说，我较偏好第三种看法……因此，天堂只是一个上帝给人居住的地方，也就是说，一个凡人生活的地方……讲到这些河流，既然它们在流经地区非常知名，而且几乎全世界的人都知道它们的存在，我又何需进一步确认它们是真实的河流抑或是比喻性的说法？好像这些河流并不存在于现实世界，而只是指另一真实世界的名称而已？可以肯定的是，这些河流确实存在：其中两条河在古代的名称与现代不同，这就像目前的台伯河从前叫做阿尔布拉河一样；这四条河中，基训河实际上是现在的尼罗河，现在的恒河是以前的比逊河，至于其他两条河，也就是底格里斯河和幼发拉底河，仍然维持着同样的名称……

圣依西多禄的天堂

圣依西多禄

《词源》，第14卷

天堂是一个位于亚洲东部的地方。这个名称来自希腊文，翻译成拉丁文是“hortus”，花园的意思。在希伯来文中，它叫做伊甸园，在我们的语言中有欢愉、佳肴之意。事实上，天堂里长满了各式各样的花草果树，其中也包括生命之树：那里既不寒冷也不炎热，气候总是温和宜人。天堂的中央有一处水源，它灌溉整片森林，然后分成四条河流。在亚当犯下原罪以后，人类再也无法接近这个地点：事实上，它的入口完全被一把锐利的剑给封了起来，也就是说，入口处有一堵高大的火墙，火焰旺盛，几乎直达天际。即使是守护着天堂入口的智天使，手中也握着白炽的利剑：那火焰赶走人类，善天使则驱逐恶天使，因为天堂的入口不但禁止人类进入，同样也将罪恶的灵魂阻挡在外。

曼德维尔的天堂

约翰·曼德维尔

《曼德维尔游记》，第33卷

有关天堂，我无法以应有的方式来谈论之，因为我未曾去过；对不起，它真的太遥远了。而且，我大概也不值得进天堂。无论如何，

《逐出天堂》，木刻版画。

几位来自那些地方的智者曾告诉我一些有关天堂之事，我很乐意在此与你分享。这些智者表示，人间天堂位于世界上最高的地方。它的位置非常高，几乎可以碰到月亮的轨道，也就是月亮运转的路径。它的位置非常高，所以大洪水的时候，尽管地上、地下与周围全都被洪水淹没，洪水却无法抵达天堂。整个天堂都被一堵墙围了起来，不过没人知道这墙用什么造的，因为它上面覆满密密麻麻的苔藓，根本看不到墙。它似乎不是平常的石墙，使用的也不是一般的造墙材料。这座墙由南延伸到北，只有一个被终年不断之火焰阻挡的入口，凡人无法进入……要前往天堂无法经由陆路，因为那些沙漠中有凶猛野兽肆虐，而且山高岩峻无法穿过，此外，那里也有许多地区被黑暗所围绕。要前往天堂也无法经由水路，因为那水流强劲湍急，从高峰倾流而下，形成大浪，没有船只能够逆流而上。此外，水势浩大隆隆作响，卷起一阵阵震耳欲聋的暴风雨，船上的每一个人，即便使尽全力大声呼喊，也无法听到对方在说什么。

塞席尔的异象

马修·帕里斯（Matthew Paris）

《大事记》*Chronica Majora*，第2卷，第4节，1840年

在宏伟的教堂内，有着壮丽的

居所，是善人灵魂居住之地。这些灵魂的颜色比雪还白，面容和光环像金光般闪耀。每天的某个时间，他们会倾听来自天上的音乐，据说可以听到各种已知乐器一起弹奏的乐音。这种温柔甜美的和谐滋养着住在这座教堂中的灵魂，而这些灵魂也享用着世界上最精美的食物。无法进入圣殿前厅的灵魂还不配听到这些天籁……之后，塞席尔和他的导游走向朝着圣殿东方延伸的平原，到达一个百花争艳的宜人之境，那里的植物、树木和果实都散发出诱人香味。这个地方有一清澈泉水灌流，这泉也是四条不同颜色河流的源头。泉上有一巨树，树枝粗壮，高度惊人。这棵树长满了各式各样的果子，可以说是嗅觉与视觉的飨宴。树下靠近泉水的地方，有一巨大健美的美男子，从头到脚裹着一袭做工精美的彩色长袍。他的两只眼睛，一眼看来似乎在笑，另一眼看来似乎在哭，圣米迦勒说："你可以看到，人类之父亚当，一眼表现出笑意，那显示出他的喜乐，对于即将获得救赎的子孙感到一股不可言喻的荣耀；另一眼流下的眼泪，是为那些在上帝审判中必须受到拒绝与谴责者感到遗憾。他身上穿着一袭还不甚完整的长袍：那是永生不死与荣耀的长袍，因为他不服从而受到剥夺。然而从亚当诸子中较合乎正道的亚伯开始，这件袍子因为一代代子孙的正直作为与善行，而慢慢重新做了起来。这件袍子因为被选中者表现出的不同美德而有了各种不同的颜色。在被选中者额满以后，这件代表长生不老与荣耀的长袍也将完成；届时，世界末日即将到来。"

圣帕特里克的井

《圣帕特里克论炼狱》*Tractatus de Purgatorio Sancti Patrici*，第9卷，第54~56节，约1190年

他看到自己眼前有一堵高耸入云的墙。那墙看来奇妙，展现出无与伦比的美感，墙上有一扇关着的门，它散发出奇妙的光彩，上有各种金属与贵重宝石装饰。当他慢慢接近、离门还有半英里远的时候，那扇门朝着他打开了，从门中散发出了甜美香氛，对他来说，即使全世界都变成香味，也比不上透过这门散发出来的那股甜美，而且他从那香氛中获得了许多力量，这些力量似乎能让他承受过去的种种折磨而毫发不伤。

透过门，他看到一片受宏伟光线照射的土地，那光线比太阳的光辉还耀眼，让他非常想要进去那地方……

那片土地的确受到一道明晰的光线照射，就好像灯的光晕被太阳的光辉盖过一样，那儿的正午阳光也会被那道具有神奇光彩的光线给盖过。此外，那个地方非常广阔，除了他跨入门口的那个部分以外，完全看不到边际。那片土地还有宜

人的草地，上面满是各式鲜花果树，以及各种香草与各种香气恒久不散的木本植物。

伊甸园里的阿斯托尔福

卢多维科·阿里奥斯托

《疯狂奥兰多》，第 34 篇，第 51 节以后，1516 年

平原中央有一宫殿矗立，仿佛散发出熊熊烈焰：辉煌无比，光芒四射，熠熠貌远超过人世惯常。

阿斯托尔福朝那周长超过三十英里的宫殿骑去，步伐缓慢，不疾不徐，欣赏周围美丽风光：相形之下，我们居住的世界何其丑恶，在辉煌宫殿前黯然失色，为上天与自然所不喜；而那宫殿周遭的世界，则甜美、明亮且欢愉。阿斯托尔福一飞近那明亮的屋顶，就因为那奇观而惊奇不已：墙壁完全被宝石覆盖，比红宝石更有光泽且更红……在那幸福之家的明亮门厅，阿斯托尔福遇上一名老人，他身披火红如铅丹的斗篷，穿着雪白似乳的长裙。老人白发白胡，美髯厚长及胸；面容可敬，似乎是天堂的选民。他欢欣鼓舞地向虔敬下马的骑士说：“噢，骑士，你为了求圣而来到人间天堂，虽然这并非你旅程的目的地，亦非你所渴望之事，你还是应该相信我，你从那寒冷半球来到这里，并非没有深层的原因。”

耶罗尼米斯·博斯（Hieronymus Bosch），《来世的世界：伊甸园与灵魂升天》，15 世纪，目前收藏于意大利威尼斯格里马尼宫博物馆。

《骑着骏鹰的鲁杰罗》，古斯塔夫·多雷（Gustave Doré）于1885年为《疯狂奥兰多》绘制的插图。

圣布伦丹的岛

《圣布伦丹航海记》，第31~33卷，公元10世纪

在云雾中航行了一个小时，云雾终于散去，眼前出现一道如阳光般的强光，看来像是清澈明亮的黄色光晕；越往它靠近，这光晕愈形增长，不但让众人惊叹，更让人能在天空上看到许多其他地方看不到的星辰与七颗运转的行星，而且天空大放光明，以至于不需要太阳的存在。圣布伦丹问道，这等光明从何而来，那里是否有另一个更大、更美且更亮的太阳？而其他人则回答道："此地的这等光明来自一个我们似乎无法在天空上看到任何征象的另一个太阳。散发出这等光明的这个太阳静止不动，位置比绕着我们转的太阳还要高，亮度也高了十万倍，就如月亮受到太阳照射，照亮世界的太阳乃被这另一个太阳照亮……"

继续往前航行，天空愈形美丽，空气更加清朗，日光也更强大，他们也听到各式各样的悦耳鸟鸣，散发出喜乐、舒适与愉悦之情，就如圣布伦丹与随行僧众觐见国王的感受，他们听到也闻到许多珍贵之物，那香甜几乎要让人灵魂出窍……

向上帝祷告以后，众人下了船，看到一片因其美丽与其珍奇迷人的美好事物，而比任何地方都还要珍贵的土地：清新纯净且珍贵的甜美流水，各式各样的果树，玫瑰百合

圣布伦丹的航行，13世纪，私人收藏。

紫罗兰与各种香草……鸟儿整齐地唱着一首甜美的歌曲，仿佛身处春天。那里有各式各样做工精美的街道，满是贵重宝石，赏心悦目，还有各种怡然自得的家畜野兽，全都和平共处……葡萄园和棚架上满是极其美味的珍贵葡萄……

布伦丹问道，为什么这个地方充满了这么漂亮的事物与伟大的美德、美好与美丽？管理者于是回答："创世之初，我们的上帝在世界上最高的地方创造了这个地方，由于高度所致，大洪水并没有淹没这里……此外，天空与星辰的绕行轨迹更直接地经过此地的上方远胜于他处……因此这里从来没有黑暗，每一道阳光都是直射……这里没有人犯下原罪或不可宽恕之事，也没有人做不应该做的事。"

梨形的世界

克里斯托弗·哥伦布

《第三次旅行报告：写给西班牙天主教国王的信》"Relazione dal Terzo Viaggio. Lettera ai Re Cattolici Dalla Spagnola"，1498年5月至8月

我过去一直读到，世界——陆地与大海——是圆形的，托勒密与其他权威皆曾经以此为题撰文，他们的陈述与经验都说明月蚀、太阳东升西落以及北极较南极高等状况，都是地圆说的证据。然而，我现在看到太多不规则的状况，让我构思

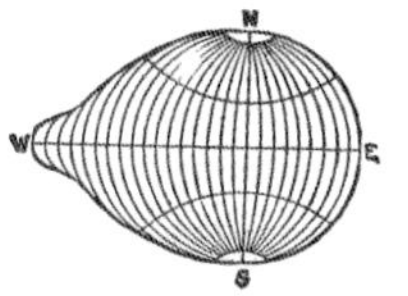

梨形的世界，取自威廉·费尔菲尔德·沃伦（William Fairfield Warren）《发现天堂》，1885年出版。

出有别于地圆说的另一个想法，我认为世界并非众人描述的圆形，而是像梨子一样体圆蒂尖，或者说，好比一个上面有一女性乳头状突起的圆球，这个突起处的位置最高，最接近天空，正位于春分线之下，在这片远东尽头的海洋上……

能强烈证实这个看法的，是当上帝创造太阳的时候，太阳出现在远东极端，太阳的第一道曙光就照在东方，也就是该半球的至高点。虽然亚里士多德认为，世界上最高、最接近天空的地方也许是南极点或位于其下的地区，不过其他智者也曾挑战这个说法，认为北极点其下地区才是世界最高点。这很清楚地显示，这些智者认为这个世界有一个比其他地方都还高、还接近天空之处，不过从来没有人假设这地方位于春分点之下，正是因为我前面提到的原因。这也难怪，因为西半球至今并没有什么确知的消息，只有含糊的猜想。我至今从未找到有哪些拉丁或希腊作家，曾经实际界定出伊甸园的位置，也从未有任何权威能根据证据在世界地图上定出其位置。有些人认为伊甸园在尼罗河位于埃塞俄比亚的源头；不过沿着尼罗河流域旅行的人，并没有找到什么在温度或高度上可能是伊甸园真实位置的地方，也没有搜寻到什么高到大洪水可能淹不到的地方……

我已经谈到过我对此半球与其形状的看法：我也相信，如果能通过春分线抵达这个至高点，你会发现自己身处最温和的气候，也会看到许许多多不同的星辰与水域；这并不是因为我相信这至高点可以航行抵达，或是被水环绕，也不是因为我相信可以往上达到那么高的地方，而是因为我相信那个地方就是伊甸园，一个若非神的旨意，没有人类能够抵达的地方……

我不认为伊甸园位于前人所叙述的崎岖山区，我以为，伊甸园位于那梨形地最高点的蒂头所在处，一点一点慢慢往上爬升。我同时也相信我之前所言，没有人能抵达至高点，而且无论伊甸园有多远，这水都可以从那里流出来，流到我的家乡形成这个湖。这些都是有关伊甸园的重要线索，因为这情况符合圣人与我提到的博学神学家的言论，此外，这些线索也都非常符合我的想法，因为我从来没有读过或听闻过有哪个类似的庞大淡水湖如此让人熟悉，而且如此接近咸水。

沃尔特·雷利寻找黄金国

沃尔特·雷利爵士

《辽阔、富饶、美丽的圭亚那帝国，以及黄金城市马诺的发现》*The Discovery of the Large, Rich, and Beautiful Empire of Guiana, with a Relation of the Great and Golden City of Manoa*，1596年

我有个可靠的消息来源，也就是那些曾经看过圭亚那帝国首都马

诺阿黄金城的西班牙人，这个他们口中的埃尔多拉多，无论辉煌程度、宝藏数量与地理位置都比世界上其他城市或至少比西班牙人所知道的世界还优越的黄金国度，处于一个盐水湖中，这湖就像里海一样，长达两百里格。如果拿黄金城和弗朗西斯科·洛佩斯（Francisco Lopez）等人描绘的秘鲁首都相比，才能说服自己，这一切都是可信的；由于我们需要其中一则叙述作为判断依据，因此我在这里引用了洛佩斯《西印度通史》（*Storia Generale delle Indie*）第一百二十章，借由洛佩斯对于圭亚那皇帝祖先瓜伊纳卡帕（Guaynacapa）宏伟宫廷的叙述："住家、餐桌与厨房使用的器皿都是用黄金白银打造，比较常见的是银器与铜器，或者是比较坚硬耐用的金属。他的衣柜有看来庞大的黄金制空心雕像，旁边饰有符合自然比例的鸟兽与树木花草形象，以及他国度内的水域所饲育的鱼类。衣柜里还有金银打造的绳索、袋子、箱子和槽等，以及看似木柴的一堆堆金砖。总之，在他的领土中，没有一样东西不是用黄金重新打造。事实确实如此，而且据说印加人在靠近普纳（Puna）的地方还有一座岛，上面有一座美妙的花园：园里有各式金银打造的花草树木，这是一个相当新颖的做法，也是前所未见的辉煌景致。除此以外，印加人在库斯科存放了大量尚未提炼的金银原石，不过这些宝藏都随着瓜斯卡尔（Guascar）的死亡而佚失，因为印加人意识到西班牙人会将宝藏夺走送往西班牙"……极度好奇之下，我还很想知道亚马逊战士的真相，有些人相信他们的存在，有些人则不相信……亚马逊人也有大量黄金饰品，这些黄金是他们用一种绿色石头换来的，西班牙人把这种石头叫做"绞痛石"（piedras hijadas），我们将它拿来治疗疑难杂症，也认为它对结石具有疗效。我在圭亚那曾看过不少：所有国王或酋长身上都带着一颗，而且他们的妻子几乎也都会带着，因为他们将这石头视为罕见宝石。

前往黄金国的赣第德

伏尔泰

《赣第德》，第 17~18 章，1759 年

他和卡肯波踏进了他们看到的第一个村子。有些身上穿着破烂金色锦缎的孩子，在村口玩着丢砖块的游戏。我们这两个外地人让眼前所见给逗乐了：他们手上的砖块是圆的，非常大，有着黄红绿等许多颜色，而且散发出一种奇异的光彩；两名旅人不禁捡起几块，这会儿才看到这些砖块其实是黄金、翡翠和红宝石，其中比较小块的，相当于蒙古人用来装饰皇帝宝座的珍宝。赣第德说，这些玩砖块的孩子绝对是这个国家的王子。而就在他讲这话的时候，村里的学校老师出现，要孩子们回学校去。赣第德又说，

你看吧，王室导师出现了。那些小王子们纷纷放下手中游戏，拿来玩耍的东西和砖块全都撒了一地。赣第德把砖块捡了起来，向老师跑了去，毕恭毕敬地把手上的东西拿给他，并暗示他小王子们忘了把那些黄金和宝石拿走。老师笑了笑，把它们往地上扔，惊讶地端详了赣第德一会儿，然后继续往前走……

随即有酒馆的两名青年和两名少女邀请他们坐了下来，这些人身上都穿着金衣，发辫也有织带交缠装饰。他们的晚餐包括四道汤品，每道菜的配饰都是两只鹦鹉，还有一盘两百磅重的水煮肉，两只极其美味的烤猴子，一盘有三百只蜂鸟的菜肴，以及另一盘有六百只飞鸟的菜肴，此外还有风味绝佳的肉酱与精致的馅饼，全用水晶制的盘子盛装。青年与少女也替他们倒了甘蔗提炼出来的美酒……用餐完毕以后，卡肯波和赣第德把两片不小的金块放在桌上，这是他们在路上捡到的，他们认为用来支付这顿餐食应该绰绰有余；餐馆男主人和女主人看到这景象，无法克制地放声大笑了出来，久久不能自已。他们说：先生们，我们知道你们是外地人，这里很少有外地人出现，很抱歉我们方才在看到你们用路上捡到的石头付账时笑了出来，毫无疑问的是，你们身上绝对没有这里的货币，不过在这里吃饭也不需要：此地为了贸易往来而设的餐馆，都是由政府买单，你们在这儿并没有受到太好的待遇，因为这村子很穷，不过等到你们到了其他地方，绝对会受到该有的待遇……

特奥多雷·德·布里（Théodore de Bry），《伟大的旅程》，1590年出版于德国法兰克福。

“我们所在之处，在过去是印加人的家园，他们鲁莽地去了其他地方，最后被西班牙人毁灭。留在家乡的王公贵族比较睿智，他们取得全国人民的共识，没有居民可以离开我们这个小王国，而这也是我们为什么能够维持着纯真快乐的生活。西班牙人对这个国家的概念很混乱，他们将之称为黄金国，而一位被称为罗利骑士的英国人，在一百年前曾经到过附近，不过因为我们被难以越过的悬崖峭壁所包围，所以我们至今还能免于遭受欧洲国家掠夺。欧洲人对于我们家乡的石头和泥土怀抱着一股令人难以理解的贪欲，为了拥有这些石头泥土，还会赶尽杀绝，把我们灭口。”

阿尔米达的花园

托尔夸托·塔索

《被解放的耶路撒冷》，第 16 首，第 9~27 节，1581 年

离开蜿蜒小径，
宜人花园现迹，
水光粼粼，转晶荧荧，
百花竞妍，草木葱翠，香草万千，
有阳光普照的山丘，有绿树成荫的谷地，
森林岩洞一眼尽收；
瑰丽珍宝愈形出色，
巧夺天工，浑然天成。

眼见交融之景，
自然与人工处处相得益彰。
处处不见斧凿痕迹，
好似自然以模仿为乐。
其余氛围为女巫法术之效，
那灵气让树木开花结果：
花长久，果坚实，
一新果出，一成果熟。

在同一棵树的枝叶间，
无花果果实隐匿，
同一枝条上，金果绿果同垂挂，
新果熟果并陈；
葡萄藤蔓向上蜿蜒，
在阳光普照的果园簇拥生长：
有青果有熟果，有金黄有淡红如石榴，
甜美汁液已涌现。

苍翠枝叶间鸟儿穿梭跳跃，
啁啾婉转，竞相争鸣，
微风穿过枝叶簌簌，
吹拂水面波涛起伏，
鸣声止，风声愈形深沉，
更轻柔地吹过叶间水面，
无论偶然或是艺术，
悠扬风声与啾啾鸟鸣共奏乐章。

群鸟间有一鹦鹉身披彩羽，
羽色缤纷喙紫红，
啼声既流畅又明亮，好似人类言语。
啁啾之间抑扬顿挫，
技艺高超好似奇迹，
其他鸟儿都静默倾听，
连风都停止低语。
……
“……我们采下闪着朝露的玫瑰，
那到夜晚就失去光辉的玫瑰，
采下爱情的玫瑰：在这能相爱的时刻拥抱彼此。”

然后，鹦鹉沉默了，
众鸟重新齐鸣，声声悦耳，
鸽子交喙示爱之举更甚，
每种动物各展爱慕之情，
坚挺的橡树与贞节的月桂，
以及园内所有植物，似乎都繁茂生长着，
大地与流水发出的声音，
好比爱情的甜蜜与叹息。

在这么多温柔旋律与愉悦讨喜的甜蜜之间，
卡罗与乌巴尔多走着，
固执且坚定地拒绝诱惑。
那凝视穿越树间，

乔凡尼·巴蒂斯塔·提埃波罗（Giovani Battista Tiepolo），《受阿尔米达迷惑的里纳尔多》，
绘制于1753年，目前为德国巴伐利亚宫殿所有，收藏于符兹堡皇宫。

似乎看到里纳尔多与阿尔米达，
她盘腿定坐草地上，
他将头枕在她腿上。

轻盖胸前的薄纱微敞，
发丝随着夏日微风飘逸，
慵懒而媚态百出，
涔涔汗水让脸庞更显容光焕发，
湿润眼眶里闪过灿烂自在的笑意，
宛如照亮黑暗的一道光。
他俯身在她身上，把头埋在她胸前，
尔后，抬起脸来靠着她的面庞。

他饥渴的眼神在她身上获得满足，
燃烧着激情，憔悴模样渐显，
她时时倾身低头，享受着炙热眼神，
品尝着唇舌间的甜蜜，
然后他一声长叹，
灵魂似乎飞入了她的身躯。
两名战士在一旁静观着这对恋人。
……
听了以后，她笑了笑，
却不停地看着镜子梳整。

然后整理了凌乱的头发，
重新把头发编了编，
纤细发丝上绑着花环，
好比上了搪瓷的黄金，
自然白皙的酥胸上玫瑰相映成趣，
而后理好衽襟，覆上薄纱。

即使明亮美丽的孔雀开屏所展现出
状似眼睛的羽毛，
与彩虹弯弯随露珠映照散发出金光
的斑斓，也相形失色。
她身上的腰带让所有华美装饰黯然，
即使褪衣裸身，腰带亦不离。
腰带以元素混合熔融无形化有，
是为凡人之所不能。

欲拒还迎，从容拒绝，
却又亲密抚爱，和悦示好，
口出蜜语，留下甜蜜的眼泪，
断续地喘息，留下轻轻的吻：
她把上面这些集结起来，
用慢火缓缓将之熔合，
打造出那条她绑在美丽腰际间令人
炫目的腰带。

求爱调戏完以后，
吻了他，便起身离开。
她一如以往地走出花园，
处理她的事情与咒语。
他则待着，因为他不能踏出或离开
这座花园。
和鸟兽花草做伴，
除了阿尔米达，只有孤独一人。

当寂静的夜降临，
唤起他们的秘密约会，
两人在花园内的同一片天空下度过
幸福的夜。

第六章

亚特兰蒂斯、姆大陆与雷姆利亚大陆

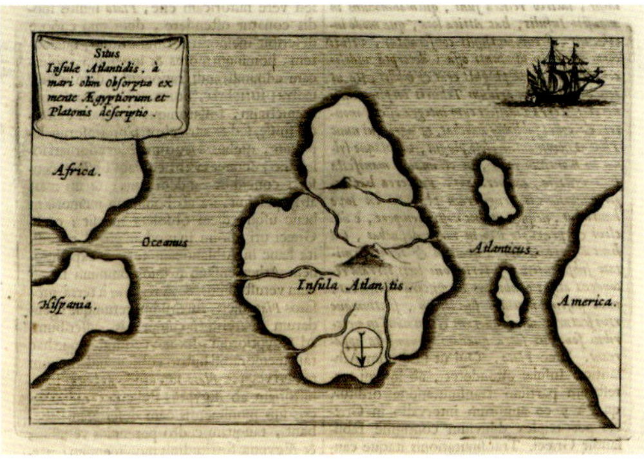

亚特兰蒂斯，取自阿塔纳斯·珂雪，《地下世界》，1664年于阿姆斯特丹出版。

在古往今来所有传奇性地域之中，最能激发哲学家、科学家与神秘现象探索者想象的，就是亚特兰蒂斯（参阅阿尔比尼，2012）。当然，这个传说之所以能永垂不朽，是因为许多人深信这个大陆曾经存在，而且是因为沉入海底，所以才很难找到任何蛛丝马迹去证明它的存在。在地球上，陆地会消失不见这种事，并非什么离奇的假设。1915年，德国地质学家阿尔弗雷德·魏格纳（Alfred Wegener）首度提出大陆漂移学说，演变至今，人们早已相信，在两亿两千五百万年前，地球上的陆地只有单一一块盘古大陆，后来（约在两亿年前）盘古大陆开始分裂，慢慢形成了我们现在熟知的地貌。因此，在这段大陆分裂的过程之中，可能有许多亚特兰蒂斯出现过，又消失无踪。

最初两份有关亚特兰蒂斯的文献，出现在柏拉图的《蒂迈欧篇》（*Timaeus*）与《克里提亚斯篇》（*Critias*）这两篇对话录里（不幸的是，柏拉图并未完成后者，而且对话似乎就停在即将揭露那凭空消失世界的新信息之处）。

柏拉图参考古老神话，提到古希腊政治家梭伦（Solone）受到埃及智者启发的故事，不过并未使用“亚特兰蒂斯”这个名称。古

儒勒·凡尔纳小说《海底两万里》的插图，1869至1870年。

希腊作家希罗多德（公元前5世纪）也已经提起过亚特兰蒂斯人，不过他将他们视为北非人，说他们吃素而且从不睡觉；事实上，柏拉图这两篇对话录是我们唯一可以找到的最早相关资料。

《蒂迈欧篇》比较像是综合性概论。柏拉图表示，赫拉克勒斯之柱（尽管近年来对其位置众说纷纭，此文所指地点经确定为直布罗陀海峡）以西的海洋之中，有一座面积比利比亚和亚洲加在一起还要大的岛。这座岛叫做亚特兰蒂斯，岛上发展出一股伟大奇妙的势力，统治着赫拉克勒斯之柱以东从利比亚延伸到埃及的地区，以及到第伦尼亚（译注：指伊特鲁里亚，现今意大利半岛西岸中部地区）的欧洲地区。《蒂迈欧篇》里说道："好了，这些力量集结了起来，在某个时间

托马斯·科尔（Thomas Cole），《帝国的毁灭》，1836年绘制，纽约历史学会收藏。表现亚特兰蒂斯的毁灭。

点曾尝试侵略你们、我们以及海峡这一侧的地区。在那个时候，梭伦啊，贵国因为美德与力量，在全人类之间声名广播。事实上，贵国本着卓越的勇气与军事技能，一方面策动希腊人，一方面依照需求而自行行动，在其他国家背叛以后，仍能克服极端危急的险境，最终打败侵略者，获得胜利。如此一来，便避免了尚未受到征服的地区落入敌人手中，并慷慨解放了赫拉克勒斯之柱这一侧的所有居民。然而过没多久，却发生了可怕的地震与洪水，不过一天一夜的光景，贵国整支军队不幸沉入地底下，亚特兰蒂斯岛也以同样的方式没入海中，消失无踪。那片海域也因此成了不可穿越、无法探索的地区，因为岛屿沉没后在那里形成了一片难以通行的泥淖。”[1]

维达那克（Vidal-Naquet，2005）提出，雅典和亚特兰蒂斯的战争故事，影射的其实是一个柏拉图所希望、还在原始阶段的雅典，一个在波斯战争以后发展为帝国势力的雅典。不过就像本书提到的其他地点一样，我们在此不拘泥于部分文本所带来的无穷无尽的问题，而只是专注于这传说到底是如何慢慢地将亚特兰蒂斯放到一些最不可

注1：柏拉图，《蒂迈欧篇》，第3章。

朱利奥·罗马诺画派（Scuola di Giulio Romano），《水迷宫之丘》，16世纪绘制，目前收藏于意大利曼图亚总督宫。

能、最让人无法想象的地点去？

柏拉图的论述对许多古典时期作家产生直接的影响。亚里士多德并没有提到亚特兰蒂斯，不过他在《论天》第2卷第4章那段似曾启发哥伦布的文字中表示，赫拉克勒斯之柱的所在地区，由于地圆之故而和印度接壤，而且海洋两岸都有大象生存之事实，是两岸在过去原本连在一起的证据（柏拉图谈论亚特兰蒂斯的时候曾经提到过大象）。亚里士多德在《天象论》（*Meteorologica*，第2卷第1章）则写道，赫拉克勒斯之柱另一侧的大海，因为泥淖之故而少有风浪——呼应了《蒂迈欧篇》岛屿沉没后留下一片泥泞的说法。

此外，公元前1世纪古希腊历史学家西西里的狄奥多罗斯、公元1世纪的老普林尼，以及大约同时期的亚历山卓的斐洛（Filone di Alessandria），都曾经重述过柏拉图这个故事。公元1至2世纪的普鲁塔克在《梭伦的生平》（*Vita di Solone*）曾感叹道："《克里提亚斯篇》在读者开始享受故事滋味之际，就这么停了。"

许多基督教作家也采用过这则神话，例如公元2世纪的特图里安，而与柏拉图同时代的塞奥彭普斯（Teopompo di Chio）也在作品《腓力二世史》（*Filippica*，只有少数断简残篇遗留下来）提到过这个故事。七个世纪以后，埃里亚努斯（Eliano）在《杂闻轶事》（*Varia Historia*，第3卷第18章）里以讽刺的手法讨论《克里提亚斯篇》，提到一个位于大西洋另一侧的梅洛皮斯岛（Meropis），那里的居民无论身高或寿命，都是一般人的两倍。

谜样亚特兰蒂斯的理想神殿形象，出自曼利·霍尔（Manly P. Hall）《古老的秘密教义》，1928年出版。

到了公元5世纪，曾评论过《蒂迈欧篇》的普罗克洛（Proclo）倾向认为亚特兰蒂斯曾经存在，不过也表示即使“其他人说亚特兰蒂斯是传说，一个缺乏现实的虚构故事”，但这个传说却含有“一种对于永恒真理的暗示”，并且传达着“一种隐含的意义”。

到了公元6世纪，拜占庭地理学家科斯马斯·印地科普雷乌斯特斯（追随《蒂迈欧篇》的脚步）仍然提到亚特兰蒂斯，不过随后一直到中世纪结束，似乎再也没人为这个传说着迷。到了文艺复兴时期，这个议题又被提了出来，除了认为亚特兰蒂斯位于美洲的马尔西利奥·费奇诺（Marsilio Ficino）、吉罗拉莫·弗拉卡斯托罗（Girolamo Fracastoro）与乔凡尼·巴蒂斯塔·拉穆西奥（Giovan Battista Ramusio，1556）以外，《西印度群岛史》（*Storia Delle Indie*）的作者弗朗西斯科·洛佩兹·哥马拉（Francisco Lopez de Gómara）亦有提及。哥马拉（1554）指出，新大陆似乎符合柏拉图描绘的奇观，并进一步假设亚特兰蒂斯人就是阿兹特克人。弗朗西斯·培根（Francis Bacon）把他的乌托邦称为“新亚特兰蒂斯”并非偶然（1627），培根曾经明确表示，古代的亚特兰蒂斯就是美洲，并援引秘鲁与墨西哥的王国为例。

然而，亚特兰蒂斯不可能是美洲，因为这片土地还完整无缺，况且美洲并非岛屿而是大陆，蒙田（Montaigne）早就谨慎地指出这一点。

其他像是巴托洛梅·德拉斯·卡萨斯（Bartolomé de las Casas，1551~1552）等人，则认为亚特兰蒂斯与失踪的以色列支派有关，也因此替许久之后大胆提出亚特兰蒂斯位于巴勒斯坦的人开了一

欧劳斯·鲁德贝克指出亚特兰蒂斯的位置，取自鲁氏著作《亚特兰蒂卡或人类故乡》卷首，1679 年乌普萨拉出版。

条路，而且这个说法一直到贝尔（Baër）于 1762 年写下《历史评论随笔：古人眼中的亚特兰蒂斯》（*Saggio storico critico sull'Atlantide degli antichi*）以前，还曾经被多次提出。贝尔在该文表示，他支持亚特兰蒂斯所在海域不过就是红海的说法，亚特兰蒂斯文化的灭亡，就是《圣经》中索多玛和蛾摩拉的毁灭。

许多人曾经以各种不同方式提到亚特兰蒂斯，其中包括绘制出该岛著名地图的阿塔纳斯·珂雪神父（1665），不过我们无法在此一一列举。珂雪将亚特兰蒂斯放在约是目前加纳利群岛的位置，认为火山爆发是造成岛屿沉没的原因，珂雪在《地下世界》（*Mundus Subterraneus*）一书曾探讨相关主题。

后来，随着欧劳斯·鲁德贝克（Olaus Rudbeck）《亚特兰提卡或人类故乡》（*Atlantica sive Manheim*）的出版而有了新发现。鲁德贝克是一位严谨的学者、博物学家与解剖学家，他是乌普萨拉大学的校长，也是笛卡尔（René Descartes）的对谈者。鲁德贝克的这本著作影响了牛顿——牛顿在身殁之后于 1728 年才出版的《古王国年表》（*Cronologia dei regni antichi*）中，随时都表现出要投身于探索神秘事物的态度，其中更多次提及亚特兰蒂斯。对鲁德贝克来说，亚特兰蒂斯位于瑞典，也就是雅弗之子、诺亚之孙阿特拉斯迁居之地。北欧地区的卢恩字母在时间上早于腓尼基字母，鲁德贝克因此开始将传说中的国度希柏里尔（Hyperborea）的居民视为上帝选民，而希柏里尔后来也创作出许多有关雅利安人文化的神话（参阅本书第七章：最后的图勒与希柏里尔）。

注 2：参考艾柯的评论（1993）。

皮特 · 蒙德里安（Piet Mondrian），《演变》，1911 年绘制，受到神秘学者海伦娜 · 布拉瓦茨基的著作所启发而作，目前收藏于荷兰海牙市立博物馆。

詹巴蒂斯塔·维柯（Giambattista Vico）大大嘲讽了鲁德贝克的想法（1744），认为与他同时代的许多作者，都希望自己的母语是卢恩字母的嫡系，甚至是亚当最初使用的语言。[2] 然而，安杰罗·马佐尔迪（Angelo Mazzoldi，1840）却不顾维柯对民族主义神话的批判，将亚特兰蒂斯放在意大利半岛来讨论。

让我们回到北欧斯堪的纳维亚的假说。鲁德贝克提出的想法甚至使得尚－西尔万·巴伊（Jean-Sylvain Bailly）在《柏拉图的亚特兰蒂斯书信》（*Lettere sull'Atlantide di Platone*，1779）中提出，原本亚特兰蒂斯的位置比瑞典还要偏北，应该位于冰岛、格陵兰、斯匹茨卑尔根岛、斯瓦尔巴群岛或新地岛一带。巴伊曾和伏尔泰有过争论（虽然巴伊的信未能在伏尔泰过世前交到伏尔泰手中）；这位可敬的对手早在 1756 年就在《论国家习俗与精神》（*Saggio sui costumi e lo spirito delle nazioni*）中写道：如果亚特兰蒂斯曾经存在过，位置应该是现在的马德拉岛。

此外，在 17 和 18 世纪之间，另一个有关亚特兰蒂斯可能位置的想法也开始发展，而且这次还具有科学主张，西亚迪（Ciardi，2002）

曾就此论及“亚特兰蒂斯的第二春”。这里指的是一系列以地球可能年龄为题的研究，这些研究以化石和地层界定等新兴研究为基础，其结果显然与《圣经》的年表相抵触。如此一来，柏拉图神话就被视为数千年间地质运动改变了地貌的证据，而这也开启了水成论与火成论之间的争论（亚特兰蒂斯是被水还是被火山爆发摧毁？）。

亚特兰蒂斯就这样从神话跳到了地质学、古生物学的领域，而且让像是布冯、居维叶、亚历山大·冯·洪保德等科学家——甚至包括达尔文——感兴趣。然而，我们在此不讨论科学，还是得继续回到传说的领域。因为，在这群学者仔细重读柏拉图的时候，神秘学家和神秘探索者仍然持续不断地出现。

威廉·布莱克（William Blake）认为，英格兰和美国是亚特兰蒂斯的遗留，也是以色列各支派的所在地。19世纪的两位神秘学大师法布尔·道利维（Fabre d’Olivet）和主张通神论的海伦娜·布拉瓦茨基（Madame Blavatsky），也各自有其对于亚特兰蒂斯的想象，其中布拉瓦茨基更曾在1877年的作品《揭开伊希斯的面纱》（*Iside svelata*）里阐明（我们将在第七章进一步讨论前者）。儒勒·凡尔纳（Jules Verne）的小说《海底两万里》中那个被大海吞噬的海底世界，尽管只有文字叙述，描述却比任何神秘学文本更具意义，而且几乎完美地展现出柏拉图的幻想。

然而，比其他人更不遗余力地复兴亚特兰蒂斯神话，而且至今仍持续被追随者引用的，则是伊格内修斯·唐纳利（Ignatius Donnelly）和他的作品《亚特兰蒂斯》（*Atlantis*，1882）。对自己的信念向来坚定不移的唐纳利，在前书出版几年之后以《伟大的密码》（*Il Grande Cittogramma*，1888）声名大噪，他不是第一个“培根／莎士比亚争议”的支持者，却是其中最著名的一位。这个争议主张“莎士比亚戏剧”应该是出自弗朗西斯·培根之手，唐纳利如痴如狂地致力于分析“莎士比亚文本”中可以显示培根才是真实作者的密码和隐藏信息。

在唐纳利的亚特兰蒂斯论述中，我们也看到了同样缜密的分析，

而且只要看其作品开头就可一见端倪："从前的印度洋上，在地中海出海口前方，有一座庞大的岛屿，是大西洋上一块大陆的残存部分，也就是古时所谓的亚特兰蒂斯大陆。根据柏拉图的叙述，这个地方和长久以来世人所假设的不一样，并不是神话，而是真实的历史。亚特兰蒂斯是人类初次从野蛮进入文明的地区，而且经过数世纪之后，成为一个人口众多、势力庞大的国家，其子民遍及墨西哥湾沿岸、密西西比河河岸、亚马逊地区、南美洲太平洋沿岸、地中海地区、欧洲与非洲东部沿岸、波罗的海沿岸以及黑海、里海沿岸，让上述所有地区都成为文明国度。亚特兰蒂斯意指大洪水之前的世界：是伊甸园、金苹果花园、极乐世界、阿尔基诺奥斯的花园、梅索法洛斯、奥林匹斯、北欧神话的阿萨神域等古老国度传统——借此代表一伟大国度的共同记忆，是原始人类在和平快乐时期的生活之地。古希腊、腓尼基、印度和斯堪的纳维亚的神明原本只是亚特兰蒂斯的国王、王后和英雄人物，那些被归属到他们身上的行动与故事，只是实际历史事件的混淆记忆。埃及和秘鲁的神话代表的是亚特兰蒂斯原本以太阳为尊的宗教；埃及可能是亚特兰蒂斯最早的殖民地，而埃及文明本身就是亚特兰蒂斯文明的复制品。欧洲地区青铜器时期的发展是因为亚特兰蒂斯之故，而亚特兰蒂斯人也是最早开始炼铁的民族。所有欧洲字母都源自腓尼基字母，而腓尼基字母则来自亚特兰蒂斯字母，而且亚特兰蒂斯人也将这些字母传给了中美洲的玛雅人。亚特兰蒂斯也是雅利安人或印欧民族的原乡，而闪族人和图兰人也有可能是亚特兰蒂斯的后裔。亚特兰蒂斯因为一场可怕的

正要启航的船队，锡拉岛阿克罗帝里（Akrotiri）湿壁画，绘制于公元前1650至前1500年，目前收藏在希腊雅典国家考古博物馆。

自然浩劫而消逝无踪，全部居民随着整座岛屿一起沉入大海，只有少数人乘着小船木筏逃逸，并将大灾难的消息带到东方与西方诸国，而这些消息一直流传下来，成了现在大洪水以及新旧世界各国洪水灾难的传说。”

为了证明自己提出的理论具有科学价值，唐纳利研究了过去所有有关地震与大型灾难造成土地沉没的记录，以及冰岛、爪哇、苏门答腊、西西里、印度洋海域等地区因为海啸而造成岛屿消失的事件，还有里斯本大地震。唐纳利认为，在亚特兰蒂斯尚为陆地的时期，欧洲与美洲之间曾有许多岛屿连接这两个大陆。

也许是唐纳利带来的影响，也许有其他原因，世人在20世纪曾试图寻找亚特兰蒂斯的遗迹或其殖民地塔尔特索斯（Tartessos，《圣经》与希罗多德都曾提到的伊比利亚半岛消失之城）的遗迹，或在撒哈拉沙漠寻找被埋藏在沙中的残垣，不过都没有获得具有结论性的成果。有人认为，非洲西北部阿特拉斯山脉那群蓝眼金发白肤的柏柏尔人，可能是亚特兰蒂斯毁灭事件幸存者的后裔，不过民族学家里奥·弗罗贝纽斯（Leo Frobenius）则继续往南，到尼日尔寻找亚特兰蒂斯的遗迹。另外也有人以为，在公元前15世纪沉没于地中海的锡拉岛（Thera），其残余部分应该是现在的圣托里尼岛（Santorini）。

最后要提到的，是长久以来一直为众人讨论的一张羊皮地图，也就是土耳其海军上将皮里·雷斯（Piri Re'is）绘制的世界地图（参考Cuoghi，2003）。这是一份让人很感兴趣的制图文献，很多人相信里面画出了南极大陆（在那个年代，南极尚未被发现），而亚特兰蒂斯专家则认为那是在描绘位于火地群岛和未知之境（Terra Incognita）之间的亚特兰蒂斯——不过完全没有任何证据能证明此——诠释的正当性。

有人认为亚特兰蒂斯的消失和所谓的百慕大三角洲有关系。世界上有许多飞机和船舰在百慕大三角洲消失，让这个地区成了当代传奇（不过根据专家说法，百慕大三角洲一带发生的事故数并没有比其他空中交通频繁的区域来得高）。据说亚特兰蒂斯的水下遗迹仍有活跃的能量源，也有人提到百慕大三角洲一带存在着电磁干扰与重力异常现象，认为这些都是古代亚特兰蒂斯遭受大灾难所遗留下的结果；更有人认为，亚特兰蒂斯文明至今仍在百慕大三角洲海底深渊的海底城市中存续，这才是失踪事件的原因，不过支持此说的人并没有解释为什么亚特兰蒂斯人对这种形式的海盗活动乐此不疲。

当然，源自柏拉图作品的这个执念，也引出关于其他消失大陆的假想。唐纳利曾提到另一个据称是人类摇篮的雷姆利亚大陆（Lemuria），就是其中一个例子。雷姆利亚大陆的位置据说在大洋洲、新几内亚、所罗门群岛与斐济群岛之间——而且其他“雷姆利亚大陆专家”甚至把非洲和亚洲也一起算进去——即使科学家已经确知，太平洋和印度洋地区并没有任何地质结构可能对应到这个假设存在的雷姆利亚大陆。谈到雷姆利亚大陆，就不可能不提到性格大胆无畏的神秘学者海伦娜·布拉瓦茨基。布拉瓦茨基认为雷姆利亚人之中有几位“伟大的觉者”，而这些觉者也是神秘学者不停在过去历史中重新挖掘的对象。

姆大陆（Mu）和雷姆利亚大陆的状况很类似（以至于很多人在使用这两个名称的时候往往是指同一个地方）。19世纪的天主教司铎查尔斯·艾蒂安·布拉塞尔（Charles Étienne Brasseur）

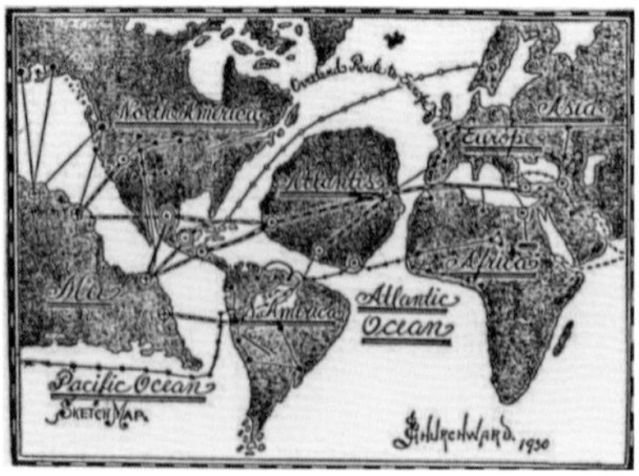

詹姆斯·丘奇沃德制作的地图，取自《失落的姆大陆》，1933年出版。

海军上将皮里·雷斯绘制的地图，1513年，目前收藏于伊斯坦布尔托卡比宫后宫图书馆。

曾试着用一种由迪亚哥·德兰达（Diego de Landa）构想出的15世纪译码法来破解一份玛雅抄本（可惜这方法完全错误），而且认为这抄本讲的是一块因为大灾难而沉没的大陆（同样是错误的想法）。当他看到自己无法理解的符号时，认为可以将它解译成“姆”。关于姆大陆的这种想法，先是被奥古斯塔斯·勒普朗根（Augustus Le Plongeon）采纳（1896），后来则因为詹姆斯·丘奇沃德（James Churchward）上校而更广泛流传［丘奇沃德曾出版《失落的姆大陆》（*The Lost Continent of Mu*）］。据传，有位印地安祭司曾把一块古老泥版拿给丘奇沃德看，这泥版上记载着人类的起源，而且写下这些文字的，是来自东南方亚洲原始大陆的“神圣兄弟”。

根据泥版文字，最早的人类出现在姆大陆，那时的人类分成许多不同的部落，由拉姆王（ramu）统治。姆大陆的主要居民属于白

《马德里古抄本》（又称《克尔特斯古抄本》《特洛亚诺古抄本》）的片段，时间约在公元900至1521年之间，目前收藏于西班牙马德里美洲博物馆。

色人种，他们把科学、宗教与商业传播到世界各地。姆大陆也和其他原始大陆一样，曾经遭受火山海啸袭击，并因此在一万三千年前沉没，消失的时间比亚特兰蒂斯（姆大陆的殖民地）早了一千年。

1912年，保罗·谢里曼（Paul Schliemann）显然是想仿效发现特洛伊城遗址的考古学家祖父，于这一年的10月20日在《纽约新闻报》发表文章，阐述自己从亚特兰蒂斯的发现中所获得的启示，不过，后来证明了这篇文章只是一个骗局，或者该说完全就是杜撰，而且保罗并非伟大考古学家的孙子的传言，也因此不胫而走。

这些天马行空的幻想往往以一件事实为根据，就是既出现在埃及或中东地区，也存在于其他亚洲及美洲印地安文明中的金字塔或金字形神塔（译注：古代苏美人的神庙）。然而，这一点并不能证明什么，毕竟这类堆栈结构有可能在不同的文化中独自演化出来，因为它表现出沙子经过风力吹拂以后的形貌，正如阶梯式结构是常见的侵蚀现象，到处可见的柱形结构则与树木的形状有关联。然而，对于热衷神秘学说的人来说，南美洲、埃及、黎巴嫩、以色列、日本、中美洲、英格兰、法国等地到处都有巨石阵与巨石堆栈建筑的事实，应该是这些文化全都系出同源，来自某个更古老文明的证据。

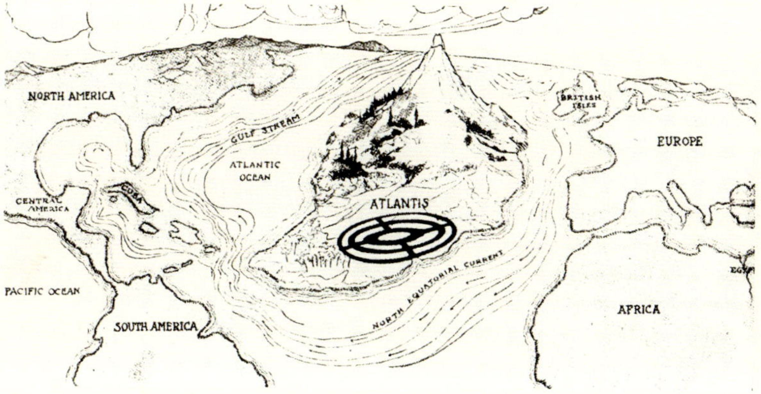

保罗·谢里曼的启示，1912年10月20日于《纽约新闻报》发表。

亚特兰蒂斯也吸引了许多绕着纳粹打转的神秘学者。我们在本书以图勒和希柏里尔为题的章节中可以看到这一点，不过在这里值得一提的是奥地利工程师汉斯·霍尔必格（Hans Hörbiger）的永冻理论，霍尔必格认为，亚特兰蒂斯及雷姆利亚的沉没，是地球吸引月亮的结果。卡尔·格奥尔格·雀屈（Karl Georg Zschätzsch）在《亚特兰蒂斯：雅利安人的原乡》（*Atlantide patria primitiva degli Ariani*）里曾提到一个"北欧 — 亚特兰蒂斯"或"雅利安 — 北欧"的优势民族，而极端纳粹种族主义分子阿尔弗雷德·罗森贝尔格（Alfred Rosenberg）也支持这个概念，据说纳粹头目之一的海因里希·希姆莱曾经在1938年派人到西藏寻找这些亚特兰蒂斯白人的遗骸。另一位支持希柏里尔起源说的理论家尤利乌斯·埃佛拉（Julius Evola），则画出了"极北民族"的想象迁徙地图，其中一条路线由北到南，一条由东往西，并将亚特兰蒂斯视为该民族按照其极北原乡建造的城市。这地图的南边则是雷姆利亚大陆的遗迹。"某些南方黑人民族及澳大利亚民族可以被视为民族生命已步入迟暮期的残存者，"大体而言，埃佛拉这么说，"那是个崇拜冥界魔鬼的劣等民族和具有动物本性的杂种共存之地，在那里，争战的记忆以神话的形式流传下来，这些神话总是强调光明神祇（继承自北方民族的元素）与黑暗魔鬼的对比。"

总之，就像圣杯的故事一样（参阅本书第八章），亚特兰蒂斯的位置在过去几个世纪中曾经出现在许多让人意料之外的地方，就如我们在前面看到的，从北大西洋中央的亚速群岛到北非、从美洲到斯堪的纳维亚、从南极到巴勒斯坦等都有，还有其他真正的或冒牌的考古学家认为它在北大西洋的马尾藻海、南美玻利维亚、巴西，或是西班牙南部的安达卢西亚地区。

最近，塞尔吉奥·弗劳提出结论，认为赫拉克勒斯之柱的位置不应在直布罗陀海峡，而是在西西里海峡，如此一来，亚特兰蒂斯应该是曾经出土过早期腓尼基文字的意大利萨丁尼亚岛。此一腓尼基文字为“Trshsh”，读做“Tartesso”，译为塔尔特索城邦——如此一来，亚特兰蒂斯传说中的殖民地也从西班牙移到了萨丁岛。即使有人可以提出异议，认为亚特兰蒂斯早已消失，而萨丁岛却仍然健在，弗劳指出，萨丁岛曾经经历过大到足以灭岛的海啸，传说应该就是由此而生。另一方面，假使古希腊人从未曾越过西西里海峡，柏拉图对这个在他写下《蒂迈欧篇》与《克里提亚斯篇》时仍在蓬勃发展中的岛屿，应该也不会有什么太清楚的概念。亚特兰蒂斯的神话也让世人对其他被淹没的失落文明产生兴趣。

法国西北部布列塔尼一带的许多传说都会提到的伊斯城（Ys）就是其中之一（在布列塔尼语叫做“Kêr–Is”，“Kêr”为城市之意），该城据说出现在布列塔尼半岛的杜亚内内湾。伊斯城之所以被大海吞噬，是为了要惩罚葛拉隆国王的公主和伊斯居民所犯下的罪行。这个传说有许多不同的起源，其时代大约在布列塔尼地区基督教化以后，而且尽管没有文献记载，这个传说的源头确实与异教有关。

伊斯城传说的版本很多，其中以叙述文形式出现的，包括乔治–古斯塔夫·图杜兹（Georges–Gustave Toudouze）的儿童文学作品《沉没的城市》（*La Città Sommersa*，1914）。受到亚特兰蒂斯（或姆大陆）灵感启发的故事、小说和电影相当多，在此无法一一列举。其中，亚瑟·柯南·道尔（Arthus Conan Doyle）曾写过《马拉科特深渊》（*The Maracot Deep*，1929），这是一个科学探险队前去寻访八千年前定居在深海的亚特兰蒂斯人的故事。埃德加·莱斯·巴勒斯（Edgar Rice Burroughs）则以非洲丛林为背景，写下一系列欧帕城的故事：欧帕城是深藏在丛林里的失落之城，有许多泰山冒险故事以此地为背景，它从前是亚特兰蒂斯的殖民地，后来有两个种族存活了下来，其一是身形姣好的女欧帕族，另一是形貌似猿的男欧帕族。亨利·莱特·哈葛德（Henry Rider Haggard）在《洞窟女王》（*She*, 1886~1887）中提到过一个比古埃及还古老的谜样非洲文明，由一名美艳却残酷的女王统治。

《泰山与欧帕之宝》，麦克勒格出版社，1918 年出版。

《洞窟女王》里面并没有提到亚特兰蒂斯，不过皮埃尔·伯努瓦（Pierre Benoît）在他1919年出版的小说《亚特兰蒂斯》（*L'Atlantide*）中却提到了，此书非常受欢迎，但也被指控抄袭哈葛德的作品。在伯努瓦的故事中有一座岛屿，位于曾经淹没撒哈拉沙漠的大海上，它后来变成一座地底城市，由一名非常迷人却冷酷无情的女王安蒂妮亚统治。安蒂妮亚会将受她迷惑的来访宾客变成黄金雕像。许多电影情节都取材自这篇小说，其中包括1932年由帕布斯特（Pabst）执导的电影，以及各种漫画。

许多著名漫画作品都受到亚特兰蒂斯和姆大陆启发，例如美国漫画家里曼·杨（Lyman Young）的冒险漫画系列《提姆泰勒的好运》其中一集《萝安娜女王的神秘火焰》、比利时漫画家皮埃尔·贾克布（Edgar P. Jacobs）的《亚特兰蒂斯之谜》与他笔下人物莫迪摩教授的冒险故事、意大利漫画家雨果·普拉特（Hugo Pratt）1988年的作品《姆，失落之城》中主人翁柯尔特·马尔特塞的诸多冒险故事等。

亚特兰蒂斯学参考文献

安德烈亚·阿尔比尼（Andrea Albini）《文字汪洋中的亚特兰蒂斯》*Atlantide: Nel mare dei testi*，第32~34页，2012年

关于亚特兰蒂斯的书籍、文章与文献记录，数量之丰，让人印象深刻。

2004年，学者尚塔尔·富克里耶（Chantal Foucrier）曾写道，互联网上以亚特兰蒂斯为题的网页，罗列出来有九万页之多。尽管如此，这个数字还可能是被低估了：一项2010年5月针对谷歌（Google）搜索引擎的研究显示，相关英文网页就有两千三百万份资料。

同样地，西班牙文的资料列出来约一百二十万份，德文资料一百八十万份，而意大利文和法文分别是四十六万三千份与三十八万份……至于以亚特兰蒂斯为题的纸本出版品，随着时间持续不停地出现，历久不衰，同样也让人印象深刻。1841年，亨利·马丁（T. Henri Martin）在《柏拉图蒂迈欧篇研究》(*Studi sul Timeo di Platone*) 指出许多对亚特兰蒂斯文学有重大贡献的系列著作：其中之一无疑是一系列极其精彩的出版品，其作者里昂·斯普拉格·德康在一项以亚特兰蒂斯为题、原于1954年出版的批判性研究中，按照姓氏首字母顺序列出两百一十六位作者——他所谓的“亚特兰蒂斯专家”——的职业、相关作品出版时间与他们的推论。在这个统计数字中，只有三十七位作者得出“有关亚特兰蒂斯之叙述指的是一个‘想象’、‘令人存疑’或是‘寓言’之地”的结论，其余都认为亚特兰蒂斯确实存在。试着想想，那些在典籍、历史与哲学等领域中专门研究柏拉图的学者，很难过分认真地看待有关亚特兰蒂斯的叙述，大多只是提一提而已，并不会深入探讨，因此赞成亚特兰蒂斯“地理理论”的人会比较多，是可以理解的。在一份出现于1926年的亚特兰蒂斯与相关议题参考资料中，克劳德·胡（Claude Roux）与尚·盖特弗塞（Jean Gattefossé）列出一千七百份包含地理、民族学、各大陆的古民族迁徙等的各种资料，同时也纳入有关洪水、古老传统与大陆漂移等信息。狭义来说，相对于柏拉图讲述的主题，这些题目可以说是错综复杂，不过我们得考虑到，这种题目庞杂的情形其实正表现出亚特兰蒂斯主题书籍的共同特质，其中更有许多主题会一而再、再而三地重复出现。为了确认这一点，1989年法国作家暨沉没宝藏寻宝人皮埃尔·亚尔纳克（Pierre Jarnac）表示，以亚特兰蒂斯为题的所有出版品数量相当丰富，足以打造出一座用五千本以上著作堆砌成的纪念碑。

克里提亚斯的故事

柏拉图

《克里提亚斯篇》，第 113B 页以后

在此之前，他曾提到众神抽签之事。据说，所有土地都被分成不同地段，有些较宽广，有些较狭小，每一个神都在抽到的地方设下为自己举行的祭祀仪式。得到亚特兰蒂斯岛的海神波塞冬也不例外，他在岛上某处和一名凡间女子生下孩子，并替他们造了下面这样的居所。从大海到岛中央是一整片平原，而且是所有平原中最好、最肥沃的土地。离平原中心约五十斯达地之处有一座不甚高的山丘。这里有间房子，属于一名凡人，他的名字叫伊维诺，和妻子露塞珮在此生活。两人有一个女儿克莉托，甫达婚嫁之龄，就失去了双亲。波塞冬受克莉托吸引，于是与她共枕。因此，波塞冬在女孩居住的山丘周围挖出一条条同心圆状的沟，由面积大小不等的陆地与海洋将山丘围绕起来：两圈陆地与三圈海洋几乎以岛中央为圆心，每个圆的形状近乎完美。如此一来，就没有人类能够抵达那个地方，因为当时人类还没有发明船只，亦不识航海术。之后，身为神的波塞冬，丝毫不费力地将位于中央的岛化为仙境，让大地涌出两泉——其一源头涌出热泉，另一为冷泉——并让土地长出各式各样大量的食用植物……因此，阿特拉斯的后代人数最多也最显赫；由于获得国王称号的是长子，而且王位由长子世袭，这王朝就这么一代代长久地传了下去。于是，这些统治者累积了前所未见、后人不可及的大量财富，不但让整个城市繁荣了起来，甚至富及全国。帝国势力所致，许多货品纷纷进口至此，不过岛屿本身的资源则更加丰富，所有生活必需品皆有生产：首先，这儿有采矿而来的坚硬与熔融金属，还有另一个现在只有名称流传下来的山铜；山铜在当时并不只是一个名词而已，它是一种岛屿各地都有蕴藏开采的金属，价值仅次于黄金。然后，岛上森林繁茂，盛产木材可供木匠恣意使用，树叶青草也足够养活各种家畜野兽；连大象都遍布此地。因此，不但是生活在沼泽、湖泊和河流里的动物，以及高山和平原生活的动物，连体形和食量皆庞大的大象，都能获得充分的营养……

运用这些来自大地的资源，亚特兰蒂斯的国王能够建造起寺庙、宫殿、港口、船厂等，并以下列方式将帝国的其余地区视为整体一起开发。

首先，他们在围绕古老都会的海域建起了桥梁，借此在外部区域和自始就是神与祖先居所的王宫之

当蒂·埃尼亚齐奥（Danti Ignazio）绘制，壁画中的海神代表利古里亚（局部图），绘制于 1560 年，目前收藏于梵蒂冈博物馆地图厅。

间，建立起联系管道。由于每一座宫殿都是代代相传，在装饰上也能愈形增添，与前人竞美争妍，让宫殿成为辉煌壮丽、震撼人心的奇观。事实上，他们从海往上挖了一条宽三百英尺、深一百英尺及长五十斯达地的运河，以和大海的最边缘区域连接起来。如此一来，就形成了一条从外部海域直通此地的港口通道，开出一个能容许大型船只通过的出入口。

同样地，他们也在桥梁的位置把用以分割海洋的陆地切割开来，挖出一条每次能容纳一艘三列桨座战船通过的通道，并将通道加以遮盖，而且在设计的时候，也将不甚低的堤防高度考虑了进去。比较宽的陆地是将海水抽干、与海争地而得，其宽度达三斯达地，而相邻的另一块陆地也具有同样的宽度。连着通过两块陆地，接下来的海域有两斯达地宽，紧邻陆地的宽度亦为两斯达地。然而，围绕中央岛屿的河道却只有一斯达地宽。王宫所在的岛屿，直径为五斯达地。全部区域——岛屿、环绕岛屿的陆地与一百英尺宽的桥——完全都被石墙围绕，每座桥梁与每个入海处，都设有塔楼和关口。建造用的石材为白色、黑色与红色，采自中央岛屿的海岸以及周围环状陆地的内岸与外岸，如此一来，这些采石作业同时也能协助岛屿内部两座深水港的建造工事，并覆以同样的石材。

在诸多建设中，有些比较简单，有些则有各种彩色石材组合的交织变化，展现出自然之美。最外围陆地上的石墙外侧整面镀铜，如灰泥般加以处理；内侧则镀锡，而面对卫城的那一面则覆上展现出火红色调的山铜……所以，这股在当时集中在亚特兰蒂斯的庞大势力，因为下列原因而被神联合了起来，让他们成为我们的敌人。在许多世代，只要他们还存有神性，就会遵守法律，顺应其神圣起源。他们有坦率且伟大的思想，曾经，他们在遭遇生命中的意外与相互关系时，是以平静且自省的态度来面对。从这个意义来看，除了美德以外，其余都被低估，对于当前拥有的财产毫不在意；当然，他们轻松自在地处置着手上握有的大量黄金与其他资源，丝毫不成负担，并没有被奢华冲昏了头，也没有因为富有而失去自制力：总之，他们从未受到动摇。甚至，由于洞察力之故，他们看到这些财富会因为友谊与美德而增长，如果将之视为荣耀而过度关注，最后不但会化为乌有，连美德也一并失去。因为这种人生哲学以及固有的神性，上述财富才能一点一点地累积起来。

在其神性逐渐消逝之际——这是由于他们不停和人类结合，神性慢慢淡化，最后人类性格终于占了上风——他们也失去原本控制财富的能力；换言之，堕落了。如此一来，在有先见者的眼中，人类就显得凄惨：之所以凄惨，是因为他们破坏了最为宝贵的东西。相反，无法洞悉真正生活、以快乐为目的的人，会认为这些人既快乐又容光焕发，因为他们贪婪又渴望权力，对正义毫无顾虑。然而，以律法统领世界的万神之神宙斯发现，这个民族尽管条件优越，还是误入歧途。所以，宙斯决定以适当的方式惩罚他们，让他们重新获得平衡与智慧。因此，宙斯将诸神召集至最庄严的大厅——那个位于全宇宙中心、可以预见未来事件的地方——让他们聚集在一起，并开始说（柏拉图的文字到此中断）。

亚特兰蒂斯人

西西里的狄奥多罗斯（公元前1世纪）

《历史丛书》*Bibliotheca Historica*，第3卷，第56页

既然我们谈到了亚特兰蒂斯人，讲讲神的诞生也有点帮助……亚特兰蒂斯人居住在大洋沿岸，一处土壤非常肥沃的地方。这些人似乎和他们的邻居不太一样，虔诚又好客。他们相信，自己的国度是诸神的摇篮，最著名的希腊诗人似乎也都赞同这个观点，而让赫拉说道：“我动身前往陆地边境，诸神之父俄刻阿诺斯与诸神之母忒堤斯之乡。”根据亚特兰蒂斯的传说，他们的第一个国王是乌拉诺斯，他造了城池，将原本散居乡间的人类聚集了起来。他带领追随者远离野蛮生活，教导他们如何使用并保存果实，也让他们学习其他有用的发明。乌拉诺斯的帝国几乎遍及所有陆地，不过以西部和北部为主要区域。乌拉诺斯会观察天象，他预测了好几件未来即将发生的事，并教导人民如何利用太阳路径来测量一年的时间，以月亮路径来划分出月份，并且将一年分成四个季节。不识星辰永恒秩序的民众很钦佩这些占卜之事，因而认为乌拉诺斯具有超自然能力。在乌拉诺斯死后，人们将他封为神，借此纪念他为人民带来的福祉。人们用乌拉诺斯的名来称呼宇宙；一方面因为他们对于星辰起落和其他自然现象的知识来自他，另一方面也借此表现崇敬与致意。世人于是将乌拉诺斯称为万物的永恒王者。

老普林尼

《自然史》，第2卷，第204~205页

因为大自然也以这样的方式来创造岛屿：大自然将西西里岛和意大利分开，塞浦路斯岛与叙利亚分开，艾维亚岛和维奥蒂亚州分开，亚特兰蒂斯的艾维亚岛和马尔克里亚分开，贝斯必克岛和比提尼亚分开，留科希亚岛与塞壬居住的海峡。反过来，海里的岛屿和陆地连起来的时候，岛屿就会消失……如果相信柏拉图的说法，它就造成陆地完全消失，尤其是目前大西洋的所在位置。

埃利亚努斯（Eliano，公元2至3世纪）

《杂文轶事》*Varia Historia*，第3卷，第18章

欧洲、亚洲、非洲都是被大洋围绕的岛屿：世上只有一片土地堪称大陆，那就是位于这个世界以外的梅洛庇德（Meropide）。这是一块面积非常辽阔的大陆。那里的所有动物都很庞大，即使是住在那里的人类，身高和寿命也是我们的两倍。那里有许许多多风俗各异的大城市，用以规范的律法也和我们的非常不同……尤西比斯城（Eusebes，梅洛庇德的一个城市）的居民在和平中享受着富饶的生活，物产之丰，无须犁和牛就能从大地采集果实；无须动手播种与工作。他们身体永远健康，生活总是欢喜惬意，他们为人正直无可指责：连诸神都很喜欢去造访这些居民。马奇莫斯城（Machimos，梅洛庇德的另一个城市）的居民非常好战，他们总是处于争战中，倾向于侵略相邻的民族，因此该城现在才会有许多不同民族聚居。该城居民不到两百万……某次，他们决定经过我们的这些岛屿：成千上万的人穿过大洋来到希柏里尔。然而，当他们得知这些生活条件并不优渥的希柏里尔人，在我们之间被视为最快乐的民族，便认为继续往前也毫无用处。

新亚特兰蒂斯

弗朗西斯·培根

《新亚特兰蒂斯》*New Atlantis*，1627年

我们从（停留了一整年的）秘鲁出发，带着十二个月的生活必需品，航越南海前往中国与日本。尽管风势和缓，我们仍然顺着东风航行了五个月，之后，风向转变，连吹了好几天的西风，我们几乎无法往前航行，有时甚至向后退……

隔天晚上，我们在往北二十多海里处看到一片浓雾，让我们注意到自己应该离陆地不远，因为那一片南海是个完全未知的区域，有可能存在着尚未被人类发现的岛屿或大陆。我们一整晚都对着那些有助于辨识出陆地存在的线索，隔天早上，我们可以清楚看到，那是一块平坦且满是树林的陆地，这也是为什么晚上看起来这么黑。航行一个半小时以后，我们进入了一个小水湾，它是一座美丽城市的港口，规模不大却也精心打造，从海上看过去，景色宜人……

有位看来似乎很重要的人物前来迎接我们。他身穿宽袖长袍，那袍子交杂着浅驼色与一种非常美的天蓝色，比我们的天蓝色还要明亮；长袍下的服装为绿色，戴着形貌高雅的头巾状帽子，不如土耳其头巾庞大，卷曲的发丝从帽缘垂下……

隔天，大约十点钟，总督再度出现，问候寒暄以后，诚恳地告诉我们，他是回来拜访我们的；他讨

弗朗西斯·巴佑·依苏比亚（Francisco Bayeu y Subías），《奥林匹斯与巨人的战争》，绘于1764年，目前收藏于西班牙马德里普拉多美术馆。

了张椅子，坐了下来，我们也有十多个人陪他坐下（其他人不是在忙就是出去了）；等我们全都坐定，他便开始说道："我们班萨勒姆岛（用他们的语言如此称呼）的居民有项特权：由于我们地处偏远，加上要求到访客人保密且很少接受外人之故，我们对这个世界上有人居住的大部分地方都很熟悉，而世人对我们所知无几。"……

他们通晓欧洲语言，对于我们的生活和活动认识很深；而在欧洲的我们（尽管近年来我们对于遥远国度的新发现和航海旅行并不少）却从来不知道这个岛的存在……

这位总督友善地笑着说，还好我们替自己提出的问题道了歉，那问题几乎让人觉得，我们认为那个国家是个巫师的国度，这些巫师会派出空气精灵到各地，好让他们获得来自其他国家的消息……"你们得知道（尽管对你们来说几乎不可思议），三千年或更久以前，全世界的航海交通（尤其是长程横渡）远比现在频繁许多……同样在那个时期，有长达一个世纪或更久的时间，伟大的亚特兰蒂斯上也有居民蓬勃发展。事实上，虽然有一名伟人曾向你们描绘了在那里定居的海神波塞冬后裔，那里的神殿、王宫、城市与壮丽宏伟的山丘，还有各个可通航的河流（好比围绕着那个地方和神殿的许多锁链），与斜坡上繁不可数、好似可以通往天国的台阶等，个个饶富诗意且令人惊叹，亚特兰蒂斯确实也像当时被称为柯亚的秘鲁以及被称为提兰贝尔的墨西哥一样，在武力、航海与富有程度上都是一等一的超级强权……然而没多久以后，诸神的复仇就降临在这个骄傲自负的帝国上。不到一百年的时间，伟大的亚特兰蒂斯被彻底毁灭，而且原因并非你们作者所述的大地震（因为那个地方少有地震发生），而是因为一次大洪水，事实上，即使是现在，在亚特兰蒂斯曾经存在的地区，仍有宏伟河川与高耸山岳带来旧世界任何地区都无法比拟的丰沛水量。”

蒙田的想法

米歇尔·德·蒙田（Michel de Montaigne，1533~1592 年）
《随笔集》*Saggi*，第 1 卷，第 21 章
《食人族》“Dei cannibali”

柏拉图让我们认识的梭伦表示，自己从埃及塞易斯城（Sais）几位祭司处听闻，在大洪水以前，这世上曾有一座叫做亚特兰蒂斯的大岛，位置就在直布罗陀海峡入口处，面积比非洲和亚洲加起来还要大……然而，这岛不太可能是我们近年来才发现的新世界；因为这岛几乎和西班牙接壤，倘若该岛位置因为洪水而被推移了这么远，那绝对是令人难以置信的，因为那距离相当于今日的一千两百里格；更何况当代航海活动已经几乎证实，新世界并不是一个岛屿，而是一块主要的大陆。

维柯的怀疑论

詹巴蒂斯塔·维柯
《新科学》*Principi di Scienza Nuova*，第 2 卷，第 4 章，1744 年

在进入这里的论证以前，我们先简短举例说明世人在过去对此事有些什么样的想法，这些想法有许许多多，它们或不明确、或轻佻、或不适当、或狂妄、或可笑，在此无暇一一赘述。走笔如下：因为在野蛮人的时代，由于民族自尊而又被称为“vagina gentium”（意指世界的起源）的斯堪的纳维亚，被认为是全世界其他国家之母，由于学者的傲慢，约翰（Giovanni）与欧劳·马尼（Olao Magni）相信哥特人找到并保留了世界上最早的字母，也就是亚当时期所使用的；这个理论被其他学者视为谬论。然而，讲辛布里语的约翰·葛洛皮奥·贝卡诺（Giovanni Goropio Becano）却追随了这个理论并加以发展，认为他所使用的这种和撒克逊语相去不远的语言，来自伊甸园，而且是所有其他语言之母；这个想法受到朱塞佩·朱斯托·斯卡里杰罗（Giuseppe Giusto Scaligero）、约翰·卡梅拉里奥（Giovanni Camerario）、克里斯托弗·布雷克马诺（Cristoforo Brecmanno）与马提诺·史寇奇奥（Martino Scoockio）等诸位学者嘲讽。那种傲慢又变本加厉地在欧劳斯·鲁德贝克作品《亚特兰蒂卡》（*Atlantica*）中出现，认为希腊字母来自卢恩字母，而卢恩字母则是倒过来的腓尼基字母，而腓尼基国王之子卡德摩斯则赋予这些腓尼基字母像希伯来文一样的次序与声音，到后来，希腊人又将这些字母倒了过来，制定字体；由于重新找到这些字母的人被称为“梅库洛曼”（Mercurouman），人们认为古埃及人

FRANCISCI
DE VERULAMIO,
Summi Angliæ
CANCELLARII,
Instauratio
magna.
Sim: Pass: sculp:
Multi pertransibunt & augebitur scientia.
Anno
LONDINI
Apud Joannem Billium
Typographum
Regium.
1620.

弗朗西斯·培根作品《大复兴》卷首插画，1620年出版。

所使用的字母是墨丘利（Mercurio）给的，而墨丘利其实是哥特人。读者在了解上述这些有关字母来源的肆意诠释时必须注意，不能只用一种看待新事物的冷漠态度来对待之，而应深入思量，因为它们是人类与神圣异教知识的基础。

海伦娜·布拉瓦茨基

《秘密教义》*The Secret Doctrine*，第2卷，1888年

因此，鉴于可能出现的混乱状况，在讲到这四块大陆时，采纳读者所熟悉的称呼，是比较方便的做法。所以我们建议，在指称第一块大陆或衍生出第一个人类种族的陆地时，将之称为：

一、“永恒圣地”。之所以如此称呼，是因为下面的原因：“据说这个——我们将深入讨论的——‘圣地’从来就不属于其他大陆的一部分，未曾与其他大陆接壤，因此它是唯一一个从创世之始历经所有循环而至摩奴时期仍一直存续下来的陆块。那是原始人类的摇篮，也是最后一名具有神性的凡人的居地……这块神圣又神秘的陆地，除了一篇《评述》（*Commentario*）中富含诗意的文句‘北极星持续不断地照耀着，世世代代，从黎明到末日的黄昏’以外，我们能讲的并不多。”

二、希柏里尔。这是我们对第二块大陆的称呼，它从北极往南方和西方延伸，以迎接第二个种族……

三、雷姆利亚。我们建议将第三块大陆称为雷姆利亚……它包括一部分现在的非洲，不过这个极其庞大的陆块还从印度洋一直延伸到大洋洲，现在完全沉没在太平洋底下，少数高山则成了现在的岛屿……

四、亚特兰蒂斯。这是第四块大陆的称呼。如果世人能更深入地了解古代人的传统，就会发现亚特兰蒂斯其实是第一块有历史的土地。柏拉图提到的同名知名岛屿，其实只是这块庞大大陆的一小部分。

五、欧洲。第五块大陆是美洲，不过因为它位于对跖点，所以印度——雅利安的神秘学家将和美洲同时期出现的欧洲及小亚细亚称为第五大陆。如果这些神秘学家遵照大陆出现的地质与地理次序来排定，那么这个顺序就不会是这样。然而，因为大陆次序乃根据人类种族的出现而有第一到第五的顺序，其中第五个种族就是我们的根源种族，亦即雅利安民族，欧洲才会被称为第五大陆。神秘学并没有将岛屿和半岛列入考虑，也未遵循陆地和海洋在现代的分布状况……

对现代教育的追随者与支持者来说，原始人类是出现时间早于第三纪的巨人，而且早在一千八百万年前就已经存在的说法，必然是荒唐可笑的谬论。整个生物学界都不愿承认这个第二纪第三泰坦种族的想法，不相信泰坦族的巨大体形让他们能够和空中、陆地与海洋中的

巨大怪物相抗衡……人类学家可以恣意嘲笑我们的泰坦族，就像他们嘲笑《圣经》里的亚当，或是神学家嘲笑人类源自猿猴的说法……和达尔文的人类学与《圣经》神学相较之下，神秘学无论如何都是要求较少，解释较多。神秘学史应该也吓不了人，因为就数字而言，今日权威既无定见，看法也像地中海的海浪一样变化莫测。

与尼摩船长一起前往亚特兰蒂斯

儒勒·凡尔纳

《海底两万里》，第2卷，第9章

没过几分钟，我们已经穿上装备，背好充满气的氧气瓶。然而，我没看到电灯，所以向尼摩船长指出这一点。

“那东西没用。”他回答道。我以为自己听错了，正打算重问一遍，就看到船长已把金属头盔戴上了。拿起一旁等着我的长棍，不消多久，我们的双脚已经踩在大西洋海底三百米深的地方。

午夜已近，水底又黑又暗，尼摩船长对远处的一个红点指了指，那看来就像是某种大型营火，在距离鹦鹉螺号两英里处闪烁着。我说不上来这是什么样的火、它以何种物质为燃料，以及它为何与如何能在海底深处持续燃烧。重要的是它会发光，尽管有些朦胧，不过已经足以让我辨识方向……

走了半个小时以后，海底的岩石开始多了起来。水母和微小的甲壳动物微微发出磷光。我瞥见了一个个覆盖着数百万植形动物和海藻的石堆。我总是在这片黏稠的海藻地毯上踩滑，若是没有那根长棍，我大概会摔好几次跤。

当我转身，鹦鹉螺号的白光因为距离之故，开始慢慢消逝。我之前提到的那些石堆，在海底的分布有着某种我无法解释的规律性。我看到几条巨大的犁沟，它们一直往前延伸到遥远的黑暗之中，让人完全无法估量出长度。这里还有其他让我费解的细节。我那双沉重的铅鞋，似乎压碎了一堆骨头，发出了啪嚓一声。我们正在穿越的一大片宽广平原到底是什么？……

凌晨一点，我们终于抵达山脚下的那片坡。不过在爬上去之前，还得先冒险进入森林，穿过那些让人步履维艰的小径。是的，一大片枯树林，没有叶子，没有树浆，在水的作用下成了化石，处处都是巨大的松树。那看起来就像是一座被深植在土壤中的树根托起的垂直煤田，树枝就像用黑纸剪成的细腻藤蔓花纹，清楚显现在这水的天花板上。试着想象一座攀附在山侧的森林，不过森林小径布满了海藻，而海藻间还住满了各式各样的甲壳动物。我往前走，攀过巨岩，翻过倒下的树干，扯下垂挂在树枝间的海洋附生植物，惊吓着在树林间窜逃的鱼群。我兴奋至极，丝毫不觉得疲惫。我们抵达第一个高原，又是一阵惊喜连连。那里有美丽如画的废墟矗立，显然是人类而非大自然的杰作。许许多多的石堆，隐约可以看出宫殿神殿等形状，上有各式各样的植形动物茂盛生长，各式海藻海带宛如藤蔓，替废墟覆上了一层厚厚的植被。

那么，这个被灾难吞噬的世界到底是什么地方？是谁把那些岩石与石块堆成像是史前时代的支石墓一样？我在哪里？尼摩船长到底突发奇想把我带到了什么地方？我好想质问他，不过此时此刻没法这么做，于是一把抓住了他的手臂。然而，他摇了摇头，向我指了指山的最高峰，好像在对我说："走吧，我们继续前进。"

我拿出最后的力气跟上去，没几分钟就抵达了比周围岩石高原高出十几米的山顶。我往我们爬上来的方向看了看。和周围平原相比，这座山的高度不超过两百五十米，不过在我们后方、山的另一侧，却有座两倍深的峡谷。我向四周看了看，被远方一片受强光照射的宽阔空间所吸引。那座山是火山。在山顶下方十五米左右处的岩石与矿渣之间，有个庞大的喷火口，一阵阵的岩浆倾泻，宛如火瀑布般地落入下方水体之中。位置所致，这火山成了一把巨大的火炬，照亮着下方平原，直到地平线的尽头。那个海底火山口喷发出岩浆，却没有火焰。火焰需要氧气才会发生，因此无法在水底下出现；然而那让自身炽热无比的岩浆流，却能达到火红的程度，和周围的水相抗衡，将接触到的水化为蒸汽。急流卷走了形成的所有气体，而岩浆流则朝着山脚流去。

我的目光顺着岩浆往下，看到一片毁坏倾倒、整个被夷为平地的城市，城内建筑屋顶塌陷，神殿毁灭，拱状结构坍塌，圆柱断裂倒地，不过我们仍然可以看得出这些建筑具有扎实的比例，与托斯卡尼一带的建筑类似。更远一点的地方，还可以辨认出巨大输水管道的遗迹。在这里，高起的小山丘上有一座卫城，结构让人联想到巴特农神殿；在那里，码头遗迹能让人想起古代的港口，一个在很久以前曾经在一片已消失的大海上替商船和战舰提供遮蔽的港口。更远的地方，长长的城墙早已崩塌，宽广的道路杳无人迹：这是一座沉在水里的庞贝城，尼摩船长让它在我眼前复活了。我在哪里？我不惜任何代价都想知道，我好想把头上禁锢着我的铜制头盔拿下来，好好地聊一聊。尼摩船长走到我面前，点了点头。然后他拿起一块白垩石，向一块黑色玄武岩走了过去，写下了一个词：亚特兰蒂斯。

罗森贝尔格的言论

阿尔弗雷德·罗森贝尔格

《20 世纪的神话》*Der Mythus des 20. Jahrunderts*，第 24 页，1930 年

地质学家表示，在北美洲和欧洲之间曾有一块大陆，目前在格陵兰和冰岛之间仍然可以找到这块大陆的遗迹。这些地质学家表示，极北地区的岛屿（新地岛）具有一些征象，显示出海平面曾经比现在高出一百米；而且北极的位置很有可能位移过，以及北极过去曾经有过气候较为温和的时期。这个说法，替亚特兰蒂斯的古老传说带来了一线曙光。海洋让这片水域的巨大冰山破裂，并推移冰山的位置，而在同一时期，这里曾有一块气候宜人的大陆，上面住着一个极有创意的民族，衍生出一种势力庞大的文化，他们的子民以航海家和战士的身份，足迹遍及世界各地。然而，即使亚特兰蒂斯的假说现在已不受到支持，我们还是得假设，史前时期的北欧文化中心确实曾经存在。

伊斯城的秘密

乔治－古斯塔夫·图杜兹

《小伊斯王》*Le Petit Roi d'Ys*，第3章，1914年

“是啊！”科朗汀号的小船长以那种天知道的表情打断了谈话——就在讲到从前伊斯城的位置时……我知道，我常看到……

若比克还没时间把话讲完，就被自己那么简单的话语，能对那些听他说话的人产生如此影响而感到惊愕不已。莫尔南和杰罗拉莫·特罗帝埃都跳了起来……

“你知道……你看到了？”莫尔南结结巴巴地说……若比克惊讶地看着他们，好像它是再自然不过的事。

“我知道，当然！”……这里的所有人都知道，许久以前，大海为了处罚该城居民的罪恶，吞噬了一个叫做伊斯的城市。民间甚至有一首布列塔尼民谣描述这个故事，翻译过来是这样的：“你听说了吗，你听说了吗／那神人说／伊斯国王葛拉隆……”

“啊！我完全会错意了……除了那首这里的居民都知道的民谣以外，你什么也不知道……除此之外你真的不知道别的吗？”

“当然，先生，我知道的当然比那民谣还多。对农夫、卖抹布的老商人来说，民谣已经够了，不过我确实知道这个城市在哪里，是的，先生，那个沉到海底下的地方。”

莫尔南走上前：将双手放在少年肩膀上，努力以镇定的口吻慢慢地说：“好好听我说，若比克，我接下来问你的事很重要，你的答案可能具有你想也想不到的价值。我会来到这里，完全是为了寻找伊斯城，我个人坚信这个城市曾经存在……我相信这个城市的遗迹就在这一带，就在这海湾下方某处，我会花上好几个星期、甚至几个月的时间来寻找……因此，你的话很有分量……所以，你确定你知道这地方吗？”若比克表情严肃地站了起来，将手伸出，好像在发誓一样；双眼直视这

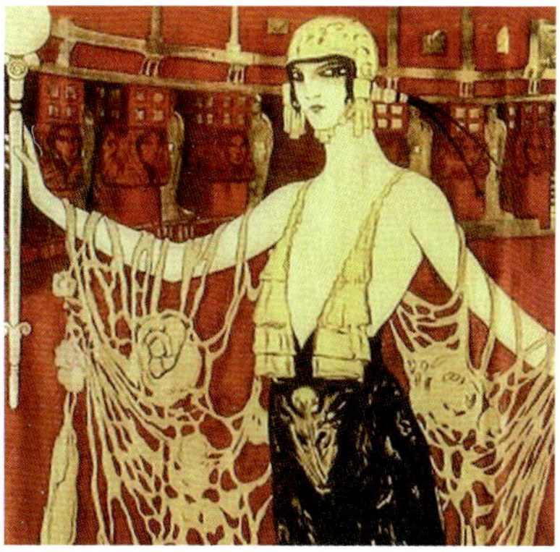

贾克·费德（Jacques Feyder）电影《亚特兰蒂斯》的海报，电影于1921年上映，根据皮埃尔·伯努瓦的小说改编。

位和他说话的人，说道：“我知道伊斯城在哪里。”

“你知道，是因为有人在学校里跟你说过，还是守夜人曾说过？是历史还是传说？”

“我知道，因为我看过。”

“你看过有人画画，还是看过图片？”

“我在海里看过，在海底下。”

“你因为听人说过所以幻想自己看？”

“我亲眼见过二十次…… 我摸过从那里挖来的碎石块，是渔网从那儿捞上来的。我叔叔带我去了那里，告诉我不能在哪里下网，这样渔网才不会缠在海底的墙上。他还告诉我，很久很久以前……”

“是的，在公元5世纪。”

“也许吧！总之，当法国还不是法国的时候…… 他告诉我，杜阿梅勒兹海湾并不存在，在山羊岬与拉兹角之间，有一座名叫伊斯的宏伟城市，坐落在一座水坝上，由一位非常有智慧的老国王葛拉隆统治，不过他有一个很坏很坏的女儿阿娥斯……”

“那是布列塔尼语的名字，法文是达芙忒。”特罗帝埃插嘴道。

“没错，”若比克神态自若地继续说着，“有一天晚上，葛拉隆已经就寝，阿娥斯在宫廷舞会上认识了一名舞者，这舞者不知怎么让阿娥斯赌气去偷了父亲的金钥匙，打开了挡住海水的水闸的锁。原来，那名舞者是恶魔。阿娥斯偷了钥匙，打开水闸，海水就这么往伊斯城扑了上去。葛拉隆被朋友圣圭诺利摇醒，赶紧骑上马把女儿带走；不过海水却以涨潮的速度迅速往他们的方向扑过去，他听到有声音喊道：‘把你背后的恶魔给丢下去！’阿娥斯跌下马，海浪将她吞噬，最后海水在里兹海滩停了下来，葛拉隆则抵达朗代韦内克，杜阿梅勒兹海湾就这么形成了。故事就是这样。”

杰罗拉莫·特罗帝埃搓着手说：“把地震现象改编得很漂亮的通俗故事，这地震在短短几分钟内毁了伊斯城，把整个城活生生地沉到海底下一百米的地方，以地面下沉创造出这个美丽的海湾。”

海中之城

埃德加·爱伦·坡（Edgar Allan Poe）
《海中之城》“La città nel mare”，1845年

看！在一座奇异孤独之城
死神替自己立了宝座
就在阴暗偏远的西方
在那里，好与坏，善与恶
都已永久沉睡梦乡。
那里的神殿、宫阙与高塔
（古老却屹立不摇的高塔！）
与我们所有的无一相似。
在那里，遗忘之风吹起
苍穹下了无生气
静静凝滞在夜幕之下。

荒城无光夜漫漫
星光月色不临
海面的丝缕幽光
无声地洒在塔楼——
轻轻涌上塔尖——
溢向圆顶，登上尖顶，闪耀君之厅堂——
映在庙宇——与那巴比伦式的城墙——
飘向被遗忘许久的空荡荡的凉亭——
凉亭上雕琢的花草爬藤
攀上许许多多神妙的圣堂
萦绕檐壁的花环
香堇、紫罗兰与藤蔓缠绕。
塔楼与阴影交融
一切好似悬浮空气中
从这坚挺的城塔
死神目光眈眈，俯视一切。

倾颓的神殿与敞开的坟墓
与闪烁粼粼波光的水面齐高
然而每一尊神像的眼前
再也没有金银宝藏——
也没有珠光宝气的死者
从海底把波涛诱惑
因为，唉！涟漪再也不起
那如镜般广漠的水面——
没有潮浪起伏来诉说
风儿也许吹拂着远方更快乐的海域——
没有波浪荡漾来暗示
风儿也许吹抚着不如此宁静得可怕的大海。
但瞧天空骚动一阵
这海——也掀起一阵翻涌！
仿佛那高塔渐渐向下破开沉寂的潮水——
好似尖塔顶端再无气力
在朦胧空中画出一道空白。
波涛此时愈发红光——
时间的呼吸愈形微弱——
没有世俗呻吟的陪伴
孤城缓缓地、慢慢地沉寂
从成千王座上升起的地狱
也将敬畏海中之城。

第七章

最后的图勒与希柏里尔

图勒（THULE） 图勒这个名词，最早出现在希腊探险家皮西亚斯（Pitea）的游记。在皮西亚斯的叙述中，图勒位于北大西洋，是夜不落日的冰与火之地。很多人都曾经提过图勒这个地方，如埃拉托色尼、旅行家狄奥尼修斯（Dionisio Periegete）、斯特拉波、梅拉、老普林尼、维吉尔（在《农事诗》第1卷第30节提到图勒是位于已知世界之外的极端之地）以及公元2世纪安东尼乌斯·迪奥吉尼斯（Antonio Diogene）的小说《图勒的不可思议奇迹》（*Le Incredibili Meraviglie al di là di Tule*）。到了公元5世纪，散文家马尔提亚努斯·卡佩拉（Marziano Capella）又重新提起这个传说，而且它就

欧劳斯·马格努斯（Olaus Magnus），《海图》局部特写，绘于1539年。

此在整个中世纪时期不断地流传下去，从波爱修斯（Boezio）、比德（Beda）到佩脱拉克（Petrarca），再到现代，即使世人早已放弃寻找这个地方，文人墨客仍然将它当成一个充满诗意的神话来运用。在过去，图勒不时和冰岛、苏格兰北方的设得兰、丹麦的法罗群岛和爱沙尼亚的萨拉马岛等地画上等号，不过重要的是，从这些不甚准确的地理信息中，“最后的图勒”传说就此诞生。

欧劳斯·马格努斯（Olaus Magnus）的《海图》（*Carta Marina*，1539）是相关岛屿传说的最著名图像。在这张图里，马格努斯将图勒称为“提勒”（Tile）。

14世纪的航海家如尼可罗·詹（Nicolò Zen）与安东尼奥·詹（Antonio Zen）兄弟档就已提起过其他极北之境的岛屿，声称自己曾经登陆弗里斯兰岛或埃斯特兰岛。尼可拉·詹（Nicola Zen）是两人后裔之一，在1558年曾出版《詹氏兄弟的岛屿探险揭秘》（*Dello Scoprimento dell'isole di Frislanda*，*Eslanda*，*Engroveland*，*Estotiland e Icaria Fatto per due Fratelli Zeni*）——而且在麦卡托制作的地图中，也记录了弗里斯兰岛和德罗杰奥岛。1570年，奥特柳斯将弗里斯兰岛、德罗杰奥岛、伊卡里亚岛和埃斯特兰岛都记录在地图集《世界概

《玛蒂尔德女王挂毯》上的诺曼船，1027至1087年之间制作，收藏于法国贝叶市挂毯博物馆。

貌》(*Theatrum Orbis Terrarum*)的“北方区域描述”部分。深受英国皇室信赖的英国学者暨神秘学家约翰·迪伊(John Dee)则因为受到尼可罗·詹的著作影响，计划寻找一条经由北方前往太平洋的航道，并命令探险家马丁·弗罗比舍(Martin Frobisher)负责主导必要的探险活动。

希柏里尔人　图勒的传说后来被融入希柏里尔的传说之中。在古代人眼里，希柏里尔人(Hyperborea 的音译，意指“那些住在比北风之神玻瑞阿斯更远的人”，是北风的拟人化，又译为极北族人)是住在希腊北方遥远之境的民族。他们生活的地方是个完美的世界，每年有六个月受太阳照耀。

根据西西里的狄奥多罗斯的说法，米利都的赫卡塔埃乌斯(Ecateo di Mileto，公元前 6 世纪)认为希柏里尔位于极北之境，在海洋(环状包围着已知土地)与里菲山(传说中的山脉，位置不明，有时在极北，有时在多瑙河出海口)之间。

阿布德拉的赫卡塔埃乌斯(Ecateo di Abdera，公元前 4 至 2 世纪)在《论希柏里尔》(*Sugli Iperborei*，目前只有少数断简残篇流传下来)中则认为这个地方是一个海岛，“面积不比西西里小”，是一个可以近距离看到月亮的地方。

赫西俄德认为希柏里尔人“在埃里达诺河上游的瀑布区”。由于埃里达诺河是波河的古名，这些希柏里尔人的居住地就不会太偏北，这若非赫西俄德对于极北的概念有些局限，就是他对波河的概念有着太过美好的想象。另一方面，古希腊人曾讨论过埃里达诺河的地理位置，有些人认为它应该是朝北流至北方海洋出海。古希腊诗人品达认为，希柏里尔人应该在伊斯特罗河(多瑙河古名)“绿荫围绕的起源”之处，而埃斯库罗斯(Eschilo)则在《解放普罗米修斯》(*Prometeo Liberato*)中提及，伊斯特罗河的源头位于里菲山区希柏里尔人的国度。对西格昂的达马斯特(Damaste di Sigeo)来说，里菲山的位置比负责看管黄金的狮鹫还要偏北。

托马斯·安德（Thomas Ender），《冰川》，19世纪绘制。

希罗多德替阿里斯特亚斯（Aristea di Proconneso）一首目前已经佚失的诗做了总结；在这首诗中，作者谈到自己因为阿波罗的灵感启发而出发前往一个偏远地区旅行，他一直走到伊塞东人的国度，“越过”独眼人的国度、守卫黄金的狮鹫与希柏里尔人，其中后者居住在一个气候永春、空中有羽毛飘扬的地方。

在古代的记述中，无论希柏里尔在哪里，往往都不是什么神之选民的发源地，不过随着民族主义的假设在语言起源研究中逐渐发展，也有越来越多人开始支持极北地区为语言和原始民族摇篮的看法。罗兰·琼斯（Rowland Jones）在《哥篾圈》（*I Circoli di Gomer*，1771）一书中提出他的看法，认为原始语言来自凯尔特人，“除了英文以外，没有其他语言能发展到如此接近第一种通用语言的位置……凯尔特人的方言和知识来自特里斯墨吉斯忒斯（Trismegisto）、赫耳墨斯（Ermete）、墨丘利（Mercurio）或哥篾（Gomer）的圈子。”法国天文学家巴伊则表示，斯基泰是世界上最古老的国家之一，中国人也是他们的后裔，不过他也曾指出，亚特兰蒂斯亦是斯基泰人后裔。总之，北方曾是文明的摇篮，世上最早的几个人类民族从北方开始往南散布——而在散布的过程中，有一部分也会变质劣化。因此，相信雅利安族源自希柏里尔的想法，是唯一一个自始至终不被动摇的信念。

极地神话有各式各样的诠释：有些人认为，极地寒冷的气候条件，正是促成文明发展的主要原因，而地中海与非洲的温暖气候，让这些地方出现了比较劣等的民族；还有人认为，北方文明在朝气候较温和的亚洲扩散时，发展愈形完整；另外还有人说，极地地区在史前时代有着非常温和的气候。举例来说，曾任波士顿大学校长的威廉·沃伦（William F. Warren）在《发现天堂》（*Paradise Found*, 1885）一书中表示，人类文明的摇篮与伊甸园的位置都在北极；正统神创论则认为，世界上并没有从低级物种到人类的演化，而是反过来，因为北极的第一批居民既美丽又长寿，只有在大洪水发生与冰河时期降临以后，人类才移民到亚洲，成了现今较低等的民族；史前时代的极地地区阳光普照且气候温和，物种退化则是发生在中亚地区的寒冷草原。

为了支持极地温暖说，就必须承认气候变迁是因为地轴显著位移所致（神秘学者和各种“极地学说支持者”至今仍相信这个说法）。这个论点衍生出数量相当庞大、或多或少具有科学性的作品、议题与论点，然而我们在此无法总结，因为本书以传说地点的历史为题，注重世人对于这些地方曾经有过什么样的想法，在此只要知道曾经有人提到过极地温暖说的概念即可。[1]

仍然保有些许科学严谨态度的沃伦并没有接受地轴位移的论点，并推测这极北民族最初的后裔在抵达亚洲以后，从一个不同于北方的角度观察天空，却因为素质劣化所造成的无知而产生错误的天文观念。无论如何，这个说法确立了“极地民族”的优越性及其亚洲与地中海后裔族群的低劣性，而这样的概念后来又孕育出雅利安种族主义的传说。

即使是原始雅利安族的起源地，也有无数假说。卡尔·彭卡（Karl Penka）认为他们来自德国北部与斯堪的纳维亚（1883）；奥

注 1：关于所有“极地学者”论点的详尽介绍，参考戈德温的作品（1996）。

亚伯拉罕 · 奥特柳斯，《冰岛地图》，16 世纪绘制。

图·史克拉德（Otto Schrade）则认为他们来自乌克兰（1883）。人类始祖来自另一块大陆的想法，最早由 18 世纪的启蒙主义分子提出，其中包括伏尔泰、康德和赫尔德等人，而这个概念完全与《圣经》的说法对立。当时的人认为人类源于印度，不过这些德国浪漫主义者显然以为，古罗马时期的野蛮文明应该源自于时间上可以回溯到条顿人时期，一个凯撒大帝没能打败的古代日耳曼民族，而且后来中世纪哥特教堂文化的蓬勃发展也有同样的起源。因此，只要能把印度文明和北方民族连在一起，就能找到答案，而当时试图了解梵文是否为人类语言之母的语言学家也曾提供研究成果，试图建立印度文明和北方民族的联结。[2]

注 2：参考艾柯的著作（1993）。

尽管许多支持上述说法的学者并没有意识到自己的研究会造成什么样的后果，雅利安种族主义的传说还是由此而生。[3]

注 3：“雅利安人”一词是施莱格尔（Schlegel）在 1819 年所创。有关雅利安种族主义的传说，可参考欧伦德的作品（Olender, 1989）。

神秘学传统对这个传说造成了非常深远的影响。我们在谈论亚特兰蒂斯时提到的布拉瓦茨基，在《秘密教义》中明言支持种族迁移论，认为曾有来自喜马拉雅山北方的完美民族进行迁徙，不过这个民族在大洪水以后移居到埃及（这个说法也让某些人认为，布拉瓦茨基的论点至少没有刻意表现出种族主义）。在布拉瓦茨基所描述的人类想象史中，希柏里尔是一块从现在的格陵兰一直延伸到堪察加半岛的极地大陆，而且是第二个人类民族——也就是具有许多可怕特征的双性巨人——的发源地。

尼采在《上帝已死》（*L'Anticristo*，1888）一书中曾说："我们都是希柏里尔人。"而且也借机称颂北方人的古老美德，借此与基督教的堕落产生对照。

乔斯林·戈德温（Joscelyn Godwin）在《北极》（*Arktos*，1996）一书中提出的地图，让我们可以清楚看到有多少地方曾经成了希柏里尔的所在地。如果这个理论确实具有某种程度的真实性，其中一个地点应该是正确的，那么，摊在我们眼前的传说就有十五个之多。希柏里尔也和圣杯一样，随着许多世纪的演进，如鳗鱼一般行踪诡谲，飘忽不定。

有关雅利安种族主义的希柏里尔起源，许多19世纪的神秘学作者都曾经深入讨论，例如法布尔·道利维（Antoine Fabre D'olivet，1822），不过这个传说显然还是因为泛日耳曼主义和纳粹主义的缘故而重生。

极地神话与纳粹主义　在希特勒上台以前，纳粹分子中就已经存在着许多神秘学的信徒。哪几位纳粹首领实际上属于哪些不同的神秘主义派别，以及希特勒是否真的遵循着这种文化氛围，仍然是有争议的问题。[4]然而毫无疑问的是，1912年，德国出现了一个叫做日耳曼会（Germanenorden）的秘密结社，专门提倡雅利安神秘学（ariosofia），也就是一种倡议雅利安优越性的哲学。1918年，塞波腾道夫男爵（von Sebottendorff）创办了一个支社，将之命名为"图勒促进协会"，这是个具有强烈种族主义色彩的秘密结社。1907年，约尔格·兰兹（Jörg Lanz）创办了新圣殿骑士会，这似乎对纳粹重要头目希姆莱有所启发，使他设立了以雅利安至上为基础的纳粹亲卫队。兰兹提议将所有低劣民族去势、绝育并驱逐到马达加斯加，将他们

注4：可参考加里（Galli，1989）和顾德里克·克拉克（Goodrick Clarke，1985）的作品。

当成献给上帝的祭品一样来焚烧。这些信念在经过必要的修改以后，都被融入了纳粹种族主义。

1935 年，希姆莱创办古代遗产研究教育学会（Ahnenerbe Forschungs und Lehrgemeinschaft），这是个日耳曼民族人类学与文化历史的专门研究机构，目的在于重新发现古代德国民族的伟大，与优越纳粹民族的起源。据说，这个协会备受奥图·拉恩（Otto Rahn）的想象所影响（有关拉恩我们将在“圣杯”一章讨论），致力于寻求圣物，不过他们显然并不把圣物当成基督徒的象征，而是视为真正北欧异教传统后裔的力量来源。希姆莱可能也深受雅利安神秘学所影响，而这种雅利安神秘学乃根据圭多·冯·李斯特（Guido von List）的思想（李斯特在纳粹主义出现之前就已经逝世，不过身后留下许多忠实的门徒），认为古老的北欧卢恩字母极其重要，而且这种字母的重要性并不是因为它是古老日耳曼民族的书写系统，而是因为它们被视为一种魔术符号，让人可以通过它们获得神秘的力量、施行占卜与巫术、制作护身符，并让一种弥漫于整个宇宙间的微妙能量得以循环，因此，这些字母的目的在于确定事件发生的进程——我们也不能忘记，纳粹的“卐”就是受卢恩字母的启发而来。

第二次世界大战结束后，负责指挥罗马纳粹亲卫队的卡尔·沃尔夫（Karl Wolff）将军曾于在世时接受电视访问。沃尔夫表示，纳粹党徽“卐”字，就是在图勒促进协会的影响下衍生而来。希特勒在下令将教皇庇护十二世绑架到德国的时候，曾要求沃尔夫在梵蒂冈图书馆取得特定卢恩字母的资料，对希特勒来说，这些字母显然具有神秘奥义

图勒促进协会的徽章，1919 年。

的价值。沃尔夫说，自己以各种借口推迟了绑架教皇计划，其中包括难以确定这些重要的卢恩字母到底藏在何处。无论他说的是不是事实（不过绑架教皇一事确有记载），神秘主义、泛日耳曼主义，转而对抗据说具有犹太根源的现代科学，疯狂寻找一种专属于日耳曼民族的真正科学等，都是在纳粹氛围中广为流传的元素。

阿尔弗雷德·罗森贝尔格是另一位对纳粹主义造成强烈影响的理论家，他的《20 世纪的神话》在德国是仅次于希特勒《我的奋斗》的畅销书，销售超过一百万本；这本书里也提到了北欧民族的神话，自然也有被视为最后图勒的亚特兰蒂斯。[5]

最后，讲到希柏里尔文明，自然也不能忘了尤利乌斯·埃佛拉在 1934 年与 1937 年发表的作品。

冰宇宙论　除了希柏里尔传说以外，还有其他妄想性更甚的地理天文理论，而它们显然也启发了许多严肃却很少被注意到的思想与决定。自 1925 年起，纳粹分子开始出版一位奥地利伪科学家汉斯·赫尔碧格（Hans Hörbiger）以冰宇宙志（Welteislehre）为题的出版品。这个理论因为菲利普·佛斯（Philipp Fauth）的《冰川天体演化学》（*Cosmogonia Glaciale*，1913）而声名大噪，并深受罗森贝尔格和希姆莱等人的喜爱，不过这本书实际上绝大部分出自赫尔碧格之手。随着希特勒上台，赫尔碧格的理论也受到一部分科学圈人士严肃看待，例如和伦琴（Röntgen）一起发现 X 射线的科学家莱纳德（Lenard）。

对赫尔碧格来说，宇宙是冰与火永恒对抗的舞台，冰与火之间的争斗并不会造成一次性的演化，而是周而复始的循环或时期演替。他认为，过去曾有一个体积是太阳的数百万倍的极高温巨大星体，和一个宇宙冰的庞大集合体互相撞击。冰体打入了这个炽热的星体，在里面以蒸汽的模式运行了数千万年以后，造成大爆炸。碎片四散，有些进入冰冻的太空，有些则在一个中间区域形成了太阳系。

月亮、火星、木星和土星都是冰冻星体，传统天文学所谓的银

注 5：见本书第六章罗森贝尔格有关亚特兰蒂斯的选文。

河则是个冰环；不过这些其实只是摄影花招罢了。太阳黑子则是因为冰块脱离木星后被太阳吸了过去而形成的。

现在，最初的爆炸力量逐渐降低，每个星球并不如传统科学所误以为的那样在椭圆形轨道上绕行，而是在一个近似螺旋状（无法察觉）的轨道上，绕着具有吸引力的大型星球运转。在我们目前所处的循环结束以后，月亮会越来越靠近地球，造成地球海平面慢慢升高，将热带淹没，只剩下最高的几座山能浮在水面上，宇宙射线变得更强，并将造成基因突变。我们的卫星——月球——终将爆炸，在化为一团冰块、水和气体以后，坠落到地球上。由于火星的影响所导致的各种复杂事件，地球也终将变成一个冰球，最后被太阳吸收。之后，另一次爆炸事件发生，造就一个新的开始，就如过去的地球曾经因为爆炸而有过另外三个卫星，而且它们最后都逃不了被地球吸收的命运。

显然，这个天体演化学以某种借鉴自古代神话与史诗的永恒轮回为前提，它被当时的纳粹称为传统知识，并再次取代了纳粹眼中所谓犹太自由科学的假知识。此外，冰宇宙志看起来也非常具有极地理论与雅利安起源说的特色。鲍威尔斯（Pauwels）和贝尔格（Berger）认为，希特勒坚信这个冰宇宙起源的理论，因而对自家部队深具信心，认为他们绝对能在冰天雪地的俄罗斯领土表现如常（1960）；然而两人也认为，由于必须证明对于宇宙冰的反应，德国纳粹赖以逆转战局的V-1导弹实验也因此延后。

后来，一名化名为艾马·布鲁克（pseudo-Elmar Brugg）的人，出版了一本著作（1938），将赫尔碧格尊为20世纪的哥白尼，认为冰宇宙志解释了一种能将地上的事件和宇宙的力量结合起来的深层关系，并做出结论，表示犹太民主科学完全忽视赫尔碧格，完全就是庸才对付天才的典型阴谋。

矛盾：地中海地区的希柏里尔人　最初，纯粹的雅利安种族主义显然将法国人、意大利人甚至英国人排除在外，不过渐渐地，由

《种族保卫》杂志第 1 期封面，1938 年 8 月 5 日创刊。

于种族主义的各种推测，不得不将全体欧洲人视为雅利安人后裔。我们甚至可以看到法西斯种族主义以及《种族保卫》杂志的可悲尝试，后者极尽所能地把发色深、个子小的所有地中海人纳入“希柏里尔”模型，甚至将有鹰钩鼻的但丁·阿利吉耶里都变成了雅利安人。如此一来，其最终结论就是：只要消灭非雅利安人，尤其是闪族人即可。

这个做法也意味着将希腊这个最具代表性的地中海国家给雅利安化或“极化”。这些种族主义者无法忽视希腊，因为希腊被德国浪漫主义者视为西方文明的摇篮——甚至在 20 世纪，据传为亲纳粹哲学家的海德格尔（Heidegger）还曾经说过，要进行哲学探讨，只能用德文或希腊文。

希腊在 20 世纪的雅利安化，就是以希腊文明的诞生源自印欧民族入侵地中海的说法为论据。由于无法提出让人信服的论点，此一论述饱受批评，不过这并非我们在此讨论的重点，我们只要知道，“极地说”在过去两世纪间非常盛行，也启发了其他许多我们在接下来讲到地球空洞时会提到的“极地”传说。

图勒

斯特拉波（公元前64~前19年）

《地理学》*Geographica*，第4卷，第5章

有关图勒，由于它地处偏远，而且在我们提到的所有地方之中是位置最北者，我们手上握有的历史信息也就更启人疑窦……图勒人以黍米、蔬菜、水果和根茎维生；这些人每拿到小麦和蜂蜜，就会用这些材料来制造他们的饮料。

希罗多德与希柏里尔人

希罗多德

《历史》，第4卷，第13章

凯斯特罗比奥（Caistrobio）的儿子阿里斯特亚斯（Aristea di Proconneso）在一首诗中表示自己曾抵达一个由阿波罗掌管的伊塞东人之国，继续向前是独眼人的国度，接着则有看管着黄金的狮鹫，然后是领土一直延伸到海边的希柏里尔人。阿里斯特亚斯说，除了希柏里尔人以外，其他种族——从独眼族开始——都与相邻种族争战不休：伊塞东人甚至被独眼人赶出了自己的家乡；斯基泰人则被伊塞东人赶走；住在南部海边的辛梅里安人则因为受到斯基泰人的威胁，也离开了自己的国度。

西西里的狄奥多罗斯

《历史丛书》，第2卷，第47节

叙述完亚洲北部以后，让我们来讲讲有关希柏里尔人的故事。在诸多古代神话的记述者中，米利都的赫卡塔埃乌斯等人表示，比凯尔特人生活区域还要远的地方，有一座不比西西里小的岛屿，位于大小熊星座的下方，是希柏里尔人的居所。这个民族之所以被如此称呼，是因为它们居住的地方在北风以北。这座岛屿很肥沃，会长出各种水果，气候异常温和，每年甚至可以收获两次。据说勒托（Leto）在此出生：因此阿波罗在此地比其他神更受尊重，此地居民就好像是阿波罗的祭司，因为他们每天都会持续不断地以歌咏的方式赞颂阿波罗。这岛上有一座献给阿波罗的美丽园子，内有一座球状的大型神庙，摆满了各式各样的祭品。那里还有一座献给阿波罗的圣城，大部分居民都是弹奏奇塔拉琴的乐手，在神庙里边弹琴边吟唱赞歌，歌咏着阿波罗的事迹。希柏里尔人有自己的特殊语言，自古以来就和希腊人保持良好的关系，尤其和雅典人与提洛人交好。据说，有些希腊人曾经抵达希柏里尔，并且在那里留下写有希腊文的可观贡品。同样地，阿巴里斯（Abari）也曾经从希柏里尔抵达希腊，借此与提洛人续订友好关系。另外也有传说，在希柏里尔岛上可以近距离且清楚地从地球看到月亮，而且月亮有些特征和地球非常类似。此

狮鹫，普利亚双耳陶瓶，公元前4至前3世纪，目前为德国柏林国家博物馆古物收藏部藏品。

外，据说阿波罗每19年天体运行周期结束时会到岛上一次——因此希腊人将这个19年的周期称为“默冬周期”。阿波罗出现时，自春分到昂宿星团升起的每一晚都不停地弹奏奇塔拉琴和跳舞，对自己的成就感到骄傲。这座圣城和圣园由玻瑞阿代（Boreadi）——也就是玻瑞阿斯的后裔——统治，他们的职务以世袭的方式传承下去。

希柏里尔族

弗里德里希·尼采

《上帝已死》，1888年

——让我们互相看看自己的脸。我们是希柏里尔人——我们知道自己生活在一个僻静偏远的地方。“无论经由陆路或水路，你都找不到通往希柏里尔的道路。”即使是品达，在他的年代早已知道这一点。越过北方，越过冰天雪地，越过死亡：那是我们的生活，我们的喜乐……我们发现了快乐，知道途径，在迷宫摸索数千年以后，终于找到了出口。还有谁能发现呢？现代人吗？“我不知道怎么进入也不知道怎么出去，我完全不知道该怎么办。”现代人叹口气道……就是这种现代性让我们病了——因腐败的和平而病，因懦弱的妥协而病，因现代社会的是与非所囊括的所有道德污秽而病。这种因为“理解”而“宽恕”所有的容忍心与宽度，对我们来说好比西洛可风。我们宁可生活在冰雪之间，也不愿被现代道德与其他类似的南风所包围！……我们足够勇敢，既不宽纵自己，也不姑息他人：不过有很长的一段时间，我们并不知道应该把我们的勇气拿来做什么。我们变得郁闷不乐，被称为宿命论者，而我们的命运则是富足、紧张与力量的聚积。我们感到饥肠辘辘，期望能有宏伟事迹，尤其尽可能地与弱者之乐事，亦即“顺从”保持距离……暴风雨即将来临，天色逐渐阴沉——因为我们还没找到道路。我们的幸福公式：一个是，一个否，一条直线，一个目标。……

什么是好？——能够提升人的力量感、权力意志与权力本身的一切。

什么是坏？——源自弱点的一切。

什么是幸福？——感觉到力量在提升，感觉到一种阻力被克服了。

不能知足，必须追求更高的力量；不计代价追求和平一事并不存在，战争高于一切；不追求德性，而是追求实力（文艺复兴时期所指的德性，不受虚伪道德桎梏的德性）。

弱者和拙劣者必须灭亡：我们对人类的慈善以此为原则。而且这么做也是在帮助他们。什么缺点最有害？——对所有拙劣者与弱者施以慈悲——基督教……

我们不应美化或修饰基督教：它自己对这种更高等的希柏里尔人发动了死亡战争，禁止了希柏里尔

《宝座上的奥丁》，版画。

人的所有基本本能，并从这些本能发展出邪恶，亦即恶人——强人一直被视为应受谴责排斥的典型“堕落之人”。基督教选择了弱者、可怜人和拙劣者的那一边；它对抗着人类保护坚强生活的本能，从中发展出一种理想；它甚至让本质最为强韧的智者也堕落了，因为它教导人们，最高的智慧有罪、具有误导性，而且充满诱惑。最可悲的例子就是帕斯卡，他相信自己的智慧因为原罪而恶化，而实际上基督信仰才是造成毁坏的原因！……

北欧的强韧种族之所以没有推翻基督教上帝，因为他们不甚重视宗教——也表现出他们的品位低下。他们大可以替如此垂死破旧的颓废产物画下句点，不过对他们来说，未能破除之，确实是个沉重的诅咒：因为这让疾病、衰老与矛盾全都聚积在他们所有本能之上。

安东万·法布尔道利维（Antoine Fabre d'Olivet）

《人类社会状态或对人类历史的哲学观点》*De L'état Social de L'homme ou Vues Philosophiques sur L'histoire du Genre Humain*，第 16 章，1822 年

我正在比较一个离现世非常遥远的年代，我闭上可能因为长期偏见而受到损害的双眼，试着穿透数世纪的黑暗，凝视我们所属的白种人出现在世界舞台的时刻。在这个我稍后会试着定位到确切时期的时代，白种人仍然孱弱，没有法

制、没有艺术、没有文化、毫无历史、太缺乏理智以至于连希望也无。白种人居住在北极亦即其起源地的附近。黑人的历史较为悠久，他们主宰地球，掌握着科学与权力的权杖：他们占据整个非洲与绝大部分的亚洲地区，并在亚洲奴役、压制着黄种人。部分红种人的残余人口藏身美洲高山地区，在那里苟延残喘，从经历的可怕灾难中存活了下来。红种人曾经统治整个西半球，黄种人则在东方，不过红种人的势力也往南延伸到赤道，而那时的白种人就如我前面所述，才刚开始在北极地区出没。这四个主要人种与因为他们互混而衍生的许多种族，一起构成了“联合国”…… 这四个人种自己本身又有发生冲突、互相区隔、交杂混乱之事，世界领袖的位置曾经历过多次争斗 …… 我无意在此讨论这些沧桑史，因为其中涉及无穷无尽的细节，在这里只是无益于事的负担而已，此类讨论并无法带领我们朝着我提出的目标前进。我在这里只针对我们所属的白种人来讨论，并且专注于他们出现在北极周围之后的年代，试着描绘出他们的历史：白种人几次从北极地区成群结队南侵，突击其他还处于支配地位的种族，而当北方的白种人取得领导地位时，他们仍然不断地往南入侵系出同源的同胞。尽管经过数世纪的时间洪流，世人对这个起源仍保有模糊的记忆，因此又将北极称为人类的摇篮。希柏里尔族的名称和许多围绕着他们的寓言故事，就是这么来的。最后，这些寓言衍生出许许多多的传统，并让欧劳斯·鲁德贝克认为柏拉图的亚特兰蒂斯应该在斯堪的纳维亚，进而让巴伊将遗世独立、天寒地冻的斯匹兹卑尔根岛视为亚特兰蒂斯的所在地——科学、艺术与全世界神话的发源地。我们很难知道白种人或希柏里尔族到底在什么时候开始有了某种形式的文明，更难去发现这个种族到底出现在哪一个更遥远的时期。摩西在《创世记》第 6 章提到的尼弗凌就是他们，其起源可以回溯到世界创始的初期。希柏里尔族的名称在古代文献中出现了很多次，不过对他们的行径从来就没有明确的资料。根据西西里的狄奥多罗斯的说法，希柏里尔族的国度最靠近月亮，可以被理解为居住于极地。埃斯库罗斯在《普罗米修斯》中表示，希柏里尔位于里菲山。阿里斯特亚斯据说曾以该族为题写下诗篇，

康拉德·迪利兹（Konrad Dielitz），《齐格菲》，19 世纪绘制。

他声称自己曾经拜访之，保证这些人是住在上亚洲东北，目前被我们称为西伯利亚的地方。阿布德拉的赫卡塔埃乌斯在亚历山大大帝时期发表的一件作品，将希柏里尔推到更遥远的地方，认为它在北极熊出没的新地岛一带，一个叫做埃利梭亚的岛屿上。然而，事实就如品达在公元前5世纪所言，世人对于这个种族的国家在哪里，根本就毫无概念。对于搜集古代传统很感兴趣的希罗多德也向斯基泰人询问了这个问题，可是也毫无所获。

极地的象征

尤利乌斯·埃佛拉

《反叛现代世界》*Rivolta Contro il Mondo Moderno*，第3章，1934年

前面已经讨论过“极地”的象征意义。由于它相对于水的可流动性、形体不固定的特质，极地总是被描绘成象征“精神上的稳定性”的岛屿或陆地，是圣人、英雄与神仙的居所；高山或高地则和奥林匹斯具有意义上的关联性——无论是岛屿或高山，两者在古老传统中都和“极地”的象征意义绑在一起，被用来指称这世界至高无上的中心；若从“神圣”的意义来解读，它也与统治力的原型有关。除了象征的意义以外，某些经常被提及的传统说法，以及特定的资料，都将“北方”（Nord）视为一座岛屿、陆地或高山，而且在意义上与伊甸园也完全无法区别。也就是说，我们眼前的这个题目同时具有精神意义与实际意义，它可以回溯到一个象征即为事实、事实即为象征的年代，一个历史与超历史完全无法分割、相互映射的年代。这个极点总是存在于受时间调控的历史事件之中，是唯一固定不变的参考点。在某些传说里，这象征性的岛屿或极地在上古时期（相当于“黄金时代”或人类刚出现时），是个真实的、位于北方的地区，位置就在现在的北极；而且，住在这里的人拥有“非凡的精神”（黄金的、荣耀的、光明与生命等性质），后来便产生了上述的象征意义，变成了一个拥有最纯净的神圣传统的种族，也成了该传统后来在其他种族与文明中造成之各种形式与表现的最直接的源头。

约翰·亨利希·菲斯利（Johann Heinrich Füssli），《索尔战米德加尔特之蛇》，1790年绘制，目前收藏于英国伦敦皇家艺术学院。

希柏里尔，雅利安人的白色之岛

尤利乌斯·埃佛拉

《圣杯之谜》*Il mistero del Graal*，1937年

黄金时代“奥林匹斯”的文明起源是另一个基本的传统教条，据传，这起源地位于北方极地或寒带的中心地点，后来变得不适居住，有关这些我们已经在其他地方提出相关文献。以原来奥林匹斯形式或重生的“英雄”形式来表现的希柏里尔传统，在冰河时期末期到新石器时代之间，亦即人类逐渐散播到欧亚大陆各地的期间，形成了诸多种族文明行为的基础。部分种族直

里诺·布辛可（Lino Businco），《女性，种族特征的保存者》，取自《种族保卫》杂志第4期，1938年9月20日发行。

约翰·海因里希·伍斯特（Johann Heinrich Wüest），《罗纳冰川》，约在1795年绘制，目前收藏于瑞士苏黎世美术馆。

接来自北方；有些似乎来自大西洋西方另一个为北方之复制地的地方。这也是为什么许多共同的象征与记忆都会指向一块有时位于极北、有时又在西方的土地。有着许多不同名称的希柏里尔，后来也被用来指称位于大西洋的图勒，也就是白色之岛或光辉之岛——在印度语叫做“shveta-dvîpa”（净土），在古希腊文则叫做“Leuké”（白岛）——属于来自太阳之地、阿波罗之地或阿瓦隆的“雅利安族原种”。所有印欧文化传统的共同记忆，都提到过这样一个地方的消失，这个地方后来更成了一个与冰河时期或大洪水有关的传说。对一些从特定时期就开始逐渐佚失、失传或消失的典故来说，这些共同记忆就是它们的真实历史对应。这也是或多或少被用来象征世界至高无上中心的“岛屿”或“活人岛”——这“活人”（显然）指原始神圣种族的族人——为何常常和“死者国度”混淆，因为这里的“死者”指的是佚失的种族。举例来说，根据凯尔特人的一则传统说法，人类的始祖是亡灵之神迪帕斯特，他住在大海另一侧偏远地区的“边境群岛”，根据德鲁伊的传统说法，史前高卢居民的其中一部分就是直接从那里来的。甚者，据说黄金时代的国王克洛诺斯-萨图尔努斯在人世间称王以后，遭到废黜并去势（亦即生育的“创造”力量受到剥夺），在遥远北方靠近北极海的一个地区一直“在睡梦中”活着，而那片海洋也因此被称为克罗尼德海（Mare Crònide）。这个情形也造成了各式各样的混乱状况，不过就本质而言，总是和转换或超历史、或是关乎于某种希柏里尔主题之下的被掩盖的现实、潜在或无形的精神中心有关。

第八章

圣杯传奇

阿尔达之杯，8 世纪初文物，目前为都柏林爱尔兰国家博物馆的收藏。

本书的主题是传奇性的地域和地点。在讨论圣杯和亚瑟王传说的时候，若是将布列塔尼传说（ciclo breton）里包含的无数资料——包括各式各样、有时相互矛盾的版本——全都纳入，那么大概得花上好几百页的篇幅来写。然而，本书只针对地点来讨论，我们的工作就变得简单多了，因为我们只需谈两个地点，其一是圆桌武士所在的亚瑟王城堡，另一处则是传说中保管圣杯的阿瓦隆。

亚瑟王传说 我们在此必须尽快概述一下亚瑟王传说这一主题。它在布列塔尼传说里充满了矛盾，光是几位主要角色的行为，就经常在不同的文本中有不同的说法。举例来说，亚瑟的形象一直都陷在神话的迷雾中，他在公元 6 世纪的威尔斯语文本中是佣兵领袖，稍后，在据说是威尔斯僧侣内尼厄斯（Nennio）于公元 830 年左右撰写的《不列颠的历史》（*Historia Brittonum*）中，则成了亚瑟王。也有好几种不同的说法指称他是活在公元 6 世纪的圣人，其实，一直到 12 世纪蒙茅斯的杰佛瑞（Geoffrey of Monmouth）撰写的《不列颠诸王史》（*Historia Regum Britanniae*）才初次提及他具有王室的身份。最后，亚瑟成功地以一位受到魔法师梅林保护的年轻人形象进

但丁·加百列·罗塞蒂（Dante Gabriel Rossetti），《圣杯夫人》，1874 年，目前为私人收藏。

入了布列塔尼传说里，而且由于他是全世界唯一能拔出石中剑的人，因此成了罗桂斯国王（Logres）。

在交叉比对文本与传说以后，我们就会发现“王者之剑”（Excalibur）的问题。在某些传说的版本中，王者之剑是少年亚瑟从岩石里拔出来的那把剑，不过就事实（也就是被文字记载下来的传说）而言，这把最早由罗伯特·德·博隆（Robert de Boron）和克雷蒂安·德·特鲁瓦（Chrétien de Troyes）提到的石中剑并非王者之剑（后来亚瑟王在与佩里诺尔王交锋时使此剑折断）。托马斯·马洛礼（Thomas Malory）在《亚瑟之死》（*Le Morte Darthur*）中对王者之剑有更详尽的描述，表示亚瑟从湖中妖女薇薇安手中取得的才是王者之剑——这把剑确实也是由一只从湖里伸出来的手递给亚瑟。

王者之剑插在其银色剑鞘内的时候，能让佩带的王者刀枪不入，不过这剑鞘却被亚瑟同父异母的姐姐摩根勒菲弄丢了，亚瑟后来也因此受了致命伤。受重伤以后，亚瑟下令将王者之剑丢回湖中，此后，所有人都认为这把剑再也无法重现人世。尽管如此，有些无可救药的圣杯追寻者却认为，这把剑出现在离意大利西恩纳不远的圣加尔加诺修道院；这座修道院内有一把石中剑，据说是圣加尔加诺为了颂扬基督而插在石头上的。[1]除了很难找出圣加尔加诺和亚瑟王传奇的关联性之外，要把这两把剑牵扯在一起也相当费力，因为圣加尔加诺的石中剑其实是一种反战象征，而亚瑟王的两把剑，据传曾夺走无数敌人的生命。

魔法师梅林这个角色也同样暧昧。梅林据说是魔鬼之子，常常以亚瑟王顾问的仁善形象出现，不过有些传说则将梅林描绘成邪恶的巫师。

圣杯到底是什么？　布列塔尼传说以圣杯为核心，种种谜团围绕着它产生。那么，圣杯又是什么东西？它似乎是个瓶子、酒杯或盘子［我们从不同文本中得知，所谓的碗或盘指的是一种用以盛装精致食物的杯状物；参考弗鲁瓦蒙的埃利南德（Elinando di Froidmont）

注 1：有关石中剑的真伪可参考加尔拉斯切里的研究（Garlaschelli，2001）。

左图：奥伯利·比亚兹莱（Aubrey Beardsley）为托马斯·马洛礼爵士《亚瑟王之死》绘制的插画，1893—1894年，石刻版画，目前为私人收藏。

右图：沃尔特·克兰（Walter Crane），《亚瑟拔出石中剑》，1911年绘制。

的叙述］。这只碗或盘可能曾经装着耶稣留在十字架上的鲜血，或是指他在最后的晚餐里使用的杯子；不过也有人认为，所谓的圣杯其实是刺入耶稣侧腹的隆基努斯之矛。尽管如此，中世纪诗人沃尔夫拉姆·冯·埃申巴赫（Wolfram von Eschenbach）在《帕西法尔》（*Parzifal*）中却说，圣杯其实是一块叫做“圣石”（lapsit exillis）的石头（后来被圣杯狂热者读成“lapis exillis”，也因此衍生出许多不同的诠释与词源）。

1180年左右，法国诗人克雷蒂安·德·特鲁瓦在《圣杯的故事》（*Conte du Graal*）里甚至没有把“圣杯”（Graal）这个称呼当成专有名词，仍然将“graal”当成一般性字词来使用；这个词直到后来才在其他亚瑟王传说作品中以专有名词的方式出现。克雷蒂安·德·特鲁瓦并没有提到耶稣的血，不过数年以后，罗伯特·德·博隆的作品《亚利马太的约瑟》（*Joseph d'Arimathie*）中却有提及：圣杯确实曾出现在最后的晚餐中，不过随后亚利马太的约瑟（Giuseppe d'Ari-

亚瑟，马赛克地板，1163 年创作，位于意大利奥特朗托大教堂中殿。

matea）也拿它来收集十字架上的血。后来约瑟移民东方，圣杯也在历经沧桑以后辗转来到阿瓦隆（Avalon），被一位渔人王保管。这渔人王受了谜样的伤，唯有在一名最纯洁的骑士（在博隆笔下是帕西法尔）抵达阿瓦隆，并向渔人王提出有关圣杯用途的问题之后，渔人王的伤势才能痊愈。

另一方面，在一系列不同作者的选集中，我们可以看到许多不同的作者都曾提到圣杯显灵，所以也不难理解为何越是比较文本，越会让这个充满不确定性的谜团扩大。更何况，自从博隆的版本以后，圣杯被赋予愈来愈多的象征意义，在众人眼中，圣杯持有者属于一个知道耶稣向亚利马太的约瑟揭示之秘密的蒙选社群，而且那些建立教廷的“正规使徒”并不知道这个社群的存在。这让我们了解到，圣杯之谜为何至今仍让试图解密的诺斯底派（Gnostics，即灵智派）人士和神秘主义者着迷不已，可惜的是，这个世人无法完整呈现而且被圣杯此一神秘象征符号所遮掩的秘密，永远都会是个无可破解的谜团。

对于理论家尤利乌斯·埃佛拉来说（1937），圣杯是“超越了普通意识极限”的东西，无论如何都和相对于基督教信仰的北欧传统有关。对民俗学家杰西·威斯顿（Jessie Weston，1920）而言，圣杯是一个源自凯尔特神话的生育能力象征。[2] 对法国哲学家雷内·格农（René Guénon，1950）来说，圣杯象征着一种已经佚失的历史真相——也就是说，这个一直让每个时代的神秘主义者感到着迷的真相，曾经在过去的某个时期里是众所周知的，只是到近代却消失了。从这个意义来说，圣杯在几世纪以来一直都是每一个“虚空”秘密的雏形，随着每一次解密的尝试，它越藏越深，越来越迷人，也成了使世人毫无止境地搜寻此一佚失知识的原因。

注 2：这样的诠释启发了 20 世纪诗人托马斯·斯特恩斯·艾略特（T. S. Eliot），让他写下《荒原》一诗。

出现在圆桌中央的圣杯，取自戈蒂耶·梅谱（Gauthier Map）《兰斯洛特爵士之书》*Libro di Messer Lancillotto del Lago*，1450 年，目前收藏于巴黎的法国国家图书馆，排架号 Ms. Fr.120，f.524v。

圣杯到底在哪里？ 无论如何，在博隆的作品问世以后，圣杯就一直被保存在阿瓦隆，而且寻找圣杯的情节往往出现在圆桌武士的故事中，例如布列塔尼传说里几个主要人物：帕西法尔、兰斯洛特、加拉哈德等。顺道一提，尽管这些骑士在后来的传说里成了专门保护柔弱仕女的英雄，但在原始的圆桌传说中确实存在着或多或少性格强悍的年轻女性，而且骑士的主要任务是前往康沃尔参加纯粹属于骑士竞争、有时甚至是生死决斗的长枪比武大赛。

那么，阿瓦隆又在哪里？有关于此，史上传说众说纷纭，不过至今还会让许多观光客与圣杯狂热者动身前去的地方，是位于英格兰西南部萨默塞特郡的格拉斯顿伯里（Glastonbury）。

世人将格拉斯顿伯里幻想成阿瓦隆的原因之一，是在 1191 年，几名僧侣在老教堂附近找到一块石碑，上面用拉丁文写着“著名的亚瑟王和他的第二任妻子桂妮维亚长眠于此阿瓦隆岛”。

格拉斯顿伯里有一块目前还位于原址的墓碑写着，在 1278 年，亚瑟王和桂妮维亚的遗体在爱德华一世的见证下，被改葬在修道院教堂的内部，之后，遗体随着 1539 年修道院遭到破坏而消失，再也不见踪影。事实上，罗伯特·德·博隆曾经说过，亚瑟王因为桂妮维亚的背叛和心爱骑士高文之死而深受打击，在他最后一场战役受了致命伤；不过博隆也说，亚瑟王不会死，而且会被带到阿瓦隆，让同母异父的姐姐摩根勒菲治愈。他曾答应要回来，不过自从他去了

左图：乔治·阿纳尔德（George Arnald），《格拉斯顿伯里修道院的遗迹》，19世纪绘制，目前为私人收藏。

右图：安置在温彻斯特城堡大厅的亚瑟王圆桌。

阿瓦隆，就音讯全无。无论如何，即使亚瑟王在格拉斯顿伯里隐退，世人也无法在他坟前追念。走笔至此，我们还是不知道卡美洛（Camelot）宫廷在哪里。早期的亚瑟王传说中并没有卡美洛这个词，一直到12世纪的法国小说才出现［首次出现是在克雷蒂安·德·特鲁瓦的小说《骑士兰斯洛特》（*Le Chevalier de la Charrette*）］。罗伯特·德·博隆说，亚瑟王的国度在罗桂斯，不过威尔士语的“Lloegr”却是一个语源不明、概指英格兰的名词。后来，卡美洛这个名词渐渐普及，例如托马斯·马洛礼就曾在《亚瑟王之死》中多次提及。马洛礼的某一段文字让人联想到温彻斯特古堡，事实上，温彻斯特古堡大厅还展示着一张据说属于亚瑟王的圆桌，不过近年的碳14年份测定显示，这张木桌是用13世纪砍下的树做成的（在15至16世纪之间重新上漆，成了现在的样子）。[3]《亚瑟王之死》的出版商编辑卡斯顿（Caxton）则比较倾向卡美洛位于威尔斯的说法。

总之，对圣杯狂热者来说，卡美洛的位置比阿瓦隆的位置还更不明确，然而因为电影与电视工业经常摄制亚瑟王故事的关系，大众对于卡美洛的童话般想象早已广泛流传且根深蒂固［连马克·吐温都曾在1889年撰写《亚瑟王宫庭上的康州美国佬》（*A Connecticut Yankee in King Arthur's Court*）］——相关主题的媒体作品，从1904年的《帕西法尔》到1960年的知名音乐剧《卡美洛》，即使到现在仍然不停地出现。圣杯的故事并不只出现在法文和英文的文学作品里，连德文作者都来凑热闹；这些德文作者显然对于称颂盎格鲁—诺曼文化的辉煌不甚感兴趣，因此在13世纪诗人沃尔夫拉

注3：参考波里多罗（Polidoro）于2003年发表的著作。

古斯塔夫·多雷，《卡美洛》，为阿佛烈·丁尼生（Alfred Tennyson）作品《国王叙事诗》的插画，1859~1885年。

姆·冯·埃申巴赫的《帕西法尔》中，圣杯成了一块宝石（青金石），受伤的国王也变成安佛塔斯，而且这块圣石也被保存在一个很难找到确切位置的山上（Muntsalväsche）。在阿布莱希特·冯·夏尔芬贝尔格（Albrecht von Scharfenberg）的《青年提督瑞尔》（*Jüngerer Titurel*）中，这座山位于西班牙的加利西亚，圣杯则被保存在一座巨大的圆形神殿葛拉尔斯堡（Gralsburg）中。夏尔芬贝尔格笔下的圣杯所在地，除了相当程度的地理位移以外，这座神殿的外形与耶路撒冷圣殿类似，而《帕西法尔》中由圣殿骑士负责保护圣杯也绝非偶然——即使圣殿骑士在沃尔夫拉姆还活着的13世纪仍然过着平静安逸的日子，尚未成为谜样的、不存在的教派的先烈和创始人——这也是为什么圣殿骑士和圣杯这两个神话后来会被结合在一起。在《提督瑞尔》中，圣杯甚至被搬到祭司王约翰的国度，圣石传说和神话般的祭司王约翰国度就此被结合在一起。

更别说炼金术方面将lapis exillis诠释为lapis elisir（贤者之石）所造成的混淆，还有人解释为宝蓝青金石（lapis ex coelis），这种宝石被视为天上掉落的星辰，后来被用来装饰路西法之冠。

神话的浪漫重生 我们在思考圣杯故事的过程中发现，随着中世纪的结束，布列塔尼传说就不再出现新的故事了，似乎文艺复兴时期、巴洛克时期与启蒙时代的人对圣杯并不感兴趣。不过到了浪漫主义时期，圣杯故事又再度复苏。19世纪初，德国文学家弗里德里希·施勒格尔（Friedrich Schlegel）和他的妻子朵萝希雅·孟德尔逊（Dorothea Mendelssohn）重新诠释了魔法师梅林的故事，而在英格兰，阿佛烈·丁尼生（Alfred Tennyson）则写下以亚瑟王传说为题的诗歌，例如《夏洛特夫人》（*The Lady of Shalott*）就是受到马洛礼《亚瑟王之死》的启发而写下的作品。夏洛特夫人住在卡美洛附近，她身受邪恶女巫摩根勒菲诅咒：只要她往卡美洛看一眼，就会失去生命。因此，夏洛特夫人将自己锁在塔楼里生活，只利用一面镜子观看外面的世界。有一天，夏洛特在镜子里看到了兰斯洛特，而且疯狂地爱上了他——不过她也知道这位骑士爱的是桂妮维亚王后。她知道自己可能为爱付出生命，因此乘上小船，尽可能地远离自己所爱的男人。然而，小船却随着埃文河的流水朝着卡美洛前去，船上的夏洛特夫人一边唱着歌，一边慢慢死去。

以圆桌武士故事为题的绘画作品，大多出自前拉斐尔派画家之手。这些作品表现出中世纪精神的复苏，而圣杯的形象也重新出现在许多共济会与玫瑰十字会的仪式中。性格诡异的法国作家约瑟芬·佩拉丹（Joséphin Péladan）甚至在19世纪末创办了玫瑰十字、圣殿暨圣杯教团。

最后要说的是，由于德国巴伐利亚新天鹅堡以布列塔尼传说作为壁画主题，因此使这些故事活灵活现地呈现在世人眼前。新天鹅堡是巴伐利亚国王路德维希二世这位狂热的城堡修建者的成果，路德维希二世也深深着迷于音乐家华格纳对于许多古典文学作品的重新诠释。事实上，华格纳深受埃申巴赫的作品所启发，无论是《罗恩格林》《崔斯坦》或《帕西法尔》皆然（在《帕西法尔》这出歌剧中，寻找圣杯的主题从一开始就被清楚地点了出来），不过也许因为在沃尔夫拉姆的故事里，圣杯是保存在Muntsalväsche，华格纳因此将圣杯的保存地变成了Montsalvat。

圣杯移到蒙特塞居　那么，Montsalvat又在哪里？有些人认为Montsalvat这个名称来自蒙特塞居（Montségur），一座位于比利牛斯山上的卡特里（catari）教派碉堡，此地也是该教派被完全消灭之前的最后堡垒。神秘学者一直以来都认为卡特里教派不应被视为异端，

左图：安东尼·弗雷德里克·奥古斯塔斯·桑迪斯（Anthony Frederick Augustus Sandys），《阿瓦隆女王摩根勒菲》，1864 年绘制，收藏于英国伯明罕博物馆暨美术馆。

右图：但丁·加百利·罗塞蒂，《加拉哈德爵士》，1857 年绘制，收藏于英国伦敦泰特美术馆。

而是灵知、秘密知识的守护者。因此，要将圣杯的秘密和卡特里教派的秘密融合在一起，并不是件难事。将圣杯的秘密和卡特里教派的秘密视为一体，最早发生在 19 世纪，先有克劳德·福瑞尔（Claude Fauriel，1864），后有尤金·阿鲁（Eugène Aroux，1858）的著作。尤金·阿鲁是一名性格怪异的玫瑰十字会神秘学者，他在作品中用了相当多篇幅来讨论一个据称为但丁所属而且和卡特里教派这种异端极为类似的教派——“爱之信徒”（Fedeli d’Amore），之后，他更找出了圣杯、卡特里教派和普罗旺斯村庄之间的关联性［见其著作《中世纪时期骑士之谜和柏拉图式爱情之谜》（*I misteri della cavalleria e l’amore platonico al Medio Evo*）］，同时也没有忽略掉它们和共济会之间的明显关系。

其中几种谣传在 20 世纪初的普罗旺斯地区吸引了一群追随者，尽管有一些可能带有地方主义和观光旅游的色彩，却也出现了一位有点令人费解的支持者，这里指的就是身兼学者、登山家、洞穴学家、后来成为纳粹亲卫队军官的德国人奥图·拉恩。埃申巴赫版本的传说结合华格纳作品而广为流传的神秘主义诠释、埃申巴赫对卡特里教派“纯洁”理想的兴趣（在拉恩眼中，这种理想能唤起圣殿骑士心中的纯洁特质），再加上认为这些卡特里信徒继承了古代德鲁伊教派“希柏里尔”知识的想法，以及在纳粹思想原型中慢慢浮现的纯粹雅利安人理想等诸多因素，让拉恩自 1928 到 1932 年间在西班牙、意大利、瑞士等地进行了许多研究，他尤其将焦点集中在法国南部朗格多克地区蒙特塞居碉堡废墟一带。拉恩在这里获得了一些历史资料，据说在这座异教徒碉堡受到最后攻击的前一晚，三名卡特里教徒早已带着梅罗文加王朝达戈贝尔特国王的遗物离开。拉恩深信，因为德鲁伊教派、卡特里教派、圣殿骑士和圆桌武士之间有着毋庸置疑的关联性，这些教徒带走的遗物之中，必然也包括圣杯在内。至此，拉恩突然间灵光乍现，认为蒙特塞居的卡特里教徒就是转而信奉摩尼教的德鲁伊后裔。至少对他而言，德鲁伊祭司相当接近所谓“完美”的卡特里教徒，这一点证明了后者为前者的后裔。卡特里教派的秘密智慧后来被最后几位吟游诗人保存了下来，他们的诗歌——虽然表面上看来是献给爱人的作品——总会提到所谓的上智（Sophia），也就是诺斯底派所说的智慧。

拉恩在蒙特塞居一带探险的时候，发现了许多藏在地底下和洞穴中的秘密通道，因而让他对于圣杯的奇妙仪式有所想象，甚至声称自己找到了许多墙上刻满圣殿骑士象征与卡特里教派标志的房间。其中有一个矛状的图形，马上让他想到隆基努斯之矛，再次强调和圣杯意象之间的密切关系。

上述种种因素衍生出一种传言，让人认为拉恩终于找到圣杯，并将之保存在纳粹亲卫队位于帕德博恩附近的维威尔斯堡内，直到第二次世界大战结束为止（尽管研究圣杯传说与卡特里教派的学者并没有在现存卡特里教派文献中找到任何有关圣杯的蛛丝马迹）。

1933 年以后，拉恩定居柏林，进一步研究圣杯与另一个原始传统宗教“光教”（Religione della Luce）。他的研究引起了亲卫队首领海因里希·希姆莱的注意，而拉恩也因此被说服，正式加入纳粹亲卫队。

蒙特塞居碉堡遗迹，奥图·拉恩摄影。

我们知道，奥图·拉恩在1937年因为失宠于纳粹高层（被怀疑是同性恋而且据说有犹太血统），以惩戒为由将他送到达豪集中营，并且被分派执行了各种不同的任务。尽管他在1938~1939年的冬天从亲卫队退役，这段经历仍然是他个人生涯的低潮。几个月以后，拉恩的尸体出现在提洛地区的高山白雪之间，而拉恩为何死亡的谜团（意外？自杀？因为知道太多不可告人的秘密而使纳粹头目决定让他永远闭上嘴巴？对异议人士的惩罚？）至今仍未解开。[4]

赞邦（Zambon，2012）口中所谓“比利牛斯山圣杯传说”并不只有让纳粹上当而已。早在20世纪30年代，法国南部成立了蒙特塞居暨圣杯之友协会（这里的圣杯并非拉恩所想的那样是肉眼可见的实体，而是一种神秘学的概念），该组织成立的目的在于以一种奥克精神（occitana）之名对抗纳粹。无论如何，由于有这两种完全相反的神秘主义存在，所以，这个世界上除了前往格拉斯顿伯里的朝圣者，或者不知道圣杯城堡确切位置就前往加利西亚的朝圣者以外，还有人数与附近卢尔德的朝圣者不相上下的蒙特塞居朝圣者。

注4：狄卡尔佩尼亚（Di Carpegna，2011）指出，圣杯的传说一而再、再而三地出现在许多极右派传统主义与民族主义运动之中，例如勒庞（Le Pen）领导的法国民族阵线和3K党的仪式，甚至在挪威爆炸和枪击事件行凶者安德斯·贝林·布雷维克（Anders Behring Breivik）的新圣殿骑士团声明中都曾出现过。

圣杯的旅行 另一方面，还有一种流传许久的说法认为，魔法师梅林和摩根勒菲生平中许多事件的发生地点并不在英格兰，而是在法国的布罗榭兰迪亚森林，亦即现今位于布列塔尼地区雷恩市（Rennes）附近的潘蓬森林（Paimpont）。然而，正如布罗榭兰迪亚森林自古以来就和圣杯无关，我们还可以找出许许多多其他根据不同来源而被声称为圣杯藏匿地的不同地点，例如意大利南部普利亚地区蒙特堡的吉索尔堡、意大利卡拉布里亚地区罗塞托卡波斯普利科的城堡（这是因为圣杯和神圣罗马帝国腓特烈二世之间的关联）、英国苏格兰地区的罗斯林教堂（这至少得感谢丹·布朗和他的著作《达·芬奇密码》）、加拿大、俄罗斯高加索山脉的纳尔塔蒙加、意大利都灵市的上帝之母教堂，以及西班牙的圣胡安德拉佩纳修道院等。在以法国雷恩堡为背景的最新版本圣杯传说中，蒙特塞居的影子依然挥之不去。然而，由于这本书是以传说地点的“历史”为题，在遵循时间顺序的原则下，我们必须在最后一个章节再来讨论此事，届时我们将谈谈因为重大的错误而被赋予传奇性的现实地点——这说明，所谓的传统并不一定非常古老，也可以是无中生有，以便卖给容易轻信他人说法之人的编造的故事。

苏格兰罗斯林礼拜堂的绿人雕像。

意大利都灵市上帝之母教堂局部图。

渔人王之门，以亚瑟王传说场景来装饰的拱门，造于1100年，位于意大利摩德纳大教堂北侧。

大盘

弗鲁瓦蒙的埃利南德（13世纪）
《基督教早期教父》“Patrologia Latina”，取自《编年史》*Cronica*，第212卷，814~815年

当时在不列颠，有一位隐士曾看到异象，他看到圣人亚利马太的约瑟将耶稣尸体放下，也看到耶稣和门徒用晚餐时所使用的圣杯。那位隐士道出了所谓“圣杯的故事”。法语中的“Gradals”或“Gradale”指的是一种有深度的大碗，是富人拿来盛装美食与搭配酱汁的器皿，这大碗内以层叠的方式盛着一口大小的食物。这种碗一般被称为“Graalz”，有“愉快的事物”的意味，指用以饮食的愉悦心情，也指通常以白银或其他珍贵材料制作而成的器皿本身，或是盛装其中的美食。我并没有找到这个故事的拉丁语版本，只找到法语版，而且还不完整。

梅林向亚瑟王说的话

罗伯特·德·博隆（12~13世纪）
《梅林》*Merlino*

梅林向亚瑟王说：“殿下，您因为神的恩典而成王。您的父亲尤瑟是一位有德性的人：他在位期间设下圆桌骑士团，借此象征耶稣在濯足节当天宣布犹大出卖他的那个聚会。”

这桌子仿圣约瑟·阿黎玛特雅之桌而造。圣约瑟之桌因为圣杯之故而成为圣物，将好人和坏人区分开来……

圣约瑟曾在狱中受托保护圣杯，而且是耶稣亲自交给他的。圣约瑟出狱以后，和一群来自犹大山地的人一起进入沙漠……

圣约瑟走到圣杯前，祈求上帝告诉他自己该做些什么。之后，圣灵声音显现，告诉他必须打造一张圆桌。圣约瑟照做了，而在桌子做好以后，就将圣杯放在上面，要人们围着桌子坐下：那些无罪之人坐上了桌，那些有罪之人全都因为无法待在旁边而离开。桌子有个位置是空的：对圣约瑟来说，没有人应该坐在耶稣的位子上……

你们都知道，上帝安排了第一张桌子；圣约瑟造了第二张；而我，则是在你们的父亲尤瑟·潘德拉冈的时代，造了注定要辉煌的第三张桌子：全世界的人们都谈论着在你们的时代聚集在这张圆桌的骑士团。你们要知道，受托保护圣杯的圣约瑟，在他死后把圣杯交给名叫布隆的妹夫保管。布隆育有十二子，其中一个儿子名叫阿拉诺：渔人王布隆将大舅子请他保管的圣杯托给了阿拉诺。在上帝的命令下，阿拉诺从犹大山地出发，朝着西方的岛屿前去，和他的人民一起来到了我们的国度。渔人王在爱尔兰诸岛上一个全世界最美丽的地方定居，然而他却面临了我所见过最恶劣的状况：事实上，渔人王病得很重。然而，我可以保证，无论这渔人王多老或多病都死不了，直到某一名圆桌骑士征战各地、行侠仗义——到处参加竞赛与寻求冒险——以至扬名全世界为止。当这名骑士荣耀满载，足以进入富有渔人王的宫廷中，并在宫中向人询问圣杯为何存在、作用为何的时候，渔人王就会马上痊愈，而且在他揭示上帝的密语以后，就会死去。这名骑士将会成为耶稣基督宝血的守护者。如此一来，下在不列颠的法术就会解开，预言也会完全实现。

《圆桌骑士》，绘于纸上，15世纪绘制。

圣杯的显现

克雷蒂安·德·特鲁瓦

《圣杯的故事》，12世纪

里面有一道很强的光，强到好比许多蜡烛在一个房间内所发出的光芒。在他们谈论着一件件事情的时候，有一名仆人从另一个房间走了进来，手中握着一支白色的矛，从炉火和坐在床上的那群人之间走了过去，所有人都看到了那支白矛和白色铸铁；众人看到铁矛尖端沾着一滴血，而且那绯红色的血甚至滴在仆人的手上。当晚才抵达的那名年轻人看着那件令人惊异之物，却忍着不问这一切为何会发生，因为他记得让自己成为骑士的导师曾有教诲，叫他注意不要多话；所以他很害怕，如果提出这样的问题会让自己丢脸，因此并没有提出任何问题。

后来，又有两名仆人走了进来，他们手中拿着用黑色珐琅装饰的纯金烛台。那些拿着烛台的仆人，个个看来都庄重美观。每个烛台上至

威尔海姆·豪斯齐尔德（Wilhelm Hauschild），《圣杯的奇迹》，19世纪，德国新天鹅堡收藏。

少都有十支点燃的蜡烛；有名少女双手捧着一个大碗，和仆人们一起往前行进，她身着华服，看起来高雅美丽。当少女捧着大碗进入房间内，里面发出一道明亮的光，将蜡烛的光晕掩盖了过去，就像太阳升起时月亮星辰黯然失色一般。之后还有另一名手持银盘的少女。前面的大盘为纯金打造，上面镶了各式各样的贵重宝石，都是大海与陆地上最罕见的珍稀：这大盘上宝石的价值无疑超越了其他所有宝石。这些宝物就像前面那支矛一样，从他面前经过，行经一间间的房间。这名年轻人看着这些宝物经过，丝毫不敢询问这大盘到底是给谁用的，因为他一直不停地想到贤者告诫他的话。

罗伯特·德·博隆

《帕西法尔》

他们坐在桌前等待第一道菜端上的时候，看到一名身着华服的年轻人从一个房间走了出来，他的脖子上围着一块布，双手捧着两个小银盘。随着他进来的男童手上拿着一支矛：铁制的矛尖上有三滴血。他们从帕西法尔面前经过，走到另一个房间去。之后又有另一名年轻人，手上拿着耶稣在圣约瑟坐牢时交给他的一件器皿：这名年轻人敬畏地捧着这只器皿。在渔人王看到这名年轻人的时候，向他鞠了躬，口中念着“我的杯”；整座城堡的人也跟着复述。这整个景象让帕西法尔感到非常惊讶，如果不是因为害怕打扰到主人，他可能会提出几个问题。帕西法尔想了一整晚，不过他想起母亲的话，告诫他不要多话，

爱德华·伯恩－琼斯（Edward Burne-Jones），《失而复得的圣杯》，1894年绘制，目前收藏于英国伯明罕博物馆暨美术馆。

也不要问太多问题。因此他决定什么也不问；在帕西法尔和渔人王的对话中，曾几度有让他顺着话题提问的机会，不过帕西法尔并没有这么做：他因为前两晚没睡而感到极度疲惫，几乎在餐桌上打盹。此时，手持这只圣杯的年轻人再度回到了这个房间，另一名手持尖矛的年轻人和少女则跟在他身后。帕西法尔这次也没有提出任何问题。渔人王布隆看帕西法尔一直不问，感到非常苦恼。渔人王安排用这种方式向诸位骑士宾客展示圣杯，是因为上帝曾告诉他，唯有在一名骑士向他询问圣杯的功能的时候，他的伤势才会痊愈：这名骑士必须是世界上最优秀的骑士。这个任务就落在帕西法尔的身上：如果帕西法尔问了这个问题，渔人王就会痊愈。

佚名作者

《圣杯续史》*Perlesvaus*，第6章，13世纪

就在此时，两名少女从一礼拜堂肩并肩走了出来。其中一名用双手捧着圣杯，另一名则拿着尖端还滴着血的圣矛。两人走进了诸位骑士和高文正在用餐的房间。从圣杯飘出来的香味是如此甜美神圣，让所有人都忘了要继续用餐。高文看着圣杯，觉得自己似乎看到了一只外形在那个年代并不常见的高脚杯。他看着还滴着血的尖矛，觉得自己似乎看到两个拿着金烛台与点燃蜡烛的天使。少女经过高文面前，然后进入了另一间礼拜堂。高文陷入沉思，内心充满一股只能让他联想到上帝的强烈喜乐。其他骑士都悲伤忧愁地看着高文。就在那一刻，两名少女从礼拜堂走了出来，再次经过高文面前。高文似乎看到三个天使，而之前只看到两个，此外，他似乎也在圣杯里看到一个婴儿的形状……当他抬起头的时候，圣杯似乎悬浮在半空中，好像飘在一个钉在十字架上的人的上方，这人腹侧插着一支矛。高文看到这景象，心中充满怜悯，脑海里只想着王所遭受的痛楚。

佚名作者

《圣杯的追寻》，13 世纪

所有人全部安静坐定时，雷声轰然巨响，让人觉得整座宫殿似乎会塌下来一样。然后一道阳光马上射了进来，它蔓延四处，让整个房间显得异常明晰。此时，所有人都感到似乎受到圣灵恩典启迪一般，纳闷这感觉到底从何而来；然而在房间里的每个人，一句话都说不出口：众人默然。好长一段时间，没有人能说得出话，面面相觑，好比哑掉的野兽：之后，被白色丝绸覆盖着的圣杯进入房中，不过没人能看清楚到底拿着圣杯的是谁。圣杯从宫殿正门进入，而且在圣杯进入的那一刻，整座宫殿马上香气四溢，好像全世界的香料都被撒在这里一般。捧着圣杯的人来到房间中央，并在每张桌子之间走动；在他经过的时候，每个位子上都出现了坐在位子上的人想要吃的食物。为全部的人都上菜以后，圣杯就消失了，没有人知道到底发生什么事，或是去了哪里……“陛下，”高文说，“还有另一件你们不知道的事：这房间里的每一个人都吃到了自己想吃的食物，就像发生在受伤渔人王的宫廷内一样。然而，我们所有人都是如此罪孽深重，没法清楚地看到圣杯，而且事实上仍然看不到圣杯真正的模样。这也是为何我现在发誓，我从明天早上就开始寻找，刻不容缓，为期一年又一日，若有必要则加以延长；假使我能够或注定得看到圣杯，那么，在我能够看到比今天还更清楚的圣杯景象之前，我绝对不会回到宫内，无论这期间发生什么事情。如果我没能享有这样的荣耀，我就会回来。”

沃尔特·克兰（Walter Crane），《加拉哈德谒见亚瑟王》，约 1911 年绘制，目前为私人收藏。

沃尔夫拉姆·冯·埃申巴赫

（1170~1220 年）

《帕西法尔》，第 9 卷，第 454 首，1~30 行

异教徒弗雷杰塔尼斯
满怀恐惧地说
他亲眼看到
一种最为神秘的星象。
他讲的是一件叫做圣杯的物品，
他从星象中看到了这样的名称：
“它在地上留下一群天使，之后又回到众星之间，
因为它的纯洁让它能回到它的家。
自此以后，它就由有德性且善良的基督徒保管。
受到圣杯召唤者，都是有德性的人。”

沃尔夫拉姆·冯·埃申巴赫

《帕西法尔》，第 9 卷，第 469 首，2~8 行

我想跟你们谈谈这些人以何为生：
他们倚靠一种石头，
一种本质纯粹的石头。
如果你们不认识这种东西，
那我必须在此特别提出它的名称。
它叫做圣石。
这石头也称为圣杯。

托马斯·马洛礼

《亚瑟王之死》*La Morte Darthur*，第6章，1485年

所有人都回到卡美洛城堡围墙内，国王和贵族们都去教堂聆听晚祷，之后用晚餐。在晚餐餐桌上，每位骑士就像以前一样，坐上自己的位子。突然间，雷声大作，让人深怕宫殿因此坍塌，不过就在此时，房间里射入一道比平时耀眼许多的阳光，所有人都沐浴在圣灵恩典之中。环顾四周，骑士发现其他人似乎都被美所围绕，不过没有人说得出话。之后，被白色丝绸覆盖的圣杯出现，如此一来，没有人能看到它和拿着它的人，整个房间香气四溢，用餐者前方出现了他们喜爱的食物和饮料。在巡经整个房间以后，这只圣杯突然消失，此后，在场人士的声音回来了，国王感谢上帝对他们的仁慈。之后，高文爵士说道，"今天，我们每个人都享用到了自己喜欢的食物和饮料，不过我们并无法看到圣杯，因为圣杯被一块宝贵的薄纱盖住了。因此我在此立誓，自明天开始，我会致力寻找圣杯，我会远离宫廷一年又一天，若有必要还会更久，一直到我能够更清楚地看到圣杯为止。如果我做不到这一点，我会重新回到这里，接受上帝的旨意。"之后，圆桌骑士全站了起来，将他们的誓言念了一遍，国王意识到自己无法阻止诸位骑士去实践誓言，感到非常遗憾。

不存在的圣杯

尤利乌斯·埃佛拉

《圣杯之谜》*Il mistero del Graal*，1937年

品达在讲到希柏里尔的国度时曾说，这个地方无法经由陆路或海路抵达，只有像赫拉克勒斯一样的英雄，才可能找到前往希柏里尔的道路。根据远东地区的传说，位于极北地区的岛屿，唯有在能够飞翔的灵的引导下才能抵达，而我们曾提到与卡尔吉-阿凡达那有关的西藏神秘北方净土香巴拉的传说，则认为这岛屿"存在于每个人的心中"。

这个主题也出现在圣杯传说之中。在《圣杯追寻》（*Queste*）中，圣杯城堡被称为灵之宫，在《威尔斯人帕西法尔》（*Perceval li Gallois*）之中，则被称为"灵的城堡"（这里的"灵"指具有灵性的生灵）……假使普鲁塔克认为克罗诺斯在希柏里尔看到的异象是在睡梦中发生，那么当时的克罗诺斯应该是在一种显现死亡的状态。在《亚瑟王之死》中，兰斯洛特看到圣杯异象时也是处于相同的状态，然而在《圣杯追

爱德温·奥斯汀·艾比（Edwin Austin Abbey），《加拉哈德与圣杯》，1895年绘制，目前为私人收藏。

寻》中，兰斯洛特处于睡梦中抑或是死亡的状态下，看到受伤骑士拖着身体到圣杯旁以减轻痛楚。这些体验都超过了普通意识所能理解的极限。

有些时候，城堡被表现成一个肉眼看不到且无法抵达的地方。唯有获选者、幸运巧合或是通过咒语的协助的人，才可能找得到它，刻意搜寻者通常看不到。……

圣杯的所在地总是以城堡、皇宫堡垒等样貌出现，从来就不是教堂或神殿。只有在比较后期的文本，在已经基督教化的传说中，才开始提到所谓的圣杯祭坛或礼拜堂，而且到后来，这些传说中的圣杯也和圣餐礼所使用的杯子混淆。在比较古老的传说版本中，并没有出现这样的东西；而且圣杯除了和王者或王室特征有关以外，也和剑与矛之间存在着著名且密切的关系，有关于此，只要从下面的基督教制度来思考，就能将之合理化。在这样的基础上，这个需要“誓死保卫”的圣杯所在地，并无法和基督教教廷相关联，因为就如前面所言，教廷方面不停地忽略这个传说，再者，这个地点也和任何宗教或神秘学地点没有关系。它说起来更像是一个保存了原始传统遗风的启蒙地，而这一点以一种兼具王室与属灵特质的二元尊严为根据，此二元尊严具有不可分割的统一性。

夏洛特夫人

阿佛烈·丁尼生

《夏洛特夫人》“The Lady of Shalott”，1942 年

沿着河的两岸，广阔无际的麦田，
覆盖了整片高原，一直绵延到天边；
田野上路径蜿蜒，直通高塔林立的卡美洛；
路上人潮来回络绎不绝，
忙着前往百合盛开之地，
那夏洛特夫人的小岛。
杨柳泛白，白杨轻颤，
微风起起落落，河水流动毫无间歇，
流过小岛周围，再快速流往卡美洛。
四面灰墙四座塔楼，俯瞰满地繁花，
静谧岛上有阁闺居，是
“夏洛特夫人”的居所。
唯有晨起收割，清早在麦穗田间活动的人，才会听到一股歌声在河上欢欣回荡，朝着卡美洛传去。
月亮下，疲惫的收割者休憩着，
清风吹抚的山丘上捆捆麦束叠起，
他们聆听并耳语着：
“她正是那位女巫，夏洛特夫人。”
她日夜编织着一块色彩鲜艳的魔毯。
她曾听闻谣言，
若她胆敢朝卡美洛看去，
诅咒即会降临。
她不知道这诅咒是为何，
只能寄情编织，不去烦心其他琐事，
将自己关在塔楼。
一面明镜高挂，终年在她面前，
世界幻影其中现。
她看得见那条主要的道路

蜿蜒抵达卡美洛；
在蓝色镜中，骑士两两并肩骑来。
然而，夏洛特夫人裙下
却少了一位忠诚忠实的骑士。
但她依然乐于编织
明镜中的幻影景致，
在夜阑人静之际，
时有丧葬队伍，在点点烛光与音乐
的陪伴下前往卡美洛，
或者，在明月高挂之际，
一对新婚爱侣抵达：
“我受这些幻影折磨许久。”
夏洛特夫人常说。
离闺居一箭之遥，骑士驰骋麦田间，
阳光洒落叶间，铜甲护腿闪亮，
兰斯洛特傲四方。
红十字骑士盾甲誓保护，
永远跪于淑女前，
澄黄田野上闪闪发光。
骑士气宇非凡显，战马行经，
马蹄烁，英姿展；
骑马时，头盔下黑色卷发轻流泻。
从河岸，到河中，骑士形影映镜中。
“嘀啦，哩啦，”骑士唱。
弃纺车，舍织布，她在房中跨三步，
睡莲绽放眼前开，羽毛头盔面前显，
尔后，朝着卡美洛，遥望。
织布飘然飞窗外，明镜倏然裂两半，
“于我，诅咒已降临。”
夏洛特夫人哭喊。
狂风暴雨东方起，苍黄树林力渐减，
两岸间河水呜咽，天幕低垂风雨劲，
雨降塔城卡美洛，她在岸边见一舟，
停靠垂柳下等待：
她在桨上书：夏洛特夫人。
沿着河岸往下行，

奥古斯特·史俾斯（August Spiess），《安弗塔斯宫廷上的帕西法尔》，1883~1884年绘制，目前收藏于德国新天鹅堡歌手大厅。

无畏狂喜中，预见自身一切悲惨事，
木然望向卡美洛。
她解开铁链，躺卧船中。
在那里，强劲水流将夏洛特夫人带
往远方。
歌声悲哀圣洁，高低起伏，
伴着血液缓缓冻凝，
她阖上双眼，朝卡美洛前去。
随着流水抵城之前，
岸边迎来第一栋屋宇，
夏洛特已在歌声中逝去。
流经高塔与露台，临近花园与厅堂，
熠熠形影飘过，面容死白，静静地
从房舍间流进卡美洛。
骑士、平民、淑女、爵士，
众人齐聚码头，
在桨上读出名字：“夏洛特夫人”。
这是谁？这是什么？
灯火通明的临近皇宫，
喧哗欢呼戛然停止，
众骑士胸前画十怀恐惧。
唯有兰斯洛特沉思一阵，
道：她有张美丽的脸，愿神赐福，
求主垂怜，赐予平安，夏洛特夫人。

约翰·威廉姆·沃特豪斯（John William Waterhouse），《夏洛特夫人》，1888 年绘制，目前收藏于英国伦敦泰特美术馆。

奥图·拉恩之言

奥图·拉恩

《路西法的宫廷》*La Corte di Lucifero*，1937 年

我手上这一版《帕西法尔》的出版者认为，沃尔夫拉姆的圣杯城堡应该位于比利牛斯山脉，那一带的地名如亚拉冈与加泰罗尼亚等，都可能让他有了这样的假设。因此，比利牛斯山农民把蒙特塞居废墟当成圣杯城堡来看，并没有什么错。圣杯寻找者帕西法尔在旅程尽头朝救赎城堡前去时所必须骑马穿越的雪地，很可能就是比利牛斯山的雪。沃尔夫拉姆将圣杯城堡称为“Munsalvatsche”，许多人都认为这个名称有“荒山”的意思，其字根为法文中的“sauvage”，荒野之意，来自拉丁文“silvaticus”（这个字来自“silva”，指森林）。而蒙特塞居一带向来不乏森林……还必须一提的是，荒山在当地方言中的发音是“Moun salvatge”，听起来与沃氏使用的名称非常相似。

《帕西法尔》和《罗恩格林》的作者与作曲家理查·华格纳和沃尔夫拉姆不同，华格纳将这个圣杯城堡称为救赎之山。

第九章

阿拉穆特堡、山中老人与阿萨辛派

我们先前曾提到雷恩堡。事实上，这世界上有许多真实存在的地点，因为政治因素所致而发生形象上的转变，成了传奇地点（而且直到今日仍开放参观）。里海西南岸的阿拉穆特堡遗迹（Alamut），就属于这种情形。

阿拉穆特堡，又称鹰巢（Nido del Rapace）。巅峰时期的阿拉穆特堡应该是很可怕的，尤其对那些试图攻城却无功而返的人来说。这座碉堡屹立许久，一直到1256年才被蒙古人攻下并摧毁。无论在现实还是传说中，它都是建造在一个狭长的山峰上，基地长四百米，宽度至多三十步，对于行经通往阿塞拜疆之路而从远方眺望此城的人来说，它看起来就像是一座天然的屏障，沐浴在阳光下时呈白色，在深红带紫的落日中呈浅蓝色，在黎明时显得苍白，在日出时则呈血红色，有时深藏云间，有时周围闪电大作。依稀可以看到城堡上缘有许多座人造四角塔的轮廓，由下往上看，好似一把把绵延数百米的倒置石刃，近距离威胁着你，而较能通行的斜坡，是一片松滑易坍的碎石坡。在这座碉堡尚且完整且有人居住的时候，人们借由少数几座在石壁中凿出来的螺旋状秘密阶梯进出，这些通道只需要一位弓箭手就能防御。世人就是这么描述阿拉穆特堡的，它是阿萨辛派（Assassini）那座难以攻陷的要塞，只有骑着老鹰经由空路才能抵达。

阿萨辛派的故事从中世纪开始出现，最早开始谈论阿萨辛派的编年史作家都和十字军有密切的关系，如威廉（Guglielmo di Tiro）、斯特拉斯堡的杰拉尔德（Gerardo di Strasburgo）、吕贝克的阿诺德（Ar-

《穆罕默德升天图》，波斯细密画，16 世纪绘制。

《去访的使者》，16 世纪绘制。

noldo di Lubecca）和马可·波罗，一路下来直到现代最具影响力的后继者约瑟夫·冯·汉默-普格斯塔尔（Joseph von Hammer-Purgstall），他曾写下《阿萨辛派的历史》（*Storia degli Assassini*，1818）。

那么，阿拉穆特堡里到底发生了什么事情？这个地方最初由一个令人着迷、神秘且残暴的人物哈桑·沙巴（Hasan Sabbāh）所统治，哈桑的追随者自他幼时就开始聚集此地，人数慢慢增长，他们被称为“非达因”（fidā’’iyyūn），意即“敢死队”，誓死追随，而哈桑也利用这些人来进行政治暗杀活动。

许多现代学者都试着以更正确的角度来重新诠释哈桑传说，不过这个传说已经如此深入人心，直到现在，我们在意大利文中仍然使用着“assassino”这个词（“刺客”之意），而英文中“assassination”这个词意指因政治目的而谋杀公众人物，“assassin”成了“杀手”的同义词；更别说有关此词的词源，目前广为世人接受的说法，都认为“assassino”一词来自“hashish”（大麻），因为这个团体会使用这种药物。一本叫做《故事集》（*Novellino*）的托斯卡纳地区中篇小说选集中提及，腓特烈二世前往阿拉穆特堡会见哈桑，这位垂垂老矣的可怕老人为了向腓特烈二世展现他的权力，命令追随者中的两人登上一座塔的塔顶，接着他摸了一下胡子，这两人就从塔上纵身一跳，落地摔死，因为这些阿萨辛派分子非常服从首领的命令。

然而，我们在这里还是简短交代一下传说以外的史实。阿拉穆特堡的居民是伊斯兰教什叶派的信徒，这是人数最多的支派：有些忠实信徒认为阿里（Alì，穆罕默德的堂弟，穆罕默德之女法蒂玛的丈夫）是穆罕默德唯一且真正的继承人，不过在穆罕默德过世以后，实权与遗产其实是由阿布·伯克尔（Abu Bakr）继承，他获得哈里发的名号，并将此名号传给他的继承者暨穆罕默德的将军奥玛尔。在阿布·伯克尔成为哈里发以后，教团内部因正统问题争执不已，直到阿里被暗杀才告一段落。因此，阿里的追随者成立了什叶派（相对于所谓“正统”的逊尼派），尊奉阿里为真正的伊玛目（领袖）、战士、圣人与救赎，与整个伊斯兰世界争夺最高统御权，并认定其为神人。

当开罗法蒂玛王朝哈里发穆斯坦绥尔决定将头衔传给小儿子穆斯塔利而非年纪较长的尼扎时，尼扎的忠实追随者便以波斯伊斯玛仪派的名义独立了出来。这些人以哈桑·沙巴为领袖——哈桑在历经沧桑以后终于成为虔诚的伊斯玛仪派信徒——并于1090至1091年间取得阿拉穆特堡。

根据伊斯兰学者亨利·科尔宾（Henry Corbin，1964）的说法，伊斯玛仪派因为十字军、马可·波罗以及汉默-普格斯塔尔等编造的“犯罪故事”而恶名昭彰；法国作家西尔维斯特德萨西（Sylvestre de Sacy，1838）认为“阿萨辛”来自“Hashshâshîn”——亦即大麻使用者——他所发表的作品也有火上浇油之效。事实上，许多关于阿萨辛派的传说都源自伊斯兰文化，不过我们在此只针对非虚构的事实重建来讨论。

科尔宾认为，哈桑受到秘传信仰所启发，其讲道和传教都属纯粹精神层面的活动。然而，科尔宾似乎忽略了其他历史资料，而根据这些资料，哈桑不只是一位精神导师，更是一名政治家，他为了支持自己的宗教信仰，慢慢建构出一系列的防御工事，让他能完全掌控周围的领土，而阿拉穆特堡则被视为一座极度重要的要塞，从阿拉穆特堡可以控制通往阿塞拜疆和伊拉克的道路。哈桑·沙巴就住在这座碉堡之中，在此受到死忠信徒包围，直到终老。

哈桑是名严谨自律、魅力十足的领袖，他公正不偏袒，甚至把两个儿子判了死刑，其一是因为喝酒，另一是因为犯下谋杀罪。我们可以确定的是，哈桑广泛实施政治暗杀，他的继任者也都延续了这样的手段。其中一位让人畏惧万分的阿萨辛派领袖锡南（Sinan）更得到了“山中老人”的称号，而在阿萨辛派传说愈加流传之际，连哈桑也开始被称为山中老人。虽然我们熟知的许多中世纪文献都是在公元1124年哈桑死后才出现，时间上可以回溯到耶路撒冷王国时期，而且在那个时期领导阿拉伯世界抵抗十字军东征的萨拉丁和锡南领导的教派之间也互有往来，萨拉丁的宰相尼扎姆·穆尔克（Nizāmu'l Mulk）据说可能是被刺客暗杀身亡。这名刺客在哈桑命令下假扮成苦行僧，在十字军忙于攻打耶路撒冷时行刺。锡南则被控谋杀蒙费拉托的康拉德侯爵（Corrado di Monferrato），据说锡南派两名手下模仿基督徒的习俗和语言，在推罗主教设宴款待康拉德侯爵的时候乔装成僧侣，悄悄混入基督徒之间，毫不知情的侯爵因此被暗杀。然而，这个故事的真实性令人怀疑，因为另有消息来源显示，康拉德有可能是被某些基督教友杀害，甚至谣传这其实是英格兰国王理查一世下的令，这个例子正说明了要从传说中筛检出真实历史是很困难的。总之，我们可以确知的是，无论是萨拉丁或十字军都对锡南感到万分畏惧，同时锡南与圣殿骑士之间也存在着隐晦不明的关系，也因此衍生出许多神秘的谣言。

现在让我们看看传说的部分。根据部分逊尼派阿拉伯作家和基

《攻陷阿拉穆特堡》，波斯手抄本插图，1113年绘制，目前收藏于巴黎的法国国家图书馆。

督教编年史家的说法，山中老人发明了一种可怕的方法，让他的战士对他忠心耿耿，甚至愿意为他牺牲生命，因此成为无敌的战争机器。这些战士在孩提时期（也有人说自出生开始）就被带到这座位于山顶的碉堡，在美丽花园中以美食、美酒、女人、花草与大麻等迷惑之。当这些人再也离不开这虚构天堂里的美好事物时，就把他们带离这美好梦境，让他们第一次亲身体验苦闷的现实生活，然后给他们另一个选择："如果你去杀掉我命令你杀掉的人，你就能重新回到那个离你远去的天堂，永远不离开，如果你失败了，你就会回到这个污秽穷困的世界。"

那些人吸毒成瘾，他们以被牺牲为目的而牺牲自己，杀手到头来必定会被人杀死。

阿拉穆特堡的传说也就随着上述种种流传了好几个世纪，为许多诗歌、小说与影片的创作带来启发，直至今日。

阿萨辛派

吕贝克的阿诺德（1150~1211或1214年）
《斯拉夫编年史》*Chronica Slavorum*，第7卷

在大马士革、安提阿与阿勒坡一带的山区，住着萨拉森人的一个分支，他们在方言中被称为“Heyssessini”（黑瑟希尼），在罗曼语则被称为“山中老人”。这群人的生活没有纪律可言，不但吃猪肉，违反萨拉森人的戒律，而且随性与任何女人交媾，甚至和母亲与姐妹乱伦。他们在山上生活，居住在物资无虞且坚不可摧的城堡中，他们的土地并不肥沃，因此以畜牧为生。这些人的首领让各地的萨拉森贵族和基督教权贵异常害怕，因为他常以下面的方式来杀害这些权贵。这位首领在山中有许多美丽的宫殿，每座宫殿都有高墙保护，只能从重兵把守的入口进出。他在这些宫殿中抚养了许多村民的儿子，他们自出生就被带到宫中，接受教育，学习不同的语言，如拉丁语、希腊语、萨拉森语等。这些年轻人的老师，自他们幼时到成年这段时间，教导他们要完全服从首领的命令。如果他们遵照首领的命令，就会享受到天堂的喜乐，因为他们的首领具有控制神圣事物的力量。他们受到教导，如果他们服从这个世界上其他贵族的旨意，就无法得到救赎。这些年轻人自出生就被关在宫中，除了医生和老师以外没有见过任何人，而且直到受到首领召唤、被赋予刺杀任务的时候，才会接受另外的训练。一旦受到首领认可，这些人就会被询问，是否愿意服从命令以进入天堂……如果他们接受，首领就会赐给他们一把黄金匕首，派他们去刺杀权贵。

马可·波罗
《马可·波罗游记》，第40~41页

木剌夷（Milice）是山中老人自古以来生活的地方。让我们来听听马可先生从好几个当地人那里听来的故事。在这些人的语言中，山中老人被称为“阿洛丁”（Aloodin）。他在两座高山之间的山谷中，打造出全世界最美也最大的花园；这里有各式各样的鲜花水果，全被漆成金色的美丽宫殿，以及各种珍奇鸟兽；此地水道遍布：水、蜜、美酒在水道中流淌。这里有全世界最美的少女，个个都能歌善舞，善于弹奏：山中老人希望让他的子民相信，这个地方就是天堂。他根据穆罕默德的叙述打造这座花园，因为穆罕默德曾向他的追随者许诺，上天堂的人能得到世上最漂亮的女人，被流着牛奶、蜂蜜和美酒的河所围绕。他确实也让该地的萨拉森人相信，那座花园就是天堂；而且花园只有那些山中老人想打造成阿萨辛的人才能进入。花园的入口有一座坚不可摧的碉堡，山中老人将所有十二岁的少年都留在他的宫中，这些人都将成为他的战士。山中老人

会分批让这些少年进入花园，或四人、或十人、或二十人一起，在进入花园之前，他会让他们服下鸦片，睡上三天，然后将他们抬进花园里，再把他们叫醒。当这些年轻人在花园中醒来，看到各种珍奇美景，会相信自己确实身处天堂。这些侍女随侍在侧，提供各种歌舞娱乐，他们在此随心所欲地享受，若按着他们的意愿，他们绝对不会离开这个花园。山中老人的宫廷富丽堂皇，让那片山区的淳朴子民相信他就是所谓的先知。山中老人要派人出任务的时候，他会让其中一名青年喝下药水，让他睡着，再把青年扛到他的宫殿中。青年醒来的时候，发现自己身处宫殿内，纳闷且悲伤不已，因为再也不见天堂。之后，青年会被领至山中老人跟前，因为相信自己面前是一位真正的先知，所以青年会在山中老人面前尊敬地鞠躬。此时，这位尊贵的长者就会向青年问道："你从何而来？"青年回答："从天堂来。"并且向面前的长者描述着天堂的种种，以及自己亟欲回到天堂的愿望。在山中老人想要杀掉任何权贵的时候，他就会从这些自天堂出来的青年挑选出最积极者，让青年去杀掉他的目标。为了回到天堂，这些青年都会心甘情愿地接下任务，好回到真主身边；如果在刺杀任务中被逮到，青年将会自尽，因为他相信如此一来就能回到天堂。所以，当山中老人有了杀害目标，他就会对接下任务的青年说："去吧，去完成这件任务，我派你去，因为我想让你回到天堂。"这些青年刺客便欣然接受任务。如此一来，山中老人就能随心所欲，因为没有人会逃避他交代的任务，这也是许多国王因为恐惧而向他臣服的原因。

约瑟夫·冯·汉默–普格斯塔尔

《阿萨辛派的历史》，第4卷，1818年

在阿萨辛派位于波斯和叙利亚领土的中心，也就是阿拉穆特堡和迈斯亚夫，城市郊区都有被高墙围绕的美丽花园，是名副其实的东方天堂。花园内的花坛果园有运河流经，里面有遮荫田野，苍绿草地，有着银白流水，以及玫瑰覆盖的凉亭和枝叶围城的护栏，那里有广阔的厅堂，陶瓷打造的亭子装饰着波斯地毯与希腊织品，用的是黄金、白银与水晶打造的杯碗，风姿绰约的侍女、黑眼勾魂的妖娆少女就像是来自穆罕默德天堂的天女天使，她们就如枕头和美酒般香软醉人……这里的一切都洋溢着快感、感官刺激和喜悦。能力适合且决心将灵魂奉献给杀手任务的年轻人，会受邀与长老或领袖同桌，加入讨论。之后，年轻人喝下由天仙子调制成的毒药，在昏迷中被带到花园中，在他醒来以后，会相信自己被送到了天堂，而且周围的天女也会以言语和行动来说服他，让他深信自己确实在天堂。当年轻人享受过先知应允给有福者的天堂以后，他会吃下眼神晶亮的天女所提供的美

泰奥多尔·夏塞里奥（Théodore Chassériau），《温水浴室》，1853 年绘制，目前收藏于法国巴黎奥赛美术馆。

食，并喝下精美酒杯里的美酒，然后因为疲惫与鸦片的效果，再度陷入昏睡，几个小时以后，发现自己在长老身边醒来。长老向这些人保证，他们的身体并没有离开原本的地方，去天堂一游的是他们的灵魂，而且他们的灵魂在天堂所预尝的幸福，只有愿意服从长老并为信仰牺牲生命的忠实信徒才能获得。如此一来，这些受到蒙骗的年轻人就盲目地献出自己的生命，成为谋杀工具，他们急于牺牲尘世的生命，以进入永恒天堂……直到今日，在君士坦丁堡和开罗都还能看到这种天仙子制成的毒药能够造成何种程度的刺激，它让土耳其人昏昏欲睡，也激发了阿拉伯人炽烈的想象力，这一点正让我们了解到，那些年轻人是有多么急于寻求这些草本毒品（大麻）所带来的快感，因为吃下以后，他们就能够承担加诸在他们身上的种种。也正因为这个缘故，使用这些药品的人就有了“阿萨辛”的称呼，意指使用药草的人。

第十章

安乐乡

在许多不同的传说之中，人间天堂都以一种纯粹物质化的形式出现，也就是所谓的“安乐乡”（Cuccagna）。意大利诗人阿尔图罗·葛拉夫（Arturo Graf）曾在1892至1893年间说过：“人类对天堂和安乐乡的想象并没有什么明确的分界，两者之间只是程度上的不同：天堂有时候比安乐乡更高贵、更具精神意义；不过有些时候，稍微理想化一些的安乐乡，就变成了天堂。”

古希腊作家曾提过许多不同的乐土，例如阿里斯托芬（Aristofane）笔下物产丰盛生活幸福的鸟城，以及古罗马作家琉善（Luciano）在《信史》中描述的黄金城，那里的农作物结出来的不是穗而是面包，更不消说在金星上的各种丰富乐趣（不过琉善一开始就开门见山地表示书中充斥着许许多多的谎言）。《世界风土志》（Expositio totius mundi）这篇论文原本以希腊文写作，在公元4世纪被译为拉丁文，它描述了一个快乐国度，那里的人民生活幸福，不受疾病所苦，吃的是蜂蜜和天上掉下来的面包。

中世纪时，安乐乡这个字眼第一次出现在公元10世纪的一首诗《乌尼博斯》（Unibos）里。乌尼博斯是一名农夫，由于不堪三名迫害者的骚扰，于是设法说服他们，深海中有一个快乐幸福的国度，迫害者因此跳入海中，乌尼博斯也摆脱了他们的纠缠。此外，还有来自东方的其他灵感来源，波斯小说就常常提到一个叫做夏度齐安姆（Sciadukiam）的幸福国度。葛拉夫指出，一名中世纪流浪讽刺诗人在12世纪写下的诗篇中曾提到一名安乐乡修道院长，1188年的文献中也曾出现过一名“安乐乡的威尔纳”。目前流传下来最古

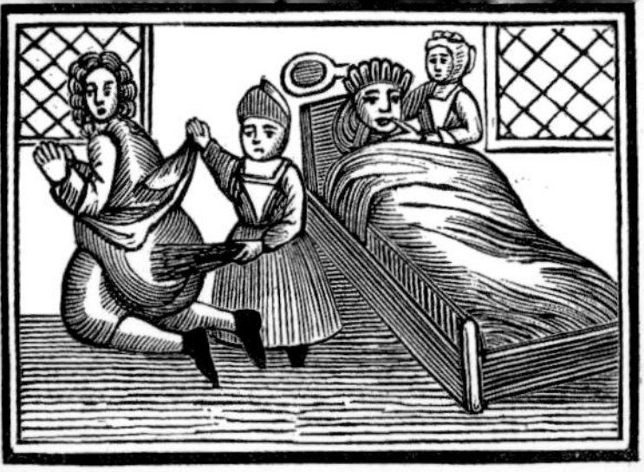

左图：《颠倒世界》，18世纪的印刷品。

右图：约翰·威廉·沃特豪斯（John William Waterhouse），《十日谈》插图，1916年绘制，目前为英国利物浦国立博物馆群收藏。

老的诗篇，是写作于13世纪的讽刺寓言诗《安乐乡》（Li Fabliaus de Coquaigne）。在这首诗中，作者为了忏悔而前往罗马朝圣，晋见教皇，因而被教皇派去了安乐乡；他在诗中描述在安乐乡里看到的各种奇景奇事，而这些奇景奇事后来也在各种不同的传说版本中持续不断地出现。

意大利作家弗朗西斯科·富尔维奥·弗鲁哥尼（Francesco Fulvio Frugoni）在《第欧根尼的狗》（*Cane di Diogene*，1687）中写到的安乐乡是位于布洛达海中的岛屿："受到看来宛如软质起司的白雾包围……河中流着牛奶，泉源流出各式各样的美酒，山与谷由不同的起司构成，树上长出起司和肉肠，下冰雹时天空会落下糖果，下雨时天上下着肉汁。"

文献对于安乐乡所在位置的记载并不精确。薄伽丘的《十日谈》（*Decamerone*）中，马索曾向卡朗德里诺讲到好命村的种种奇景，说那是一个用香肠来固定葡萄藤的地方，它位于巴斯克地区，距离佛罗伦萨数千里之遥。

在一出德国宗教剧《安乐乡》（*Schlaraffenland*）中，这个地方位于维也纳和布拉格之间。《西恩纳的亚历山卓与巴托罗米奥所揭露的安乐乡新史》（*Historia nuova della città di Cuccagna, data in luceda*

Alessandro da Siena e Bartolamio suo compagno）曾提到[1]，要前往安乐乡，必须经海路航行 28 个月，然后转陆路旅行 3 个月才能抵达；意大利诗人特奥菲洛·弗连戈（Teofilo Folengo）则指出，这个快乐的国度“位于地球上的偏远地区”。在一首公元 8 至 9 世纪间撰写的英文诗中，安乐乡位于西班牙西方的海上——诗里还说，和只有水果与甘泉供人享用的天堂相形之下，安乐乡更加美好。这样的说法着实不容低估：假使人间天堂的概念导致了世人对于幸福和纯真的欲求，那么，对于每个年代悲惨饥饿的人们来说，安乐乡所呈现的欢乐景象，一直以来都让人产生比走出困境还更加世俗的愿望，企求能满足更原始、更令人无可抗拒的诸多欲望。这类故事都是以穷苦人家为对象，借此告诉他们，即便是像他们一样的穷人，最终也会有生活无虞的一天。安乐乡传说并非源自弥漫着神秘主义的环境，而是源自数世纪以来受饥饿所苦的普罗大众。

在安乐乡里能享受到的自由，就像在狂欢节一样，整个世界可以是欢乐且颠倒过来的，即使是一名农夫也可以嘲弄主教。事实上，安乐乡和所谓颠倒世界的主题有关，在这个颠倒世界中，人类拖着由牛操控的犁、磨坊主人代替驴子负上驮鞍、渔夫被鱼钓、动物欣赏着两个被关在笼子里的人类。在中世纪手抄本边缘插画中出现的颠倒世界概念——例如以兔子追捕猎人为题的插图——可以源自相当严肃的主题，后来有许多版画以被老鼠围攻的猫城堡为题，就是从这个主题衍生而出的。

在犹太拉比文献中曾出现这么一段话：“我看到了一个颠倒的世界。权势者在下，卑微者在上。”［《巴比伦犹太法典末门卷》（*Talmud di Babilonia*，*Baba Bathra*）］此外，格林童话（1812）也有一则将安乐乡和颠倒世界的幻象融合在一起的故事。

另一方面，基督教福音也提到，天堂会预留更高的位置给被剥削者，这种说法描绘的就是颠倒世界。然而，在《圣经》中，当财主在地狱里受苦的时候，那蒙受赐福的拉萨路只是坐在亚伯拉罕身旁，并没有享受盛宴。安乐乡的想象，实际上是将世人在精神层次

注 1：参考葛拉夫于 1892~1893 年的著作（见参考书目）。

《老鼠围攻猫城堡》，19世纪作品，报纸印刷，为英国伦敦大英博物馆收藏。

上关于公正与正义的梦想，转化到口腹之欲的层次。

最后，安乐乡的梦想可能会让人脱离现实，而追求过度逸乐会让人变成畜牲野兽的说法，正让我们想到意大利作家科洛迪（Collodi）。他在《木偶奇遇记》中将伊甸园的形象转化成好命村，也就是故事中的玩具国，让主角匹诺曹在短时间内经历犯罪与惩罚。

匹诺曹的那段经历，指的就是被逐出人间天堂的过程，而本书对于失落伊甸园主题的探讨，就在匹诺曹的种种不幸遭遇下画下句点。

梦之岛

琉善（公元2世纪）
《信史》，第2卷

没多久，出现了许多岛屿。左侧距离较近之处有一座城市，它坐落在一块又大又圆的软木上，是众人急于前往的苏杰利亚城；右侧较远处有五座高大的岛屿，岛上有炽炽烈火燃烧。我们船头的正前方还有另一个又低又矮的岛，距船不超过五百腕尺。就在我们靠近这座岛屿时，又吹起一阵美妙微风，既芬芳又让人感到愉悦，也就是历史学家希罗多德所谓从阿拉伯福地吹来的风。向我们迎来的那股甜美香味，混杂着玫瑰、水仙、风信子、百合花和紫罗兰，此外还有没药、月桂和藤花。我们被这股香味所吸引，在长期辛劳之后，又燃起新的希望并逐渐地靠近了这座岛屿。我们在这座岛的沿岸看到许许多多的港口，每座港口都规模庞大且能遮蔽风浪，岛上清澈河水缓缓流向大海，还有大片草地与森林，以及在岸边岩石和树枝上鸣唱的鸟儿；这个地方洋溢着一股轻松愉悦的氛围；宜人气氛轻轻搅动着森林，摇晃枝叶间持续不断地传出迷人音乐，好似孤独吹笛人的乐音。此外，这里还听得到一种混杂但不紊乱的噪声，它就好像在宴会里出现的声音，有人吹着笛子，有人唱着赞歌，有人随着笛子和竖琴的乐声拍手……整个城市用黄金打造而成，围墙用的是翡翠，门有七扇，都是用一整块肉桂木实木打造；然而，城市的地面和延伸到墙内的土壤却是象牙色的；用绿柱石建造结构的每一座神殿都极其宏伟，以单片紫水晶打造的庞大祭坛是进行屠杀的地点。城市周围留着一条珍贵的没药河，河宽百腕尺，深五腕尺，适合游泳。河水被用在以玻璃打造、烧月桂木当柴火的大型浴场中：然而浴池里并不是水，而是热露水；人们身上穿着以精致蜘蛛网制成的紫色袍子。

至于该城居民，他们没有身体，无形且无血肉之躯，本身只呈现出外形轮廓。尽管没有躯体，他们仍然具有灵质，会动，会思考，会发出声音，简言之，似乎他们的灵魂在没有躯体的状况下还能四处走动，而且覆上了相似于躯体的形象；如果不伸手去摸，根本不会发现自己看到的并不是躯体：他们事实上就好像站着的影子，不过一点也不给人萧瑟暗淡的感觉。这些人不会衰老，一直维持在刚抵达该城之际的年龄。这个地方没有夜晚也没有白天，笼罩在一抹暮色之中，宛如黎明来临太阳尚未升起之际。此地居民不识季节（这是个永春之城），而且只吹着西风。整个国度都长满各式各样的花卉、果树与提供遮荫的树木；这里的葡萄藤一年可以收成十二次，每年都可以酿酒；据说石榴、苹果和其他果树每年可以收成十三次，因为其中有一个被称为“米诺斯月”的月份可以收成两次；在这个地方，从穗上长出来的不

《人类荒唐事》或《颠倒世界》，18 世纪作品，报纸印刷，目前为法国马赛欧洲暨地中海文明博物馆收藏。

是谷物而是现成的面包，好像菌菇一样。城市周围有三百六十五处水源，还有数量一样多的蜂蜜源，以及五百处规模较小、可供人汲取芳香油品之地，与七条牛奶河和八条酒河。居民的集会处位于城外一个叫做“乐土”的地方：那是一片美丽的草原，周围长满各种树木的茂密森林，为躺在草地上的居民提供了遮蔽。树下草地是片厚实的花毯。风是众人的侍者，运载着除了酒杯以外的其余所需，那里不需要酒杯，因为在乐土附近有许多玻璃树，这些树的果实就是各式各样形状大小各异的酒杯。居民到乐土去的时候，会从树上摘下一两只杯，放在身前，酒杯里马上就会装满酒让居民享用。在树冠处，夜莺与其他鸣禽会从周围草地叼来花朵，边飞边唱，花瓣就像雪一样从空中飘然而下。此外，经过芳香油源头与河上而香味满载的厚实云层会停留在乐土上方，在清风吹抚下，细密露珠飘落在居民身上，让居民身上飘着香气。

居民饮宴之际，有音乐和歌谣陪伴：尤其爱唱荷马的诗文，而且荷马本人也在群众之间共乐，位置也比尤里西斯更高……

在这些都唱完的时候，第二个由天鹅、燕子和夜莺组成的合唱团就会出现。当这个团开始歌唱，风会定下基调，整个森林也会一起应和。

然而，他们从中获得的更重要乐趣其实是这个：靠近乐土的地方有两个泉源，一是欢笑之源，另一是快乐之源；居民在饮宴时会喝下其中之一，剩余时间则用来享受欢笑……

至于性爱与爱情，他们的态度是这样的：他们公开在众人注目之下做爱，无论与男与女，并不觉得这样的行为有何羞耻之处。只有苏格拉底发誓他接近年轻人的意图是纯粹的，不过所有人都认为他撒谎：通常，雅辛托斯和纳西瑟斯至少坦诚不讳，苏格拉底则否认之。妇女为众人所有，没有人会感到嫉妒，而且非常博爱，年轻人会主动献身给想要他们的人，不会有任何异议。

安乐乡

《安乐乡》(*Li Fabliaus de Coquaigne*)，公元8世纪

有一次，我去罗马谒见教皇请求忏悔，教皇派我去一个地方朝圣，我在那里看到许多美好的事物：现在让我们来听听居住在该地区的那些人是怎么生活的。

我认为，上帝和众圣徒对此地的祝福和祝圣远超过其他地方。

这个地区就是安乐乡，一个你睡得越多就赚得越多的地方……

所有房舍的墙壁都用鲈鱼、鲑鱼与鲱鱼打造；桁架用的是鲟鱼，屋顶用火腿，横梁用香肠。

这个地方有许多吸引人之处，玉米田周围摆了一块块的烤肉与猪肩肉，街道上烤着会自行翻面的肥鹅，旁边紧跟着白蒜酱，而且我告诉你们，每条街道上都能找到铺了白色桌巾的餐桌：人们可以随心所欲地吃吃喝喝；无论是鱼是肉，每个人都可以毫无禁忌地吃着自己想要的东西，想要用马车带走食物的，也可以按自己的能耐带走；鹿肉或鸟肉可炙烤可水煮，不用多付费用，而且根据此地风俗，也不需要付钱：而且那个地区还流着一条货真价实的酒河……

那里的人们并不邪恶，反而是勇敢且谦恭有礼的。

那里一个月有六周，一年有四个复活节、四个圣约翰节与四次葡萄收成，每一天都是节日或周日，还有四个诸圣节、四个圣诞节、四个献主节与四个狂欢节，大斋期每二十年一次，而斋戒是件乐事，每个人都心甘情愿；从早上到下午三点，他们会吃上帝赐给他们的东西，可以是肉或鱼或其他没人敢禁止的东西。不要以为这么说是开玩笑，那里的人没有高低贵贱之分，没有人需要谋生：每周三次，天会降下热馅饼雨，而且那场雨会下在每个人的头上，所有人都可以随心所欲享用；这地方非常有钱，每个街角都可以看到满满的钱袋；每个人都可以白白拿到金币，不过没人购买

老彼得·布鲁格（Pieter Bruegel il Vecchio）《安乐乡》仿作，1570年后绘制。

也没人贩卖。这里的女人个个美丽，仕女少女都能得到心中想要的人，没有人会生气，只要想要且能力所及，都能让自己快乐；女性不会受到指责，反而备受尊重，如果女性偶然间看到自己想要的男人，可以公然求爱，做想做的事……这里还有另一个从来没在其他地方听到过的惊奇之物，那就是能让人恢复青春的不老之泉，在此，我应该算是把此地的种种新鲜事交代完了。

卡朗德里诺与血滴石

乔万尼·薄伽丘

《十日谈》，第8日，第3则故事，1349~1353年

我们城里向来就是龙蛇杂处之地，常有许多稀奇古怪的事情。不久以前，城里有一名叫做卡朗德里诺的画家，是个个性淳朴却也乖僻的人。他经常和另外两名叫做布鲁诺和布法尔马科的画家厮混，这两位生性快活且精明，他们和卡朗德里诺往来，就是看上他憨厚老实，以作弄他为乐。

在佛罗伦萨还有另一位聪明风趣的年轻人，名叫马索·德尔·萨乔，专爱挖空心思取闹；他听闻卡朗德里诺头脑简单，打算作弄之，让卡朗德里诺相信他天花乱坠的吹嘘。

有一天，马索和卡朗德里诺在圣约翰教堂巧遇。教堂主祭坛神龛上方的绘画和雕刻不久前才完工，马索看到卡朗德里诺独自对着这些作品看得出神，觉得这正是作弄卡朗德里诺的最佳时机与地点；马索

告诉一个朋友自己打算怎么做，两人一起来到卡朗德里诺的座位附近，假装没看到他，开始高谈阔论，聊起各种宝石的特性，马索在言谈中表现出的权威，让人觉得他是一位伟大且知名的宝石鉴定家。卡朗德里诺听着他们的谈话，过了一会儿，见他们没什么避讳，就起身加入他们；马索见状大喜，继续眉飞色舞地高谈阔论，直到卡朗德里诺忍不住插嘴问他，这么神奇的宝石要到哪儿去找。

马索回答他，这种宝石大部分都出产于巴斯克地区贝林佐内一个叫做好命村的地方。在好命村，人们用香肠来捆绑葡萄藤，只花一个铜板就能买到一只肥鹅，还额外赠送一只小鹅。那儿还有一座用磨碎的帕米森起司堆成的高山，山上居民每天就是用阉鸡高汤烹煮着通心面和面饺，煮好了就往下丢，随便人怎么吃；附近还有一条流着甜白酒的河，河里一滴水也没有，流的是世界上最好的佳酿。

“噢，”卡朗德里诺说，“这真是个好地方，不过请你告诉我，他们怎么处理煮过的阉鸡？”

马索回答道：“巴斯克那地方的人会把阉鸡全吃了。”

卡朗德里诺又问：“你去过那儿吗？”马索回答：“你问我有没有去过？当然，而且不只一次，是很多次。”

卡朗德里诺继续问：“那地方离这里有多远？”

马索回答：“超过百万里，你一

耶罗尼米斯·博斯，《七宗罪》，15世纪末绘制，目前为西班牙马德里普拉多博物馆收藏。

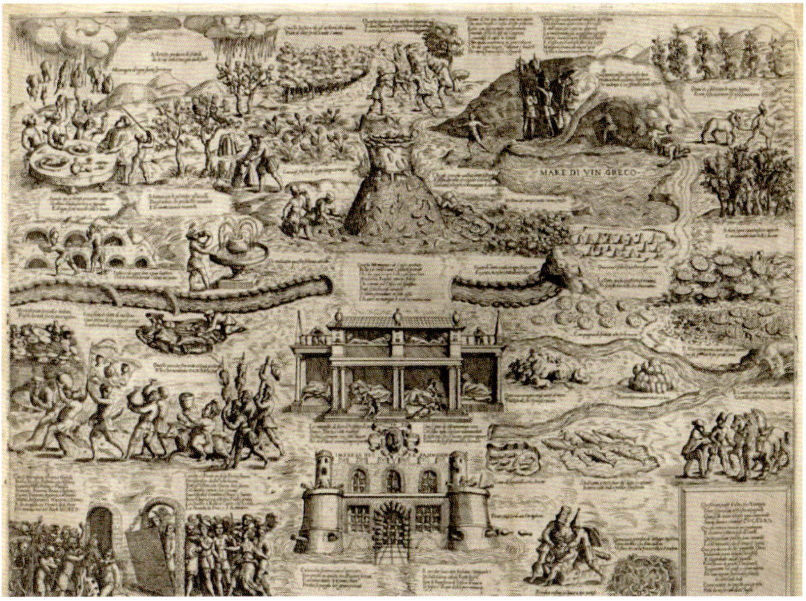

《安乐乡，一个睡越饱收获越多的地方》，1570—1590年绘制。

整晚也算不出来的距离。”

卡朗德里诺说：“这么说来，那地方比阿布鲁齐还远。”

“当然，”马索回答道，“稍微远一点。”

单纯的卡朗德里诺看到马索在讲这些话时一本正经，完全不像在开玩笑的样子，只觉那人所言不假，深信不疑，于是说道：“可惜这地方太远，我没那么多钱去，要是近一点的话，我一定要跟你一起走一遭，看看这通心面怎么滚下来，好好吃个够。不过告诉我，愿天主保佑你，那地方找不找得到那些神奇的宝石呢？”

马索回答道：“当然，那里有两种非常神奇的宝石：第一种是来自塞提尼亚诺和蒙提齐的砾石，这种砾石可以被做成石磨，用来磨面粉；所以那个地方有这样的俗谚，恩典来自上帝，石磨来自蒙提齐；然而，因为我们这儿这种砾石很多，根本不把它当一回事，就像那里的人不把翡翠当一回事一样，因为那儿的翡翠堆起来比莫雷洛山还高，而且在夜晚会发出无比光辉。要知道，你若是能将一对这样的砾石琢磨好并镶成戒指献给苏丹，无论你要什么，苏丹都会赏给你。另外还有一种被我们这些宝石鉴定家称为鸡血石的宝石，它更是神奇。随便什么人，只要把这种宝石带在身上，其他人就看不到他。”

卡朗德里诺听了以后表示：“这真是神奇，不过这第二种宝石要去哪儿找呢？”

马索回答，这种宝石通常出现在慕谬内。

卡朗德里诺又说：“这种宝石有多大？是什么颜色？”

马索回答："宝石的大小各异，有些比较大，有些比较小，不过全部的宝石都接近黑色。"

卡朗德里诺把这些话都记住了，便推托有事，借此向马索告别，打定主意要去寻找这种宝石。

颠倒安乐乡

雅各布·格林（Jakob Grimm）与威廉·格林（Wilhelm Grimm）
《格林童话》，1812~1822

过去曾有一个安乐乡，我在那儿散步的时候，曾看到罗马和拉特朗两座城市悬挂在一条丝线上，有个没脚的人在原野上赶上了一只快如闪电的马，以及一把非常锋利的剑，只要一击就能将一座桥劈开。

我又很巧地看到一只银鼻子的驴，它在路旁追逐着两只纤细的野兔，然后，那儿还有一棵很大的椴树，上面长满了热面饼。我看到一只干瘪的老山羊，拉着一百车的猪脂，加上盐共一百六十车。你们觉得我胡诌够了吗？还没。我还看到一整片用犁犁过的田，那犁不用牛也不用马就可以做工，那儿还有一名一岁的婴孩，能把四块磨石从特拉维索一丢丢到巴勒摩，然后又从巴勒摩丢到维佐峰上。我还看到一只老鹰在波河里悠哉自在地游泳。之后，我还听到鱼儿发出震天巨响，还有甜腻的蜂蜜像水一样从深谷往高山上流动。

这些都是很奇怪的故事。那儿还有两只会割草的乌鸦，两只正要造桥的蚊子，两只把一只狼压死的鸽子，两个小孩子生出来的两只小羊，和沼泽外正在打谷的两只青蛙。然后，我还看到一位受两只老鼠祝圣的主教，以及两只猫从一只熊身上扯下来的舌头。有只蜗牛跑了过来，打死两只凶猛的狮子。一名理发师正在剃一个女人的胡子，还有两个婴儿命令母亲闭上嘴。

我看到两只赛狗从河边带走石磨，附近还有一名老村妇表示它们干得好。农庄里有四只马正努力地取下玉米粒，两只山羊在生火，一只红牛忙着烘烤。那儿还有一只会叫的母鸡：咯咯咯。故事讲完了，咯咯咯。

好命村

卡洛·科洛迪
《木偶奇遇记》，第30~32页，1883年

小灯芯是整个学校里最懒惰也最顽皮的孩子：尽管如此，匹诺曹却非常喜欢他。事实上，匹诺曹马上跑去小灯芯家找他，邀请他前来早餐，不过匹诺曹扑了个空；匹诺曹回去找他第二次，小灯芯仍然不在家；后来他又去了第三次，仍然徒劳无功。

他到底去了哪里？匹诺曹四处寻找，最后发现小灯芯在一间农舍的门廊下躲了起来。

"你在这里干什么？"匹诺曹边接近他边问道……

"我要去一个地方……一个全世界最美的地方：一个真正快乐的地方！"

"这地方叫什么名字？"

"它叫做玩具国。你何不跟我一起去？"

"我吗？我才不要。"

"匹诺曹，你不去就大错特错了！相信我，如果你不跟我去，你绝对会后悔。对我们小朋友来说，你去哪儿找一个比这更棒的地方？那里没有学校，没有老师，没有书本。在那个快乐的地方，从来就不用读书。星期四不用上学，而且每星期都有六个周四和一个周日。更别说秋季假期从一月一号开始，一直到十二月的最后一天结束。我真喜欢这样的地方！所有文明国家都应该这样……"

"在玩具国的日子是怎么过的？"

"就从早到晚整天玩耍。晚上睡一觉，隔天早上又重新开始玩。你觉得怎样？"

"嗯！……"匹诺曹顿了一下，轻轻点了头，好像在说，"这样的日子我也想过！"

……

早上，天一亮，所有人都快乐地抵达了玩具国。这个地方和世界上其他地方都不一样。全部的居民都是小孩子。年纪最大的十四岁，最小的才刚满八岁。满街都嘻嘻哈哈，处处是吵闹声、叫喊声，让人头都昏了！到处都是一群群的小捣蛋。他们打弹子、扔石片、打球、骑脚踏车或骑木马；有些玩鬼抓人，有些玩追人；至于其他，有的扮小丑吃火，有的朗诵，有的唱歌，有的翻跟斗，有的倒立行走，有的滚圈圈，有的身着将军服头戴纸头盔，带领着纸扎的假军队，有人笑，有人喊，有人叫，有人鼓掌，有人吹口哨，有人学母鸡下蛋咯咯叫；总而言之，就是一片混乱，吵吵闹闹，让人得把耳朵塞起来，才不会聋掉。所有广场上都有小戏棚，从早到晚都挤满了人，所有房子的墙壁上都用炭笔填满了涂鸦，像是"完具万水"（应该是玩具万岁），"我们在也不要学小"（应该是我们再也不要学校），"打倒算速"（应该是打倒算术），等等。

匹诺曹、小灯芯和其他随着赶车的一起来到此地的孩子，一进城一下车，马上就加入了这场喧闹。你可以想象，不要多久，这群孩子就打成一片。这世界上还有谁比他们更快乐、更满足呢？在各种持续不断的娱乐活动中，一个小时接着一个小时，一天接着一天，一周接着一周，时间就飞也似的过去了。

"噢！多美好的生活啊！"匹诺曹每次和小灯芯偶遇时，都这么说着。

阿提里奥·慕希诺（Attilio Mussino），《木偶奇遇记》的玩具国插画，1911年绘制。

第十一章

乌托邦岛

就词源而言，“Utopia”（中文音译为乌托邦）指“没有的地方”——即使有些人比较喜欢将字首“U”解释为希腊文的“eu”，因此将这个词解作“美好之境”；另外也有一些人认为，托马斯·莫尔（Thomas More）创造这个新词的时候［莫尔的《关于最完美的国家制度和乌托邦新岛的既有益又有趣的全书》（*Libellus vere Aureus, nec minus salutaris quam festivus de optimo rei publicae statu, deque nova insula Utopia*）于1516年问世，他在书中描绘了一个以此词为名的理想国］，他觉得既然是用一个还不存在的国家为模范，也可以运用一下这种可做多种解释的性质。

事实上，在莫尔的作品之前，早就已经有许多人设想过所谓的理想社会，例如柏拉图在《理想国》和《法律篇》就曾提及；不过

左图：托马斯·莫尔《乌托邦》卷首插图，1516年版本。

右图：托马斯·莫尔《乌托邦》卷首插图，1518年版本。

格列佛，亚瑟·拉克姆（Arthur Rackham）为《格列佛游记》绘制的插图，1904年出版。

莫尔却更进一步地描述这个“没有的地方”、这个岛屿、岛上的城市和建筑物。其他曾经提到所谓理想之境的，还有托马索·康帕内拉（Tommaso Campanella）的《太阳城》（1602），以及弗朗西斯·培根的《新亚特兰蒂斯》（1627）。

政治文学以及我们所谓的科幻小说，充斥着所谓理想文明的描述，例如西拉诺·德·贝尔热拉克（Cyrano de Bergerac，1649，1662）的《月球帝国趣味历史》（1657）和《太阳帝国趣味历史》（1662）、詹姆斯·哈林顿（James Harrington）的《海洋共和国》（1656）、丹尼·维哈瑟（Denis Vairasse d'Allais）的《萨瓦拉姆比的历史》（1675）、加百列·德·富瓦尼（Gabriel De Foigny）的《南方之境》（1676）、丰特奈勒（Fontenelle）的《哲学家共和国或亚嘉旺的故事》（1768）、布列塔尼的瑞斯提夫（Restif de La Bretonne）的《飞人在南方的发现》（1781）、乔纳森·斯威夫特《格列佛游记》（1726）中冷静理性的慧骃国、亨利·圣西门（Henri de Saint-Simon）和查尔斯·傅立叶（Charles Fourier）的作品等，这些作者为了反对当时的资本主义社会，借由这些作品来倡议一种乌托邦式的社会主义——至少在提到傅立叶的时候，我们不能只局限在乌托邦的想法，因为在整个19世纪期间，傅立叶的共产庄园概念曾经几度出现了实践的尝试。此外，我们也不能遗漏通过《伊加利亚旅行记》（1840）来预示某种共产主义社会的埃蒂耶纳·卡贝（Étienne Cabet），以及塞缪尔·巴特勒（Samuel Butler）的《埃瑞璜》（*Erewhon*，1872）——原书名是将英文字“nowhere，不存在的地方之意”倒过来拼——

《格列佛与大人国的人物》，理查德·瑞德格雷夫（Richard Redgrave）绘，《格列佛游记》插图，19世纪。

和威廉·莫里斯（William Morris）的《乌有乡的消息》（*News from Nowhere*，1891）。

乌托邦有时也会以相反的形式出现，描述一个负面的社会，例如霍尔（Hall）的《另一个世界》（1607）与20世纪的许多作品，包括乔治·奥威尔的《1984》、卡雷尔·恰佩克（Karel Capek）的舞台剧《罗梭的万能工人》（R.U.R）、阿道斯·赫胥黎（Aldous Huxley）的《美丽新世界》、罗伯特·谢克里（Robert Sheckley）的《第七位受害者》、雷·布莱伯利（Ray Bradbury）的《华氏451度》、菲利普·迪克（Philip K. Dick）的《仿生人会梦见电子羊吗？》（导演雷德利·斯科特的著名电影《银翼杀手》就是由此发想）等，更别说其他著名电影如弗里茨·朗（Fritz Lang）的《大都会》或是《人猿星球》等。

为了不要偏离本书讨论“传奇地点”的主题，也就是将讨论范围尽量局限在数世纪以来被世人认定为真实存在、继而衍生出传说的地方，我们不应谈论乌托邦的城市、岛屿和国家，因为就定义而言，它们都是不存在的地方（即使这些作者亟欲倡议的，是未来有一天可能或应该发生的景象）。在这些想象的地点中，有一部分显然是虚构创造的，例如斯威夫特的作品，它们并没有创造出世世代代轻信传说而动身前往搜寻的探险家。然而，有些地方（例如乌托邦岛、太阳城、《新亚特兰蒂斯》里的本萨勒姆）几乎成了现实，如果世人并不全然坚信它们的存在，至少也期待或希望世界上真有这样的地方——在这些叙述出现之前，拉丁文里早就有“utinam”一词，这是一个可以被解释为“希望上帝、我多么希望、真希望”之意的副词。通常，当欲求让人产生期望的时候，欲求的对象就会变得比现实还要真实。期望未来会更好，让许多人愿意做出非常大的牺牲，也许会在先知、有识者、魅力十足的传道人与群众的驱策下献出生命，因为这些人利用了一种愿景，借着未来在人间（或其他地方）会出现的天堂的概念，引发追随者的狂热。

至于负面的乌托邦，每一次我们在现实日常生活中承认某些悲观的言论，这些负面乌托邦似乎就化为真实。

但是，人们并不总是想要在这些乌托邦社会里生活，这些社会往往类似独裁，让人幸福快乐的代价是牺牲公民的自由。举例来说，莫尔的《乌托邦》倡议言论自由、思想自由与宗教宽容，不过这些都仅限于有信仰的人，无神论者则被排除在外，并且不可担任公职；不然就是警告“如果有人恣意游荡到边境以外的地方，而且被发现没有总裁判官发出的通行许可……将会受到严厉惩罚；胆敢再犯，则发配为奴”。此外，这些以乌托邦为题的文学作品或多或少都带点重复性，里面所描绘的完美社会最后总是具有同样的模式。然而，这些作品内所提到的生活模式，或是作者有时借机对他们所生活的社会提出的批判，都不是我们关注的重点，我们的重点在于他们所描述的地方。

这些地方并不很多，因为这些作者在描述乌托邦的时候，并不是每个人都会提到一个特定的地点，至于有提到特定地点的，其中只有少数会在人类的集体想象中留下印记，创造出属于该地点的传说。

如同前面所说的，这些乌托邦都有重复性，对于每个乌托邦城市的描述也有重复性，因为它们或多或少都在某种程度上不自觉地以《圣经·启示录》里的天堂为模范，在几何学上优雅而对称，有些则取自梦中的所罗门王圣殿，我们在本书第二章已经讨论过。很清楚的是，约翰·瓦伦汀·安德里亚（Johann Valentin Andreae）在《基督城》（*Christianopolis*，1619）中，将理想之城描绘成一座以《圣经·启示录》天堂为典范的人间新耶路撒冷。

为了说明每个不同的乌托邦如何创造出让人严肃看待，进而加以实践的形象，我们可以试着去思考文艺复兴时期建筑师所构思的每个理想城市。举例来说，意大利北部的帕尔马诺瓦城为九芒星状，被城墙和护城河围绕，城内有六条道路往城市中心汇聚，中心广场呈六边形。塞浦路斯的尼科西亚在威尼斯人的统治下，为了抵抗土耳其人的攻击，至少它的外城被设计成理想城市的形式，以一个具有 11 座堡垒的包围式结构来保护中世纪旧城区。

然而，更早期的理念或许也对莫尔和康帕内拉等乌托邦主义者

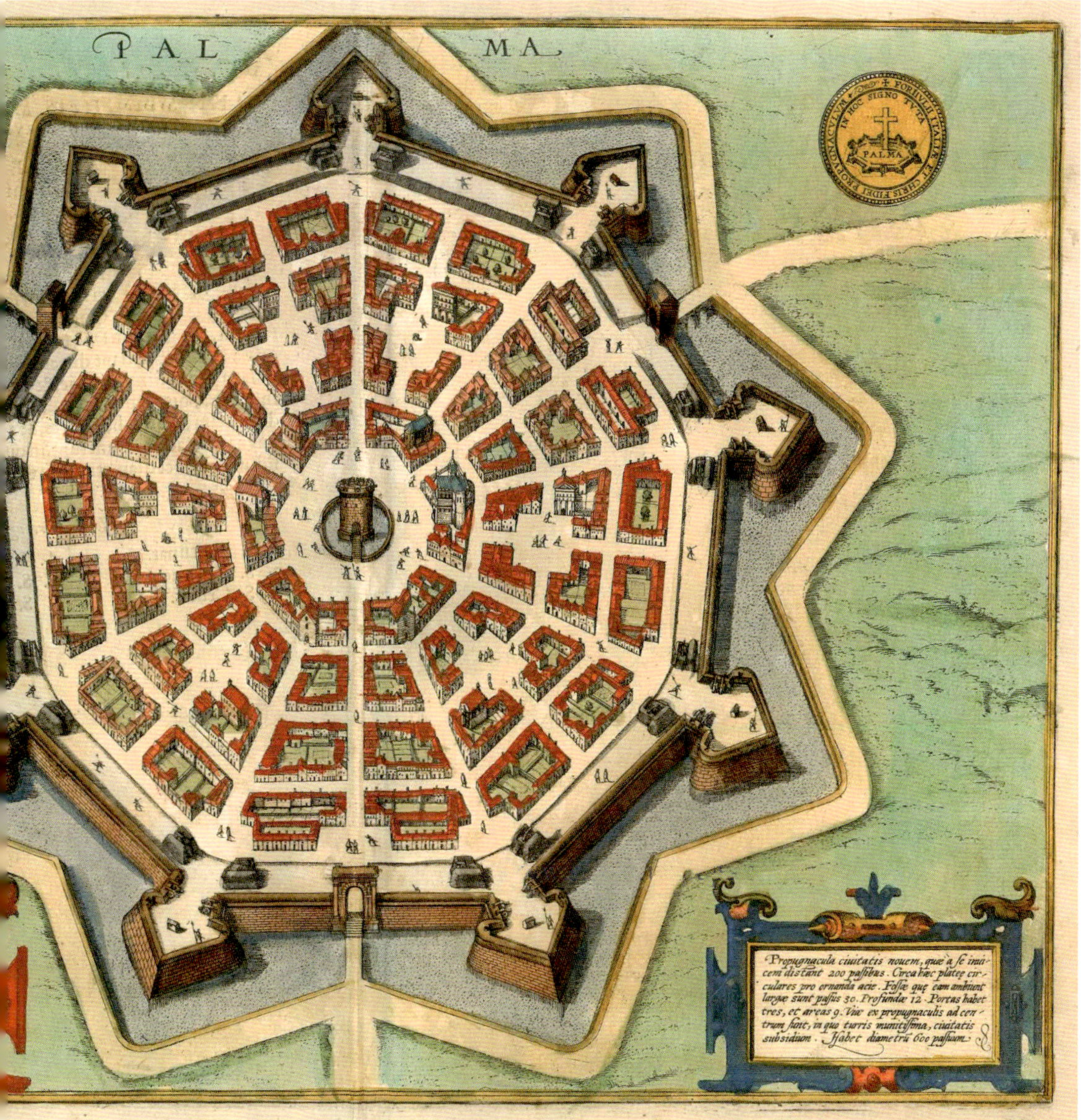

帕尔马诺瓦（Palmanova），出自乔治 · 布劳恩（Georg Braun）与弗朗茨 · 霍根博格（Franz Hogenberg）的《世界之城》（*Civitates Orbis Terrarum*）第 5 卷，1598 年出版。

有所启发，因为早在 15 世纪，文艺复兴时期佛罗伦萨建筑师费拉瑞特（Filarete）就在其著作《论建筑》（约 1464）中构想了八芒星状的斯福尔扎堡，这个形状来自两个相叠但相差 45 度角的正方形，它可以完美地嵌入一个圆形中，每一个城门和每一座塔都是笔直道路的起点，直通城市中心。

现代人比较感兴趣的乌托邦，也许是弗朗西斯·培根所构想的那样；在培根的想法中，此地拥有和平且令人喜爱的制度体系，创造这一体系的灵感则来自所有科学知识的成果。这个被描述成所有知识与科技之储存所的地方叫做所罗门王之家，其过度丰足的景况，让我们想起在 17 世纪驱策收藏家的那股欲望，使收藏家设置了所谓的珍奇屋，里面满是各种使人炫目而惊奇的物件与工具。

最后要说的是，在为一个让人难以寻及的地方创造传说的时候，文学确实能够放大传说的效果。豪尔赫·路易斯·博尔赫斯（Jorge Luis Borges）曾在《特隆、乌克巴尔、奥比斯·特蒂乌斯》（*Tlön, Uqbar, Orbis Tertius*）这篇短篇小说里提到，故事发生在一个令人感到不安且神秘的地方，一个“由天文学家、生物学家、工程师、玄学家、诗人、化学家、道德家、画家、测量家等组成的秘密社会，由一名身份隐秘的天才所领导”。这样的叙述并非偶然，除了让我们联想到培根笔下的本萨勒姆以外，显然也让我们想到“一位在 17 世纪初曾描述玫瑰十字会这个虚构社群的德国神学家，后来人们真的也根据这位神学家的想象创办了一个同名社群”。这里指的就是前面曾经提到的安德里亚，构思出基督城这个虚构地点之人。

乌托邦岛

托马斯·莫尔

《乌托邦》，1516年

在乌托邦人的岛上，中央部分是最宽阔的地方，宽两百英里，而且整个岛有相当大的部分保持这个宽度，一直到岛的两端才开始逐渐变窄；这是沿着一个长达五百英里的弧用罗盘测量的结果，因此这个岛约呈新月形。新月的两角之间有一宽约十一英里的开口，海水由此进入并延展到一个宁静如镜的水域。陆地完全包围了它，保护它不受暴风侵扰，它就好像死水构成的大湖，极其平静，几乎每一条溪流都可以当成港口，让船只可以往每一个方向行驶穿越，岛上居民也因此大为受益。因为沙洲和其他礁岩之故，开口处的某些部分非常危险。开口中央矗立着一座可以清楚看到因此并不危险的悬崖，岛民在悬崖上设立了一座有人驻守的塔楼，至于其他礁岩，则暗藏水间，极其危险。只有岛民知道水道位置，因此外地人很难在没有乌托邦岛民的引导下冒险进入海湾，试想，即使对岛民来说，如果不是因为岸边设有指标引导，出入水道也是很危险的事。无论敌人的船舰有多少，只要稍微让他们偏离，就能轻易地让他们沉船。

岛的另一侧海岸，港口也不稀疏。然而登陆点有着良好的自然屏障，亦设有碉堡，只要少许军队就能击退入侵者。另一方面，根据传说，也根据地形外貌所示，在很久以前，这个地方并非被海环绕。据说，原本纯朴粗野的岛民之所以能被提升到某种超越其他所有凡人的文明与礼仪程度，完全是因为该岛引以为名的征服者乌托坡（在乌托坡之前此地叫做阿布拉萨）。乌托坡在确保他登陆后的胜利以后，就将原本把岛和大陆连接起来的十五英里地峡挖除，让大海完全包围这个岛。他不只让当地居民去进行挖除工作（因为他们对身体疲惫不以为意），也让所有士兵加入岛民的行列，如此一来，由于能广泛分配工作，整个工程能够以让人难以置信的速度迅速完成，让邻国人民惊讶不已（因为这些人最初对此工程嘲弄不已，认为只是白费力气）。这个岛上有五十四座城，个个宏伟庞大，他们在语言、风俗、体制和法律上几乎一模一样，每个城看起来都很类似。

太阳城

托马索·康帕内拉

《太阳城》*La Città del Sole*，1602年

我前面已经讲过我是怎么环游世界以及如何抵达塔普拉班岛，后来我被迫登陆，为了逃离愤怒的岛民，我躲进森林，然后从一个恰好位于赤道下方的大平原走了出来……我马上遇到了一整队带着武

器的男女，其中有许多都会说我的语言，他们把我带到了太阳城……

这是个由七个大圆圈构成的城市，每一圈分别代表一个行星，各自之间由四条街以及正对着东南西北的四座门相连；然而因为设计之故，假使敌人攻下第一圈，则必须花更多力气攻打第二圈，之后继续递增；每一圈都需要分别攻下，才能拿下整个城。不过就我看来，即使要打下第一圈都很难，因为它范围广大而且壁垒森严，还有城墙、塔楼、护城河和炮兵看守。

这城的北门是一座由一巧妙装置操控的铁门。走进北门，你会看到两墙之间有一宽五十步的平坦地区。接着你会看到，所有建筑物都沿着第二面墙紧紧相连，可以说完全合而为一。建筑物上方的柱子有三角堡突出，看来就像一位位修道院的修士，下方除了通过建筑物凹陷处以外无法进出。那里还有设有凹凸窗户的美丽房间，间间以薄墙相隔。只有凸墙才厚达八掌宽，凹墙只有三掌宽，共享墙则是一掌多一点。

继续往上，你会来到比第一层窄了两三步的第二层。从这里，你可以看到第二面城墙与上面的三角堡和走道；这道城墙环绕着宫殿，墙内有回廊，回廊下方为圆柱，上方则是美丽的壁画。

这样子继续下去，你会一层层地往上，一直到抵达下一圈的城门。这城门是双层的，一内一外，你可以从这里走上一座斜度几乎让人感觉不到的楼梯，抵达另一圈……

山顶有片广大的平地，中央伫立着一座设计极其惊人的宏伟神殿……神殿呈完美的圆形，伫立在厚实且精致的圆柱上，周围没有围墙。巨大圆顶的正中央有个小圆顶，小圆顶有一开口，正对着下方的主祭坛，神殿内只设一座祭坛，而且位于正中央。圆柱呈圆形排列，周长达三百步，圆柱外的门廊宽八步，墙壁比椅子高一些，椅子则设于外墙内侧的凹陷处……

主祭坛上方有一大型世界地图，上面画着天堂，旁边还有另一个画着陆地世界的地球仪。圆顶内侧画着天空上的所有主要星辰，还标注着它们的名称，并各自以三句诗来表达它们对地面事物的影响。极点和大圆也有标示，然而因为缺少下方墙面，所以并不完整，不过完整的标示可以在祭坛上方的两个地球仪上看到。那儿总有七盏灯亮着，各代表七个星球。神殿上方的小圆顶周围有几个小房间，回廊外还有许多更大的房间，这些是此地四十名教士的住所。圆顶上方有个风向标，可以显示出三十六种不同的风，而且人们也知道每种风所各自代表的季节。这里还有一本用黄金写的书，记载着最重要的事情……

他们之间有一名祭司王，被众人称为太阳，不过在我们的语言中，则被称为玄学家：他同时是这群人的精神与世俗领袖，具有最终决定权。他有三名附属祭司：分别是力、智与爱，代表力量、智慧与爱情。

巴托勒梅奥·德贝内（Bartolomeo Del Bene），《真理之城》（*Civitas Veri*）插图，1609年绘制。

力管的是战争、和平与军事；在战争中他有着仅次于太阳的权力；无论是官吏、战士、兵士、军火、碉堡与侵略，都由他管辖。智管的是所有科学、博雅教育及工艺教育的所有学者与大师，底下的人员和科学家一样多：受他管辖的有天文学家、宇宙学家、测量家、逻辑家、修辞学家、文法家、医生、物理学家、政治家、道德家，他手上持有一本记载着所有科学的书，并将书中知识像毕达哥拉斯一样地教授给所有人民。他让人把所有科学知识都画在所有墙面和三角堡的里里外外。

在神殿外墙以及讲道时为了让声音集中而放下的帷幕上，都按顺序画上了所有行星，而且每一颗行星都有三句诗加以形容。第一圈的墙上画了不只是欧几里德和阿基米德的所有数学家，以及他们各自的重要主张。外墙上画了全世界的地图，并以表格方式列出各地的仪式、风俗和法规，各地使用的字母也写在当地字母的上面。第二圈里面有着各式各样用画的或镶有真的珍贵与普通的石头、矿物与金属，每种材质都有两句诗加以形容。外墙上画着各式各样的湖泊、海洋与河川，还有各种酒、油和烈酒，标着各自的特性、来源和品级；那儿还有一壶壶装满的酒，陈放一百年至三百年不等，几乎可以治疗各种虚弱体质。第三圈内墙上有世界上各式各样的花草树木，而且每种植物的标本都被种植在瓦器中，一盆盆放在三角堡内，旁边还附上许多信息，如初次发现地点，个别植物的特质，与星辰、金属、身体部位的关系，以及医学运用方式等。外墙上画着各式各样在河流、湖泊或海洋中生活的鱼类，并让人了解它们的特质、生活方式、繁殖方式、发育方式、运用方式，以及它们相对于天体、地上事物、艺术与大自然的关系；我看到主教鱼、链鱼、钉子

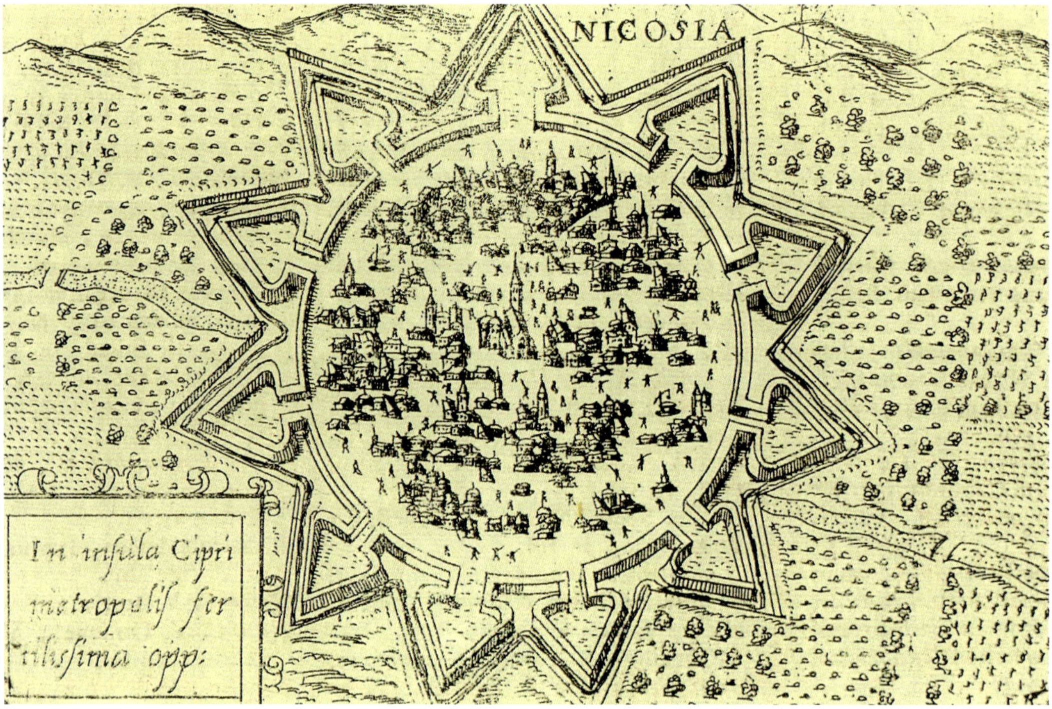

贾科莫·弗朗哥(Giacaomo Franco)《尼科西亚地图》仿作，于1713年绘制。

鱼和星鱼的时候非常惊讶，这个世界竟然有这样的东西。那里还有海胆和软体动物，所有值得知道的知识都用精彩的绘画与文字表达出来。

第四圈的内墙上画了各式各样的鸟类、它们的特质、尺寸与习性，其中以凤凰最栩栩如生。外墙上有各种爬虫动物、蛇类、龙、蠕虫、昆虫、苍蝇、蚊蚋等，以及它们的习性、毒性与特质。这些动物的种类比想象中多了许多。

第五圈内墙上有地面上最完美的动物，数量多到让人惊讶。我们知道的不到千分之一，不过因为它们体积庞大，所以也出现在三角堡的外面。墙上还有许许多多不同种类的马，每一只都画得又美又标准。第六圈里面包含了所有的机器工艺与它们的发明者，以及这些工艺在世界上不同地区的运用方式。外面则是法规、科学与武器的发明者。

所罗门王之家

弗朗西斯·培根

《新亚特兰蒂斯》，1627年

一千九百年前，这座岛有一个最受到世世代代人民爱慕的国王，我们对他的景仰并非迷信，而是将他视为神器，尽管他只是个凡人；他的名字是所罗门，我们将他尊为我国的立法者，让我国有法可循。

这位国王心胸宽大、深不可测且一心一意追求国家与人民的幸福。他因此考虑了许多事情：这个国家到底有多能自给自足、有多富足，才能在不需外援的状况下维持运作；国土周长五千英里且大部分地区不甚肥沃；国家舰队应该完全能用做捕鱼，也能用做港口间的交通运输，以及和邻近且同属国王统治的岛屿进行贸易；他想到过去国力曾经有多繁荣兴盛，而国家情势确实有可能走下坡而非继续强大；他对那高贵且具有英雄主义的情操并无所求，只期（在人类能力可及之处）能在他在位时维持乐土的长治久安。因此，在这个国家的基本法律中，他取消外国人进入的资格，禁止外国人进入，而在当时（尽管在美洲灾难之后）这种情形很常见，因为人们对新奇事物和习俗的交杂抱着怀疑态度……

我们成立的目的在于了解事物的成因与秘密运作，并扩展人类帝国边境，以实现所有可能之事……

我们有又大又深的洞穴，每个洞穴深度不一；最深者深达六百腕尺，有些则是在丘陵和高山下挖掘建造而成：如此一来，若将丘陵高度和洞穴深度加在一起算，有些洞穴的深度可达三英里。因为我们知道，山丘的高度与洞穴从平地往下算的深度其实是同样的，两者距离太阳、天体光线和开阔空间都一样遥远，我们将这些洞穴称为低洼地区。这些洞穴被我们用来进行各种凝结、硬化、冷冻与尸体保存。我们还把这些地方拿来模拟天然矿坑，通过合成各种材质并将它们长久保存在里面，制造出新的人造金属。有时候（这听来可能奇怪），我们也会利用这些洞穴来治愈疾病，也让一些选择住在这里的隐士在此延长寿命，供应他们各种生活所需；他们真的在这里活了很久，而我们也从他们身上学到很多事情。我们在不同的地方都设了地下储存所，在那里放了不同种类的水泥，就如中国人烧制瓷器的方式。不过，我们制作的种类比较多，而且其中还有许多种比较精致。我们也有各式各样的肥料，能让土地更加肥沃。

我们有高塔，最高的约有半英里高；有些塔建在高山上，如此一来，山的高度和最高塔的高度加起来，至少高达三英里。我们将这些地方称为高耸区域，而介于高耸区域和低洼区域者，就是中间区域。根据这些塔的高度和位置，我们将它们用来（实验）曝晒、冷冻、保存物品与观察各种天气现象，如风、雨、雪、冰雹和流星。有些塔里住着隐士，我们有时会去拜访他们，告诉他们该观察什么。

我们有大型咸水湖和淡水湖，用来饲养鱼类和鸟类。我们也会将一些动物尸体葬在水中，因为我们发现用土埋起来、埋在地底空间和浸在水中是不同的。我们也有用来将咸水淡化的池塘，也有以人为方式将淡水变成咸水的池塘。我们还有大海中间的岩石和沿岸海湾，得以进行一些需要海风和海水蒸汽的实验。我们也有水势猛烈的湍流和瀑布，能带动许多种不同的机制，以及运转能增强风势和制造不同运动的机器。

我们也有一些人工水井和喷泉，全都模仿天然水源与浴池打造，水内含有微量的矾、硫、钢、铅、铜、硝与其他矿物质。我们也有其他小井，供许多不同事物灌注之用，和缸盆相较，井水的流速较快，水质也较好。在众多水源之中，有一种被我们称为天堂水，因为经过这样的处理以后，水质变得有益健康且能延年益寿。

我们用明亮宽敞的房子来模仿并示范大气现象，例如雪、冰雹、雨、人造雨、人造雪以及雷电；我们也用这些空间来模仿并展示空中生物，如青蛙、苍蝇等。

我们有一些叫做康复室的房间，我们会根据需求调整里面的空气，以治疗不同的疾病并维持健康。我们有美丽宽敞的浴室，里面用了不同的混合物，好治疗疾病，并让脱水的身体复原；其他还有可以让人健体固本、恢复肌肉疲劳的。

我们有各式各样的大型果园和花园，这些园子并非用来欣赏，而是用来实验不同的地形与土壤，适合哪些不同的树木花草生长：有些园子很大，里面种了树木和浆果，让我们能制作出除了葡萄酒以外的不同饮料。这里也会利用野生树木和果树进行各种嫁接与接种实验：所有实验都获得良好的成果。在同样的园子里，我们也会利用各种人工手段让花草树木提前或延后开花结果。同样地，我们也利用人工方式让果实长得更大，甚至让果实产生不同于自然生长状态的味道、香气、颜色和外观。经过这些人工手段的处理，许多果实甚至能有医药用途。利用不同土壤的调和，我们不需种子就能种出植物，也能创造出一些不同于以往的新植物，或是将一种植物或一棵树变成另一种植物。我们有养着各种动物和鸟儿的动物园与围栏，饲养的目的不只是观赏或保护珍稀，而是为了解剖与验证，借此了解可以怎么对待人体。

我们在这里得到了许多非凡的成果，例如，即使不同部位的重要器官失去功能或是被移除，我们也能让生命延续下去，或是让有些显然已经坏死的器官再生等。因为外科手术与医药之目的，我们也会在动物身上试验毒素与其他药物。

我们也会用人工的方式，让动物长得比原本来得高大，或是让它们长得比原本小，阻断它们的生长；我们让这些动物更能生育、生更多胎，或是让它们不育或不孕。此外，我们也用许多不同的方式，让它们的体色、形态和活动区别开来。我们发现了让不同物种杂交的工具，因此制造出许多新种生物，而且和一般人的想法不一样的是，这些生物能够繁衍后代。

我们让腐败物质长出许多不同种的蛇、虫、苍蝇和鱼，这些动物中有部分（事实上）可以像野兽和鸟类一样呈现完美生物之姿，有性别差异，也能够繁殖后代。我们的成功并非侥幸，我们事先就知道哪些生物会从哪些材料和哪种混合物里长出来……

我就不花那么多时间跟你描述我们是用什么样的啤酒厂、烘焙房和厨房来制作各式各样稀有且具有特殊效果的饮料、面包、肉品等。我们有葡萄酒和其他以果实、谷物和植物的根制成的果汁，也有混合了蜂蜜、糖、甘露、水果干和特殊材料的饮品。此外，我们还将取自树木伤口与甘蔗茎的汁液做成饮料。这些饮料的年份不同，有些可以陈化，或是有效期长达四十年。我们也有用各种草药、根茎和香料制成的药剂，甚至在里面添加各种红肉和禽肉；有些药剂实际上可以当成食物和饮品，以至于许多人以此维生，很少吃其他面包和肉，这情况在老年人身上尤其常见。

总之，我们努力制作出极度轻盈、能够渗透进入身体的饮料，它们不具刺激性，在口中味道甘醇细腻，滴几滴在手背上，不用多久就会被吸收。我们也有一些特别的水，经过特殊加工，这些水化成了养分，如此一来，它们就成了极佳的饮料，许多人只喝它，不喝别的……

我们设有诊疗所或药房。你们很容易就能想见——如果我们有比你们在欧洲还更多的动植物（因为我们知道你们有什么）——我们手中的单方、药物和药用成分必然会更多。这些药剂也有不同的年份，有些也经过长时间发酵。至于它们的加工，我们不但具有各种精密的蒸馏和分离方法——尤其是在适当温度利用不同的过滤器和固体物质来过滤，也知道确切的组成形式，让它们几乎像自然简单物一般地结合在一起。

我们也有很多你们没有的机械技术，我们可以通过这些技术制作出纸张、麻纱、丝绸、面料、极有光泽的羽绒、绝佳的染色以及其他许多东西；我们有各种店铺，有卖非日常生活使用的精品者，也有日常生活用品店。你们因此该知道，上面提到的那些东西，许多都已经流通到全国各地；尽管我们的发明也有可能流传到外地，它们的模型和原型都被我们保留了下来。

我们还有各式各样具有不同热度的熔炉，无论是迅速加热的、稳定持续的、温弱的、强的、和缓的、干燥的、带有湿度的等诸如此类皆备。然而除此以外，我们还有能模仿太阳和其他天体在绕轨运转、前进和返回时产生的不同程度热能，并产生出让人赞叹的效果。

此外，我们还利用排泄物、动物的肠胃、血液和躯体等产生热能，而湿草堆、燃烧的石灰等也都可以生热。我们有仅靠运动来产生热能的工具，以及绝缘良好的地方；在地底下也有能够散发热能的自然与人造空间。我们会根据不同类型操作的需求，来选择不同的热能。

我们也设有光学的专门空间，用来展示各种光线、辐射和所有颜色；至于无色透明的东西，我们可以用各种颜色来呈现，而且不是像宝石和棱镜所发出的虹光，而是单色光。我们也可以把光线聚集起来，传送到很远的地方，而且我们可以让它变得相当锐利，让细微的点和线都清晰可辨；此外，也可以表现出光线的各种颜色以及各种相关图像、尺寸、运动和颜色等的幻觉与错视，甚至各种不同的阴影，让人目不暇接。我们也会利用各种不同的物体来制造光线，这些都是你们不知道的技术。我们有工具能帮助我们观察天空与远地的物品，也可以让远处的东西看起来很近，或是让近处的东西看起来很远，操弄距离的真假。我们也有比眼镜和镜片更佳的视觉辅助工具。我们也有能让我们清楚观察微小物品的工具，用来观察小虫与苍蝇的形态与颜色、宝石的粗糙度与裂缝等除此以外无法看到的东西。我们能制作出人造彩虹、光晕和光环，也能表现出物体可见光的各种反射、散射与聚集。

我们有各式各样的贵重宝石，其中有许多非常美，而且是你们没看过的；我们还有各种水晶和玻璃，其中有将金属加以玻璃化来制作的，也有用其他材质制作的，它们都和你们利用玻璃来制造的器皿不一样。我们也有大量的化石和不完全的矿物，这些都是你们没有的。此外，还有具有惊人特质的磁铁以及其他罕见宝石，天然和人造的都有。

我们有音响室，让我们实验与感受各种声音和它们的形成。我们有你们没听过的和声，四分之一的音调与比这个还细腻的声音变化。我们还有各式各样你们完全没看过的乐器，有些乐器的声调比你们那儿有的还要悠扬，此外还有大大小小既精致又和谐的钟。我们可以发出深沉宏伟的极小音量，或是高亢尖锐的音调；我们也能制造出完整的颤音与鸟鸣。我们能表现、模仿各种发音与鸟兽的叫声。我们也有一些能够辅助听觉的器具。我们有许多不同的回声，奇怪的和人工的都有，它们由多次反射的声音形成，就好像是把声音辗转抛来抛去一样：有些会反射出更强的声音，有些更尖锐，有些更深沉；事实上，在字母或是嘴巴发出的声音之中，有一些在经过反射以后会变成完全不一样的声音。我们也能将声音通过管道与奇特的线路传送出去。

我们有可以进行味觉实验的香料房。我们可以将气味放大，让人在闻到时产生奇异之感。我们可以用各种混合物来模仿气味。我们能制作出能欺瞒味觉的仿造品。我们也在这里设了果酱实验室，在此制作各种干燥的和柔软的甜食，还有各种不同且宜人的酒、奶、汤、色拉等，种类都比你们那儿更丰富。

我们有用来制作各种工具和装备的机械房。我们可以在那里进行各种模仿和实验，所能制作出的运转速度比你们的枪械或任何机器都来得更快；我们利用轮毂和其他方式，就能更轻易、用更少力气地进行制作并复制，而且做出来的工具比你们的更强大更猛烈，那力量远多梅尼可·雷姆普斯（Domenico Remps），《玻璃展示柜》，17世纪绘制，目前为意大利佛罗伦萨镶嵌艺术博物馆收藏。

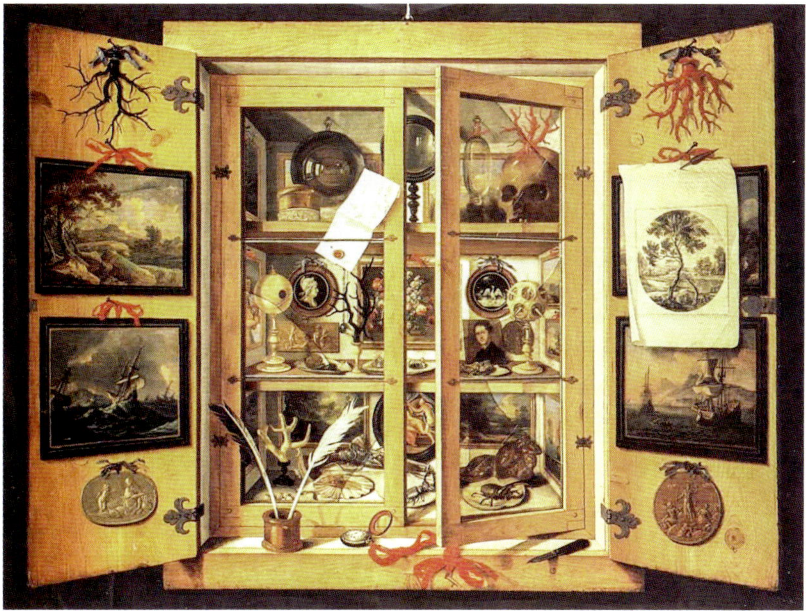

远超过你们最大的大炮与蛇炮。我们也生产大炮、武器和各种兵械，还有新的合成火药，以及能在水里燃烧且不会熄灭的希腊火。我们也能制作各式各样的烟火，可供娱乐，亦可供实际使用。我们能模仿鸟类，有几种方法能让我们在天空飞翔；我们也有大大小小的船舰，除了潜水以外也有防御功能，也有帮助游泳的腰带和支撑物。我们有各种奇奇怪怪的钟表，有些利用回行运动，有些利用永恒运动。我们会通过图像来模仿动物，如人、野兽、鸟、鱼和蛇等的动作。我们还有许多不同的运动，在规律性、优雅与精细度上都极其奇特。我们也有数学室，里面有各种制作精巧的几何学与天文学仪器。

我们还有用来展现各种假象的陈列室，里面展示着各种魔术、幻术、错觉与假象。你们应该也会相信，假使具有掩饰事物并尽可能让它看起来更神奇的能力，拥有这么多令人赞叹的自然之物的我们，也会在这个具有许多独特事物的世界里做出一些能够欺瞒感官之事。然而，我们确实憎恨所有的骗局与谎言：以至于我们以处罚和罚款的方式，严格禁止人民炫耀任何经过装饰或夸大的作品或事物，只能展现具有纯粹本质、未受任何过度修饰者。

孩子，这就是所罗门王之家的财富。

基督城

约翰·瓦伦汀·安德里亚

《论基督城共和国》*Reipublicae christianopolitanae descriptio*，第2卷，第7节，1619年

我肯定得先跟你们描述这座城市的样貌。它方方正正，一侧的长度为七百英尺。它有四座桥墩和厚实城墙，能提供充分的防御。无论从哪个方向，这座城看起来都一样。它的防御以八座分布在城内的塔楼要塞为主，此外还有十六座重要性相当的较小型塔楼，以及位于城中央、近乎无敌的堡垒……事物有着一模一样的外观，看来不豪华也不寒酸，这种规划让人能享受这里自由与新鲜的空气。居民约有四百，全都是虔诚的信徒，在这里安宁平静地生活。

新耶路撒冷

《圣经·启示录》，第21章，第12~23节

有高大的墙，有十二个门，门上有十二位天使；门上又写着以色列十二个支派的名字。东边有三门、北边有三门、南边有三门、西边有三门。城墙有十二根基，根基上有羔羊十二使徒的名字。对我说话的，拿着金苇子当尺，要量那城和城门城墙。城是四方的，长宽一样。天使用苇子量那城，共有四千里，长、宽、高都是一样；又量了城墙，按着人的尺寸，就是天使的尺寸，共有一百四十四腕尺。墙是碧玉造的；城是精金的，如同明净的玻璃。城墙的根基是用各样宝石修饰的：第一根基是碧玉，第二是蓝宝石，第三是绿玛瑙，第四是绿宝石，第五是红玛瑙，第六是红宝石，第七是黄璧玺，第八是水苍玉，第九是红璧玺，第十是翡翠，第十一是紫玛瑙，第十二是紫晶。十二个门是十二颗珍珠，每门是一颗珍珠。城内的街道是精金，好像明透的玻璃。

难以寻及的地方

豪尔赫·路易斯·博尔赫斯

《特隆、乌克巴尔、奥比斯·特蒂乌斯》*Tlön, Uqbar, Orbis Tertius*，1940年

乌克巴尔的发现，要归功于一面镜子和一本百科全书……这件事发生在五年前。那天晚上，比奥伊·卡萨雷斯在我们这儿用晚餐，他正谈论着手上一个写作计划，一本以第一人称写作的小说，其中，叙述者在忽略或扭曲某些事实以后，造成了许许多多的矛盾，让某些读者——极少数读者——能够借此猜测出一个可怕或单纯的事实。走道另一端的镜子窥视着我们，我们也发现这镜子有些可怕的地方（在深夜这样的发现是无可避免的）。比

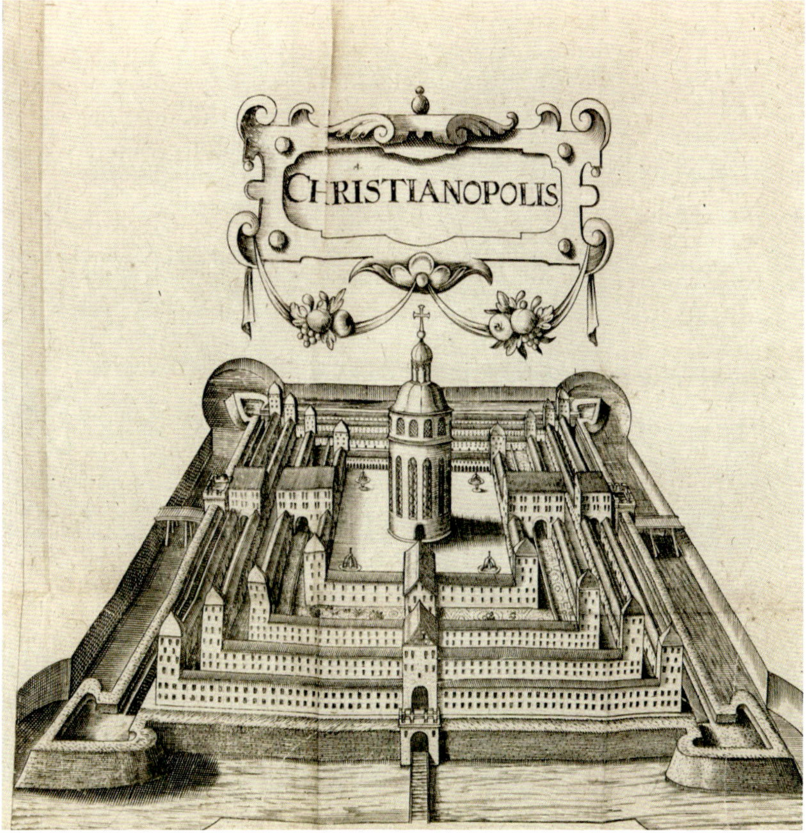

约翰·瓦伦汀·安德里亚的城堡，取自《论基督城共和国》，1619年出版。

奥伊·卡萨雷斯于是想起，乌克巴尔的一名异教徒曾声称，镜子和交媾都是可憎的，因为它们都会让人类的数量成倍增加。在被问到这种令人印象深刻的说法由何而来的时候，他表示《英美百科全书》上的乌尔巴克条目就是这么写的。在我们租来的附家具的别墅中，就有这本百科全书。在第四十六卷的最后几页，我们找到乌普萨拉的条目；在第四十七卷的头几页，则是乌拉尔—阿尔泰语系语言的条目；然而却没有提到乌克巴尔。比奥伊在失望与惊讶之余，翻了翻这本百科全书的索引，尝试了所有可能的发音：乌卡巴尔、乌科巴尔、武克巴尔、库克巴尔、吾克巴哈……他在离开之前告诉我，那是伊拉克或小亚细亚的一个区域。我承认，当时的我确实有些尴尬……隔天，比奥伊从布宜诺斯艾利斯打电话给我。他说，他正在读乌尔巴克的条目，在《英美百科全书》第四十六卷。这异教条目并不存在，不过文内确实有提到它的教条，而且几乎和他引述的一模一样，虽然文采也许不是那么高明。比奥伊引述的是“镜子和交媾都是可憎的”，而《英美百

《天堂的耶路撒冷》，取自《比亚图斯评启示录》，约公元950年于里昂出版，目前收藏于美国纽约皮尔庞特摩根图书馆，排架号Ms.644，f222v。

科全书》的内文是这么写的："对这些诺斯底主义人士来说，肉眼可见的世界是一种幻象，或者——更正确地说——是一种诡辩；镜子和为人父都是可憎的，因为它们会繁殖且散播"……我谨慎地读着这些文字……我在重读的时候发现，这些严谨的文字底下其实隐藏着一种根本的不确定性。在地理部分出现的十四个名称中，我只认得三个（呼罗珊、亚美尼亚、埃尔祖鲁姆），而且它们都以相当模棱两可的方式穿插在文章之中；至于历史悠久的名称，只有一个：斯梅尔迪士，不过这只是为了比较之故才提及的。文章似乎说明了乌克巴尔的边界，不过文中使用的模糊参考点都是同一个国家的河川、陨石坑与山脉……两年前，在一本百科全书手抄本中，我曾读到一个假国家的概述；而现在这个状况替我带来了更珍贵也更困难的东西。现在，我手上握着一未知行星的完整历史，在这庞大且有条不紊的文字中，描述了该地的建筑、战争、神话所造成的恐惧以及当地语言发出的声音，还有该国的皇帝、海洋、矿物、鸟兽鱼虫、代数、火，以及在神学与形而上学的争议。

第十二章

所罗门群岛与未知的南方大陆

在这个世界上，有些地方曾经被人梦到、被描述、被寻找，甚至被记录在地图上，然后又从地图上消失，而且，演变至今，所有人都知道这些地方从来就不曾存在过。然而，当时人们认为这些地方的文明发展情况类似祭司王约翰的国度，因而拥有理想的运作方式，为了寻找之，欧洲人四处在亚洲和非洲探险，不过显然并没有找到这些地方，反而找到了其他东西。

《决心号》，18 世纪下半叶绘制，水彩画。

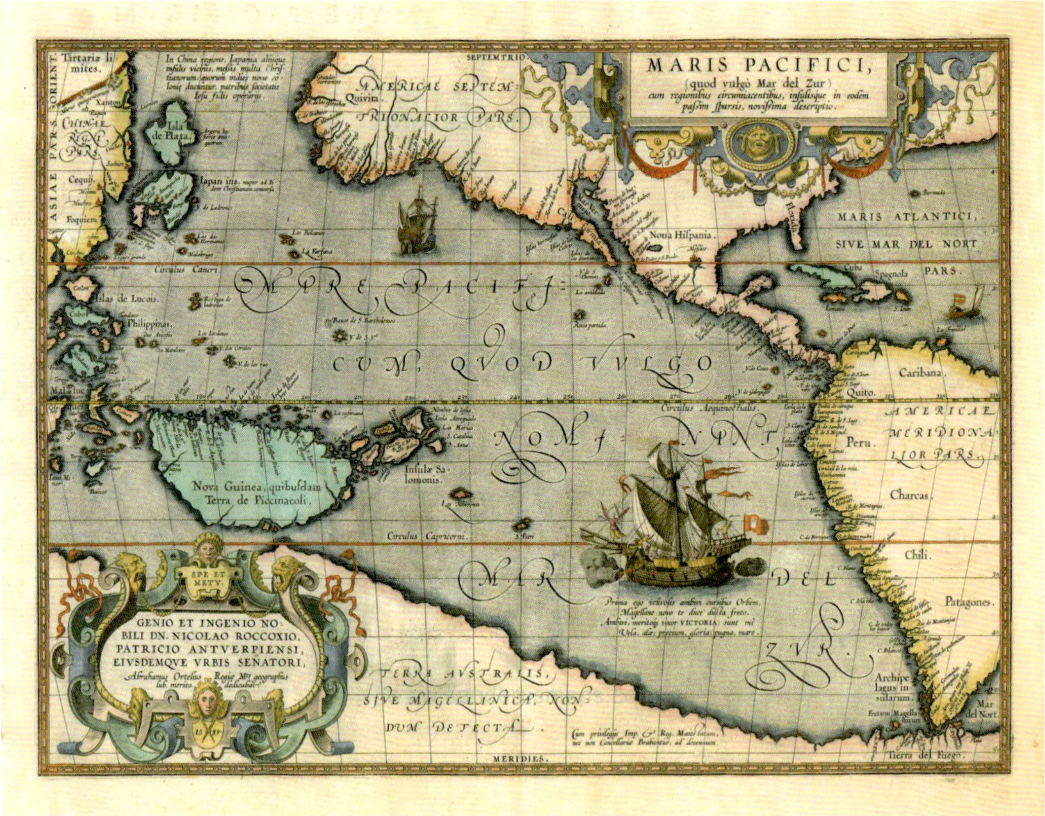

南方大陆就是这些让人难以寻及的地方之一。有关南方大陆的概念可以回溯到古希腊，从亚里士多德（《天象论》第2卷第5章）到托勒密都曾经提及，只不过经常和对跖点理论相混淆（本书第1章曾讨论到对跖点）。毕达哥拉斯学派发展出所谓反人世界或“相对世界”，认为它是与已知世界（适居地、人世）相对称的大陆，对于地球的平衡有着必不可少的重要性，能防止地球翻过来。古罗马地理学家梅拉甚至认为塔普拉班岛应该是位于南方大陆上某一个端点的海角。到了现代，相信自己已找到这地方的麦哲伦，将它称为“Terra Australis recenter inventa sed nondum plene cognita”，意指“最新发现且尚未完全被了解的南方大陆”。

《太平洋地图》，取自亚伯拉罕·奥特柳斯《世界概貌》，1606年出版。

想要进一步了解这到底指的是什么，只要仔细检查两张古地图即可：古罗马作家马克罗比乌斯的经典地图无法预见美洲的存在，史上第一本世界地图的制图人奥特柳斯几乎已经记载了整个亚洲、非洲和美洲，不过两人都对于世人今日称为大洋洲的部分，什么都不知道。因为在他们的时代，人类还没有发现大洋洲和地球的那片区域，世人将那个地区想象成一块球冠状的土地、一片未知的大陆、一个将南半球完全覆盖的庞大陆块，而且根本不适合人类居住，或者是个猛兽遍布之地。麦哲伦沿着南美洲南端的麦哲伦海峡航行时，在左手边看到一列森林苍翠且山上有白雪覆盖的岛屿。那群岛屿现在被称为火地群岛，不过麦哲伦当时却认为这地方是未知大陆往北延伸上来的分支。在麦哲伦以后，其他航海家也曾在南大西洋、南印度洋和南太平洋寻找这块未知大陆。

西班牙人尤其热衷于寻找未知大陆，在信风的辅助下，他们从美洲海岸朝西航向太平洋。阿尔瓦罗·德·萨维德拉（Álvaro de Saavedra）就是这么抵达了新几内亚（他以为新几内亚是未知大陆的一部分）。后来在1542年，鲁伊·洛佩斯·德·比利亚洛沃斯（Ruy Lopes de Villalobos）先后在加罗林群岛和菲律宾群岛登陆。

科内利斯·德·尤德（Cornelis de Jode），《新几内亚与所罗门岛地图》，1593年安特卫普出版。

北太平洋的马里亚纳群岛也是西班牙人发现的。到了1563年，胡安·费尔南德斯（Juan Fernández）从秘鲁出发，抵达了目前仍以他为名的胡安·费尔南德斯群岛，以及马斯阿富埃拉岛和马斯阿提耶拉岛（现已改名为亚历山大·塞尔柯克岛和鲁宾逊·克鲁索岛）。尽管如此，南方大陆仍然不知在何处。

在无边无际的大海上航行并不容易。接下来我们即将提到的诸多因素，再加上

威廉·霍奇斯（William Hodges），《库克船长在新赫布里底群岛的塔纳岛登陆》，18 世纪绘制，目前为英国伦敦格林威治国家海事博物馆藏品。

航行的困难，正是所罗门群岛发现史的写照。所罗门群岛是另一个与南方大陆有关的传奇之地，它和南方大陆的差异在于后者并不存在，而所罗门群岛虽然存在，它在被人发现之后却马上失去踪影。

1567 年，西班牙航海家阿尔瓦罗·门达纳·德内拉（Álvaro Mendaña de Neira）来到了一个在发现时随即被命名为所罗门群岛的地方，他深信此地非常富庶，因为它应该是《圣经》中曾提及与俄斐的寓言相关之处，据信，耶路撒冷圣殿的黄金柱就是来自此地。[1]

尽管找不到那些财富，门达纳回国时还是带回了有关这片美好之境的消息，并最终在 1595 年说服西班牙政府让他进行第二次航行。西班牙政府之所以答应，也因为就在那段时间，西班牙无敌舰队被英军歼灭，而英国、荷兰与法国势力开始慢慢侵入太平洋。假使《圣经》故事中的这个富庶岛屿真的存在，西班牙必须先找到。然而，门达纳的第二次远航只发现了马克萨斯群岛，却再也找不到所罗门群岛（一直到一个半世纪以后，世人才抵达其中的布干维尔岛）。

门达纳再也找不到所罗门群岛，因为想重回此地，他需要正确的坐标（也就是纬度和经度），不过在他那个年代，一直到之后将近两个世纪的时间，人们虽然可以轻易地运用适当的航海仪器，以太阳和恒星的位置来计算出纬度（以及一天中的时刻），却无法得知经度几何。试想，美国纽约和意大利那不勒斯的纬度相同，如果不知道两地的经度，根本无法确知两地之间的距离。为了解决这个问题，也就

注 1：参考本书第二章所论及所罗门王和俄斐之处。

是知道怎么找到塞万提斯所谓的“固定点”（这并非人们普遍解读为寻找一精确点的意思，而是指无论去到任何地方都能知道自己所处之确切位置的能力），16 世纪的西班牙国王菲利普二世早就重金悬赏任何能找出解决之道的人，后来菲利普三世提出给解决问题者六千达克特金币的年薪加上两千金币的年金，荷兰国会则提出三万弗罗林的奖金。

测出经度的唯一方法，是确知所在地的当地时间以及出发地在同一时刻的时间：由于每相差一个小时，相当于经度十五度，只要分别知道两地在同一时刻的时间，就能确认所在位置的经度。然而，若要知道出发地的时间，船上就必须有一只即使航程摇晃仍能正确运转不受影响的钟表，而这一技术一直到 18 世纪才得以实现。

由于缺乏这种精准的钟表，为了能确定所在位置的经纬度，航海家设计出各式各样饶富想象力的工具，有按照潮汐的，有根据月蚀的，有以磁针变化为基准的，也有观察木星卫星的（根据伽利略向荷兰人的提议），不过这些方法没有一种能够真正发挥效用。既然本书探讨的是传说，就来说说诸多方法与工具中最可怕的“交感粉”（polvere di simpatia）。在 17 世纪，世人深信所谓交感粉或武器软膏这种物质，它必须被抹在刚造成伤口而且还带着血的武器或是还带有伤口血渍的布料上。然后，空气会吸引血液的原子，而交感粉的原子也会随之被吸起。如此以来，伤口流出的原子就会被周围空气吸引。那么，无论是布料、武器上或是来自伤口的血液原子，就会聚集在一起，聚集到伤口处；交感粉就会渗到肉里，加速伤口愈合。即使伤口离武器和布料很远，也有可能发挥效果（可参见迪格比于 1658 年和 1660 年的著作）。

然而根据同样的原理，如果伤人的武器上抹的不是交感粉，而是一种具有强烈刺激性的物质，那么伤者也会感到急性剧烈的疼痛。

为了解决经度的问题（有人突发奇想），只要抓一只狗，在它身上弄个大伤口，把它放在一艘要出发去大洋航行的船上，并努力让伤口不要愈合。如果每天在一个约定的时间，有人在出发地将刺激性物

《使用交感粉的各个阶段》，取自肯内尔姆·迪格比（Kenelm Digby），《交感剧场》，1660年于纽伦堡出版。

质放在用来弄伤狗的武器上，狗马上会受到刺激，因为疼痛而叫出来。如此一来，船上的人就可以知道当时为出发地的约定时刻，只要知道所在地的时间，就可以推断出经度。我们无法确知是否真有人曾经使用过这个方法，不过这个提议出现在一本作者不明的小册子《奇异探究》（*Curious enquiries*，1688年出版）之中，比较有可能是对交感粉的各种理论开的玩笑。

由于这些方法都没有用，无法测量经度，所以一直到哈里森发明能够将时间设定在出发点时间的船用精准计时器，才终于解决经度测量的问题。哈里森在1735年制造出第一款船用精准计时器，并且继续改良。1772年，库克船长在第二次远航时，就带着一只这样的船用精准计时器出发。库克船长在第一趟航程期间终于抵达大洋洲海岸，不过当时的英国海军部仍然坚持要寻找南方大陆的所在位置。在第二次航行中，库克自然没有找到这梦中之地，不过却找到新喀里多尼亚和南桑威奇群岛，并且到了离南极洲非常近的地方，

悉尼 · 帕金森（Sidney Parkinson），《毛利人画像》，1770 年绘制，目前为英国伦敦大英图书馆藏品。

也登陆了东加岛和复活节岛。由于库克手中握有船用精准计时器，能记下所到之处的坐标——未知南方大陆的传说也就随着这些探险活动而灰飞烟灭。

这块探险家的失落大陆或是未曾寻获的南方大陆，激发了许多作家的灵感，让他们写出以乌托邦为题的故事，描述着那些地方的理想文明，例如法国作家丹尼·维哈瑟（Denis Vairasse）的《萨瓦拉姆比的历史》[2]、富瓦尼的《南方之境》、布列塔尼的瑞斯提夫的《飞人在南方的发现》，以及札卡利亚·萨里曼（Zaccaria Serimàn）的《恩利可汪顿的南方未知大陆之行》。然而，这些作家笔下吹捧的南方大陆全都是虚构的，只能见证世人对于南方大陆传说的迷恋。不过，就像经常发生的状况，乌托邦也可能以负面的形式出现，例如约翰·霍尔的《另一个世界》。

意大利诗人圭多·葛札诺（Guido Gozzano）以一首优美却也满怀忧郁的诗，诠释出世人对一块让人珍视却未曾能够寻获的土地所怀抱的留恋情感。他描述这未能寻获之岛消失的方式，有种虚无缥缈的距离感，好像他手中握有一些 18 世纪航海书的地图一般；事实上，岛屿就如虚无假象一般消失，让我们不得不去思考，在世人找到方法解决经度的问题之前，航海家为了认出航程中遇见的大小岛屿，必须依赖初次发现某一岛屿时所画下的轮廓外观。从远处慢慢靠近，航海家能够借着轮廓来辨认这座（在地图上不存在的）岛屿，这轮廓就好比现今美国城市所谓的天际线。那么如果有两座岛屿的轮廓相似，好比两座城市同时具有帝国大厦和（曾经存在的）世贸中心呢？此时，航海家就可能在错误的岛屿登陆，天知道这种事情在过去到底发生了多少次。

注 2：丹尼·维哈瑟，《萨瓦拉姆比的历史》（*The History of the Sevarites or Sevarambi*），1675 年由伦敦雀麦出版社发行（以英文出版，后来被翻译成法文）。该书一开头的描述，让许多人将它当成一本真实游记，《知识期刊》（*Journal des Sçavants*）甚至专文评述。

乔治·卡特（George Carter），《库克船长之死》，1783年绘制，目前为美国夏威夷毕夏普家族博物馆藏品。

此外，造成岛屿轮廓改变的因素很多，除了天空的颜色、雾气、每日时刻以外，会导致树林质量变化的季节变迁也会造成影响。有时候，岛屿可能因为距离遥远而染上一抹蓝，不过这颜色可能在夜间或是有雾时消失，而且低云也会遮住山的轮廓。只知道轮廓的岛屿是最难以捉摸的。在一座没有地图和坐标的岛上移动，就好比英国作家艾勃特（Abbot）笔下在平面国里生活的人，只知道一个维度，只能从正面看东西，眼中所见就好比没有厚度、高度和深度的线条，更别说只有平面国以外的人才能从高处看到东西的维度。

事实上，据说非洲马德拉岛、拉帕尔马岛、戈梅拉岛和耶罗岛的居民，因为被云雾或复杂蜃景的幻影所欺骗，曾经相信自己看到东方有一座在海天之间难以捉摸的“消失的岛屿”。

所以，既然一个人可能因为海水反射而看到一座不存在的岛屿，就有可能将两座岛屿搞混，因而永远到不了自己想去的那个岛。就如老普林尼（《自然史》第2卷第96页）所言，有些岛屿永远飘浮在半空中。

另一方面，即使到现在，偶尔还是会有幽灵岛屿出现，即使最具公信力的地图亦是如此——这个状况自然都是出现在南方大陆的所在区域。2012 年年底，悉尼大学研究人员表示，在许多地图上都有记载、介于新喀里多尼亚和大洋洲之间的南太平洋珊迪岛事实上并不存在，在该地区进行的所有调查都显示，这个岛屿不但不存在，甚至不可能是因为被海水淹没而消失在海平面上，因为该地区海域的深度很一致，都是一千四百米。然而，南太平洋的玛丽亚·特里萨礁、埃内斯特-勒古韦礁（于 19 世纪中到 20 世纪初在土阿莫土群岛和法属波利尼西亚发现）、木星礁、沃楚西特礁、兰基提奇礁等，都曾经发生过类似的状况，没有人能够证明这些岛屿的存在，而有些地图上至今仍有记载（例如沃楚西特礁仍然出现在 2005 年版的《国家地理世界地图集》）。因此，就如老普林尼无法预见某些岛屿的存在与否，即使是地图，都是不停在变动的。

当南极洲出现、南方大陆消失之后，传奇之地的历史纪事焦点遂被转移到世人已经抵达却尚未完全探索的南极洲以及南极的洞穴传说[3]，试图在地球内部寻找在表面上消失的地方。

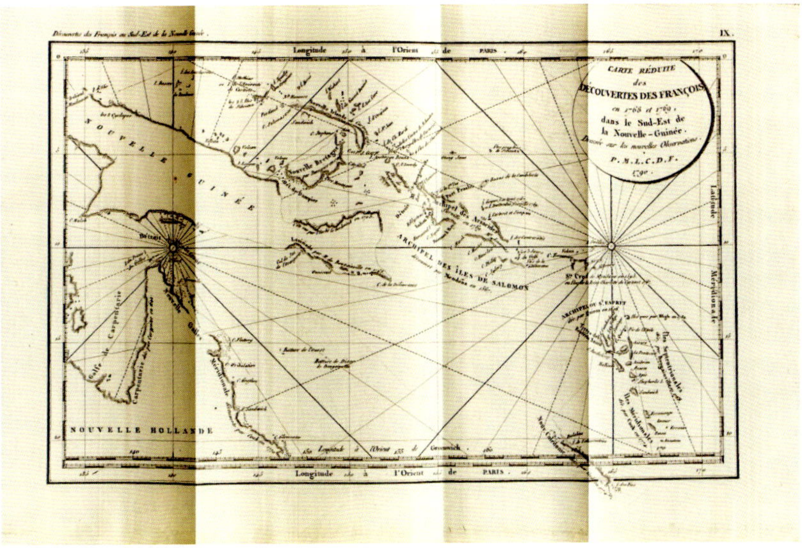

《岛屿分布图》，取自法国探险家查尔斯-皮埃尔·克拉雷·德·弗勒里厄（Charles-Pierre Claret de Fleurieu），《1768 至 1769 年间法国人在新几内亚东南部的发现》，1790 年法国巴黎出版。

《南方大陆》，取自奥隆思·菲内（Oronzio Fineo），《现代世界地图》，1534年出版，目前为法国巴黎国家图书馆藏品。

未知的南方大陆

丹尼·维哈瑟

《萨瓦拉姆比的历史》*The History of the Sevarites or Sevarambi*，1677~1678年

许多人都曾经沿着被称为未知南方大陆的第三大陆海岸航行，不过没有人曾经抱着描述它、记载它的目的去拜访。世人确实可以在地图上看到制图家描绘的海岸，不过绘制的方式如此粗略，有可能造成概念上的混淆。没有人怀疑这块大陆的存在，因为许多人都曾经亲眼看到，甚至曾经登陆；然而，因为这些人并非按自身意愿抵达该地，所以大多不敢往内陆推进，因此也无法提供太深入的描述。

我们现在公开的这个历史，将会弥补这个知识的缺失。它的书写方式简易明了，没有人会质疑它的真实性，读者可以很容易地注意到，它具有真实历史的所有特点。尽管如此，我觉得我还是必须提供更多理由，以增加这个历史的权威性。

佩特鲁斯·贝尔提乌斯（Petrus Bertius），《贝尔提乌斯地图集》，出自《南方大陆的描绘》系列，1616年阿姆斯特丹出版，目前为美国普林斯顿大学的古地图收藏。

南方的语言

加百列·德·富瓦尼

《南方之境》*La Terre Austral Connue*，1676年

这些人有三种方式可以表达他们的想法，分别是手势、话语以及书写，每一种表达方式也都出现在欧洲。手势是他们经常使用的方式，我注意到，他们在一起的大部分时间，都不会高声谈话，因为只要利用这些主要原则来表达即可，“能够以少许动作表达，就不需要运用太多动作”。因此，他们只在必须连贯话题并将许多主张综合在一起的时候才会说话。

他们的所有话语都是单音节，动词变化也是遵循同样的原则。

举例来说，“af”是“爱”的意思；现在式“la”“pa”“ma”，是“我爱”“你爱”“他爱”的意思；“lla”“ppa”“mma”是“我们爱”“你们爱”“他们爱”。他们只有一种过去式，也就是我们的完成式：“lga”“pga”“mga”是“我爱过”“你爱过”等，“llga”“ppga”“mmga”是“我们爱过”等的意思。未来式是“lda”“pda”“mda”等，“llda”“ppda”“mmda”等。在南方语言中，“工作”是“uf”，现在式是“lu”“pu”“mu”等，过去式是“lgu”“pgu”“mgu”等。

他们的语言没有变格，没有冠词，词汇也很少。简单事物以单一元音来表达，合成物则利用主要组成成分的母音来表示。他们只知道五种简单成分，其中第一种也最高贵的是火，以“a”来表示；之后是空气，用“e”表示；第三种是

盐，以“o”表示；第四种是水，叫做“i”；第五种是土，以“u”表示。造成主要差异的是子音，而且子音的数目比欧洲语言来得多。每个子音表示元音指称物的一种特质；“b”表示清楚明亮，“c”是热，“d”是令人不快，“f ”是干燥等；按照这些规则，能清楚形成字语，听他们讲话的时候，就能马上了解指称事物的本质与内容。他们将星星称为“Aeb”，这个字表示由火和空气组成而且有亮度的东西。他们将太阳称为“Aab”；鸟是“Oef”，用来表示一种牢固、干燥且生活在空中的东西。人叫做“Uel”，指一种一部分是以太、一部分是土壤，再加上水分组成的东西，其他事物也是依照同样的原则来命名。这一语言系统的优点，在于所有人在学会最初的组成成分以后，都成了哲学家，而在这个国度，一个人无法在指称事物的同时又不解释事物的本质，对于不知道语言中的奥秘与目的的人来说，看来着实神奇。

狗头人的岛屿

札卡利亚·萨里曼（Zaccaria Serimán）《恩利可汪顿的南方未知大陆之行与猿猴及狗头人王国之旅》*Viaggi di Enrico Wanton Alle Terre Incognite Australi ed ai Regni delle Scimmie e dei Cinocefali*，第5、7章，1764年

虽然我们不知道自己到底来到了什么地方，从暴风雨的状况来看，我们应该是来到了南方大陆，后来在观测星辰的时候，我们也确认了这一点。罗贝托早就知道，那些地方至今未有欧洲人造访过，不过他并未把他的疑虑告诉我。此外，从南极的位置来看，他也确信，总有一天会有船只经过那些海岸，解救我们离开那袅无人烟的荒地，不过他也没有告诉我，让我继续相信着错误假象……

之后，他们带我们朝着那地方去，待我们走近一扇门，眼前出现两只畸形的灰猴子，一公一母，坐在房屋入口旁的长凳上。

天呐，这到底是什么样的惊奇！母猴腰际围着一条毛绒绒的裙子，身体也覆着同样的袍子，头上则顶着用棕榈叶做成的帽子。

公猴身上覆着一件从颈部长及脚踝的长袍，头上没戴东西。它们看到我们的时候，似乎有些惊讶，站起来仔细打量着我们；我以为这么认真的观察，应该会引起什么严肃的反应，结果这些野兽竟然爆笑了出来，大大冒犯了我那敏感的虚荣心。母猴尤其不停地嘲弄我们，如果不是罗贝托低声警告我，这不

札卡利亚·萨里曼，《恩利可汪顿的南方未知大陆之行与猿猴及狗头人王国之旅》的插图，于米兰出版，日期不详。

是撕破脸的场合与时机，我很确定自己应该会生气，因为在那个时候，如果我们稍显不满，不但会自取其辱，更会危及生命安全。我只好冷静下来，等待着终于不用再扮小丑奉承这两只肮脏野兽的那一刻。

之后，母猴清楚地鸣叫了一声，声音穿过了野兽农场的庭院大门，越过一群年龄大大小小的猴子。就在那时，我们成了众猴讪笑的焦点。有看着我们笑的，有检查着我们的金色假发、误把它当成天生头发的，有抓着我们的衣缘不放的，随后更不停地叽叽喳喳，尽管如此，它们在惊异间夹杂着讪笑，这是愚昧无知者在看到新事物时才会出现的行为。其中一只幼猴手上拿着一根杆子，就如那年龄的天性，它不时用杆子戳弄着我们的手脚，就像我们的孩子对待猴子的态度。

难以寻及的岛屿

圭多·葛札诺（1883~1916 年）
《最美的岛！》

世上最美的岛是难以寻及的岛屿；
那西班牙国王从葡萄牙国王手中获得，经正式文件签署并由教皇以拉丁文密封。

西班牙王子航行到了神话般的国度，
在寻找岛屿之际，来到了幸运群岛：
朱诺岛、歌果岛、赫拉岛以及马尾藻海和黑暗之海，
然而那座岛屿，却仍不见踪影。

船舰徒劳地漂荡着，
战艇无功继续航行，
难以寻及岛屿，教皇早已放弃，
然而葡萄牙与西班牙仍然坚持着。

这岛屿确实存在，有时远远出现在特尼里弗和帕尔马之间，笼罩神秘气息：
“不存在的岛！”加纳利的居民从泰德峰指着岛，向访客展示着。

海盗的古老地图上标示着该岛，
尚待寻找的岛？让人朝圣的岛？
那是在海上滑动的童话之岛，
偶尔，航海人可以从近处看到。

乘船接近那片受赐福的海岸，
未曾见过的花朵间伫立着大型棕榈，
苍郁森林洋溢着活力与香气，
有泪滴状的豆蔻生长，也有树干渗出橡胶……

这座难以寻及的岛好比宫廷仕女，
接近时香味先到……然而，若舵手继续前进，
它会像幻影一样迅速消失，
远离之际，则会慢慢变成淡蓝色的影子。

第十三章

地球内部、极地与地心世界的传说

地心到底是什么样子？在所有古老传说的想象中，穿过地表进入地球内部，就会来到死者的国度，例如荷马和维吉尔笔下的冥界、但丁笔下的地狱，与在但丁之前就已存在的对死后世界的诸多描述，像是伊斯兰教的《夜行登霄》（*Libro della scala*）和其他描绘穆罕默德游地狱的阿拉伯文文本等。

与地狱同性质者，还有正义之人的灵魂居住的极乐世界，以及塔尔塔罗斯（Tartaro），也就是希腊神话中宙斯用来囚禁泰坦人的地狱的那个部分，它据说是个非常深的峡谷，若投一块铁砧进去，要九天九夜才会落到谷底。在众多作者中，只有托比亚斯·史文登（Tobias Swinden）认为地狱不在地底下而在天上。他在《地狱本质与地点之调查》（*Inchiesta Sulla Natura e il Luogo dell'inferno*，1714）中提出，地狱不可能位于地心，而应该在宇宙中最炙热的地方，也就是太阳的中心。

然而，地球深处同样也吸引世人注意。由于天空很难探索，而土地可以挖掘，因此矿业有着极其古老的历史。

进入地壳底下的地心，一直都对人类有莫大的吸引力。有人认为，人类对洞穴、峡谷、地下隧道的兴趣，都是源自一种想要回到母亲子宫的倾向；我们也许都还记得小时候在睡着以前喜欢藏在被窝里，想象深海航行、遗世独立的景象；洞穴可以是一个能够遇见地球深处怪物的地方，也可以是人类躲避敌人或其他地表怪物的避难所；有人则幻想可以在洞穴里找到被藏匿起来的宝藏，或是想象里面住着像是地精一样的地底生物；在许多传说中，耶稣并不是出

尼科洛·德尔·阿巴特（Nicolò dell'Abate），《埃涅阿斯自亚维努斯湖进入冥府》，16世纪绘制，目前为意大利摩德纳埃斯特美术馆收藏。

丁托列托（Tintoretto），《耶稣降临地狱边境》，1568年绘制，目前为意大利威尼斯圣卡西亚诺教堂收藏。

约阿希姆·帕提尼尔(Joachim Patinir),《渡冥河的卡戎》,约1520至1524年绘制,目前为西班牙马德里普拉多博物馆收藏。

左图：天使加百列陪同穆罕默德游地狱的情景，阿拉伯文手抄本《升天之书》的插图，15 世纪于土耳其绘制，目前为法国巴黎国家图书馆收藏。

右图：《守护者》，古埃及法老拉美西斯三世之子卡哈蒙瓦赛特之墓的局部图，公元前 1184 至前 1153 年于底比斯绘制。

生于茅草屋里的马厩，而是在洞穴里出生。艺术家与小说家的想象，也因为这些带有黑暗色彩的地方而尽情驰骋，例如皮拉内西（Piranesi）以假想监狱为题创作的版画，就孕育出未来的基督山伯爵待了 14 年的伊夫堡监狱，以及雨果《悲惨世界》小说里虚构犯罪人物方托马斯的著名下水道。

托马斯·伯内特（Thomas Burnet）在《地球的神圣论》（*Telluris theoria sacra*，1681）中曾估计，大洪水若要吞没整个地球，大概得用上 6 到 8 个海洋的水量，因此，大洪水之前的地球应是被一层薄薄的地壳覆盖着，下面充满了水，中央核心由炽热的物质构成。此外，当时地轴的倾斜角度不同，也让地球处于永春状态。后来地壳破裂，下面的水流了出来，造成大洪水。在洪水退去以后，地球就成了我们现在熟知的面貌。尽管如此，一般人还是认为，虽然地表下有许多洞穴和地底通道，总的来说，地心应该是固体。但丁甚至将地狱想象成一个巨大的漏斗，不过地狱以外的人间世界，仍然是结实稳固且遍布岩石，就像是在一个球体里挖出一个圆锥形空间一样。

阿塔纳斯·珂雪（Athanasius Kircher）尝试利用最早的火山探险记录在《地下世界》（*Mondo sotterraneo*，1665）里描绘地球的内部。这样科学与科幻的奇妙结合，可以让人想象一个由炙热的岩浆河构成的地心，住着像是龙一样的生物。

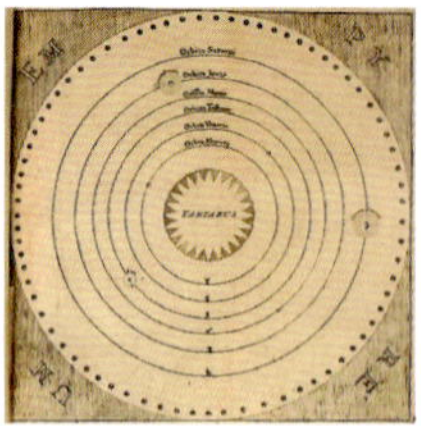

取自托比亚斯·史文登（Tobias Swinden），《地狱本质与地点之调查》，1714 年出版。

取自格奥尔格·阿格里科拉（Georg Agricola），《论矿冶》，1556年于瑞士巴塞尔出版。

LIBER NONVS. 319

Quanquam autem uena plumbi nigri in tertia fornace, cuius os semper patet, excoqui solet, tamen non pauci eam in proprijs quibusdam forna-
D 4 cibus

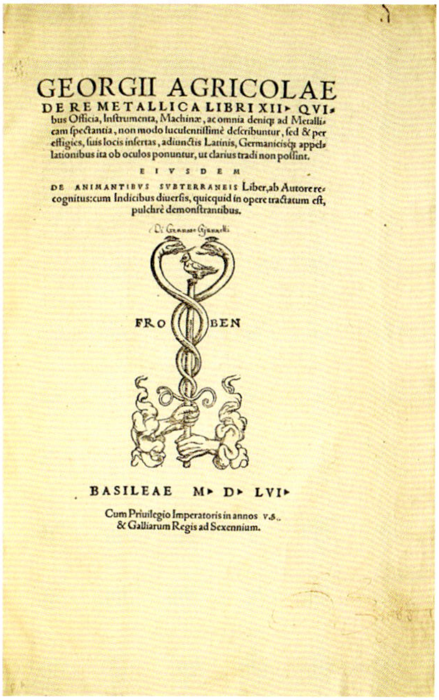
GEORGII AGRICOLAE
DE RE METALLICA LIBRI XII▸ QVIbus Officia, Instrumenta, Machinæ, ac omnia deniq; ad Metallicam spectantia, non modo luculentissimè describuntur, sed & per effigies, suis locis insertas, adiunctis Latinis, Germanicisq; appellationibus ita ob oculos ponuntur, ut clarius tradi non possint.

EIVSDEM

DE ANIMANTIBVS SVBTERRANEIS Liber, ab Autore recognitus: cum Indicibus diuersis, quicquid in opere tractatum est, pulchrè demonstrantibus.

FRO BEN

BASILEAE M▸ D▸ LVI▸

Cum Priuilegio Imperatoris in annos v.s.
& Galliarum Regis ad Sexennium.

地球空洞说 第一位假设地球内部完全是空心的科学家，是以观察彗星闻名的爱德蒙·哈雷（Edmund Halley）。有人认为数学家莱昂哈德·欧拉（Leonhard Euler）也曾提出类似的假设，不过其他学者则引述欧拉的文字来提出反驳，认为欧拉根本没有谈论到这个主题。哈雷在1692年的英国皇家学会《自然科学会报》上发表了一篇文章，提出地球由三层同心空心球构成的说法，每层空心球之间相互隔绝，中央的球形炙热核心为整个系统的中心。最外层空心球的转动速度比内层其他空心球慢，这个转动速度的差异解释了磁极位移的现象。地球内部的空气炙热，里面的陆地有人居住，从通道溢出的气体则是造成极光的原因。

那个年代的科学家并没有认真看待哈雷提出的假设，不过一位著名的清教徒神学家暨科学家，也就是以影响17世纪新英格兰地区猎杀女巫事件而闻名的柯顿·马瑟（Cotton Mather），曾在1721年出版的《基督教哲学家》（*The Christian Philosopher*）里提及哈雷的假设。无论如何，哈雷并不认为人类可以进入地球内部。

约翰·巴蒂斯塔·皮拉内西,《假想监狱》，约在 1761 年绘制，此为美国洛杉矶郡立美术馆收藏。

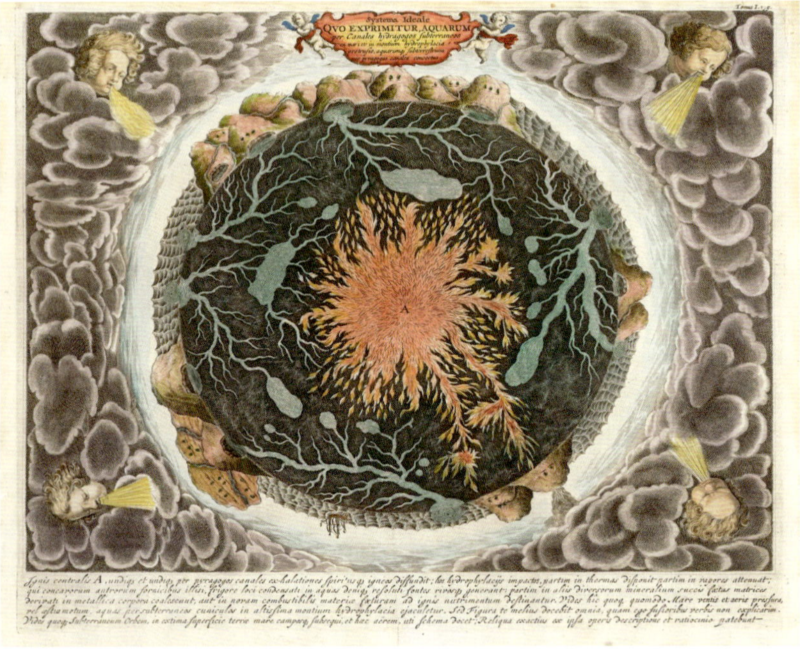

取自阿塔纳斯·珂雪,《地下世界》插图，1665 年出版。

《爱德蒙·哈雷肖像》，版画，制作于17—18世纪。

虚构的地点本来并不是本书关注的焦点，不过在讲到地球空洞说的时候，我们确实得破例，因为有些我们提到的小说里确实有哈雷理论或——后面会提到的——约翰·克里夫斯·西姆斯（John Cleves Symmes）的痕迹，而且许多后来成为科学的理论，的确也受到虚构故事想象的影响。在这些创作中，有些虚构故事只描述了一个有怪兽或原始生物出没、由曲折如肠的狭窄隧道构成的地底世界，有些则描绘了一个以地表为天空的地下文明。

受到地心空洞说影响的小说有许多部，第一部可能是作者不详的《由北极穿越地心抵达南极的游记》（*Relazione di un Viaggio dal Polo Srtico al Polo Antartico Attraverso il Centro del Mondo*，1721），接着是查尔斯·弗约（Charles de Fieux）分成8册出版的《拉梅基斯》（*Lamekis*，1734），描绘一个被儿名埃及智者当成避难所的地下世界，

马歇尔·加德纳，《地球内部之旅》插图，1920年出版。

在地下神庙和地底怪物之间发展出来的故事。稍后还有儒勒·凡尔纳的名作《地心历险记》(*Viaggio al Centro della Terra*, 1864),以及1945年至1949年间理查德·夏尔普·夏佛(Richard Sharpe Shaver)在科幻杂志《惊异故事》上的连载,描述一个从史前时代就在地心空洞中幸存至今的古老种族,试着利用古代遗留下来的惊人机械设备来折磨地表人类的故事。据说因为这个连载故事的缘故,杂志接到许多来信,声称他们从地底下听到了"地狱的声音"。

史前爬行动物,爱德华·里乌为儒勒·凡尔纳《地心历险记》绘制的插图,1864年出版。

尽管诸如此类的作品并不少,但第一个以哈雷假设为据来撰写的重要小说,是路茨维·霍博格(Ludvig Holberg)的《尼尔斯·克利姆的地底旅行》(*I Viaggio Sotterraneo di Niels Klim*, 1741)。霍博格描述了一个乌托邦社会,主角在这里的发现,以及这个社会所展现的智慧都要比斯威夫特笔下所呈现的(有关道德、科学、性别平等、宗教、政府与哲学的戏仿幻想小说)更耐人寻味,他甚至还解释了地球内部的整个太阳系有着什么样的结构。

在意大利,贾科莫·卡萨诺瓦(Giacomo Casanova)受到霍博格小说启发而写下的《伊科沙美隆》(*Icosameron*),却是一部让人失望的作品。这位极富冒险精神的威尼斯人,在迟暮之年沦落到在波西米亚担任华伦斯坦伯爵的图书馆员,在那段时间出版了这部拙劣的小说,希望能借此获得文坛名声与经济成就,不过这部作品并没有为他带来声望,印刷费用反而让他花光了仅存的积蓄。

卡萨诺瓦描绘的是一系列有些诡异的冒险故事,其中最吸引人的角色是爱德华和伊丽莎白这对来自地下世界的兄妹,两人借由乱伦,在地面世界孕育出一整个王朝,而且也将乱伦当成传统传了下

左图：《尼尔斯·克利姆的坠落》，取自路茨维·霍博格，《尼尔斯·克利姆的地底旅行》，1767年出版。

右图：《地底世界的生物》，取自路茨维·霍博格，《尼尔斯·克利姆的地底旅行》。

去，就如卡萨诺瓦推定亚当与夏娃的作为一样。然而在故事的其他部分，无论是两名年轻人怎么进入地球中心，还是怎么从地球中心出来，卡萨诺瓦并没有费心从地理和天文的角度着墨来解释故事的创意核心。至于接下来一百年间创作出的同类型著作，包括可能出自著名恶魔学专家科兰·戴·布兰西（Collin de Plancy）的《地心历险记》（*Viaggio al Centro della Terra*，1821），以及（接下来会讲到的）爱德华·布尔沃－利顿（Edward Bulwer–Lytton）的《未来种族维利》（*Vril，the Power of the Coming Race*）。

到了20世纪，威利斯·乔治·爱默生（Willis George Emerson）在《烟熏之神》（*The Smoky God*，1908）中描述了一名叫做奥拉夫·杨森（Olaf Jansen）的挪威渔夫驾船和父亲一起抵达了一块位于地球内部的大陆，花了两年游历一个地下王国的许多城市，最后从南极回到地上世界。然而，相关主题的长篇巨作中，最受欢迎者则是爱德加·赖斯·巴勒斯（Edgar Rice Burroughs）创作的地底人系列（Pellucidar）。这个系列后来被画成漫画，并结合了泰山系列，让故事中出现来自凡尔纳地底世界的恐龙、史前动物以及住在地球内部的智慧人种，而且这个地底世界被一个小太阳和围绕它的小星球所

《芬格尔岩洞》，版画，制作于19世纪。

照亮。地底人系列的第一集是《在地球核心》（*At the Earth's Core*，1914），之后连续出了好几集，其中有一集就是以这个地底世界的名称为题，叫做《佩鲁西达尔》（*Pellucidar*，1915）。

俄罗斯地质学家弗拉基米尔·阿法纳西维克·欧布鲁切夫（Vladimir Afanasevic Obrucev）也许受到巴勒斯或凡尔纳所启发，在小说《普鲁托尼亚》（*Plutonia*）里描绘了一个满是史前怪兽的地心空间，而维克托·卢梭（Victor Rousseau）也跟随巴勒斯的脚步，在1920年出版了《巴拉莫克之眼》（*L'occhio di Balamok*），书中描述的地心由一个中心太阳所照亮，居民只要向这个地心太阳看一眼，就会死亡。我们无法一一列出所有受地球空洞说启发而写成的作品：根据辛希雅·瓦尔德（Cynthia Ward）于2008年发表的调查，光是英文小说就有八千部，而盖伊·柯斯提斯（Guy Costes）和约瑟夫·艾尔塔伊拉克（Joseph Altairac）在2006年发表的报告，则记录并评论了超过两千两百部各语种的同类型作品。然而，许多作品并不是来自虚构幻想，而是确实受到已发表的假说所启发。1818年，一位名叫克里夫斯·席姆斯

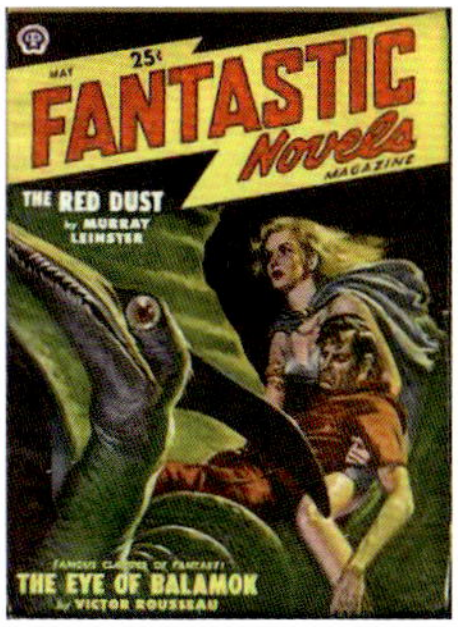

左图：法兰克·弗拉泽塔（Frank Frazetta）绘制，爱德加·赖斯·巴勒斯小说《佩鲁西达尔》的封面。

右图：劳伦斯·史特恩·史蒂文斯（Lawrence Sterne Stevens）绘制，维克托·卢梭的《巴拉莫克之眼》的封面，1920 年出版。

（J. Cleves Symmes）的船长曾致信美国的各个学术团体与每一位国会议员，表示他已经准备就绪，能证明地球是中空的，而且内部适合人类居住的事实。根据他的说法，大自然的所有东西都是中空的，像是头发、骨头、植物的茎等，因此我们生活的地球也应该是这么回事，地球由五个球体构成，每一个球体的内侧与外侧都适合居住；我们在地球的两极都可以找到圆形开口，其边缘被一圈冰块环绕，只要穿过冰层，就能抵达气候温和的区域。

席姆斯没有留下任何书面材料，不过他走遍全美，四处举行会议发表他的理论。据说他制作了一个木造的宇宙模型，目前仍为费城自然科学院收藏。虽然席姆斯的理论站不住脚，要否定也不是那么容易。席姆斯因为 1812 年的美英战争而成为英雄，而且拥有许多追随者，因其理论而出现的论文和文章非常多，其中包括他儿子撰写的《亚美利库斯·维斯普奇乌斯》（*Americus Vespuccius*）。[1]

巨菇森林，爱德华·里乌（Édouard Riou）为儒勒·凡尔纳《地心历险记》绘制的插画，1864 年出版。

1892 年，受到席姆斯概念的启发，威廉·布拉德肖（William Bradshaw）出版

注 1：有人认为席姆斯的幻想故事是受到爱伦坡最初于 1835 年发表的短篇小说《汉斯普法尔的非凡历险记》（*Hans Phall*）启发，在这篇故事中，主人翁搭乘热气球前往月球，从高空看到了北极。

了《阿特瓦塔巴尔的女神》(*The Goddess of Atvatabar*),过没多久,约翰·乌里·劳埃德(John Uri Lloyd)在1895年出版了书名有些奇趣的《艾蒂朵尔帕》(*Etidorhpa*,此字是将"*Aphrodite*"阿佛洛狄忒倒过来写成),在他的故事中,地球内部出现了一片类似凡尔纳曾在《地心历险记》中描绘过的巨菇森林。席姆斯的概念也成为一种信念延续了下来,《艾蒂朵尔帕》再版时,在网络上是这么宣传的:"虚构?绝对不是,那只是无知者宁可相信的想法!作者是神秘学专家,在这本巨作中,试着让读者了解他发现有关地球、地球生命、地底生命与地表生命的可怕现实。"

"I WAS IN A FOREST OF COLOSSAL FUNGI."

巨菇森林,奥古斯塔斯·纳普(J. Augustus Knapp)为约翰·乌里·劳埃德小说《艾蒂朵尔帕》绘制的插画,1897年出版。

威廉·里德(William Reed)也曾将类似西姆斯的概念加以理论化,他在《极地魅影》(*The Phantom of the Poles*,1906)中提出,人类事实上不曾发现极地,因为极地根本不存在;所谓极地所在之处,其实是一个通往地球内部大陆的巨大洞穴。马歇尔·加德纳(Marshall Gardner)在《地心历险记》(*A Journey to the Earth's Interior*,1913)谈到一个位于地球内部的太阳;当一只保存状态十分完整的猛犸象尸体从冰层中出土之后,加德纳下了结论,认为尸体不可能如此长时间地保持完整,因此那些尸体应该是近期才从地球内部大陆逃出来的动物。无论是里德或加德纳都认为,由于冰山是由淡水而非盐水组成,它显然是由地球内部大陆的河水形成(而这些河川当然也是淡水河,因为它们来自陆地冰川)。

里德和加德纳的想法,直到1969年还被拿出来炒作,一名自称雷蒙·伯纳德博士(Dr. Raymond W. Bernard)的仁兄写了一本《地球空洞》(*The Hollow Earth*)，其中提到不明飞行物体应该是来自地球内部大陆，而环状星云的存在，正好证实了空洞世界的存在。伯纳德的著作虽然只是重述十多年前已经发表过的理论，却广受欢迎，即使到现在仍然持续再版。伯纳德可能是在南美寻找通往地心的通道时患了肺炎，并因此病逝。

据说，一位希波尔船长（Captain Seaborn，有人认为他其实就是席姆斯）就是因为席姆斯的启发而写下《席母左尼亚》(*Symzonia*，1820)，并在书中放了地球内部的精确图表。然而，尽管席姆斯提出地球空洞的假设，却不敢想象生活在地表凸面的人类（包括他自己在内）居住在地球内部凹面世界的情形。关于这一点，塞勒斯·里德·提德（Cyrus Reed Teed）曾于1899年提出，（根据盎格鲁——以色列伪科学和“无知的哥白尼所提出的庞大荒唐谬论”）人类所相信的天空其实是一团具有光线明亮区域的气体，地球内部处处都是这种气体；太阳、月亮和星辰都不是天体，而是各种现象所引起的视觉效果。提德创设了一个叫做科瑞山团结会（Koreshan Unity）的邪教，该教信徒声称已在佛罗里达州海岸利用“直线器”做实验，证实地表其实是凹面的。就如雷伊（Ley）和德坎普（de Camp）所言，无论是认为地球像坏苹果一样坑坑洼洼的理论，或是地球空洞说，都是站不住脚的。事实上，地表底下几公里的深处，由于热和压力的缘故，岩石的可塑性会增加，因此任何洞穴或空腔都会被填起来，这和一大块液状乳香脂上的任何孔洞，在受到压力作用时都会被填满的道理是一样的。此外，艾萨克·牛顿早已说明，空心球体的内部，由于各方向的重力相同，任何松动的物体、水、土壤、岩石、人类等，都会处于一团混乱的无重力状态之中，而离心力或是潮汐，则会造成空心球体瓦解。然而，当某个人或整个团体一味地盲从某些概念时，即使他们深信的假说明显不成立，也无法说服他们改变想法——正如信徒打从心底祈祷奇迹发生，但奇迹却未发生的事实，并不会让他们失去信仰。

举例来说，获得许多追随者支持的提德在1908年去世，他在去

卡斯帕·大卫·弗里德里希（Caspar David Friedrich），《吕根岛上的白垩岩悬崖》，1818年绘制，目前为瑞士温特图尔奥斯卡·莱因哈特博物馆收藏。

世前宣称自己的尸体不会腐烂。他的遗体被展示了一段时间，然后因为开始腐烂而不得不处理掉，尽管如此，他的支持者仍然很多，以至于在1967年创建了一座科瑞山州立公园（目前的科瑞山州立历史遗迹）来纪念他。在第一次世界大战以后，地球空洞说的理论随着彼得·本德尔（Peter Bender）和卡尔·诺伊伯特（Karl Neupert）的著作传入德国，而且非常受德国海军与空军高层重视，因为德国政府内显然有某些人对神秘学议题有着一定的敏感性。然而，有关本德尔的资料并不明确，有些人甚至认为本德尔和诺伊伯特根本就是同一个人。[2]

不过，根据古德里克-克拉克（Goodrick-Clarke，1985）、雷伊（Ley，1956）和加德纳（Gardner，1957）的看法，受到提德和马歇尔·加德纳的理论所影响的本德尔，也曾经在1933年试图制造并发射火箭：如果他的理论正确，火箭就会落在地球的另一面。然而这个计划却失败了，火箭只落在发射点数百米以外。此外，本德尔还建议德国海军派人前往波罗的海吕根岛探勘，试图从那里利用高倍率望远镜与红外线，沿着假定存在的地球凹陷处朝上看，以找到英国船舰的位置。[3]此举似乎也符合德国浪漫主义的感性，因为吕根岛是一个以自然美景，尤其是白垩岩悬崖闻名的地方，早在1801年夏天，卡斯帕·弗里德里希（Caspar Friedrich）就曾受此地启发，画下知名作品。

弗里德里希留下了美丽的图像，不过德国海军的行动却没有留下任何痕迹。事实上，纳粹似乎对于本德尔造成的时间浪费感到愤怒，因而将他拘留在集中营里，后来本德尔确实也在集中营内过世。

诺伊伯特的影响则比较明确。他一直到1949年才过世，留下许多著作，而且他的合作对象朗恩（Lang）持续出版一份叫做《地理宇宙》（*Geocosmos*）的杂志，到1960年才停刊。

诺伊伯特断言，地球是个球状的气泡，人类住在气泡内侧的凹面上，上方有太阳、月亮和一个“鬼魅宇宙”在运转。这个宇宙是一个深蓝色的球体，上面有点点微光散布，也就是人类眼中的星辰。他认为，哥白尼犯下的错误，在于他相信光线以直线传播，因为光线的

注2：提到过本德尔的只有贝尔吉尔（Bergier）和鲍威尔斯（Pauwels），而且这俩人完全忽略了诺伊伯特；加里（Galli）在1989年发表的作品曾提到，罗贝托·丰迪（Roberto Fondi，缺乏文献资料）认为本德尔和诺伊伯特为同一人。

注3：相关记载完全没有提及本德尔，而是库伊佩尔（Kuiper，1946）在仔细研究后确认此提议与本德尔有关。

传播实际上有点曲度。

同样根据贝尔格和鲍威尔斯的说法，第二次世界大战期间，德军射偏了几枚 V-1 导弹，就是因为他们根据凹面假设而非凸面来计算弹道。这些主张气泡说的作家想象力非常丰富，假使他们的言论被世人当真，我们就有可能看到“妄想天文学”（译注：指地圆说）颠覆世人认知的事件。另外，布尔沃-利顿的小说《未来种族维利》也非常受纳粹党重视，在这部小说中，亚特兰蒂斯大陆沉没后的大批幸存者都住在地球内部，他们因为掌握了一种叫做维利的宇宙能量而具有非凡的能力。布尔沃-利顿原本可能想写科幻小说，不过因为他是英国神秘学社团金色黎明（Golden Dawn）的成员，他的作品早在纳粹出现的十多年前就已经对德国神秘学界造成影响。当时的德国出现了一个叫做维利协会或光之小屋的团体，我们在前几章讲到图勒促进协会时提到的协会创办人鲁道夫·冯·塞波腾道夫，也是维利协会的成员［顺带一提，布沃尔-利顿另一部小说《保罗·克里弗德》（*Paul Clifford*）的首句“这是个风雨交加的黑夜”（It was a dark and stormy night），因为史努比而出名］。该会成员深信，居住在布尔沃-利顿描述的地底世界的维利族正要重新崛起，这是个具有超凡力量与美的优越种族。

地球空洞说最近又在数学家穆斯塔法·阿卜杜勒卡德尔（Mostafa Abdelkader）于 1983 年发表的作品中重新出现，他试着用极其复杂的计算，利用日出和日落的现象来为凹面世界的几何求解。他认为，只要舍弃光线以直线传播的概念，承认光沿着曲线行进，并且将哥白尼的外在宇宙通过特殊数学运算投射在内部的地理宇宙，让地表上的每一个点都能对应到内部，就可以证明这个理论。

有些专家认为，阿卜杜勒卡德尔提出的假设可能再次将世人导向某种地心说的形式，不过此假设在专家领域里所引发的激烈讨论与争议，并非本书关注的范围。如果我们住在以太阳为中心的地球空洞中，那么地球以外的无限宇宙就不会存在，地球绕着地心太阳或是地心太阳绕着地球运转之事，就没什么重要性可言，因为无论是哪一种状况，都欠缺参数依据。要不然，就是像阿卜杜勒卡德尔所说的“外部空间都被关在空心地球之内”，而且“像是银河和类星体之类相距数十亿光年的东西则会缩小到微观的层次”。

此外，对阿卜杜勒卡德尔来说，如果我们生活在地表上，所有测量尺度同样也适用于凹面地球：“无论观察者在地内或地表，对于天体大小、方向与距离的观察与估算结果都是一样的。”因此也无法以实证观察为基础来否定凹面地球的假设。[4]

所幸阿卜杜勒卡德尔也写到，尽管他的假设能在数学系统中被接受，但在物理世界却不见得可行。无论如何，阿卜杜勒卡德尔充其量不过是纸上谈兵，目的在于表现他人提出的论点，也就是说，人类在凸面地表使用的度量衡同样也适用于凹面地表。这一点对于人类在地表生活的方式并无影响，而天文学家也认为，即使接受阿卜杜勒卡德尔的观点，人类探索宇宙的方式也不会因此改变。

极地传说　我们在前面以“最后的图勒与希柏里尔”为题的章节已经提到过，在围绕着德国纳粹的各种神秘主义幻想氛围中，极地传说尤其受重视。这“极地”模型并不只是指出西方人源自北极，也认为他们必须回归极地。由于现在极地气候酷寒，这些极地说的坚定追求者就改了另一个说法：如果能够抵达极地，穿过极地中央的一个大洞，人类就能发现气候温和且植被茂密的新大陆。

这不是什么新奇的概念，在16世纪麦卡托制作的地图上，北极就已经被画成一个周围海水汇流进入地球内部空洞的巨大洞穴。这个概念可以回溯到某些中世纪时期的百科全书，根据上面的叙述，北极的中心有一座周长33里格的山（麦卡托在他绘制的地图中仍有记载），以及一个海水不断流入的漩涡。

17世纪的阿纳塔斯·珂雪在《地下世界》一书中曾通过想象的版画来表示，海水会经由白令海峡流入北极漩涡，而且“经由不明凹槽与错综复杂的管道”穿过地心，再从南极流出。对珂雪来说，这种水循环就好比40年前由哈维发现的人体血液循环。

注4：从地表的一个极点往下挖一条12742公里长的隧道，穿过假定的地心到地表的另一个极点，同样也无法验证哥白尼的假说。如果人类生活在地内，这条隧道会变得越来越宽，规模甚至无法测量，然后又开始变得越来越窄，最后从地壳的另一个极点穿出去。

北极圈地图，取自杰拉杜斯·麦卡托《北方极地描绘》，1595年于德国杜伊斯堡（Duisburg）出版。

到了20世纪，反对北极“洞穴”的理论，以及认为比北极更远的地方还有一片未知之境的假设，同样也有长足的发展。1904年，美国海岸与大地测量局的哈里斯博士发表了一篇文章，认为在格陵兰岛东北方的北极盆地里，还有一大片人类尚未发现的土地，因为有些爱斯基摩传说曾提到北方大陆的存在（不过他何以认为这个爱斯基摩传说具有科学上的可信度，则相当令人费解），而且阿拉斯加北方海洋潮汐紊乱的原因，只有这块大陆的存在才能合理解释。

尽管接下来发生在现代的几次极地探险并无法鼓励人们相信极地洞穴和北方未知大地的存在，美国海军少将理查德·伯德（Richard Byrd）的探险故事仍然广为流传、脍炙人口。

伯德是一位伟大的美国极地探险家，他在1926年就曾驾机飞抵北极（尽管他的声明在日后遭到质疑），并于1929年飞越南极，还曾在1946至1956年间多次进行南极探险，获得美国政府嘉奖表扬。他是个被传说围绕的人，据传，他身后留下了一本日记，其中记载了许多充满戏剧性的文字，例如他在越过极地地区，找到了就如极地古老传说所描绘的绿地沃土与温暖气候。这本伪日记甚至记载了极地大型洞穴的存在，而且这些传说也逐渐和其他传说或信仰交杂在一起，例如洞穴里住着其他人类，或是洞穴是飞碟进出的出入口等。传言还声称，假使没有人知道极地与洞穴的种种，那是因为美国政府基于各种复杂的军事安全考量，严格管制这些消息。

确实，伯德在1947年某次南极探险的广播公告中曾表示：“越过极地之后的区域，是一个很大的未知数。”某次结束探险行程以后，他也表示：“这次探险我发现了一片广大的新土地。”不过伯德的这些言论，其实都能用最合理的方式去理解：他说“越过极地”，可以解读成极地的另一端、超过极点的地区，也可以解释为极地里面。深信这未知地确实存在的人们，总是以最能带来希望的方式来解读，甚至开始幻想伯德的同伴在极地那一带应该看到了什么样的怪兽。

伯德的传说之所以会成形，可能是因为法兰西斯·阿梅德奥·强尼尼（Francis Amedeo Giannini）的著作《极地以外的世界》（*Mondi al di là del polo*，1959）。强尼尼是个想象力丰富的人物，多年以来一直支持着自己提出的理论，一个比地球空洞说还大胆的想法：他相信地球不是圆的，我们认识的世界只是一个无限大的大陆的一小部分，这块大陆一直往越过极地的地方延伸进入一个天体空间。无论如何，他接受了1947年伯德在越过北极之处有所发现之事。

兴致勃勃地接受伯德所言者并不在少数，其中也包括我们先前已经提到的伯纳德，不过，阅读据说是伯德日记的文稿，其实是比较有趣的事。

这本日记果真出自伯德之手吗？这个问题广受讨论，衍生出许许多多的专著专文，如果你们上网搜寻，几乎只会找到地球空洞论支持者的网站，一面倒地支持日记的真实性，不过在正式的传记中（如大英百科全书或维基百科），却不见该日记的踪影。支持者自然会争论，没有任何正式资料来源提到这本日记，是因为有人千方百计通过审核的方式来阻止世人发现这本日记的存在。然而，我们同样也找到了否认伯德曾在1947年进行探险的文章，有些则清楚指出伯德在1947年只到了南极，而支持者则认为伯德在那一年也曾经秘密去过北极。

有关日记的真假，最谨慎的结论是：这本日记就像希特勒或墨

威廉·布拉德福德（William Bradford），极地风景。

索里尼的日记一样，都是假的；不过也可以换个方式想，将它解释成伯德在部分私人笔记中恣意写下的个人想象。我们也不能忘记，伯德是共济会的成员，因此他（也许）具有神秘主义的倾向。最后，有些人也许记得，伯德曾受到在1926年伪造第一次极地探险数据的指控，因此假使他伪造了后续探险活动的数据，也不是什么太奇怪的事情。

演变至今，谣言与传说早就掩盖了真实文件记载的信息。无论如何，伯德是受到美国政府表扬的英雄，肯定也是一位勇敢的探险家；比较有可能的是，将这位飞越极地的探险家视为偶像的盲目崇拜者，在伯德的周围筑起了许许多多的神话。事实是，此时此刻，伯德传说带给我们的是一个不存在的极地，它可以是圣布伦丹岛或是彼得·潘的永无岛，而人类对于极地的地理知识，早已排除了这些幻想的真实性。

传说中的阿加莎城与香巴拉 尽管如此，在想象地底世界的时候，地球空洞以及人类生活在地球内部表面的假设，着实并非必要，其实只要想象我们脚底下一直有个巨大的地底城市存在即可。这个假设的优点，在于地底城市自古至今一直都存在。早在古希腊时期，色诺芬（Senofonte）就曾在《远征记》（*Anabasi*）中提到，安纳托利亚

（Anatolia，指小亚细亚）一带的居民往下挖掘，造出供人与牲畜居住的地底城市，也用来存放他们赖以为生的物资。现在前往安纳托利亚东南部卡帕多西亚的游客，可以参观代林库尤（Derinkuyu）这个往地下挖掘建造成的古老聚落，虽然只有一部分开放参观。卡帕多西亚另外还有许多深达2至3层的地底城市，不过代林库尤的深度则多达11层，尽管目前并没有完全挖掘出来。根据估计，代林库尤原本的深度应在85米左右，这个城市利用漫长地底通道和其他地底城市相连，大约可以容纳3000至50000人。代林库尤也是早期基督教徒躲避宗教迫害或伊斯兰教徒入侵的地点之一。

有了上述类似的实际经验，到了19世纪，部分想象力丰富的作者创作出阿加莎城的传说。

尽管此一传说的宣传者以东方传统或印度圣人启示为诉求，它本质上仍然受到许多在此之前的神秘主义如希柏里尔、雷姆利亚大陆或亚特兰蒂斯等所影响。总之，阿加莎城（Agartha，或根据不同文本而有阿加塔、阿加提、阿加迪或阿斯加莎等称呼）是一个地表下占地广阔的区域，一个以相互连接的城市构成的真实国家，也是一个非比寻常的知识库，这里有一位至高权力的拥有者，又称世界之王，他运用自己的庞大力量，影响地球上所有事件的运行。阿加莎城的范围延伸到亚洲的地底下，有些人认为范围广及喜马拉雅山一带，不过被提及的秘密入口不在少数，从赤道地区的油鸱洞（Cueva de los Tayos，又作塔由斯洞）、戈壁沙漠、位于现今格鲁吉亚共和国科尔基斯的女巫洞穴、意大利那不勒斯的库迈女巫洞、美国肯塔基州的许多地方、巴西西部的马托格罗索州、北极、南极、胡夫金字塔一带甚至大洋洲艾尔斯岩等都有谣传。

阿加莎城这个名称，首见于法国作家路易·贾科留（Louis Jacolliot）的作品。贾科留个性古怪，曾写过许多类似凡尔纳和萨尔加里形式的冒险故事，不过在那个年代则以关于印度文明的大量著作闻名于世。在《灵性世界》（*Lo spiritismo nel mondo*，1875）一书中，他试图寻找东方神秘主义在印度地区的根源——他应该没有花太多力气，因为与他同年代的大部分神秘学者都大量从真实的或伪造的东方神话中借鉴。贾科留提到了一个专家们从未听说过的梵文文本《阿格鲁查达-帕里切》（*Agrouchada-Parikchai*），它看来像是个大杂烩，很有可能是贾科留从《奥义书》（*Upanishad*）和其他宗教典籍摘取段落，再加上西方共济会传统而综合出来的东西。贾科留表示，部分梵文典籍（从未清楚说明到底是哪些）曾谈到一个叫做卢塔斯（Rutas）的地方，表示这个地区被印度洋吞噬，不过他后来又讲到太平洋，将卢塔斯视为本应位于大西洋的亚特兰蒂斯——不过我们之前已经谈过，亚特兰蒂斯的可能位置众说纷纭。最后，贾科留在《神之子民》（*I figli di Dio*，1873 或 1871）曾提到"阿斯加莎"，说这是一个位于印度次大陆底下的巨大城市——印度祭司贵族婆罗门之城。

事实上，相信贾科留所言者并不多——只有生性容易相信他人的布拉瓦茨基认真看待贾科留的言论。然而，亚维德列侯爵约瑟夫-亚历山德·圣伊夫（Joseph-Alexandre Saint-Yves d'Alveydre）在《印度使团在欧洲》（*Missione dell'India in Europa*，1886）里的言论则造成了迅速且可观的反响。1877 年，圣伊夫与经常出入各种神秘学圈子的伯爵夫人玛丽-薇克朵·德·利兹尼屈-凯勒（Marie-Victoire de Riznitch-Keller）结为连理。伯爵夫人认识圣伊夫的时候已年过五十，当时的圣伊夫三十多岁。为了让圣伊夫取得贵族头衔，伯爵夫人向某位亚维德列侯爵买下了他的领地。在圣伊夫可以靠土地收益生活以后，就全身心投入实践自己的梦想：找到一个能使社会更和谐的政治方案，一个相对于无政府状态的共同统治方式，一个由代表经济、司法与精神力量的三个议会所组成的政府所治理的欧洲社会，也就是说，由教会与学者治理的社会，一种受启蒙、能消弭阶级斗争的寡头政治，将左派和右派、耶稣会和共济会、资本和劳工联合在一起。

这个计划受到极右派团体如法国行动派（Action Française）的关注，导致左派将纳粹占领法国后成立的傀儡政权——法国维希政府——视为"共治主义"的阴谋；不过右派则将共治主义视为犹太—列宁主义分子的阴谋表现；对其他人来说，共治主义是耶稣会人士为了推翻第三共和国而进行的阴谋，还有一部分人则认为共治主义是纳粹的阴谋，此外共济会阴谋或犹太阴谋论的假设也不少。

无论如何，不管左派还是右派，常会衍生出秘密社会大规模密谋不轨的说法。

伯爵夫人过世以后，圣伊夫在 1895 年开始撰写最后一部作品《古代彩色编码》（*L'archéomètre*，1911）。这本书的书名指的是一个由同心圆构成的工具，它是可活动的，能够利用图表上所涵盖的标识，形成无穷无尽的组合，这些标志包括星座、行星、颜色、音符、圣字母、犹太文、叙利亚文、阿拉米文、阿拉伯文、梵文，以及神秘的印欧人原始语言瓦坦语（vattan）等。

然而，我们必须回到阿加莎城的主题。在撰写《印度使团在欧洲》的时候，圣伊夫表示，有一名叫做哈吉·夏里夫（Hadji Scharipf）的神秘阿富汗人曾去拜访他，不过这个人不可能是阿富汗人，因为他的姓名显然就是阿尔巴尼亚人（而且我们手上唯一的一张照片显示这人身着巴尔干轻歌剧的戏服），据说这人曾向圣伊夫揭露这个阿加莎城的秘密。

正如启发了圣伊夫灵感的贾科留所言，这个阿加莎城也深藏地底，是一个由五千名贤士或博学者治理的王国。阿加莎城的中央穹顶由一种位于高处的反射镜来照亮，这些镜子“只有范围和颜色相等的光才能通过，而这就是我们物理学太阳光谱中的全光谱”。阿加莎城的贤士会研究所有神圣的语言，以理解世界共通的瓦坦语。在面对太过深奥的谜题时，他们会从地面往上腾空升起，如果身旁的弟兄没拉住，这些贤士可能会一头撞上穹顶。这些贤士会准备雷电，“控制着极地间与热带间的流体循环，以及位于地球不同经纬度上相互干扰的支流”（引述原文），选择物种并创造出具有非凡通灵能力的小型动物：它的龟甲背部有一个黄色的十字架，身体的每个端点都有一只眼睛和一张嘴。心灵导师的概念则是第一次出现——圣伊夫当然是受到共济会教义的影响，认为过去与未来的所有历史事件都是受到一股未知力量所引导。

圣伊夫的部分灵感启发，可能来自描述香巴拉王国的东方文献，尽管对许多神秘主义者来说，阿加莎城和香巴拉王国之间的关系是非常让人困惑的。在许多地球空洞说支持者绘制的想象图中，香巴拉是一个位于阿加莎地底大陆的城市。

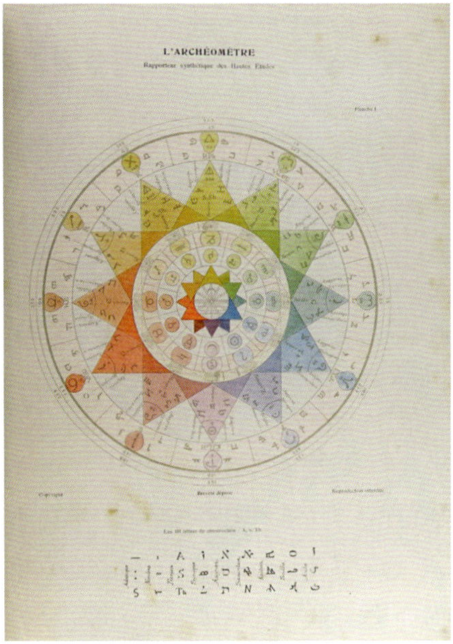

取自亚维德列侯爵约瑟夫－亚历山德·圣伊夫《古代彩色编码》，1903 年出版。

有些版本的传说将香巴拉和从来没有被定义成地底大陆的姆大陆画上等号，不过这里要特别一提的是，香巴拉在东方传说里并不在地底下，而是深藏在人迹罕至的群山中，幅员辽阔，包括肥沃且美丽的平原、丘陵与高山，英国作家詹姆斯·希尔顿（James Hilton）就是借由这样的香巴拉传说，创造出小说《消失的地平线》里的香格里拉传说，后来导演弗兰克·卡普拉（Frank Capra）也将这部小说拍成一部大受欢迎的电影。

希尔顿在小说中提到一个位于喜马拉雅山极东地区的地点，一个和平宁静、时间几乎停止的地方。然而在这个例子中，一个小说中的虚构世界，一方面诱惑着神秘主义的世界，另一方面则引发了旅游炒作，从亚洲到美洲，各地衍生出许多假冒的香格里拉，以满足游客拜访的欲望。2001 年，中国云南省迪庆藏族自治州的中甸县正式更名为香格里拉县。

最早有关香巴拉的消息，是由西方的葡萄牙传教士传出来的，不过这些人——在听到这个地方的时候——以为它指的是契丹（Cathay），也就是中国。比较确定的来源其实是《时轮经》（*Kalachakra Tantra*）这部宗教经典（来源可以回溯到印度的吠陀传统），并由此生出了美丽且神秘的描绘。在藏传佛教和印度佛教传统中，香巴拉是个只有少数人才相信世上确有其地的国度，渐渐地，这些人认为香巴拉位于印度西部的旁遮普邦、西伯利亚、阿泰尔共和国等不同地点。不过一般而言，香巴拉却被视为一种精神性象征、一块人间净土、终能战胜邪恶的承诺之地。

根据白斯特罗齐（Baistrocchi）在1995年的说法，中国的一位喇嘛曾在1980年10月表示，香巴拉不可能和阿加莎城画上等号（至少根据佛教传统）。白斯特罗齐是这么说的："这位喇嘛以东方人惯有的亲切态度与高度精神层次展现的谦恭，先了解'阿加莎–阿加提'（Agarttha–Agharti）所代表的意义，并和他的精神顾问简短交换意见以后，以一种极其圆融的方式坦言自己未曾听过这个地方，也没听过什么位于地底下的灵性国度。不过他在做结论的时候也补充道，此间可能有些混乱，也许它指的是'香巴拉的伟大奥秘'；不过对达赖喇嘛来说，香巴拉是一个'真实存在的国度，即使它超越了理智可理解之境地，介于神与恶魔的国度之间，非常难以抵达……唯有透过复杂的锻炼去达到禁欲'才能抵达。"

到了19世纪，一名匈牙利学者桑多尔·珂洛希·乔马（Sándor Korösi Csoma）提出了香巴拉的地理坐标（介于北纬45度至50度间）。经常搜集拼凑各种翻译质量不良且不准确的二手消息的布拉瓦茨基，在作品《秘密教义》（1888）中自然也无法忽略香巴拉这个主题（不过她忽略阿加莎城之举确实也令人玩味）。据说她通过心电感应接收到西藏网民传来的消息，表示亚特兰蒂斯的幸存者已经移居到位于戈壁沙漠的圣岛香巴拉（这有可能是受到珂洛希·乔马的启发，因为戈壁也位于他提出的地理坐标范围内）。

或许由于它有太多可能所在地的缘故，香巴拉打动了许多试图利用其象征意义的政治人物。在蒙古，深信所有犹太人都属于布尔什维克派的俄国男爵冯·恩琴–斯特恩伯格（von Ungern–Sternberg）带领着白军对抗红军，为了操控手下军队，他许下承诺，告诉部下，他们会在香巴拉的军队里重生。在入侵蒙古以后，日本人试图说服蒙古人，让他们相信日本才是原本的香巴拉。纳粹高层里到底有多少人相信香巴拉的存在？我们并不是很清楚，不过图勒促进协会的圈子里有相当多人相信，希柏里亚人曾多次移居亚特兰蒂斯与姆大陆，他们最后可能抵达戈壁沙漠，建立了阿加莎城。由于相似性极高，人们也认为阿加莎城和北欧神话中的诸神国度阿斯加德有关，不过这里的情况也开始让人感到困惑，因为似乎有一派人认为，在阿加莎城毁灭以后，一群“正直的”雅利安人南迁，在喜马拉雅山下面建造了另一座阿加提城，而另一群则回到北方，逐渐腐化，并建立了邪恶国度香巴拉。我们可以看到，发展至此，神秘主义中提及的地理非常混乱，不过根据20世纪20年代的一些消息来源，布尔什维克的秘密警察领袖曾计划搜寻香巴拉，企图将人间天堂和苏联天堂的概念融合在一起。另一个一脉相承的谣言，则是海因里希·希姆莱与鲁道夫·赫斯曾在20世纪30年代派人前往西藏的消息，这显然是为了要寻找纯种人类。在20世纪二三十年代期间，同时身兼神秘主义信徒与画家的知名俄罗斯探险家尼可拉斯·罗维奇（Nicholas Roerich），曾经前往亚洲各地寻访香巴拉，并在1928年出版了作品《香巴拉》（*Shambhala*）。罗维奇声称自己握有来自天狼星的魔法石如意宝珠。对他来说，香巴拉是一个和阿加莎城有关联的圣地，两城以地下通道相连。

不幸的是，罗维奇遗留下来的探险证据，几乎都是他笔下那些不甚高明的画作。

让我们再回到阿加莎城的问题。在圣伊夫以后相当长的一段时间，出现了一位曾穿越中亚的波兰探险家费迪南·奥森多夫斯基（Ferdinand Ossendowski），他出版了一本获得相当大反响的著作《野兽、人类与神》（*Bestie*，*uomini e dei*，1923）。他在书中提到，自己从蒙古人处得知，阿加提位于蒙古下方，不过整个王国通过地下通道延伸到世界各地，该国臣民有数百万，由一位世界之王统治。

在阅读奥森多夫斯基的作品时，会发现有许多部分似乎是取自圣伊夫的著作，稍具批判意识者，可能会以剽窃来看待。然而，传说的忠实信徒，包括雷内·格农（René Guénon）这位当代最著名的文化传统思想家之一，都相信奥森多夫斯基表示自己未曾读过圣伊

《香巴拉》，现代摄影。

夫的作品应该是实话，而证据就是《印度使团在欧洲》一书的初版几乎全数损毁，只有两本遗留下来。然而格农并没有考虑到，在圣伊夫死后，这本著作于1910年由多尔邦（Dorbon）再版，因此奥森多夫斯基很有可能读过这本书。

然而，格农因为受到引导，而将奥森多夫斯基认定为无可置疑的权威（同时也认为贾科留是一位可信度极低的作者——相对于布拉瓦茨基），因为奥森多夫斯基提到了世界之王，后来格农也写了一本《世界之王》（*Il re del mondo*，1925），更是大大提升了这位国王的知名度。无论如何，格农对于阿加莎城到底是否存在，或者只是个象征（就如佛教的香巴拉），并不是太感兴趣，因为阿加莎借鉴于一个王权和圣职必须紧密结合的永恒神话（显然我们现在身处的这个印度教史观所谓黑暗时代的悲剧打破了这种结合）。对格农来说，世界之王的头衔："意味着至高无上……恰归于摩奴（Manu）这位最原始、最万能的立法者，摩奴之名曾以不同形式见于许多古老民族。"另外要提的一点是，王权和圣职的结合，也常见于祭司王约翰的传说。

如果对基督教传统来说，耶稣是真正的麦基洗德[5]，那么耶稣和阿加莎城到底有何关系，其实是很难证明的。然而格农的整本书，却自由地叙述着两者的关联性，完全违反所有神话与宗教的逻辑，就好像在倡议一个早于所有神圣宗教的原始传统一样。

曾经有人表示，要像格农一样将这些自古以来就和地狱形象紧密结合的地底和洞穴神话，和具有天堂性质的超自然现实联结在一起，并不是件容易的事。然而我们也看到了地球空洞之说着实魅力不凡，超越了逻辑的力量，因此，即使到现在，深埋于地壳内的阿加莎城仍然继续存在，至少对那些相信确有其地的人来说确实如此。

注5：第四章曾提到有关麦基洗德和王权与圣职在耶稣身上结合的问题。

尼尔斯·克利姆的地底世界

路茨维·霍博格

《尼尔斯·克利姆的地底旅行》，1741 年

我才下降了十到十二腕尺，绳子就断了。接下来，同伴的呼喊、尖叫很快就消失，我终于认识到发生在自己身上的坏事：我飞快地跌入深渊，就像新上任的冥王，只不过手中握着长矛而非权杖，我往下坠落，撞到的地面替我打开了通往塔尔塔罗斯的道路……

我下坠了大约十五分钟，穿过一片浓雾与无边无际的黑暗，然后，一缕薄暮般的微光出现，渐渐地，我的头上出现了一片明亮平静的天空。愚蠢的我，认为自己被地底空气或反方向的强风回推，以为来自洞穴的风将我带回了地面。然而，眼前的太阳、天空和星辰似乎很陌生，看起来比地面世界的还要小。所以我以为，这些新的天体可能只是自己头昏而产生的想象，要不然就是我早已死去，现在身处死者的国度。不过在看到自己手上的长矛和绑在身上的绳子，我马上笑了出来：我很清楚，通往天堂的道路并不需要长矛和绳子，天神当然不可能让人带着这些装备，这让人看来就像是想攻击天堂，像泰坦人一样地征服奥林匹亚。最后，我仔细想了一下，终于了解自己抵达了地底天空，认识到地球空洞论的正确性，地壳下方藏着一个比地面世界还小的国度，有着另一片天空，以及比

《地内世界的生物》，取自路茨维·霍博格《尼尔斯·克利姆的地底旅行》，1767 年出版。

较小的太阳、星辰和行星。这些事情让我恢复了理智。在越来越接近下坠过程中遇到的第一个行星或天体时，我的速度开始降低，此时的我，早已持续坠落了一段挺长的时间。在我看来，这星球似乎变得越来越大，穿过围绕着这颗星球的稠密大气层，我可以轻易分辨出山峦、峡谷与海洋，我就像一只鸟，沿着岸边和鱼礁在水面上低飞，就这样，我在地面与天空之间飞翔着。

之后，我发现自己飘浮在半空中，而在那一刻，我的轨道也从垂直变成了环状。我感到毛骨悚然，害怕自己被变成一个星球或是邻近行星的卫星，一辈子就被迫这么绕着转个不停。不过据我估计，这种转变并不会伤害到我的自尊：一个星体或是卫星比挨饿的哲学家来得

好一点。我重新鼓起勇气，因为我发现自己在这纯净清澈空气中飘浮期间，并不会感到饥饿与口渴。尽管如此，我想起口袋里有个三明治（卑尔根居民称为“玻肯”的东西，通常为椭圆形或长圆形），决定拿出来，看看我的味觉在这个状况下是否能享受这样的东西。然而，咬下第一口的时候我就发现，来自地面的食物会让我反胃，因此我把这三明治给丢了，好像它是个毫无用处的东西一样。不过这三明治却悬浮半空中，而且让人惊喜的是，它开始循着一个较小的轨道绕着我转，让我了解到真正的运动定律，也就是所有处于平衡状态的物体，都会进行圆周运动……

我维持在这个状况约有三天之久。伴随着毫不间断地绕行星运转，我开始能分辨日夜：有时我会看到地底太阳升起，有时看到日落，然后太阳完全消失眼前，不过这里的夜晚与地上世界的夜幕低垂并不相同，因为日落以后，整个穹天看起来依旧明亮耀眼，清澈如月。稍微通晓天体物理的我想通了一个假设，认为这个由地壳内部表面构成的穹天，从位于地底世界中心的太阳接收光线。我欣喜若狂，相信自己非常靠近神，认为自己是穹天的一颗新星，这颗邻近行星上的天文学家会将我和绕着我运转的卫星一起列入星体列表。就在此时，一只有翅膀的大怪兽出现在我身边，不时从四面八方威胁着我。我原本以为它是地下十二星座之一，假使这猜想正确，我希望它是处女座，因为在所有星座之中，它是唯一一个能够以某种方式减轻我寂寞感受的星座。然而在我越来越接近它的时候，我发现那是一只来势汹汹的大狮鹫。我感到一阵恐惧，失去理智，也忘了方才才感受到的永恒尊严，在慌乱之间，拿出恰巧放在口袋里的学院证书，向对手展示我已通过几科学业考试，证明自己的学生身份，而且还有学士学位，能借着诉诸此地的不合理性来否认任何外来对手的正当性。然而，在一开始的兴奋感退去以后，我慢慢恢复理智，对自己的愚蠢感到可笑。我还不了解这只狮鹫为什么跟着我，也不知道它是敌是友，不过比较可能的是，它受到我不寻常的外表所吸引，至少想靠近点多看几眼。一个飘浮在半空中、手握长矛、背后还拖着一条像尾巴一样的长绳子的人类，的确可能让任何动物感兴趣。后来我发现，狮鹫与我的不寻常景象，引起我绕行星球上的居民热烈讨论。那儿的哲学家和数学家以为我是彗星，因为他们将我身上的绳子误认为彗星的尾巴，另外也有人认为我是个超乎寻常的流星，预告着某些即将到来的灾难、瘟疫、饥荒或其他重大灾祸。有些人甚至仔细画下我的身体从远处看来的样貌，因此在抵达地面以前，他们早就已经将我描述、定义、绘制并蚀刻在铜板上。在抵达那个世界、学会地底语言以后，我才知道这些事情，而在获知时，我的嘴角扬起微笑，也感到有点沾沾自喜……

事实上，我在逃离公牛追逐时试图爬上的树，竟是临近城镇法官的妻子，而让她受伤之事让这罪行变得更加严重，因为伤者并不是什么平民，而是显贵人士：无论如何，对这群非常谦逊保守的人来说，这个公然袭击事件都是罕见且可怕的……

简单来说，即使在当时我也很清楚，那些具有理智的树是这颗行星的居民，而我自己也对大自然创造出来的生命多样性感到赞叹。这些树的高度并不如我们地面上的树，大约只比男性平均高度高一点；事实上，那儿还有更多小型灌木或植物，我认为他们是小孩……

那个地带紧邻着居民是柏树的马尔达克地区；这些居民有着相同的外貌，唯一的差异只有眼睛的形状，有些居民的眼睛是长的，有些是方形，有些很小，有些大到几乎占满了整个额头，有些有两个眼睛，有些有三个，还有其他有四个眼睛的……

数量最庞大因此也是最具权力的部落是纳基里族，一个眼睛是长的，身体看来也很长的族群。该国的领袖、议员与祭司只能由纳基里族来担任，只有这些居民能够掌舵，其他部落成员都不许担任公职，除非他声明并宣誓一块献给太阳并放置在神殿制高点的方板看起来是长的。由于这块圣板是马尔达克信仰中最重要的文物，诚实的居民不愿意染上做伪誓的污点。如此一来，

《地内世界的生物》，取自路茨维·霍博格，《尼尔斯·克利姆的地底旅行》，1834年出版。

除了纳基里族以外的其他居民只得远离公职，不断地接受侮辱和迫害；此外，即使声称自己不能指黑为白，还是会被带到法庭上接受指控，表示这一自然缺陷全来自他们的恶意和固执……

抵达后隔日，我在街上漫无目的地闲逛时，看到一个老头被拖到绞刑架，旁边有许多柏树在高声嘲讽。我问这老头犯了什么罪，有居民表示他是异端分子，因为他公然指称太阳之板看来是方形的，而且尽管多次受到警告，仍然固执地坚持着那个可悲的想法。所以，我冒着极大的风险，走进了太阳神殿，想要看看我的眼睛到底能否接受这些人的信仰价值，然而在我看来，这块圣板似乎也是方的，我也诚实地告诉招待我的主人，他刚刚晋升该市的市政官。听完我的话，他深深叹了一口气，表示他也觉得这板

子是方的，不过他从来就不敢讲出来，因为他怕掌权的部落会找他麻烦，剥夺他的职位……

在我回到波图公国以后，只要一有机会，就猛力批评这个野蛮的国度，不过当我向一个好友刺柏表达我的愤怒，他是这么回答我的："对我们来说，纳基里族的风俗看来可笑不公，不过如果认真从另一个观点来看，这对你来说应该不是件太奇怪的事情。我记得你曾经提过，大部分欧洲国家都有优势民族，他们因为天生在视野或智慧上的缺陷，将怒气发泄在他人身上，而你自己也说过，那种暴力行为是神圣的，而且对政府极其有益。"……

在一个叫做考克雷库的地区，存在着一种铺张奢侈更胜于欧洲而且非常受到欧洲人鄙视的传统……这个国家的居民全部都是雌雄异株的刺柏树，不过只有雄树负责粗活与家务；他们在战争时期确实会加入军队，不过军阶很少会高于普通士兵，只有极少数会成为骑队少尉。至于雌性，则负责比较重要的公共、宗教与军事职责。假使在过去我曾经嘲笑波图国居民在分配职责时不能有性别歧视，这里的居民似乎更疯狂、更违背自然规律。我就是无法理解这些雄树为何显得如此无关痛痒，尽管他们的力气更强身形更高大，却让这些不相称的枷锁强加在自己身上，而且数世纪以来一直忍气吞声。这本是容易摆脱的枷锁，如果他们想要也胆敢断绝这种雌性暴政的情形。然而，他们的这种想法早已成了根深蒂固的习惯，没有居民愿意冒险抹去这种令人感到羞耻的情况，更者，全部居民也都相信，大自然赋予雌性领导地位，雄性必须织布、磨谷、纺纱、扫地甚至被殴打。雌性捍卫这种做法的说法是：因为大自然赋予雄性力量与适合使力的肢体，所以我们必须相信大自然是刻意要让雄性从事吃重的粗活……

在其他地方，存在着任性且淫乱的女性，为了金钱出卖身体，肆无忌惮地放荡，同样地，这里有未成年与成年男性会出卖春宵，并为此开设妓院，在门上标记符号和不恰当的言语。若是太过明目张胆且公开，这些大胆的商人会被关进监狱或公开接受鞭刑惩罚，就像我们的妓女一样。至于未成年与已婚女性在街上对男性品头论足，跟他们点头、眨眼、吹口哨、掐捏、呼叫、骚扰、在门上用炭笔写满爱慕之言、公然谈论自己的猎男成绩、炫耀自己的胜利，都不会遭受批评，这就像在地面世界，年轻人张狂傲慢地列出自己睡过多少处女，或睡过多少人妻一样。已婚或未婚女性向年轻男子唱情歌或赠送小礼物，也不会受到批评，而且这些年轻男子会表现出冷漠与矜持的模样，因为马上屈服在女性的要求和欲望下，是有失尊严的事情……

我跟其中一位居民说，他们的所作所为违背自然，因为宇宙法则与所有人的意见都认为，男性理应肩负起艰巨重要的任务。他回答时表示，我把天性和传统搞混了，因为女性的脆弱完全来自教育，正如该国架构所示，女性因为精神层面的美德与天赋而发光发亮之处，换到其他地方，则成了男性自称专属的特质。事实上，考克雷库的女性是谦逊、严肃、明智、坚定且沉默寡言的，男性则恰好相反，显得轻佻、不成熟且聒噪。这个国度的居民听到夸张的事情时，会用“人类的东西”来形容，如果做事草率愚蠢，则以“必须原谅男性的软弱”来表示。

从极地进入地心

贾克·科兰·戴·布兰西

《地心之旅》，第 1 卷，第 21~22 页，1821 年

在步行了一刻钟以后，我们面前出现了一个庞大的黑色屏障。这还不是北极的山峦，而是一片绵延到视野所及之外的宽阔森林，长满了许多罕见的灌木与大树，宛如松树般苍绿……北极再也不是冬季与死亡的帝国……

在尝试触摸之前，克雷兰西想先了解一下这个材质（他后来是这么跟我们说的）；他拿出猎刀，在这石头上敲了几下；刀尖被敲裂了，石头发出了金属般的声音；他在其他部位试着划了几道，都显现出铁的颜色，不过稍微混杂了一点黑土色，而且质地非常坚硬。他向爱德华说，这些无疑是让那些真正的物理学家热烈讨论的铁山群……

我们走了一个半小时，才来到这山群的山顶，而且在途中什么也看不到。不过等我们抵达围绕着极地的山顶平台，正为自己找到一片平坦宽广、被一种比日光还纯净的光线照亮的地方而感到欢欣鼓舞之际，所有人都感受到了一种终生难忘的感觉。每个人都觉得自己的呼吸更轻盈，动作更敏捷；似乎腾空滑翔一般。离我们不远处，有许多道光流，从远处看来，好像是一根不太大的柱子，不过实际上这些光流庞大到难以估量。崔斯坦诺的想法和我一样，认为极地是光与热的中心，就跟太阳一样，威廉和马提内很怕就此纵身跳入熊熊烈火中，而且所有人都想要休息一下。然而，自我们踏上山顶，就开始感受到一股强烈的力量牵引着我们，此刻的一阵强震，告诉我们不能停下来，然后我们就被一股强大的力量吸进了北极……

我们站在洞穴边缘，看着这明亮无比的洞穴，它深不见底，让所有人都感到毛骨悚然；然而，没有人有时间思考，我们这一小群人就被一阵气浪形成的漩涡给扫了进去……

我们迅速掉落这涡流之中……我们发现了一个不知如何言述的惊喜，一片广阔无垠的光明……

“你们听好，”克雷兰西终于开了口，“有位物理学家在十八世纪初

曾表示，地球不可能是实心的，因为地球直径三千里格，其中至少有两千九百是不必要的。因此，他认为地球内部有一个能够调节运动的金属核。这个理论被驳为悖论，不过我们的探险却证实了它的真实性。我是这样假设的：人类生活在地球表面，圆周长九千里格，不过地表厚度其实只有五十或一百里格，而且内部是中空的，中心还有另一个球体存在。在这个球体中心，还有另一个核心或是更小的星球，而且这个核心具有磁性……

现在，我们掉落处所在的磁性岩石产生了大量的蒸汽，并直接从极地的开口溢出，大自然的造物者在这出口处放了一系列铁山，让铁山形成冠状。我相信，南极的开口也被同样的冠状物围绕。如此一来，由于围绕在两极开口的大量铁质，分别吸引着这个中央行星所制造的磁性蒸汽，地球得以保持在一个完美的平衡状态。在我们知道头上目之所及处其实都是地壳的时候，可以看到天空这件事，着实让我们感到困惑。尽管如此，表面沉闷阴暗的地球有着明亮的内部也是有可能的，而围绕着我们的空气，或多或少透露着这片穹天的真实面貌。至于我们看到的这片光明，我认为它来自磁性蒸汽，这些蒸汽穿过两极时，会一直不停地往上升，因此反射了太阳光，造成极光现象。”

地下的景象

爱德华·布尔沃-利顿

《未来种族维利》第2、4章，1871年

这条路很像山路：一侧是我顺着下来的那片悬崖峭壁。下方左侧有一个广阔的山谷，明确无误地向惊讶无比的我证实着此地确实有工艺与文化存在。那儿有好些被奇异植被覆盖着的田野，看来和地表世界的植被不太一样；颜色并非绿色，而是沉闷暗淡的铅灰色，要不就是金红色。

那儿有看来似乎流入弯曲的人造堤岸的湖泊与溪流；有些流着纯水，有些粼光闪闪宛如轻油。在我的右侧，岩石间沟壑峡谷交错；其间还有似乎是人为开凿的步道，边缘巨树林立，那细致如绒羽的树叶与貌似棕榈的树干，看来宛如巨型蕨类植物。其他植物看来像是芦苇，

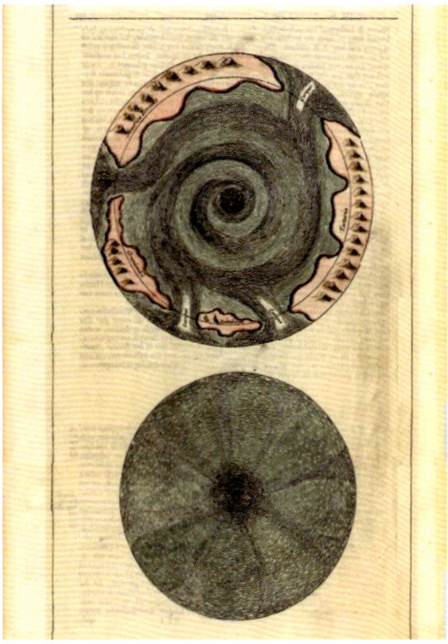

《南北两极》，取自阿塔纳斯·珂雪，《地下世界》，1665年出版。

不过比较高，而且还长有簇生花。

其他还有一些状似大型菇蕈的植物，茎部短小粗壮，支撑着相当大的圆顶状物，圆顶上则生长或盘绕着长长的细枝。在我周围的整个景象，只要是目之所及处，都被数也数不清的灯照亮着。那个没有太阳的世界，就像正午的意大利风景般耀眼与温暖，不过空气给人的压迫感较低，热度也较温和。而且，那个景观中也有些许聚落分布。

我远远就能分辨，在湖泊与河流的堤岸边，或是在半山腰上，都有看来无疑是人类聚落的建筑物散落在植被之间。我甚至远远就看到像是人类的形体在那儿活动……在我头顶上的并不是天空，只是一个巨大洞穴的穹顶而已。这穹顶的高度随着距离而增加，一直到再也分辨不出来，藏匿在迷雾之间……

我终于得以看到建筑物全貌。是的，这是座人造建筑，是在一大块岩石中挖出来的。乍看之下，我绝对会认为它是古埃及式建筑，正面有着柱基庞大、越往上越细的巨大柱子；更靠近一点看，我觉得柱头似乎比古埃及建筑装饰得更加华美高雅。就如科林斯柱式，它模仿了刺参的叶形，这些柱子的柱头也从周遭植被获取灵感：有些是芦荟的形状，有些则取自蕨类。之后，有个状似人的东西从建筑物里走了出来……真的是人吗？他停在宽广的街道上环视四周，看到了我，并向我走来。他走到我面前数米的地方，那个景象让我双脚生根般地动也动不了，一股言语无法形容的战栗油然而生。他让我想起出现在伊特鲁里亚文化的花瓶或是东方古墓墙壁上精灵或魔鬼的象征形象……有着人的形象，实际上属于另一个种族。他很高，不过并不巨大，和最高的人类差不多，不过高度逊于巨人。

他的主要服装似乎是收折在胸部、长至膝盖的大型翅膀；其余服饰还有衣袍以及用薄纤维布做成的绑腿套。他的头上戴着一只冠状物，发出宝石般的光辉，右手则抓着一支细长光亮的金属权杖，材质像极了抛光钢。然而，那张脸才是让我感到敬畏又恐惧的！那是张男人的脸，而且不属于我们的种族。从线条和表情看来，比较像是狮身人面斯芬克斯的脸……展现出一种平静、知性且神秘的美感。那肤色很奇特，与人类种族相较，比较接近红人，不过还是不太一样……一种更饱满更柔和的色调，眼睛是黑色的，又大又深沉且明亮，眉毛呈弯月形。他的脸刮得干干净净，不过由此来看，尽管表情宁静脸部线条优美，他还是让我感到有些危险，就好比看到老虎或蟒蛇一样。我感觉到，那个拟人形象对人类满怀敌意。在他越来越靠近时，我打了冷战。我跪了下来，用双手把脸遮住。

小约翰·克里夫斯·席姆斯（John Cleves Symmes Jr.）

《一封信》“Una lettera”

圣路易斯，密苏里州领地，北美洲
公元1818年4月10日当日
本人借此昭告世人：

我在此宣布，地球是空心的，而且内部适合人居住；它包含了若干同心的实心球体，也就是说，一个球包着另一个球，而且在两极各有范围延伸约十二至十六度的开口。我会致力证实今日所言，如果世人愿意提供协助，我也准备就绪，愿意进入地心探险。俄亥俄州的J. 克里夫斯·席姆斯，前步兵团上尉。

备忘。我替媒体准备了一份专文，阐明问题的主要原理，替上述声明提供证据，解释各种现象背后的原因，并揭露达尔文博士的“黄金秘密”。因此，我要求这个世界与新世界的赞助：……我征求一百名勇敢且装备精良的伙伴，愿意在秋季和我一同从西伯利亚驾着驯鹿雪橇朝着冰冻的海面出发；我保证，只要抵达北纬82度以北一度的地方，我们就会找到一片温暖丰沃、长满茂密植被、满是动物或者也有人居住的土地；我们会在下一个春天启程返乡。

J. 克里夫斯·席姆斯

（随信附上精神状况诊断证明）

伯纳德的假设

雷蒙·伯纳德

《地球空洞》，1964年

以下为本书欲证实者。

1. 地球是空心的，并不是一般假设的实心球体，而且地球内部与地表通过位于两极的开口来连通。

2. 美国海军少将理查德·伯德（Richard Byrd）是进入极地开口的第一人，而且分别从北极和南极深入地心四千英里，他的观察与发现确认了我们这个有关地球结构的革命性理论是正确的，其他北极探险家的观察同样也证实了这一点。

3. 根据我们的地理理论，地球是空心而且不是凸起的，在两极各有通往内部的开口，世上从来没有人到过北极和南极，因为它们并不存在。

4. 地内新世界的探险比太空探险还重要，伯德的航空探勘也显示出地内探险有其必要。

5. 伯德少将在北极和南极地区经由两极开口进行的航空探勘显示，地内新世界的面积比地表大，而第一个派探险家进入这个新世界的国家，将会成为世界强权。

6. 地内世界的气候比地表温和，所以也应该有植物、动物和人类的存在；果真如此，神秘飞碟很有可能来自最先进的地内文明之一。

7. 在发生核战的时候，辐射落尘可能会终结地表生命，此时，地内世界能够延续人类文明，对灾难幸存者来说是一个理想的避难所，如此一来，人类就不至于完全灭绝。

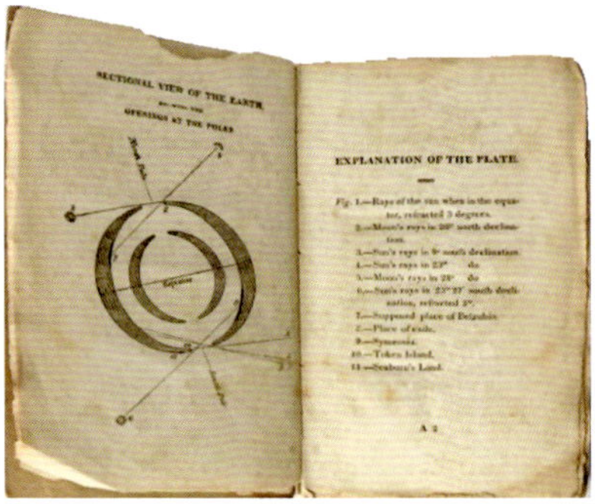

出自亚当·席伯恩（Adam Seaborn）《席姆佐尼亚：发现之旅》的插图，1820 年于美国纽约出版。

宇宙的中心

塞勒斯·里德·提德

《科瑞山宇宙学基本原理》*Koresh, Fundamentals of Koreshan Universology*，1899 年

太阳、月亮、行星与星辰都不是世人所认为的大型天体，而是一股力量的焦点，由于这股力量具有实质性却不具物质性，因此会受到物质转变至非物质之嬗变过程所影响；这种转变能力让它能维持稳定燃烧状态，并因而形成一种连续不断的以太辐射……月亮与行星为视觉反射；月亮是地表的反射，行星则是介于金属层板之间的浮动水银盘……

在这宇宙的中心，有一个偏心动量，其中包含了一个同时带有电磁正负性的星体核心，构成中央物理星体……它绕着一个以太锥移动，圆锥的顶点朝着北方，底部朝着南方。

爱斯基摩人的起源

雷蒙·伯纳德

《地球空洞》

许多以此主题撰文的作者都假设，地球内部住着一个棕色皮肤的矮小人种，甚至认为种族起源不同于其他种族的爱斯基摩人，就是来自这个地下人种……有些爱斯基摩传说谈到一个位于北方的美丽天堂。这些传说也讲到一个永远光明的地方，这个地方没有黑暗，也没有过分耀眼的阳光。加德纳写道：“爱斯基摩人并非来自中国，而且中国人和爱斯基摩人都来自地球内部的部落，绝对是有可能的。”

据说出自伯德之手的日记

理查德·伯德

《日记》，1947 年

我必须秘密写下这本日记，而且绝对保密。这是有关我在 1947 年 2 月 19 日驾机飞越南极一事。未来终将有一天，人类的理性会消逝，那时，世人就得接受必然的真相。我不能自由散播下面这些记录，它们也许永远不见天日，不过我还是得做好本分，在这里记录下来，希

雷蒙·伯纳德《地球空洞》封面。

望未来能有那么一天，世上某些人的自私与贪婪再也无法打压真相，所有人都能够读到这本日记……

指南针和陀螺罗盘都开始旋转摆动，我们无法利用装备来维持方向。我们借由太阳罗盘来注意方向，一切似乎都正常。仪器控制的反应和运转似乎都变慢了，不过并没有冻结的迹象……在开始看到这片群山以后，已经飞行了29分钟，这并不是幻觉。这是一个我们未曾见过的小山峦……

山的另一侧似乎有一座河谷，其间有小河或溪流朝着中央流去。这下头不应该出现什么苍绿的山谷！这里绝对有什么奇怪和不寻常之处！按理来说，我们应该只会飞越冰雪地带而已！然而，我们却在左方山腰上看到大片森林。我们的导航仪器还在发疯似的乱转……我将海拔高度修正在1400 英尺，然后向左急转弯，好更仔细地检查下面的山谷。它是绿色的，长满了密实的青苔和青草。这里的光线似乎有些不同，我再也看不到太阳。我们又朝左方绕了一圈，似乎看到某种大型动物，看起来像是一只大象！怎么可能！！它看来像是一只猛犸象！这真是让人难以置信！然而实际情况确实如此！……

我们又经过其他绿色山丘。室外温度指示显示在摄氏24度。现在，我们继续按照原定路径前进，飞机上的仪器似乎已恢复正常。这些仪器的反应让我很困惑，于是我试着和基地联络，然而无线电却不通……周围景观看起来平坦且普通。接着，我们看到一个状似城市的地方！这是不可能的！飞机似乎轻盈了起来，而且似乎有一股奇怪的浮力。仪器操控毫无反应！我的天啊！我们的左方和右方，都出现了一种奇怪的仪器，它们慢慢靠近我们，而且似乎放射出什么东西。现在，距离已经近到我能清楚看到它们的徽章了。那是个很奇怪的符号。我们到底在哪里？发生什么事了？……无线电断断续续，传出了一个似乎是北方或德国口音讲英文的声音。他传达的信息是："上将，欢迎您来到我国。我们会让您在七分钟后降落。请放心，你们会得到妥善的照顾。"此时我才发现，我们飞机的引擎早已停止运转，整个装置都受到一股奇怪的力量控制，会自行运作……

有些人正朝着飞机走过来。他们很高，还有一头金发。远处有一座闪闪发光的城市，散发着彩虹般的色彩。我不知道接下来会发生什么事，不过这群人并没有带着武器。然后，我听到一个声音唤我的名，命令我开门。我服从命令开了门……

从这里开始的事件记录，都是我按回忆写下的。它们看来几乎是想象，如果不是真的发生过，大概会让人觉得太过疯狂。通讯员和我被带下飞机，受到友善的对待。之后，我们被带上一台看似平台却没有轮子的小型交通工具，飞速朝着这个闪闪发光的城市前去。当我们越来越接近，发现这城市似乎是用水晶打造的。没多久，我们就抵达一座我未曾见过的庞大建筑物。它看来就像是建筑师法兰克·洛伊·莱特的设计，或者更正确地说，出自科幻小说连载巴克·罗杰斯的场景！……

“是的，”上将笑着说，“你正处于雅利安人的国度，沉入地底的世界。我们不会耽误你的任务太久，之后会有人护送你们回到地表之外的地方。不过现在，上将，让我告诉你，为什么你会被带来这里。我们从你们的种族制造出第一颗原子弹，并在日本广岛和长崎引爆以后开始感到忧虑，也在那个令人不安的时期派出飞行器到地表调查你们到底做了什么事情。上将，这些显然已经是过去，不过请让我继续解释。你看，我们在过去未曾干涉地表人类的战争与野蛮行为，不过现在我们不得不出手，因为你们已经

威廉·布拉德肖，《阿特瓦塔巴尔的女神》插图，1892年于美国纽约出版。

学会操控原子能，而这东西确实不适合人类。我们已经派遣使者将信息传给地表人类世界的强权，然而这些人却置之不理。现在，你们被选为见证，好证明我们的世界确实存在。”……

上将又继续说：“自1945年以后，我们试着和地表人类接触，不过却遭受恶意对待：地表人类甚至对我们的飞行器开火。是的，甚至展现敌意，派出战机恶意追赶。因此，孩子，我现在告诉你，有一个庞大的风暴正要侵袭你们的世界，一股连续许多年都不会消退的愤怒。你们的武器无法应付，你们的科学无法解决。这个风暴将席卷地表的每一个角落，人类文化绽放的每一朵花都会遭受蹂躏，人世间的所有事物将会一团混乱。最近的战争只是前奏而已，更大的灾祸即将到

《地内世界地图》，取自威廉·布拉德肖《阿特瓦塔巴尔的女神》，1892 年于美国纽约出版。

来…… 我们可以预见，在遥远的未来，会有一个新世界从地表人类废墟中出现，开始寻找他们传说中的失落宝藏，而届时这些失落宝藏将会在这里，受到我们保护。时机成熟时，我们会再次协助你们的文化和种族延续下去。”……

1947 年 3 月 11 日。我刚跟国防部参谋总部开完会。在会议中，我完整报告此行发现，也将上将的信息带到，整个会议也有正式记录，总统也有听取报告。我被拘留了好几个小时（整整六小时又三十九分钟），最高警备队和一组医疗人员对我巨细无遗地进行质询。这真是折磨人！我被美国国家安全局用各种手段严密监控，他们还提醒我，因为我具有军人身份，所以必须遵守命令…… 总而言之，我得说，这些年来，我尽责地遵照命令保守这个秘密。这本日记着实违反了我的诚信原则，然而现在我自觉来日不多，不愿这个秘密随着我一起死去，而希望它能像所有真理一样，最终获得胜利。这是人类存续的唯一希望。我亲眼看过真相，它也重新振作我的精神，给了我自由！……

因为我亲眼看过那片北极以外的世界，那片伟大未知之境的中心。

阿加莎城

路易·贾科留

《神之子民》，*Les fils de dieu*，第 8 卷，1873 年

婆罗门领袖和妻妾与宠臣一起生活在庞大的宫殿里，平日深居简出。他下达给祭司、省长、婆罗门与各阶级雅利安人的命令，都是通过使者来传递，这些使者身上都戴着刻有领袖武器装饰的银手环。

他的官员在经过城市和乡间时，会骑着巨大的白色大象，穿着黄金装饰的丝绸，前方还有衙役呼喊着“阿荷瓦塔！阿荷瓦塔！”，宣布官员的到来，而民众则在路旁跪下，只有在行进队伍消失以后，才能把头抬起来。……

这位婆罗门领袖出巡时，一定要坐在一座用羊绒、丝绸和黄金做成的帘子遮蔽的象轿中，背轿子的是他专属的白象，只有他能骑乘，而且这白象几乎因为背上沉重的黄金、尼泊尔织毯、珠宝和珍贵宝石等而无法站直。白象身上有许多珠宝工匠耐心雕琢的精美手环，偌大的耳朵上戴着价值无法估计的大钻石。轿座以檀香制作，上面镶满黄金。

这位上帝在人世间代言人的宫殿，使用了各种超乎想象的精美设备，而婆罗门对于阿斯加莎宫殿的描述，华美远超过底比斯、孟菲斯、尼尼微与巴比伦，而且这些古老城市甚至连古印度人祖先建造的城市都比不上……

最后，基督信仰从婆罗门教复制了三位一体、各种谜团、转世的名称和经历、处女生子、圣油、祭坛圣火、圣水与诸多仪式，基督教创始者这样的做法，无疑是想更加强调出其附属性，将这拷贝版的奴性推到极致。

基督教把婆罗门教的黑天神变成了他们的耶稣基督，提婆吉成了圣母玛利亚，此后，甚至也受到婆罗门教的启发而有了教皇。

阿加莎城在哪里？

亚维德列侯爵约瑟夫–亚历山德·圣伊夫

《印度使团在欧洲》，第1、2卷，1886年

阿加莎城在哪里？确切位置在什么地方？要抵达该城，必须取道何处、经过哪些国度？……因为我知道，在欧洲国家争相竞求亚洲资源之际，有些与阿加莎相邻的强国并没有意识到这块神圣土地的存在，我同时也知道，在可能发生战争的时候，欧洲国家的军队必然会穿过或行经阿加莎领土的边界，由于我对欧洲人和阿加莎人所怀抱的人道意识，我决定无所顾忌地继续揭露本人所知。

在地表与地球内部，阿加莎的真正领域一直受到亵渎与暴力的钳制与侵犯所挑战。撇开地底未知文化属于远古民族的美洲不谈，光在亚洲，就有约五亿人口或多或少知道阿加莎的存在以及这个国度的实力。

然而，这些知道真相的人全都忠心耿耿，完全没有人愿意确切指出阿加莎城所在位置，也就是政府机构、宗座与法律中心分别在哪里……

我的读者只要知道，在喜马拉雅部分地区有二十二座代表二十二个阿尔克那与二十二个神圣字母的寺院，阿加莎就隐藏其间，是世人难以寻及的神秘原点……

阿加莎圣地是独立的国家，采

布锡考特大师（Maestro di Boucicault）《奇迹之书》中的场景，15 世纪出版，目前收藏于巴黎的法国国家图书馆，排架号 Ms. Fr.2810。

取共治主义，人种单一，人口约两千万……

古老的未知南方大陆沉没海洋下方是前环图书馆，而且范围一直延伸到大洪水前古美洲大陆的地下世界。我在这里和接下来要说的这些，看来像是《一千零一夜》的故事，不过这些全都是真的。

真正的帕拉德萨学院档案长达数公里。日复一日，年复一年，它们孤独地伫立在那里，经过好几世纪的时间，有些熟知特定地区秘密以及了解特定工作之实质意义的资深启蒙者，会被迫耗费三年的时间，用世人不认识的字符来雕刻石板，把所有有关形成知识总体之四大科学层次的事实记录下来。

每一位智者都独自完成工作，在城市、沙漠、平原或山峦底下，远离光明。

读者可以想象一个在全世界所有区域的地底下延伸的庞大棋盘。每一个格子都记录着地表人类的辉煌历史；特定格子存放着世纪与千禧年的百科全书，也有以印度教主要与次要时期为题的……

在祷告时间、神秘宇宙庆典期间，虽然没有在地底大型圆顶下轻声细念着神圣经文，在地表和天上还是会发生奇特的听觉现象。长途跋涉的旅者与商队成员都会因为这白日的明亮光芒或夜晚的耀斑而停下脚步，无论是人类或野兽都会感到惊愕，全都静下来聆听……

这些科学、艺术等在阿加莎的研究室、实验室与观察室中持续不断地受到宣扬、展示与实践。

化学与物理的发展层次之高，如果在地上世界展示其程度，甚至无人能懂。我们并不认识地球的力

约翰·马汀（John Martin），《群魔乱舞》，1841年绘制，目前为法国巴黎卢浮宫收藏。

量，甚至对地球也不太了解！……

每一年在特定宇宙时期，在圣法学院大主席（精神领袖）的引导下，高级毕业生都会再次下去参访其中一个地底城市。这些修行者必须先爬过一个只容许一个人穿过的缝隙。他们暂停呼吸，将双手放在头上，让身体慢慢往下滑，而且深信这整个经历经过很长的时间。他们最后会一个接着一个掉落在一个无穷尽的倾斜地道里，从这里开始他们真正的旅程。当他们慢慢往下走，空气会变得越来越难以忍受，从下头发出的光芒，可以让人看到启蒙者按力量强弱沿着倾斜的巨大拱顶排列着，而且在最下方，很快就能看到地底下的城市。在行进过程中，尽管供应着可呼吸空气、营养与能够舒缓炎热感的东西，大部分人还是会感到窒息且疲惫不堪，不得不停下来。唯有那些道行高深到能够控制呼吸，而且无论身在何处，都能通过空气和其他器官来吸收那些保存在每一个角落的神圣重要元素的修行者，才可能继续往前行进。

最后，经过长途跋涉，那些坚持到最后的修行者，就会远远地看到一团巨大的火焰，在地球底下展开。……

巨大的地下城市在面前展开，下方火红的海洋照亮着整个城市，这火海的亮度远比在这个时期收缩集中的中央火焰小了许多。

在那里，各式各样奇特的建筑形式不断重复，所有矿物被混合在一起，做出那些歌德、科林斯、爱奥尼亚与多利安艺术家的幻想都想象不出来的东西。而且到处都存在着一群对于人类侵略感到愤怒的人形形体，他们具有灵巧的身体，会回到启蒙者圆顶，借着翅膀朝着各个方向飞腾，用爪子攀挂在地底城市的墙壁上。

马哈尔席领头，整个神圣队伍沿着玄武岩熔岩凝结成的狭窄道路行进。远处传来一股沉闷的声音，它似乎持续不断地延续着，好比春天潮汐撞击在岩石上的声音。

在这期间，修行者不断地走着，一边观察研究着这些奇怪的民族、他们的风俗民情、那些让人害怕的活动，以及对我们的用处……

他们的职责，是遵照宇宙力量的命令，以对我们有利的方式来管理能制造必要金属与非金属的地底河川的底土、确保地球上爆炸事件与灾难发生的火山，以及群山与河谷的规划。

他们也负责打雷闪电，并将两极与热带之间的流体循环维持在地底下，也控制着这些流体在地球上不同经纬度的交互流动。

吞噬每一个正在腐烂的活菌，以将果实带来世上的也是他们。

这些民族是中央火焰的原住民；而耶稣基督在升天之前也造访了这一批人，让他的救赎也遍及这些全世界有形层次引以为根基的火之子民……

我们进入这个圣幕，前去晋见布拉哈特玛，也就是迦勒底的阿布拉米迪、萨冷王麦基洗德，以及底比斯、孟菲斯、塞易斯和阿蒙等祭司的前身。

除了高阶启蒙者以外，没有人曾经面对面看过阿加莎的最高宗教领袖……那是一位来自美丽的阿比西尼亚民族的长者，这个民族混有高加索血统，在红人与白人的时代之间，曾经统治着地表世界，在世界各地的每一座山中建造了城市和巨大建筑物，从埃塞俄比亚到埃及，从印度到高加索，都有其踪迹。

世界之王

费迪南·奥森多夫斯基

《野兽、人类与神》*Bestie, uomini e dei*，1923年

我在中亚旅行之际，第一次听说所谓的“谜中之谜”。若不如此称呼，我也不知道该怎么来定义它。一开始的时候，我并没有太重视它，不过一旦分析之，并且拿来和许多零星、混乱且经常是相互矛盾的证词比较，才发现它非常重要。

生活在阿梅尔河河岸的长者跟我说了一个古老的传说，据说蒙古部落在试图躲避成吉思汗的统治时，曾躲在地底下，并且找到了庇护所。后来，一名住在诺干湖附近的索约特人，带我去了隐藏在烟雾之间的洞穴入口，据说从那里可以通往阿加提王国。过去曾经有一名猎人进入这个洞穴，抵达地底王国，并在回到地面世界时，开始讲述他在地

《麦基洗德与亚伯拉罕》，兰斯大教堂墙面雕刻，约1260~1270年。

底下的见闻。后来，喇嘛将猎人的舌头给割了，避免他继续谈论这个谜中之谜。当猎人老去，他再度回到洞穴，消失在地底国度，那个在浪子心中具有美丽快乐回忆的地方。

我从那鲁班禅寺的杰利卜·德嘉姆思拉普·呼图克图处取得了更详细的资讯。呼图克图讲了力量强大的世界之王从地底国度来到地面世界的故事，也描述了世界之王的外表，以及跟他有关的奇迹和预言：一直到那个时候，我才开始了解到，那个传说、催眠暗示、集体想象或是随便怎么称呼的故事，并不只是个谜，也是一股具体且庞大的力量，能够影响亚洲的政治发展。从那一刻，我开始更深入地进行调查。查顿·贝利亲王以及他最宠爱的噶隆喇嘛提供了有关地底王国的描述……

“这个国家叫做阿加提，它沿着一个遍及全球的地下通道网络分布。我听说中国有位喇嘛向博克多汗说，美洲地区的所有洞穴都住了一个消失在地底下的古老民族。即使到现在，还是可以在地表世界找到他们留下来的痕迹。这些地底下

的民族和地区都是由国王统治，而这些国王又臣服于世界之王。这些没什么好惊讶的。你们要知道，在东方与西方最大的两个海洋中，过去曾有两个大陆。它们沉入水中消失无踪，不过在这些大陆居住的人，则去了地底王国。地底洞穴里有一种特别的光线，使谷物和蔬菜能够茂密生长，让居民能够健康长寿。那里有许多不同的民族与部落。有位来自尼泊尔的婆罗门教长者实践了神的旨意，前往成吉思的古老国度暹罗拜访；长者在这里遇到了一名渔夫，渔夫命令长者上他的渔船，伴他出海。航行到第三天，他们来到了一座岛，这岛上的居民有两根舌头，分别用它们来讲不同的语言。居民给他看了许多独特且罕见的动物，例如有十六只脚的独眼乌龟、肉质鲜美的巨大蟒蛇、有牙齿而且会为主人在海里抓鱼的鸟。这些人告诉这位长者，他们来自地底王国，而且向他描述了地底世界的一些地方。”

地理与历史事实都具有象征价值

雷内·格农

《世界之王》的“结论”，1925年

世上所有传统同时都证实了下面这一点：确实有一个完美“圣地”存在，它是其他诸多圣地的原型，也是其他从属中心的精神中心。这个完美圣地也是“圣人之境”“活人之境”，也是“永生之境”；这些表达方式讲的都是同一个地方，而且事实上还应该要加上尤其被柏拉图认定为“受福者之地”的“净土”。

世人往往以为这个地方在一个“看不到的世界”，然而，如果你想要了解它到底是什么，也别忘了，同样的状况其实也可见于出现在各传统中、实际上代表启蒙程度的“精神层次”。

在目前的地球循环时期也就是铁时代中，这个由“守卫”保护隐藏却也维持着与外界之特定关系的“圣地”，事实上是肉眼看不到且难以抵达的，不过这样的限制其实只限于那些资格不足、不得其门而入的对象。那么，这地方的确切位置，到底应该照字面上解释成确有其地，还是只具象征性质，或者是兼而有之？我们对这个问题的回答是：对我们来说，地理与历史事实就像其他事实一样，都具有一种象征价值，而且此象征价值并不会减损事实本身的真实性，甚至赋予其更高深的意义。

第十四章

雷恩堡传说的发明

我们在“圣杯传奇”一章可以看到圣物是如何曲折地四处飘荡，一下子出现在这个地方，一下子又出现在另一个地方。最近期的圣杯传说之一来自奥图·拉恩的著作，主张圣杯位于法国南部靠近西班牙的蒙特塞居，一个早有许多专事圣杯崇拜、或多或少带点异教色彩的兄弟会蓬勃发展的地区。因此，这个地区当然希望能重新燃起世人对圣杯传说的兴趣：只要能找到一个借口即可。这个借口和一位修道院长弗朗索瓦·贝朗格·索尼埃（François Bérenger Saunière）的故事有关，不过在论及索尼埃之前，最好先将已证实的历史信息交代清楚。

雷恩堡（Rennes-le-Château）是一个距离卡尔卡松约 40 公里的小村庄，索尼埃曾在 1885 年至 1909 年间担任雷恩堡的牧师。当时谣传，索尼埃和他的管家玛丽·德纳诺（Marie Dénarnaud）有染，不过这件事从来没被证实。可确知的是，索尼埃从内到外重新整修了当地的教堂，并兴建了一间贝萨尼亚庄园作为自己的居所，也根据耶路撒冷的大卫塔在山丘上打造了一座马格达拉塔。

这些工程都极其昂贵（根据计算，花费约是当时的 20 万法郎，相当于省区牧师两百年的薪水），谣言亦因此而起，导致卡尔卡松主教派人调查。索尼埃不愿配合调查，主教因此决定将他调到别的教区，不过索尼埃拒绝离开此地，并因此离开神职，过着穷困潦倒的生活，直到 1917 年过世。

目前确知的资料就到此为止，并由此发展出许许多多有关这名古怪牧师以及其本人奇特生活的胡乱猜测。据说，在修复教堂的施

雷恩堡的马格达拉塔。

工过程中，索尼埃偶然取得了许多性质不明的文物；他在一篇日记中提到在教堂地板下方发现了也许属于当地王公贵族的古墓。还有人听说索尼埃发现了一个装有“珍贵”物品的容器，不过这些东西可能是雷恩教区牧师在法国大革命期间逃往西班牙之前遗留下来的东西，并没有什么价值；或者，他可能找到了教堂举行奉献礼时留下来的小卷轴。然而，这些薄弱的线索却引发了世人的想象，认为索尼埃在教堂修复工程期间发现了价值不菲的宝藏。事实上，这名老谋深算的牧师通过具有宗教性质的报纸和杂志，促请信徒捐款，允诺替捐助人过世的亲人举行弥撒，以这种方式收到足以举办许多弥撒的捐款，不过实际上他并没有实现承诺——卡尔卡松主教正是因为这个原因而将索尼埃送上审判台。

最后还有一个比较劲爆的细节，索尼埃死后将名下所有不动产都留给其妻子玛丽·德纳诺。德纳诺也许为了提高所继承财产的价值，于是继续助长着雷恩堡宝藏的传说。玛丽死后，财产由诺埃尔·科尔布（Noël Corbu）继承，科尔布在村里开了一间餐厅，并在当地报纸上散播“亿万富翁”之谜，吸引许多宝藏猎人前来挖掘[1]。

此时，出现了皮埃尔·普兰塔（Pierre Plantard）这号人物。普兰塔受到圣伊夫的共治主义启发[2]，在极右派团体中从事政治活动，成立反犹太团体，并在17岁时投入与维希政权一起展开的阿尔法·伽拉特运动（Alpha Galates）。尽管曾与维希政权合作，在法国解放以后，普兰塔所率领的组织仍以抵抗运动团体之姿出现在世人眼前。

1953年12月，普兰塔因为失信罪入狱6个月，获释以后（后来又因为教唆未成年犯罪入狱1年），成立郇山隐修会（或称锡安会），并于1956年5月7日在圣朱利安昂日内瓦副省会正式注册为协会。如果不是因为普兰塔吹嘘此隐修会已有两千年历史，表示此说乃根据索尼埃在修复教堂期间发现的文件（后来证明为伪造文件），这件事其实也没什么特别的地方。根据普兰塔的说法，这些文件显示欧洲中世纪梅罗文加王朝的血脉确实延续了下来，而普兰塔也自称是达戈贝尔特二世后裔。

此外，普兰塔也向位于巴黎的法国国家图书馆交存了据说为秘密文件的手稿（显然也是伪造），内容说明了隐修会和雷恩堡之间的密切关系。

普兰塔的骗局和沉迷于超现实主义的新闻工作者杰拉德·德塞德（Gérard de Sède）的一本书有许多相似之处，或许是因为受到德塞德的启发，这也解释了普兰塔为何常提出自相矛盾的说法。德塞德曾在1962年以诺曼底吉索尔城堡（castello di Gisors）的谜团为题出版了一本书，当时的德塞德因为在文学出版上经历挫折，退隐到这个地区养猪，在此认识了罗杰·罗摩瓦（Roger Lhomoy），一个半疯癫的流浪汉。罗摩瓦曾在城堡担任园丁与警卫，后来花了两年的时间，在夜晚趁着四下无人之际在城堡下方进行挖掘（既违法又危险之举），企图寻找古代地下通道。根据德塞德的记录，罗摩瓦表示自己来到一个地下室：“我一辈子都不会忘记当时所见，那真是一幅精彩绝伦的景象。我来到一个用路维希安石材（pietra di Louveciennes）

注1：罗伯特·沙鲁（Robert Charroux）于1962年出版的《世界寻宝指南》就将雷恩堡列为必访地点，认为想要寻求无穷财宝的人绝对不能忽略此地。

注2：参考第十三章阿加莎城的部分。普兰塔的惊人事迹，可参考布翁南诺（Buonnanno）于2009年发表的著作。

打造的古罗马穹顶，它长 30 米，宽 9 米，拱心石高约 4.5 米。在左手边靠近我钻进来的洞口处有一座石造祭坛，会幕亦为石造。右手边则是建筑物的其余部分。在墙壁高度一半的位置，是真人大小的耶稣与十二使徒像，下方有石乌鸦支撑。沿着墙面下方，摆着一座又一座长 2 米宽 60 厘米的石棺，总共有 19 座。我眼前的景象令人难以置信：30 个以贵重金属打造的箱子，十箱一列整齐放置。用箱子一词其实不足以形容其大小：比较像是水平摆放的储存柜，每箱 2.2 米长、1.8 米高、1.6 米宽。”

特别有趣的是，因为受到德塞德的启发而进行的所有研究，尽管确认了几条通道，事实上并没有任何一条通往这间令人赞叹的地下室。不过就在同时，普兰塔和德塞德联络上，告诉德塞德自己不但握有无法出示给他看的秘密文件，手上更收藏了这间神秘地下室的地图。这份地图实际上是普兰塔根据罗摩瓦的说法画出来的，不过普兰塔却鼓励德塞德根据此事去写作并推测此状况和圣殿骑士的关系。1967 年，德塞德出版了《雷恩的黄金》（*L'oro di Rennes*，显然原本是普兰塔提供的手稿，经德塞德重写出版），而这本书终于

《诺曼底的吉索尔堡》，现代摄影。

让媒体注意到郇山隐修会，以及普兰塔在当时成功发放到许多图书馆的伪造羊皮纸文件。然而，普兰塔后来也坦言这些文件事实上出自法国广播幽默作家暨演员菲利普·德谢里塞（Philippe de Cherisey）之手，德谢里塞也在1979年坦承自己参考在法国国家图书馆找到的古老文件，模仿安色尔体制作出这些伪造羊皮纸文件。还有，德谢里塞似乎是受到莫里斯·勒布朗（Maurice Leblanc）的亚森·罗宾小说启发，而有了伪造文件的想法。

事实上，就如亚纳科内（Iannaccone，2005）所言，在小说《奇岩城》（*La Guglia Cava*）中，罗宾发现了法国国王之谜："若以反天主教的观点来解释勒布朗的小说，卢氏预设了雷恩堡传说的许多元素，甚至将罗宾视为救世主。这位来自诺曼底的作家熟知天主教预言传统，而且他的出生地离这个民族神秘主义的发源地吉索尔并不远。这种民族主义与宗教的意识形态赋予法国一种类似于法国大革命期间带有弥赛亚色彩的价值，不过也带有一种反革命的标志。"德塞德认为，普兰塔声称由索尼埃发现的这些文件充满了必须解密的

古斯塔夫·库尔贝（Gustave Courbet），《埃特雷塔之岩》，1869年绘制，目前为德国柏林旧国家画廊收藏。

尼可拉斯·普桑（Nicolas Poussin），《阿卡迪亚的牧人》，17 世纪绘制，目前为法国巴黎卢浮宫收藏。

符号，诸多谜团之一曾提及一幅普桑（Poussin）的名画（同样的状况也发生在一幅意大利画家圭尔奇诺的作品上）。普桑的这幅画描绘了有些牧羊人发现一座坟墓的情景，墓碑上刻着“Et in Arcadia ego”（译为“即使在阿卡迪亚，我存在”，在圭尔奇诺的作品中，这句话和一个骷髅头一起出现在墓碑上）。这句话是个典型的死亡警告（歌德在《意大利之旅》中也用这句话当作题词），死神宣布他也存在于快乐的阿卡迪亚。然而普兰塔辩称，这句话早在 13 世纪就出现在他的家谱上（这其实不太可能，因为普兰塔是侍者之子，并非门第之后），两件画作中的情景让人联想到雷恩堡（然而普桑生于诺曼底，而圭尔奇诺则未曾踏入法国领土），普桑和圭尔奇诺画中的坟墓很像是一座一直到 20 世纪 80 年代都还存在的坟墓，它位于连接雷恩堡和雷内莱班的一条街道旁。不幸的是，经证实，这座坟墓建于 20 世纪。

无论如何，普兰塔试图证明，圭尔奇诺和普桑的画作都是受到郇山隐修会委托创作，据说普兰塔甚至因此购买了普桑画作的复制品

（显然为了证明一件只有他自己知道的事情）。然而，普桑画作的解密并没有因此停在这里：有人表示，若将“Et in Arcadia ego”这句话的字母重新排列组合，可以得到“I! Tego arcana Dei”，意指“离开吧！我将谨守上帝的秘密”，并因此延伸解释，认为这足以“证明”这个坟墓是耶稣之墓。

德塞德也针对索尼埃修复的教堂，提出了其他令人不安的假设。举例来说，教堂中出现碑文“Terribilis est locus iste”（译为“这地方何等可畏”），这一点让许多奥秘追求者感到兴奋莫名。然而事实上（索尼埃显然也知道这一点），这句出自《创世记》第28章第17节的经文，在许多教堂中都可以看到，甚至出现在某间教堂的奉献礼弥撒之中[3]，指的是雅各梦到自己升天、遇见天使、与上帝交谈的异象，根据《圣经》拉丁文译本，他在梦醒以后说：“这地方何等可畏！这不是别的，乃是神的殿，也是天的门。”然而在拉丁文中，“terribilis”一字也有值得尊敬、能够引人敬畏之意——因此这句话本身并没有什么威胁的意味。

然后，教堂的圣水盘由一个下跪的恶魔支撑着，据说这恶魔是被所罗门王逼迫协助建造耶路撒冷圣殿的阿斯摩太，不过这一点也不是什么特别之处，因为许多仿罗马式教堂里都有一些地方描绘了魔鬼。最后，阿斯摩太上方有四个天使，天使下面刻了这句话：“Par ce signe tu le vincrais”，这句话可能参照了君士坦丁大帝的名言“In hoc signo vinces”（你必以此而胜），不过这句话多加了“le”，引起寻宝猎人的注意而去计算整句话的字母数，结果和墓园入口骷髅头的牙齿数一样：22；这个数字同时也是马格达拉塔的城垛数，以及通往马格达拉塔的两座阶梯的级数。“le”是句中第13与14个词，把13和14放在一起，可得1314，也就是圣殿骑士团最后一任大团长贾克·德·莫莱（Giacomo di Molay）受火刑的那一年。我们在前面举过胡夫金字塔的例子，跟数字有关的事其实是随人解释的。若是看看教堂内的其他雕像并取出代表圣人的姓名字首（杰曼娜Germana、洛克Rocco、安东尼Antonio Eremita、里斯本的圣安多尼Antonio da

注3：举例来说，罗马弥撒经书就曾出现下面的句子：“Terribilis est locus iste：hic domus Dei est et porta caeli：et vocabitur aula Dei.”（此地何等可畏：它是神的殿、天堂的门：必称为神的法庭。）

特写阿斯摩太（Asmodeo），圣雷恩堡教堂入口的圣水盘。

Padova 与路卡 Luca），则可以得到圣杯“Graal”这个词。我们可以继续举出其他的神秘巧合，也就是神秘主义者似乎想要忽视的部分，例如仿罗马式修道院满是怪兽装饰的事实（圣伯纳德就曾大肆抨击这些无用的“象征”），而索尼埃在修复教堂时当然也会考虑到这些肖像装饰传统。索尼埃据说也和神秘圈人士往来，甚至和当时的玫瑰十字会特定成员交往甚密，不过索尼埃这些私底下的“娱乐活动”既没有证明郇山隐修会的存在，也没有证明耶稣流亡到法国的传言。另外，有心人也饶富想象地将教堂内其中一座雕像下的刻字“Christus A. O. M. P. S. defendit”解读为“Christus Antiquus Ordo Mysticus Prioratus Sionis Defendit”，也就是“耶稣捍卫古老且神秘的郇山隐修会”。事实上，同样的刻字也见于教皇西斯托五世设在罗马的方尖碑，不过应读作“Christus Ab Omni Malo Populum Suum Defendit”，意指“耶稣捍卫子民免遭邪恶侵扰”［参考托马提斯（Tomatis）于2011年的著作］。

倘若德塞德的著作没有让记者亨利·林肯（Henry Lincoln）感到惊艳，雷恩堡传说也许就会慢慢地消失。林肯替英国广播公司制作了三部以雷恩堡为题的纪录片。林肯在制作过程中曾和另一位神秘主义者理查·雷伊（Richard Leigh）及记者迈克尔·贝金特（Michael Baigent）合作，三人决定共同出版一本著作《圣杯》（*Il Santo Graal*,

乔托（Giotto），《玛达肋纳前往马赛的旅程》，1307~1308 年绘制，绘于意大利阿西西圣方济大教堂的玛达肋纳礼拜堂（译注：玛达肋纳，即抹大拉的马利亚）。

1982），而且在短时间内就达到极高的销售量。总的来说，这本书集结了德塞德和普兰塔提出的所有信息与消息，将它们进一步浪漫化，而且将这些信息当成毫无争议的史实来呈现，并将郇山隐修会的创始人当成耶稣基督后裔，说耶稣并没有死在十字架上，而是和抹大拉的马利亚结了婚，逃到法国，而后衍生出梅罗文加王朝。他们认为，索尼埃找到的并不是宝藏，而是一系列证明耶稣后裔的文件，这耶稣后裔也就是所谓的王室血统，后来衍生并变形成为所谓的圣杯。至于索尼埃的财富，则是梵蒂冈为了要他隐匿这个可怕的发现而支付给他的黄金。当然，要将耶稣、抹大拉的马利亚、郇山隐修会与雷恩堡的黄金包装成一个故事，当然得把圣殿骑士和卡特里派安插进去。此外，根据普兰塔早先的说法，隐修会出身显赫，而且在过去几世纪曾有许多名人参与，如桑德罗·波提切利、达·芬奇、罗伯特·波义耳、罗伯特·弗拉德、艾萨克·牛顿、维克多·雨果、克劳德·德彪西与尚·科克托，只差没把漫画《阿斯泰利克斯历险记》的主人公列进去而已。然而，富有想象力的故事重构并不仅仅如此而已。举例来说，贝金特和他的伙伴在讲到吉索尔堡的榆树时，就把故事编得很自然。他们相信圣殿骑士与吉索尔有关（事实上圣殿骑士只在吉索尔堡待了两三年，而且他们在法国各地都有基地），并引以为据，表示圣杯就在这个墓穴里——但是再也没有人找到过这墓穴。为了替这个说法提供佐证，他们又说，根据某些传说或中世纪编年史（不过这些作者也承认“这些说法是暧昧且混淆的”），在公元12世纪，法国国王和英国国王相争期间，城堡附近有一棵榆树被砍断；因为英国人曾经一度在吉索尔堡内寻求庇护，所以法国人砍了榆树。整个故事就是这样。然而这些作者却声称，这个故事“字里行间透露着更重要的信息”。这些信息到底是什么，他们也不知道，不过却很怪异地留下一些让人纳闷之处，让人怀疑这整件事情和郇山隐修会有关。笔者的评论是：“鉴于这些说法的怪异性，假使其中确实隐藏了什么有人刻意忽略或是永远无法公开的事情，也不让人感到意外。”就这样，人们把吉索尔、郇山隐修会及圣杯联想在一起，吉索尔也成了寻宝猎人与朝圣者络绎不绝的另一个地点。

我们在前面已经讲过圣杯所在地从加利西亚到亚洲的疯狂大迁徙。然而，这几位作者似乎对于吉索尔位于诺曼底北部，与位于南法的蒙特塞居和雷恩堡完全相反的事实丝毫不介意。这样的传说，事实上也创造出三条而非两条旅游路线。

一堆无稽之谈怎么会让人认真以待（而且相关著作还没被当成奇幻作品）？这仍然是一个谜，然而事实是，他们强化、巩固了雷恩堡的谜团，让它成为朝圣的目的地。到最后，不相信传说的人正是传说的创始者；当整个故事被贝金特等人浪漫化、夸大以后，德塞德在1988年写了一本书全盘否认，并抨击每一个围绕着索尼埃之村的骗局与虚假情事。在1989年，普兰塔也否认了自己先前的说法，甚至提出传说的第二个版本，表示郇山隐修会于1781年创设于雷恩堡——而且也修正了部分伪造文件，他在名单里增加了前法国总统弗朗索瓦·密特朗的朋友罗杰-帕特里斯·佩勒，身份是隐修会大导师。后来，佩勒被控涉嫌内线交易，也就是违法操纵股市，而被当成证人传唤的普兰塔，在证人席上宣誓承认，整个郇山隐修会的故事都是编造的，后来也在普兰塔家中搜出其他伪造文件。[4]

注4：有关普兰塔的审判事件可参考史密斯（Smith，2011）和因特罗维涅（Introvigne，2005）。有关雷恩堡与丹·布朗的完整参考书目，参考史密斯（Smith，2001）。

此后，再也没有人把他当回事。因此，这名所谓耶稣和抹大拉的马利亚后裔，最后在2000年孤寂而终。

然而，在2003年，丹·布朗的名作《达·芬奇密码》问世。布朗显然受到德塞德、贝金特、雷伊、林肯以及专题图书馆收藏的众多神秘学文学作品所启发，不过他也声称，他提出的所有信息都是史实（参考亚纳科内2005年的著作）。

现在常见的叙事手法，从琉善《信史》到斯威夫特等再到孟佐尼（Manzoni）以降，都只在小说开头时表示故事乃以真实文件为本。唯一一个令人尴尬的丹·布朗，则在小说故事以外的日常生活中依然宣称自己所述为史实。在2003年5月25日美国有线电视新闻网的专访中，布朗表示自己的小说："具有99%的真实性，里面有关建筑、艺术、秘密仪式、历史、灵知派福音书的种种，全都是真的。故事中虚构的部分，显然只有名叫罗伯特·兰登的哈佛大学符号学家，以及他的所有活动，不过整个故事的背景都是真实的。"

如果布朗的小说确实是史实重构，就无法解释布朗在书中犯下的许多错误，例如他表示郇山隐修会"由法国国王布永的戈弗雷"于耶路撒冷创设，不过众所周知的是，戈弗雷从来没有接受国王的头衔；另外，根据布朗的说法，教皇克莱门五世为了消灭圣殿骑士团，"曾发出密令，要求欧洲各地所有收到密令者在1307年10月13日星期五打开"，不过根据史料，送到法国各地执行官与法官手中的信息，并不是教皇发出去的，而是腓力四世（而且教皇"派驻欧洲各地士兵"是怎么来的也无法清楚交代）；还有，布朗将1947年于以色列库姆兰（Qumran）出土的手稿（它既没提到"圣杯的真实故事"也没讲到"耶稣的谜团"）和包含一些灵知派福音书的拿戈玛第（Nag Hammadi）搞混。布朗在最后谈到巴黎圣叙尔比斯教堂的一个日晷，表示它是"过去位于该地之异教神殿的遗迹"，不过这个日晷实际上建造于1743年。故事的最后将圣叙尔比斯教堂指为所谓玫瑰线经过之处，玫瑰线应该对应巴黎子午线，而且这条线一直延伸到卢浮宫倒金字塔下方，也就是圣杯最后的堡垒。

约翰·斯卡雷特·戴维斯（John Scarlett Davis），《圣叙尔比斯教堂内部》，1834 年绘制，目前为英国卡迪夫威尔士国家博物馆收藏。

结果，即使到现在，还是有许多人前往圣叙尔比斯教堂朝圣并寻找玫瑰线，以至于教堂方面不得不贴出告示表示："以嵌在教堂地板上的铜线来表现的子午线，打造于 18 世纪，是科学仪表的一部分，完全根据当时才创设没多久的巴黎天文台的天文学权威提出的资料所设置。这些天文学家利用这条线来界定地球运转轨道的各种参数，类似的仪表也可见于其他大教堂，例如教皇格列高利十三世在确立公历之前进行预备性研究的意大利博洛尼亚大教堂。和近期某本畅销小说饶富想象力的描绘恰好相反的是，圣叙尔比斯教堂并没有什么异教神殿遗迹，这里从来就没有布朗所谓的异教神殿存在过，那条铜线从来就不叫玫瑰线，也不是穿过巴黎天文台且用作地图经纬度参照的巴黎子午线。除了上帝造物主是时间之主的自觉以外，这个天文仪器并无法衍生出什么神秘学概念。此外，在圣叙尔比斯教堂耳堂两端小圆窗上的字母'P'和'S'，指的是该教堂的保圣人圣彼得和圣叙尔比斯，并不是想象中的郇山隐修会。"然而最有趣的是，林肯、贝金特和雷伊起诉布朗抄袭。

《圣杯》一书在前言清楚指出书中内容为历史真相，不过并没有将这些所谓的史实视为作者独家调查发现的成果，因为作者承认确实有参考从前的著作，而（他们表示）这些参考著作中早就存在着真相的种子，只是没有被认真对待而已——这是错误的陈述，因为我们在此复述，这类文学作品早就在神秘主义圈里流传了数十年。那么，假使有人确立了一个史实真相（凯撒在 3 月 15 日被刺杀、拿破仑死于圣赫勒拿岛、林肯于约翰·威尔克斯·布思的剧院遭到刺杀），在这个史实真相公之于世之际，就成了人类的集体资产，如此一来，有人讲述凯撒在元老院被捅了23刀的故事时，就不应受到抄袭指控。然而，贝金特、雷伊和林肯在指控布朗抄袭时，等于公然承认自己口中的史实其实是虚构的，这样才会是他们所独有的文学资产。当然，为了觊觎亿万富翁布朗的财产，会有人愿意在经过公证手续的文件上声明布朗的小孩不是他亲生的，孩子的亲生父亲是经常和孩子母亲约会的诸多水手之一；因此我们应该能理解贝金特、雷伊和林肯的做法。不过更让人感到奇怪的是，布朗在审判期间表示自己从未读过林肯等人的作品，不过对一位声称自己从可靠来源取得所有信息的作者来说，这样的辩护显得自相矛盾（他口中所谓可靠来源所提供的资讯，和《圣杯》一书作者所言一模一样）。

走笔至此，如果先不管雷恩堡目前仍为朝圣地的事实，我们早就可以替雷恩堡的故事做结。正如本书提到的其他传说地点，在古代就已经成为传说，而且我们在试图了解亚特兰蒂斯传说来源的时候，并无法回溯到比柏拉图更早的记录，也无法确知尤利西斯的伊萨卡到底在哪里；而且因年代久远之故，围绕着这些地点的传说可敬却不必然可信。雷恩堡的例子不但告诉我们，让一个传说从无到有其实并不难，而且在历史学家、法庭以及其他机构都认定传说是虚假的状况下，它还是可以继续延续下去。这足以让我们想到切斯特顿（Chesterton）的格言："人类不再相信上帝的时候，并非什么都不信，而是尽信一切。"

莫里斯·勒布朗小说《奇岩城》的封面，马克·贝尔帝埃（Marc Berthier）于1909年绘制。

亚森·罗宾预发现了雷恩堡

莫里斯·勒布朗

《奇岩城》*L'aiguille creuse*，第8~9章，1909年

于是，他蹑手蹑脚地匍匐前进，慢慢朝着其中一个岬角尖端往前爬。终于抵达以后，他伸手拨开长长的杂草，从悬崖边缘探出头来。

眼前海面上出现了一座几乎和悬崖等高的巨岩，高度超过八十米：一块细长的针岩、巨大的方尖碑，矗立在一大片花岗岩上，宛如海怪的巨牙。这巨石的颜色和这边的悬崖一样，都是看来有点脏的灰白色，上面一条条的横纹，展现着数世纪以来石灰和砂石缓慢层叠的成果。

四处都是裂缝，而且裂缝里有少许土壤，杂草枝叶丛生……

巨岩看来宏伟稳固，坚不可摧，抵御着怒涛巨浪和强风暴雨。尽管臣服在陡峭悬崖上的高墙堡垒之下，尽管矗立在宽阔无垠的空间之中，那巨石看来仍是如此决然、庄严……

波特雷突然闭上眼睛，将脸埋在弯曲的双臂中。就在那儿！他开心死了，那股强烈的情绪揪着他的心！就在那儿！几乎就在那艾特达城针岩顶端之下，海鸥盘旋之处，一缕青烟似乎从一个好比隐形烟囱的缝隙里飘了出来，在宁静暮色中缭绕上升。

所以，这艾特达城针岩里是个空洞！针岩……竟然是中空的。

是自然现象吗？地壳变动造成，还是经年累月海浪侵蚀和雨水渗透的结果？或者是现代人、高卢人、凯尔特人或是史前人类开凿出来的超人成果？不过话说回来，这很重要吗？重点在于，针岩是中空的。距离阿瓦尔门那气势宏伟、从悬崖高处如巨树枝条延伸而出的巨拱四十至五十米处，矗立着一座巨大且中空的钟状石灰岩锥。

继罗宾之后，波特雷发现了解开这两千年谜团的关键！在那个野蛮人成群结队骑着马占领旧世界的古代，一个极具重要性的关键！一把能替正在躲避敌人追捕的整个部落打开独眼巨人洞穴的魔术之钥！

凯撒知道了这个字，而能征服高卢；诺曼底人知道了这个关键字，而征服了世界！成为秘密主人以后，英国国王征服了法国，让法国受尽屈辱，瓜分了法国领土，并在巴黎为国王加冕。在丧失这个秘密以后，便开始溃败。

成为秘密主人以后，法国国王慢慢建立起一个泱泱大国，闪耀着愈形增长的光荣与权力。当他们忘记这个秘密，或是不知道该怎么使用的时候，死亡、放逐与堕落就找了上来。

那是一个隐藏起来不为人知的王国，它藏匿于水中央且距离地面有点高度的地方。那是一座被人忽视的堡垒，比巴黎圣母院的塔楼还高，建造在一个比公共广场还大的花岗岩底座上……多么强大，多么安全！从巴黎到海岸，沿着塞纳河

《罗斯林礼拜堂》，版画。该礼拜堂为《达·芬奇密码》书中出现的地点之一。

一直来到勒阿弗尔港这个新兴且必须存在的城市。这块巨大的中空针岩距离勒阿弗尔港七里格，可说是一座固若金汤的避难所。

那是一座避难所，也是坚不可摧的藏身处。所有国王的宝藏，经过一世纪又一世纪的累积，法国所有的黄金，所有从人民身上得来的、从教会那儿强取的，以及在欧洲各地战场上收集到的战利品，都被聚集在这个皇家的洞穴中。古董金币、盾币、西班牙金币、达克特金币、弗罗林币、基尼金币与贵重宝石，以及耀眼夺目的珠宝和所有饰物…… 全都在这里！谁有可能发现这些宝藏？谁有可能知道针岩内藏了这个牢不可破的秘密？当然没有。除了罗宾以外。

吉索尔的宝藏

杰拉德·德塞德

《吉索尔之谜》*Les Templiers sont parmi nous, ou L'Enigme de Gisors*，1962 年

我一辈子都不会忘记当时所见，那真是一个精彩绝伦的景象。我来到一个用路维希安的石材打造的古罗马穹顶下，它长 30 米，非常宽广，拱心石高约 4.5 米。在我左手边靠近我钻进来的洞口处有一石造祭坛，会幕亦为石造。右手边则是建筑物的其余部分。墙壁高度一半的位置，是真人大小的耶稣与十二使徒像，下方有石乌鸦支撑。沿着墙面下方，摆着一座座长 2 米宽 60 厘米的石棺，总共有 19 座。我眼前的景象令人难以置信：30 个以贵重金属打造的箱子，十箱一列整齐放置。用箱子一

词其实不足以形容其大小：比较像是水平摆放的储存柜，每箱2.2米长、1.8 米高、1.6米宽。

耶稣与抹大拉的马利亚的结婚日

迈克尔·贝金特、理查·雷伊、亨利·林肯

《圣血、圣杯》*The Holy Blood, the Holy Grail*，1982年

假使我们的假设是正确的，耶稣的妻子和后代（耶稣在16、17岁至据传死亡期间可能已经生了不少孩子）逃离圣地以后，在法国南部找到栖身之所，而且在那里的一个犹太社区中延续他们的后裔。公元5世纪，这个家族似乎和法兰克王室联姻，而且这个婚姻关系也成了梅罗文加王朝的起源。公元496年，罗马教廷和梅罗文加王朝立约，承诺永远支持梅罗文加王朝的血脉，想必是在充分了解这个血统的真实身份以后做出的决定……尽管许多人都曾尝试消灭之，耶稣后裔——或至少是梅罗文加王朝血统——还是延续了下来。梅罗文加家族的延续，一部分是经由加洛林王朝，相较之下，加洛林家族对于篡位一事，显然比罗马教廷感到更内疚，因此试图借由和梅罗文加公主结婚来取得正当性。然而更重要的是，血脉也在达格贝尔特二世之子西吉斯贝尔特身上延续下来，而且统治犹太王国塞普提曼尼亚的杰隆的威廉，以及布永的戈弗雷，都是西吉斯贝尔特的后裔。在戈弗雷于1099年征服耶路撒冷之际，耶稣后裔原本可以恢复应得且在旧约时期就被赋予的王位。值得怀疑的是，戈弗雷的真正血统在十字军东征期间是否真如罗马教廷所希望的保持秘密。当然，由于教廷的霸权，这件事显然无法公之于世。然而，它很可能是传闻四起、议论纷纷的情形，而这些谣传似乎在罗恩格林，也就是戈弗雷的神秘祖先，以及圣杯的故事中找到最引人注目的表达方式。如果我们的假设是正确的，圣杯可能同时代表两件事：它一方面指耶稣的后裔，也就是郇山隐修会创设的圣殿骑士所守护的“王室血统”；另一方面，它也按字面意义，代表着装盛耶稣之血的容器，换句话说，应该指抹大拉的马利亚的子宫，并且可以延伸到抹大拉的马利亚这个人。中世纪时期流传的玛达肋纳秘教

埃尔·格列柯（El Greco），《抹大拉的马利亚》，1578年绘制。

（译注：抹大拉的马利亚亦作玛达肋纳）就是这么来的——而且也和圣母崇拜相混淆。举例来说，我们可以证明，许多基督教早期著名的“黑圣母”指的并不是圣母玛利亚，而是抹大拉的马利亚，并以母子的形象来表现。有人甚至声称，本身象征着女性子宫的石造哥特式大教堂巴黎圣母院，也许就如《红蛇》（*Le serpent rouge*）一书所言，是献给耶稣妻子而非母亲的圣殿。如此说来，圣杯就可能同时代表耶稣后裔与替耶稣传承血脉的抹大拉的马利亚。尽管如此，圣杯所指称者仍然可能是其他东西。

公元70 年，犹太战争期间，提图斯指挥的罗马军团洗劫了耶路撒冷的圣殿。据说当时失窃的宝物，最终抵达比利牛斯山；而皮埃·普兰塔告诉我们，那些宝藏现在在郇山隐修会手中。

然而，保存在耶路撒冷圣殿里的东西，可能不只有提图斯的士兵所带走的宝物……

假使耶稣真的是“犹太人的王”，耶路撒冷圣殿肯定保存了许许多多有关耶稣的消息，也许甚至保存了耶稣的身体，或如福音书提到的临时埋葬所。根据我们检验过的证据，圣殿骑士团被派到圣地的时候，绝对肩负着明确的任务，必须发现或取得什么东西。

根据我们检验过的证据，圣殿骑士团似乎也完成了这项任务，找到了奉命寻找之物，并将这个东西带到了欧洲。这任务到底是什么至今仍然是个谜，不过我们可以肯定的是，在圣殿骑士团大团长伯特兰·德·布兰切弗（Bertrand de Blanchefort）的主导下，有东西被藏在雷恩堡附近，而且还找了一整队日耳曼裔矿工挖掘并打造出一个极机密的藏宝处。我们只能纳闷那里到底藏了什么，也许是耶稣的木乃伊，也许是相当于耶稣的结婚证书之类的东西，或是耶稣之子的出生证明，或者也有可能是既重要又有潜在争议性的东西。上述种种，都可能被指称为所谓的圣杯，而且其中的几件或是每一件，都有可能在意外或刻意的状况下委托给卡特里派异教徒保管，因此也就成了蒙特塞居神秘宝藏的一部分……

至于索尼埃发现的羊皮纸，其中有两份——或副本——被重制出版，另外两份则严格保密。皮耶·普兰塔曾告诉我们，这些文件实际上被保存在伦敦劳埃德银行的保险箱内，不过他并没有透露更多信息。

雷恩堡的协议

马利欧·阿尔图罗·亚纳科内（Mario Arturo Iannaccone）
《雷恩堡的骗局》“La truffa di Rennes-le-Chateau”，出自《科学与超自然现象》*Scienza e Paranormale*，第59页，2005年

尽管知道雷恩堡传说是一场骗局，丹·布朗曾明文表示，自己的

著作是以“史实”为根据，而且在“现实生活中”也替这些内容提出辩护。身为小说家的布朗和身为辩论家的布朗，都采用了郇山隐修会确实存在的“证据”，而且这些证据是“可验证的”。对这些相关的微妙议题来说，布朗文学作品的架构并非以广义的文学为出发点，而是谎言。《达·芬奇密码》是一本论文式小说，一份没有公开声明的宣传手册。许多评论家都注意到这一点，不过大部分人都耸耸肩一笑置之，误将这种手法视为“文学伎俩”。许多小说［如小说《婚约夫妇》(*Promessi Sposi*)或是《萨拉戈萨手稿》(*Manoscritto trovato a Saragozza*)所运用的“便笺”］在描述故事的时候也采用了类似的手法。然而布朗的例子并非如此：他的阐述并没有任何模糊之处，其叙事空间的架构，是为了要如实甚至真实展现历史。

《秘密卷宗》(*Dossiers segreti*)是一份被存放在巴黎法国国家图书馆的伪造文件，据称能证明郇山隐修会的存在与该会背后隐藏之秘密。就如许许多多扯下瞒天大谎的著作，布朗在书中也将这些文件当成真品来呈现。布朗为了意识形态与宗教的宣传目的，运用手法来歪曲据称的记录真相——因为在文学小说的脉络中，所以这个动作本身并不违法。因此，布朗（与其追随者）的手段并不是无害也不是无罪的，他以嘲弄的态度运用伪造文件，来加强“作者”特别带有叙事性的论点。这种不择手段运用真假的手法，让马利亚诺·托马提斯（Mariano Tomatis）在提及《锡安长老会纪要》(*i Protocolli dei Savi di Sion*)的时候参照了“mutatis mutandis”（必要性的修改）的概念，也就不令人意外。本着对时代的谨慎态度与过去的经验，建议针对此类敏感话题，揭开作品本身含混不清之处。

最后，雷恩堡的传说早已因为持续被揭露的真相而愈形破灭。最近推出的相关著作更是显得疲态尽出。为了延续产品的生命，必须回到传说的起源（德塞德于1962年出版的《吉索尔之谜》)。一家出版社因为需求而选择了当时已经写出《天使与恶魔》的作者丹·布朗（在《天使与恶魔》这本书中，布朗影射梵蒂冈主导并操控着一个范围遍及全世界的阴谋），而众所周知的是，布朗本身是一位目的非常明确的作家（去布朗的个人网站寻访一番便能有所了解）。接下来，一个好莱坞大片更加强了暗藏在这些操作之中的文化斗争：用杂志式的轻率手法重写历史，用脱口秀的轻松态度加以扭曲。无冒犯之意，不过在这样的状况下，该小说的诸多无知书迷都齐聚到一个论坛上，认为自己终于迎接了历史上“真理”与“根本真相”时代的到来。

第十五章

虚构地点与它们的真相

《嫉妒的城堡》，取自《玫瑰传奇》（*Roman de la rose*），15 世纪绘制，目前为英国伦敦大英图书馆收藏，排架号 Ms. Harley 4425，f.39。

正如本书前言所述，这个世界有许许多多未曾存在于现实中，却从那里发展出许多故事的地点，数也数不完。许多虚构地点早已融入人类的想象之中，因此我们才会幻想着小木偶故事里的玩具国、辛巴达遇见大鹏鸟的岛屿、法国作家拉伯雷（Rabelais）的响钟岛等，更别说白雪公主七矮人的小屋、睡美人的城堡、小红帽的奶奶家或是许多东西方故事都会出现的磁铁山（参考阿尔图罗·葛拉夫的结论）。

有些地方尽管确实存在，也被当成材料写进小说故事中，例如现在的鲁宾逊·克鲁索岛曾是真实人物亚历山大·塞尔柯克遭遇船难后流落之处，笛福（Defoe）就是受到塞尔扣克故事的启发而写下小说，这个岛屿实际上是智利太平洋沿岸胡安·费尔南德斯群岛的一部分。同样地，另一个后来被布莱姆·斯托克（Bram Stoker）写进小说的真实人物是 15 世纪的大公弗拉德三世（Vlad Tepes，他是吸血鬼德古拉的原型），他当然不是吸血鬼，不过还是因为刺穿敌人的习惯而闻名于世。时至今日，莫里斯·勒布朗创造的侠盗亚森·罗宾有许多追随者，他们会去诺曼底参观埃特雷塔针岩，想象这针岩内藏着

儒勒－笛卡尔·费哈（Jules-Descartes Férat），儒勒·凡尔纳小说《神秘岛》扉页，1874 年。

L'ILE MYSTERIEUSE
PAR
Jules VERNE
154 Dessins
par J. Férat

无名氏，《弗拉德三世》，年代不详。

法国国王的所有宝藏，而且计划统治世界、精力十足的侠盗罗宾以此为秘密巢穴。另一方面，我们也在前一章看到，有人非常认真地看待罗宾的故事，将它融入雷恩堡传说的想象之中。最后，还有巴黎下水道（现在甚至可以亲自进入参观其中的一小部分）与维也纳下水道，前者因为《悲惨世界》故事中主人翁冉阿让曲折的一生以及方托马斯故事的剧情而成了传奇，后者则是因为电影《黑狱亡魂》（*Il terzo uomo*）剧中角色哈利·莱姆（Harry Lime）的最后一次脱逃而声名大噪。

至于实际上不存在的传说地点，有些会因为商业利益考量而被真的“创造”出来，例如法国马赛伊夫堡（真实地点）就常有大仲马迷前去参观（所谓的）基督山伯爵牢房；福尔摩斯在英国伦敦贝克街的公寓，以及位于纽约的小说侦探人物奈罗·沃尔夫的住所。关于沃尔夫的住所，其实相当难以鉴别，因为作者雷克斯·斯托特（Rex Stout）总是提到一间位于西35街的赤褐色砂石建筑，不过在系列小说逐渐发表的过程中，至少曾经提到过十个不同的门牌号码——此外西35街上也没有赤褐色砂石建筑。

然而，这位（胖）侦探的诸多拥护者为了替自己的朝圣之旅找到一个参考点，决定将门牌号码454的建筑选为大侦探“真正的家”，于是，在1996年6月22日，纽约市和沃尔夫协会在此地放置了一块铜制解说牌，此后，大侦探的忠实拥护者如果想，就可以前往此地朝圣。也因为如此，范登堡房产公司至今仍在网络上如此广告：“你想要住进跟奈罗·沃尔夫一样的赤褐色砂石建筑吗？范登堡房产公司在上西区有许多待售屋，欢迎您来赏屋。”

我们找不到塔索笔下女巫阿尔米达的花园，也不知道莎翁笔下的卡利班岛在何处，《格列佛游记》中的利立普特（小人国）、布罗卜丁奇格（大人国）、勒皮他、巴尔尼巴比、格勒大锥、拉格奈格与慧骃国等，或是凡尔纳的神秘岛、柯勒律治（Coleridge）描述的（奥森·威尔斯在电影《大国民》中也曾重建了另一个虚构的上都庄园）、所罗门王的矿山、戈登·皮姆（Gordon Pym）遭遇船难的地点、莫洛博士（Moreau）的怪物岛、爱丽丝的仙境，以及诸多作品中出现的国家如卢里塔尼亚、帕拉多、自由多尼亚、西尔瓦尼亚、吾尔加里亚、托马尼亚、巴克特里亚、奥斯特里区、斯洛维奇亚、尤弗拉尼亚等，到斯特拉肯兹公国和塔罗尼亚、卡尔帕尼亚、卢加什、克洛普斯托奇亚摩洛尼卡、席尔达维亚、瓦勒斯卡、札姆恩达、马尔修维亚等王国，与瓦尔维德、哈塔伊、桑加洛、西达尔戈、波尔杜利亚、埃斯特罗维亚等共和国，再到波奇尔瓦尼亚、杰诺维亚、克拉科奇亚和《丁丁历险记》里的奥托卡王国等，也都不知道在哪里。

埃尔热（Hergé），《丁丁历险记：奥托卡王的权杖》，1939年。

我们不知道大猩猩金刚的岛屿或是托尔金笔下的中土世界在哪里，也不知道漫画《幻影人》的骷髅洞穴在孟加拉丛林的哪个位置，

艾伯特·罗比达（Albert Robida），《离开巴黎歌剧院》，约1900年绘制。

也不知道飞侠哥顿（Flash Gordon）的蒙戈星球与他被温迪纳女王抓起来的海底世界在哪里，对于米老鼠和唐老鸭生活的城市、纳尼亚王国、布理加墩、哈利·波特的霍格沃茨、布札蒂《鞑靼人沙漠》内的巴斯提安尼堡、侏罗纪公园、科多·马尔特塞的埃斯康迪达岛到底在哪里也毫无头绪。如果蝙蝠侠的哥谭市是黑暗版的纽约，我们还是不知道斯莫维尔、大都会以及超人故事中被反派魔脑（Brainiac）缩小放到水晶容器内的坎铎是以什么地方为模板。

当然，卡尔维诺笔下看不见的美丽城市当然也不存在，此外令人叹息的是，尽管有人曾试着以商业手法重构《北非谍影》中的锐克咖啡厅，实际上却让人大失所望。

另一方面，从来没有人会想到，17世纪小说家玛德莲·德·史居德利（Madeleine de Scudéry）在作品《克蕾莉》（*Clélie*）中描绘的想象国度“爱的地图”会确有其地。

有些地方则是只能想象其难以形容的庞大，如博尔赫斯在《阿莱夫》（*Aleph*）一书中描述自己在阶梯上的台阶看到一个开口，并由此发想、试图描述无垠宇宙。

在所谓小说化的地点之中，我们也可以列出那些尚不存在者，也就是从经典如罗比达（Robida）在19世纪所撰写的《公元两千年的巴黎》以来，在每一部科幻小说中出现的所有地方。这些幻想可以是世人曾经想要或是希望成为的正面或负面想象，不过它们也许会被归类为所谓的乌托邦。

无论如何，本章要谈论的地方（当然我们在此并无法一一详尽列出[1]）并非幻想中的传说地点，而是被小说故事化的现实地点。两者的差别在哪里？差别在于（即使是鲁宾逊的例子）世人相信这些地方并不存在，或者是从未存在过，就像彼得·潘的永无岛或史蒂文森的金银岛那样。

甚至没有人会试图重新发现这些地方，这恰与数世纪以来世人确实相信其存在而且有许多人试着寻找的圣布伦丹岛完全相反。

由于作者的文字和读者对小说虚构情境的结合，尽管我们知道作者所描述的并不存在，我们仍会假装它们存在——以同谋的身份加入这场文字游戏，这一点让我们更难轻信这些地方确实存在。

我们很清楚，有一个曾经发生过第二次世界大战、人类曾经登上月球的真实世界，不过我们也知道，也有人类想象出来的可能世界，那儿有白雪公主、哈利·波特、梅格雷警长与包法利夫人。一旦认同小说的虚构情境，我们等于决定认真对待一个可能的故事世界，必须承认白马王子唤醒了沉睡中的白雪公主、梅格雷刑警住在巴黎林荫大道、哈利·波特在霍格沃茨修习魔法，以及包法利夫人是被毒死的。如果有人提出白雪公主就此沉睡不醒、梅格雷住在波桑尼赫大道、哈利·波特在剑桥求学，以及包法利夫人在最后一分钟被丈夫手中的解药救了回来，这些说法都会引起抗议（也可能在比较文学考试中过不了关）。

当然，叙事小说从封面的“小说”字眼，到“很久很久以前……”的开头，都必须发出虚构性的信号，不过它往往以一种表现出真实性的假信号开始。举例来说：“里梅尔·格列佛先生……对于不断前来瑞德里夫的家围观的人潮感到疲惫，于是在三年前于诺丁汉郡纽瓦克市附近买了一小块地……在离开瑞德里夫之前，他把这些书面文件交给我……我仔细读了三遍，不得不说……真相跃然

注1：可参考更详尽的百科全书，如曼古埃尔（Maguel）与盖德鲁皮（Guadalupi）于1982年的著作。

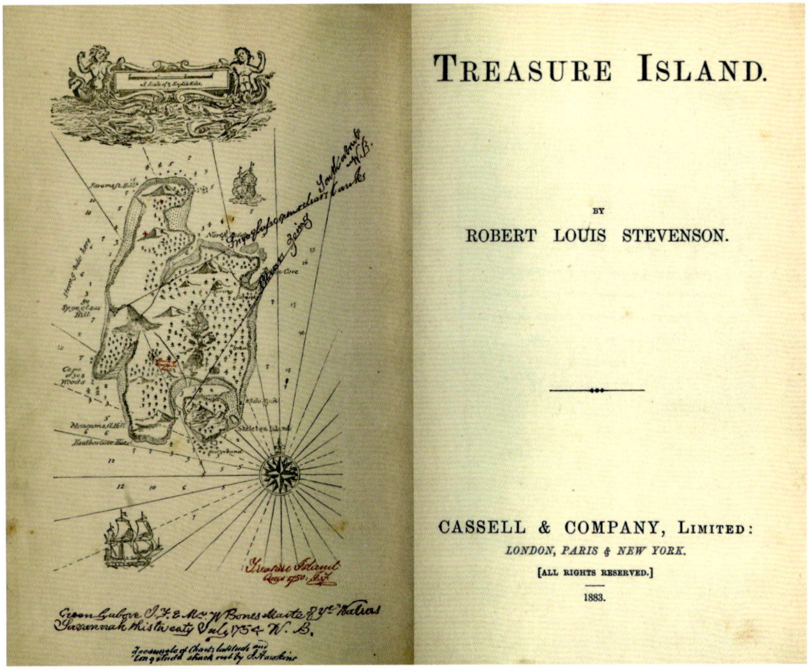

出自罗伯特·路易斯·史蒂文森（Robert Louis Stevenson）小说《金银岛》的地图。

纸上，事实上，格列佛本身也以诚实闻名，在瑞德里夫居民间是众所周知的，而这些居民在讲话的时候，为了支持自己的说法，通常会在句尾多加一句‘就如格列佛所言般的真实’。”

就像《格列佛游记》第一版扉页上的作者姓名并不是斯威夫特，而是格列佛，把这本书当成格列佛的真实自传来呈现。尽管如此，读者并不会因此受骗，因为从琉善的《信史》以后，过度夸张的说法都会传送出听起来就像是虚构故事的信号。

有时候，小说读者会混淆幻想与现实，写信给虚构人物，甚至——就如歌德笔下的少年维特——为了模仿他们心目中的英雄而自杀，葬送了宝贵的生命。然而，这些都是病态的例子，或者说，这些读者读了书，却没有发展出良好读者的习惯。一位优良读者可以（在阅读时）因为《爱的故事》主角死亡而潸然泪下，不过在情绪过去以后，读者会很清楚地知道，小说中的珍妮在现实中并不存在。

小说虚构的真相超越了世人对于叙述事实真假的信任。在真实生活中，我们并不知道阿纳斯塔西娅·尼古拉耶芙娜·罗曼诺娃女大

纽威尔·康瓦斯·魏斯（Newell Convers Wyeth）为罗伯特·路易斯·史蒂文森小说《金银岛》创作的插画，1911年绘制。

公（Anastasia Nicolaevna Romanova）是否和家人一起在叶卡捷琳堡遭受暗杀，或希特勒是否真的死于柏林地堡，不过在阅读阿瑟·柯南·道尔（Arthur Conan Doyle）的作品时，我们都可以肯定，华生医生就是那位在《血字的研究》（*Studio in rosso*）中第一次和一名叫做斯坦福（Stamford）的仁兄一起出现的华生，而且从那个时候起，无论是福尔摩斯或是读者，在想到华生的时候，指的都和第一次出现的华生是同一个人。读者都相信，伦敦事实上没有具有相同姓名和相同军事背景的两个人，除非作者因为想要讲的故事是和模仿者或双重人格有关而刻意隐瞒，例如《化身博士》。

菲利普·杜芒（Philippe Doumenc）在2007年曾出版《包法利夫人之死的反向调查》（*Controinchiesta sulla morte di Emma Bovary*），表示包法利夫人并不是被毒死的，而是遭到刺杀。这个故事之所以能有那么点味道，正是因为读者知道事实上（也就是在虚构的可能世界的现实中）包法利夫人是自杀身亡，而且每一次读完这本书，她就死了一次。杜芒的故事可以当成架空小说来看待，也就是说，这个故事若有不同走向，有可能会发生什么事，就如一个人可以写出一篇描述拿破仑赢得滑铁卢战役之后世界的小说，或是被希特勒战胜的世界，菲利普·迪克（Philip K. Dick）的《高堡奇人》（*The Man in the High Castle*）就是一例。尽管如此，读者唯有在确知现实状况与书中描述完全不同的状况下，才可能把架空小说读得津津有味。

这一切都告诉我们，故事中的可能世界是一个独特的宇宙，一个我们可以绝对确信某些事情的地方，一个超越真实的概念。轻信者相信，世界上某个地方在过去或现在存在着黄金国与雷姆利亚大陆，而怀疑论者则认为这些地方未曾存在过，不过我们所有人都清楚知道，超人名叫克拉克·肯特，华生医生不是奈罗·沃尔夫的得力助手，安娜·卡列尼娜确实命丧火车轮下，并没有嫁给白马王子。

在我们这个充满错误和传说、历史资料与假信息的宇宙中，如果你接受了超人是克拉克·肯特的事实，那么这个幻想世界的一切都可以是真的，即使是现实都可以受到质疑。狂热者一直幻想有一天能够遇到世界之王，或是维利族人能从地内世界来到人间。有些人曾相信地球是中空的（有些人到现在还相信此说）。然而，任何正常人都肯定知道——在《奥德赛》的宇宙中，地球是平的，而且费埃克斯人居住的岛屿确实存在。

阿尔贝托·萨维尼奥（Alberto Savinio），《夜》，1950 年绘制，目前为私人收藏。本图是意大利米兰邦皮亚尼出版社 1994 年出版琉善《信史》所采用的封面。

我们可以由此获得最后的慰藉。即使是传奇之地，在它们从信仰的对象被转化成小说虚构的对象的那一刻，就已化为真实。金银岛比姆大陆还真实，而撇开艺术价值不说，皮埃尔·伯努瓦的亚特兰蒂斯比许多人曾试图寻找的失落大陆还更加真实——同样的，当我们将柏拉图对亚特兰蒂斯的描写当成记事文来阅读（就如每一则神话故事），哲学家笔下的世界也成了不争的真相，不容置疑——不过如果对象换成唐纳利笔下的亚特兰蒂斯，就不是那么回事了。

这些著作篇章内的具象叙述也强化了我们的论点，因为这些叙述将传说里提及的人物紧紧框在一种难以磨灭的现实中，成了众人记忆宝库的一部分。那些英雄和那些土地都已不复存在（或者未曾存在过），不过他们的形象是不容置疑的。

即使对那些认为人间天堂与天堂并不存在的人，如果看看多雷（Doré）的《白蔷薇图》（译注：白蔷薇是但丁《神曲》中天堂灵魂驻留居住之处），并且阅读但丁描绘白蔷薇的文字，就会了解到，那个情景已融入人类想象的真正现实之中。

辛巴达与大鹏鸟

《航海家辛巴达》*Sinbad il marinaio*，公元10世纪

最后，我爬上一棵大树，扫视着地平线，不过目之所及只有天空大海、树木飞鸟和岛屿沙滩。然而过了一会儿，我看了又看，在岛屿另一端的远处看到一个样貌白浊的东西。我从树上爬下来，朝着它走过去，待距离足够近时，我意识到那个白色的东西原来是一个高耸入云的大型圆顶。我开始绕着它走，却找不到任何入口或裂缝。我试着攀爬，不过根本就不可能，因为这圆顶的表面非常光滑，一点都找不到落脚点。我在地上做了个记号，然后沿着圆顶走了一圈，它的周长竟有五十步之多。在我绞尽脑汁、想办法进入圆顶之际，日头突然变黑，好像有一大片云把太阳遮住了一样。这让我吃了一大惊，因为现在是夏天，而且天空明亮清朗；因此我抬头往上看，结果看到一只身形庞大、翅膀宽广的巨鸟在天空飞翔，其体积之大，竟把整个岛的阳光完全遮住了。我的惊讶不止于此，因为我马上想到曾听旅人和朝圣者讲过大鹏鸟的故事，据说它住在一座岛上，会抓大象喂幼鸟。无疑地，我看到的圆顶应该是大鹏鸟的蛋。我还在赞叹这上帝的杰作，巨鸟已经在蛋上蹲坐了下来，开始孵蛋，然后就这么睡着了。感谢上帝！

在我确定巨鸟已经睡着以后，我靠了过去，把缠头巾解开，卷起来做成一条结实牢固的绳子，将一端紧紧绑在腰上；我把另一端绑在巨鸟的脚上，然后告诉自己："天知道这鸟会不会把我带到一个有人居住的城市，这总比被困在一座无人岛上来得好。"…… 那个晚上，我因为害怕巨鸟突然飞走，完全睡不着。当天空出现第一道曙光，大鹏鸟就从蛋上站起身，展开宽大的双翅，发出震耳欲聋的叫声，带着我飞上天空。它不停地爬升，好似达到天顶，之后它慢慢下降，降落在一座高山的山顶上。

响钟岛上的庞大固埃

弗朗索瓦·拉伯雷

《巨人传》*Gargantua et Pantagruel*，第5卷，第1、2章，1532年

沿着路线往前，航行了三天却没有任何发现；到了第四天，终于看到陆地，船长甚至告诉我们，这地方是响钟岛。我们听到远方频频传来骚动声响，听起来似乎是尺寸各异的钟一起发出的声音，就好像在巴黎、图尔、杰如、南特等地在重要节日的响钟。我们愈接近，钟声愈强……

更靠近时，我在持续不断的钟声之间听到居民连绵不绝的歌声，至少听起来是如此。在抵达响钟岛前，尽管有些反感，庞大固埃仍建议我们在一个看来有座小草屋和小

莫里茨·路德维希·冯·施温德（Moritz Ludwig von Schwind），《吟游诗人比赛》，1854~1855年绘制，湿壁画，目前为德国艾森纳赫的瓦尔特堡收藏。

花园的岛上登陆。……

结束斋戒以后，隐士给了我们一封信，要我们交给响钟岛的教堂主司事长老阿尔必安·卡马尔：不过巴努希在问候他的时候却叫他安提图斯长老。他是个小老头，顶上无毛，精神焕发，脸色红润。

隐士在信中提及我们登岛之前曾进行斋戒，长老因此热烈地欢迎我们。饱餐一顿以后，长老向我们介绍该岛特色，声称此地原为席提奇诺人的居住地，不过他们因为自然因素（由于自然中一切都不停地发生改变）全都变成了鸟……

之后，话题就围绕在笼子和鸟上。笼子很大，装饰丰富华丽，结构精美。鸟儿又大又美又干净，许多鸟和我家乡的人很像：它们像人一样地吃吃喝喝、排泄、消化、放屁、睡觉和做爱；乍看之下，你会觉得它们是人类，然而根据主司事长老的说法，它们并不是人类，而且长老还向我们保证，这些鸟儿既非世俗，也不属世。那时，它们有些全白、有些全黑、有些全灰、有些半黑半白、有些全红、有些半白半蓝的羽色，让我们迷恋不已。它们看来真漂亮。雄鸟被叫做牧师鸟、僧鸟、神父鸟、修道院长鸟、主教鸟、枢机鸟等，还有一只独一无二的鸟被称为教皇鸟。雌鸟则被称为女牧师鸟、女僧鸟、女神父鸟、女修道院长鸟、女主教鸟、女枢机鸟以及女教皇鸟。尽管如此，长老也告诉我们，就像虎头蜂会去吃蜜蜂、捣毁蜂巢一样，自三百年前，不知道为什么，在这些欢乐的鸟儿之间，每年第五次月圆，就会出现一大群伪鸟在岛上四处大肆破坏，它们又脏又可怕，让人避之唯恐不及。每一只伪鸟的脖子都是歪的，有着毛茸茸的腿和爪子、怪物哈耳庇厄般的腹部以及斯廷法利斯湖怪鸟的臀部，根本不可能消灭，因为只要杀死一只，又会飞来二十四只。

磁铁山：东方的传说

阿尔图罗·葛拉夫

《磁铁山的地理神话》*Un Mito Geografico Il Monte della Calamita*，1892~1893 年

我注意到在《一千零一夜》开头的概略叙述中，有一种外来的异质成分叠加在原本真正的主题之上。它指的就是几乎已经丧失其天然性质的磁铁山，而这磁铁山也成为魔术力量的方法与工具。那么，西方故事中出现同样的磁铁山与魔术力量的组合，或是由魔法师和精灵妖精居住的磁铁山的时候，到底又是怎么讲的呢？在一首十三世纪末由无名氏写作的德文诗《来自布伦瑞克的莱茵弗里特》（*Reinfrit von Braunschweig*）中，曾提到亡灵巫师札布隆的奇异故事，据说这位住在磁铁山上的札布隆，在耶稣降临的一千两百年前，就已从星象中预知，而且为了避免救世主的到来，还写下好几本巫术与占星术的著作，后来这些著作也成了科学的起源。

耶稣出生的不久前，具有伟大知识与美德的维吉尔知道了巫师札布隆和他的邪恶魔术，维吉尔于是乘船航向磁铁山，在一个精灵的协助下，设法得到了札布隆的宝藏和著作。之后，预言提及救世主降临的时间终于到来，圣母顺利生下耶稣。德国诗人亨利·米格尔思（Enrico di Müglin）通过诗篇道出维吉尔的故事，表示维吉尔在许多贵族的陪伴下，从威尼斯搭着由两只狮鹫拖着的船启程航向磁铁山。维吉尔在磁铁山找到一个被关在小瓶子里的恶魔，这恶魔为了换取自由，教维吉尔如何取得一本被放在坟墓里的魔法书。维吉尔取得了魔法书，并且把它打开。此时，他眼前出现了八万个恶魔。这些恶魔在维吉尔一声令下，打造出一条便利的道路，后来，维吉尔便和同伴一起平安回到威尼斯。这些幻想故事也出现在《瓦尔特堡吟游诗人比赛》（*Watburgkrieg*）。其中，散文诗《波尔多的余昂》（*Huon di Bordeaux*）描述着磁铁山上有一座宫殿，里面住着五个精灵，这座山无疑就是更晚期奥吉尔故事中描述的磁铁山。在一篇可能写作于十五世纪的散文诗形式的法国小说之中，磁铁山或磁岩上居住着巫师和被施了魔法的人；根据某些记载所言，在被吸引至此以后，若是想要离开，必须把一个位于悬崖顶的戒指往海里丢。这不是和第三位王子讲的故事一样吗？此外，许多碑文都曾出现来自东方的幻想，其中磁铁山和魔术总是有着密切的关系……

艾尔伯图斯·麦格努斯（Alberto Magno）等人也曾谈到磁铁山那不可思议的特质。在看到诸多作者的描述以后，磁铁山除了精灵以外也住着亚瑟王，似乎也挺合理的，而这情形我们可以在《马布里昂》（*Roman de Mabrian*）这个古老的法国小说故事中看到，然而，我们却很难理解为什么在《古德伦娜》（*Gudru-*

na）这篇诗作中，磁铁山会和杰维山（monte Gîvers）或蒙吉贝洛山（今埃特纳火山）画上等号，而且就如本书提及的一则传说所言，是亚瑟王的居所，并成为生活无虞且居住在黄金宫殿内的快乐民族之领土。对于这种空间和民族的想象，在某种程度上也让人联想到有些人相信，被吸引到磁铁山的船只数也数不清，那儿存在着全世界相当重要的财富。

至于磁铁山和狮鹫的关联，则有可能是让狮鹫成为一部分较机灵大胆遇难者逃离此地的手段，而且我认为这种关联性似乎也起源于东方，这些我们等一下都会讲到。图德拉的本杰明曾提到他口中所谓中国海的祸患，据说迷失其间的船只永远无法逃脱，水手因为被困在那里缺乏补给，最后饿死。因此，水手最好带着牛皮，在无计可施时，将自己包在牛皮里，让自己被某种大型老鹰抓走，让老鹰把自己带到陆地上；许多人都是以这种方法得救的。在诸多海上祸患中，磁铁山、磁岩或磁浅滩绝对名列其中，而那些大鸟则是东方传说中的大鹏鸟，在传到西方以后，则成了狮鹫。

西方有关磁铁山的故事常常发生在冰天雪地的海中，如我等一下会提到的《恩斯特公爵》（*Herzog Ernst*），或是现在要讲的《年轻的提图瑞尔》（*Jüngere Titurel*）。在《古德伦娜》这首诗中，磁铁山位于黑暗之海。这样的关联性可能早在东方就已经出现，不过我想要提醒的是，无论在东方或西方，这些幻想自然都会把海上的所有危险集结在一起；这也是为什么在许多西方故事中，冰冻海洋和磁铁山总是和人首鸟身的女怪物一起出现。就如在东方世界的情形，西方的磁铁山不应只是出现在或多或少带点真实性的游记以及地理学家和博物学家的报告之中，迟早，它也会和那些能够替幻想故事、诗作和冒险故事提供素材的主题一样，出现在虚构角色的故事中，尤其是那些充满精彩情节的远游故事。它会以适当的称呼出现在那些航海故事之中：假使荷马在写下尤里西斯与其同伴犯下的错误和漫长苦难的时候，就已知道磁铁山的故事，磁铁山应该会出现在《奥德赛》某个遥远未知的海域之中。我们目前已经无法回溯《一千零一夜》最早在何时出现，不过相对的，却应该可以确知西方最早出现磁铁山的故事是哪一个。这个故事来自德国，也就是目前我们知道的《恩斯特公爵》。

这个骑士故事最早的拉丁文版本目前已不可考，不过在 1170 至 1180 年间，莱茵河下游地区开始流传一首以这则故事为本的诗作，不过至今仅遗留下断简残篇。后来，（在 11 至 12 世纪之间）出现了一篇无名氏的德文诗，承续了上述诗作的要素，我待会儿也会简短讲一下这篇德文诗里提到磁铁山的部分；此外，还有一首被误认为维尔戴克的亨利（Enrico di Weldecke）之作的诗作（作于 1277 至 1285 年间），一首由一名叫做奥登的人写下的拉丁文诗（作于1230 年以前），一则拉丁文写作的叙事诗，以及一篇以德文写作的通俗文学作品。

在完整流传下来的古诗之中，故事是这么说的。经过一段冗长且困难的旅程以后，恩斯特公爵和他的同伴看到一座险峻的高山，这座山斜坡蜿蜒，看来就像是一座以船舰桅杆构成的大森林。这座山矗立在冰冻海洋之中，其中一位认出其特质的水手，告诉公爵和其他人，这是一座无可挽救的毁灭废墟。船舰无法抵抗磁铁的吸引力，山上的那些树，其实是遇难的沉船，幸存者只能等着挨饿。听到如此悲观的消息，公爵显得迷惘，开始和蔼地向手下讲道，鼓励他们将灵魂献给上帝，忏悔自己的所有过错，好准备与神的恩典一起进入天堂。所有人都仔细聆听公爵讲道，船舰也很快朝着磁铁山接近，像一个楔子般卡上因为岁月而损毁的众船之间，轰然一声，船身破裂并扫过残骸飞了过去，直接撞上山顶。此地能带给这群船难幸存者的财富非常丰富，多到无法用言语形容。然而，这又有什么用？这座山伫立在极其偏远的海洋，四面八方都不见陆地。

慢慢地，船上的补给越来越少，勇敢的船员一个个因为饥饿而失去生命，然后狮鹫就会出现在船的上方，将尸体叼去喂食幼兽。最后只剩下公爵和他的七个同伴，而船上大部分补给全部用尽，连半个面包也不剩。然后，韦特泽尔伯爵灵光乍现，跟同伴提议，将身体用牛皮包起来，让狮鹫把自己抓走，毕竟除此之外并没有任何逃脱的希望。所有人都欢欣鼓舞地接受了这个提议。

于是，公爵和伯爵穿戴着所有的武器，然后把牛皮缝在身上：狮鹫飞了过来，将他们抓起来，带着他们飞过大海。在感觉到坚硬表面之际，两人用剑砍掉牛皮，一跃而出，终于得救。其他人也都以同样方式获救，除了最后一个人，因为没有人帮忙用牛皮包住身体，无法逃离，最后被饿死在船上。然而，要从狮鹫把他们放下的地方离开，这些幸存者必须要乘坐木筏，沿着水流汹涌、河床布满珍贵宝石的地底河川漂流而下。

波尔多的雨果是卡洛琳事迹的著名英雄，他曾经遭遇过同样的危险，也是以同样的方式获救。……

人们马上就可以发现，西方世界流传的这些故事以及第三王子讲述的故事，都和《一千零一夜》中航海家辛巴达第六次旅程的故事非常相似。辛巴达的船也被一座山吸了过去，这座山的基座宽广，布满遇难船舰的残骸和数不尽的财宝；除了唯一幸存的辛巴达以外，其他船员都被饿死，逃脱的辛巴达也是乘坐木筏，在一条河底满是宝石的地底河川随波逐流。我相信，即使这些西方故事无法证明，至少也提供了一条线索，说明东方传说的某个点有瑕疵，或是被更改了，并且提供了让故事恢复原本完整性与真实性的方法。辛巴达并没有明说船舰遇难地点是磁铁山，不过在我看来，我们应该可以从叙述的细节以及各个故事之间的关联性来推断出真正的起源。基于相同的理由，我也相信在《一千零一夜》中，吸引教士阿布尔法乌阿里斯的船舰的那座又大又亮、宛如抛光钢材的山，同样也是磁铁山。

德古拉的城堡

布莱姆·斯托克

《德古拉》*Dracula*，1897 年

有时候，道路穿过松树林，气氛阴森让人备感压迫，大片的阴霾薄雾弥漫树间，营造出一种古怪的氛围，既悲伤又庄严，让人又想起刚刚那些关于鬼怪的可怕念头，此时已届日落，夕阳映照在飘浮于喀尔巴阡山山谷间鬼魅般的云雾。有时候，山坡极其陡峭，尽管车夫使劲地赶路，马儿也只能一步一步慢慢向前走……

天空中乌云密布，空气中弥漫着一股伴随雷电而来的沉重压迫感。这山脉似乎将两种不同的天气分了开来，我们现在正驶进狂风暴雨之中。这会儿，我朝马车外望了一眼，试着寻找应该要载我去伯爵那儿的马车。我无时无刻都盼着能在黑暗中发现一抹微光，然而，目之所及只有一片漆黑。唯一的灯光，是我们的马车灯发出的闪烁光芒，在灯晕里还能看到局促不安的马儿所呼出的白气……

之后，乘客们纷纷发出惊叫并比画起十字架来，一辆由四匹马拖曳的马车从我们后面赶了上来，停在我们旁边。透过微弱的车灯，我看到这几匹马体色黝黑如炭，是上等好马。驾驶马车的是一名身形高大的男子，留着长长的深色胡子，戴着一顶黑色的大帽子，似乎想把脸遮起来一样。我只看到他双眼闪

德古拉城堡。

着光，在车灯照耀下，看起来是红色的。……

突然间，狼群纷纷开始嚎叫起来，好像月光对他们有些什么影响一样。马儿不停地乱踢，拼命环顾四周，看来如此无助；然而这狼群围成的圈圈把我们包围了起来，只待它们群起围攻。我赶紧向车夫喊叫，让他回到马车上，因为我们似乎只能靠他冲出重围，脱离险境。我一边大声尖叫，一边使劲敲打着马车的一侧，希望这些声音能把狼群吓退，让车夫有机会跳上来。我不知道他怎么回来的，不过我知道自己听到他大声吆喝，那时，我顺着声音的方向望过去，看到他站在小路上。他挥舞着长长的手臂，好像在移除什么无形的障碍物，然后狼群就开始往后退，离我们越来越远。就在那一刻，云将月亮遮了起来，我们又陷入一片黑暗之中。

等到我又能看清楚时，车夫正在爬上马车，狼群已不见踪影。全部的事情是如此古怪又可怕，我觉得自己全身都被恐惧笼罩，动不了也说不出话。我们似乎永无止境地在路上奔驰，云彩再度遮住月光，周围几乎完全黑了。我们持续往上爬升，偶尔急剧下降，不过总的来说，高度确实在上升。突然间，我意识到车夫正将马车驶进一座倾颓城堡的庭院中，城堡的窗户又高又黑，一丝光线都没有，摇摇欲坠的城垛在月光照亮的天空下，呈现出锯齿的形状。

上都

塞缪尔·柯勒律治（Samuel T. Coleridge）

《忽必烈汗》Kubla Khan，1797 年

忽必烈曾下令在上都
建造一座堂皇的殿堂；
此处有圣河亚弗流经，
穿过深不可测的洞穴，
直奔暗无天日的大海。
方圆五英里的肥沃土壤，
用塔楼城墙包围起来；
内有美丽花园与蜿蜒溪流，
树上鲜花盛开香气四溢；
如山丘般古老的森林，
包围着散布其间的青草绿地。

但是，那浪漫深壑沿着绿色山丘
在一片柏树林之间斜裂而下！
那是个野蛮之地！神圣却也着魔，
残月时似有女人出没，
为她的恶魔情郎凄声嚎哭。
深壑中喧嚣骚动不断，
一阵悸动几乎撼动大地，
猛然间泉突然爆发：
在那时断时续的涌迸之间，
巨大石块如冰雹般反弹飞舞，
或如在打谷机内弹跳的谷粒：
在这支石块水晶之舞之中，
圣河突现其间。
蜿蜒流淌五英里，
穿越森林行经山谷，
抵达人类无法估量的巨大洞穴。

黑森林之谜

艾密里奥·萨尔加里（Emilio Salgari）
《黑森林之谜》*I misteri della jungla nera*，1895 年

特雷马尔-纳伊克被眼前的景象吓得跳了起来。

他身处某种巨大穹顶之下，周围墙壁被漆得奇形怪状。毗湿奴是印度传统信仰中的神祇，住在神蛇舍沙出没的乳海之中，他有十大化身被画满整个空间，被印度人崇拜的半神人包围，这些半神人是世界八个角落的保护者，住在众神之界，也就是美德不足，没资格去到湿婆天界之人的居所。穹顶一半高度的地方，雕刻了许多巨大的恶精灵卡特里，这些卡特里共有五个族群，在他们的世界里四处飘荡，无法脱离那个世界，他们唯有在收集到非常多的祈祷以后，才可能获得应允给人类的幸福。

宝塔中间矗立着一座大型铜像，描绘着一名有四只手臂的女性，其中一只挥舞着一把长剑，另一只则抓着一颗头。

一条由头骨串成的大项链一直垂挂到脚背上，腰上则挂着一条由砍下来的手和手臂做成的腰带。这名可怕妇人的脸上有刺青，耳朵上有耳环装饰；舌头被画成血液般的深红色，舌头伸出来约一掌长，脸上带着一股令人不快的笑容；大手镯紧紧卡在手腕上，双脚则踩在一个身上满是伤痕的巨人身上。你一看就知道，这位神祇陶醉在血泊之中，踩着受害者的身体跳舞。

“我在做梦吗？”特雷马尔-纳伊克揉了好几次眼睛。“我什么都不明白！”

他还没讲完，就听到了轻微的吱吱声。

他拿着步枪转过身去，不过几乎马上就退到那可怕神祇旁边，忍住不要因为惊奇和喜悦而大叫出来。

埃洛拉的地下神殿。

《黑森林之谜》(*I misteri della jungle nera*)第1集封面，1937年出版。

就在他的面前，一扇金色门的旁边，站着一名美丽非凡的少女，脸上满是惊恐。她应该有十四岁，身形非常优雅。她身上散发出古老纯洁的特质，在英国印度混血女子身上活灵活现地表现了出来。她的皮肤红润且无比柔软，眼睛又大又圆，闪耀着钻石般的光芒；鼻梁坚挺，一点都不像印度人，珊瑚色的薄嘴唇带着一抹忧郁的微笑，露出两排洁白皓齿，一头丰厚的棕黑色秀发，头发中分，额头上戴着一束打了结并编进含笑花的珍珠，散发出甜美的香气。特雷马尔–纳伊克就如之前所言，退到巨大铜像之处。

“艾达！……艾达！……丛林显灵了！”他低声说着。

他再也说不出话来，就这么静静地站在那里，一副喘不过气来的样子，恍恍惚惚地盯着那个持续以极端恐惧的目光看着他的美丽生物。

突然间，少女往前走，身上那一大块蓝色宽边、图样复杂、如披风般覆在她身上的丝质纱丽落在地上。

她周围围绕着一束强光，极其耀眼，蟒蛇猎人不得不闭上眼睛。

这名少女全身覆满黄金与价值无可计量的贵重宝石。她穿着一副金盔甲，上面镶着来自戈尔康达和古吉拉特的特等钻石，还有神秘蛇身女的图样装饰。这盔甲包覆着整个胸部，后面被一块固定在腰际的开司米大披肩遮住，披肩上有银线装饰，华丽精美；她的脖子上挂着许多串珍珠项链和钻石项链，一颗颗珍珠钻石都如榛子一般大小；镶了贵重宝石的宽手镯装饰着她的手臂，白色丝绸的宽裤束在赤裸的小脚上，脚踝束口处饰有一圈美丽的粉红色珊瑚。

一道阳光从一个小洞射了进来，照在那些黄金珠宝上，让少女沐浴在耀眼夺目的光线中。

“这是异象！……异象啊！……”特雷马尔–纳伊克重复讲了两次，同时向少女伸出了双手！“噢！她是多么美丽！……”

“为什么？……女孩，听好：我住在一个只有老虎居住的丛林里，从来没有在任何地方看过任何女性。在我第一次看到你的时候，你沐浴在落日余光之中，就在那儿，玉叶金花丛的后面，让我倍感震撼。我以为你是仙女下凡，感到无限爱慕。”

“住口！住口！”少女断断续续地重复说着，把脸埋在双手间。

“让人心仪的丛林少女啊，我怎么能住得了嘴！”特雷马尔–纳伊克热切地惊叹道，“你消失的时候，我的心里好像少了什么。我好像醉了一样，眼前满是你的模样，血流加速，口干舌燥，甚至头昏脑胀。你一定是施了什么魔法，把我迷住了！”

“特雷马尔–纳伊克！”少女心急如焚，喃喃地念着。

“那天晚上我没睡好，”蟒蛇猎人继续说着。“我烧昏了头，极度渴望再次看到你。为什么呢？我无视着这个疑问，也不知道自己该如何去理解所发生的事。那是我这辈子第一次有了这种感觉。之后的十五天，每天晚上，每到日落时分，我会在树丛后再次看到你，并为此感到欢欣；我觉得自己被传送到另一个世界，似乎成了另一个人。你不跟我说话，不过会看着我，这已让我难以承受；你的眼睛很有神，好像会说话一样，告诉我你……”

他气喘吁吁地停了下来，看着用双手遮住脸的少女。

“啊！”他痛苦地呼喊着，“所以你不愿我跟你说话。”

少女摇摇头，看着他，泪水在眼眶里打转。

“你我之间有道鸿沟，”少女结结巴巴地说，“又何必说话？可怜虫，你为什么来这里唤醒我心中的奢望呢？你难道不知道这个地方是被诅咒的，尤其是我爱上的人？”

“我爱上的人！”特雷马尔-纳伊克高兴地喊了出来。“再说一次，再说一次，美丽的丛林之花！所以，你真的爱我吗？你每天晚上到树丛后面来，是因为你爱我吗？”

“别让我死啊，特雷马尔-纳伊克。”少女焦急地说道。

“死！为什么？你受到什么危险威胁吗？我不就在这儿保护你吗？谁在乎这地方被诅咒？谁在乎我们两人之间有道鸿沟？我很强壮，足以为你撼动这座神殿，粉碎那个你浇注香水的可怕怪物。”

“你怎么会知道这个？谁告诉你的？”

“我今晚看到你在做什么了。”

“所以你今天晚上在这里？”

“是的，我在这里，事实上我在那上头抱着那盏灯，就在你的正上方。”

“但是，到底是谁把你带到这座神殿里的？”

“命运，或者该说是这片受诅咒之地的居民系的绳子。”

“他们看到你了吗？”

“他们在追捕我。”

“啊！可怜虫，你完蛋了！”少女绝望地惊呼了出来。

特雷马尔-纳伊克向她跑了过去。

“不过告诉我，这到底是个什么样的谜团？”他难以控制自己的怒火，愤怒地问着她，“你为何如此害怕？那怪物为什么需要香水？那水池里的金色鱼儿到底是什么？你身上盔甲那女人头上的蛇到底有何意义？这些相互残杀的地底人到底是谁？我想要知道，噢，艾达，请告诉我！”

“不要问我，特雷马尔-纳伊克。”

“为什么？”

“啊！如果你知道我得面临什么可怕的命运，就不会这么问我了！”

“不过我很强壮。”

“对抗这些人，力量又有何用？”

“我会向他们开战，一场残酷无情的战争。”

“你会像嫩竹子一样，轻松被折断的。他们不也挑战了英国人的势力？特雷马尔-纳伊克，他们的力量强大而且极其可怕！什么都抵挡不了他们：舰队没办法，军队也做不到。一切都会臣服在他们有毒的气息之下。”

“他们到底是谁？”

“我不能说。”

“如果我命令你说出来呢？”

“我会拒绝。”

“所以你……不信任我！”特雷马尔-纳伊克愤怒地说。

“特雷马尔-纳伊克！特雷马尔-纳伊克！”伤心的少女心碎地低声唤着。

蟒蛇猎人拿开了手。

“特雷马尔-纳伊克，”少女接着说，“我已被定了罪，背负着一种可怕骇人的刑罚，至死方休。我曾爱过你，勇敢的丛林之子，我也会永远爱着你，不过……”

“噢！你爱上了我！”蟒蛇猎人叹道。

“是的，我爱你，特雷马尔-纳伊克。”

“以紧追在后的怪物之名发誓。”

“我发誓！”少女将手伸向铜像说着。

“发誓你将成为我的新娘！……”

少女似受一阵煎熬。

“特雷马尔-纳伊克，”少女郁闷地说，“我会成为你的新娘，如果可能的话！”

“难道我有竞争对手！”

“不是的，没有人胆子大到敢直视我。我早已属于死亡的国度。”

特雷马尔-纳伊克双手抓着头，向后退了两步。

“死亡！”他惊呼。

“是的，特雷马尔-纳伊克，死亡。男人染指我的那一天，复仇者之绳将夺去我的生命。”

“也许我在做梦？”

“不，你醒着，和你说话的是爱着你的女人。”

“天呐！这是什么巨大的谜团！”

“是的，巨大的谜团，特雷马尔-纳伊克。不幸的是，我们之间有道没人能越过的鸿沟！我到底做了什么，得遭受如此悲惨的命运？我犯了什么罪，得如此受诅咒？”

说毕，她不禁悲从中来，满脸泪水。特雷马尔-纳伊克大吼一声，紧握着拳，似乎骨头都快裂了。

“我可以替你做些什么？”灵魂深受震撼的少女问道。

“你的眼泪让我很伤心，美丽的丛林之花。告诉我该怎么做，命令我，我会比奴隶还顺从。若你要我把你带离此处，我会照做，即使这么做可能让我丧命。”

“噢！不，千万不要！”少女惊恐地说，“那会让我们俩都丧命的。”

“你要我离开吗？听好，我很爱你，然而，如果你的存活必须让我俩永远分离，我将放弃心中的爱苗，终生为此备受折磨，不过我会这么做的。告诉我，我到底该怎么做？”

少女沉默地哭泣。特雷马尔-纳伊克轻轻把她拉向自己，正要打开他的双唇之际，外面传来了尖锐的号角响声。

“快逃吧！赶快逃，特雷马尔-纳伊克。”少女惊恐地说道，“快逃，不然我们俩都惨了！”

“啊！该死的号角！”特雷马

尔-纳伊克咬牙说道。

“他们来了，”少女哽咽说道，“如果他们找到我们俩，会把我们献祭给他们那可怕的神。快逃！快逃啊！”

“噢，我绝不逃跑！”

“那你是要让我死吗？”

“我会保护你！”

“赶快逃吧，可怜虫！快逃啊！”

特雷马尔-纳伊克从地上捡起了枪，然后上了膛。

少女意识到，这名男子态度坚决。

“可怜我吧！”她悲痛地说，“他们来了。”

“很好，我会等着，”特雷马尔-纳伊克回答道，“哪个男人敢出手动你，我向神发誓，我会像丛林猛虎般地杀了他。”

“好吧，你留下，既然你态度如此坚决，勇敢的丛林之子；我会救你。”

她拿起自己的纱丽，向她进来的那扇门走了去。特雷马尔-纳伊克赶紧上前抱住了她。

“你要去哪儿？”他问道。

“去迎接正要抵达的人，让他别进到这里来。今晚午夜时分，我会回到你身边。届时你就可以完成神的意志，或许……我们可以一起逃走。”

“你的名字？”

“艾达·柯利桑。”

“艾达·柯利桑！啊，多美丽的名字！去吧，高贵的生灵，我会等你午夜回到这里。”

少女围好纱丽，看了特雷马尔-纳伊克最后一眼，带着湿润的眼睛，边啜泣边走了出去。

费多拉

伊塔罗·卡尔维诺（Italo Calvino）

《看不见的城市》*Le città invisibili*，1972年

灰色岩城费多拉的中心矗立着一座金属建筑物，里面每一个房间都有一个水晶球，每个水晶球里都有一座天蓝色的城市，每座城市各异，都是费多拉的模型。这些模型代表着这个城市原本可能的各种样貌，然而种种因素所致，费多拉成了今日的样貌。在每一个年代，总有人按着当时的费多拉，想象着该如何让它成为理想城，不过在这个人制作迷你模型的时候，费多拉早就已经改变了，那个在昨天仍是城市的可能未来的样貌，现在已成了水晶球里的玩具。这座收藏于水晶球中的建筑，如今已成为费多拉的博物馆：每一位居民都会去参观，选出自己心目中的理想，仔细端详，想象着自己的倒影映在运河水汇流的水母池中（如果运河水没被抽干）、在大象专用街道旁的高篷上眺望（现在大象早已禁止进城）、沿着螺旋塔滑下来的乐趣（这塔始终找不着立足之地）。

成吉思汗啊，你的帝国地图必然可以同时容纳大型石城的费多拉和所有小型玻璃球的费多拉。这并

非因为它们都同样真实，而是因为它们全都是假设的。大城包含了人们预先设想并认定的必须要素；其余小城则是想象中的可能，不过在一分钟以后，就再也不可能了。

爱的地图

玛德莲·德·史居德利

《克蕾莉，古罗马的故事》*Clélie，Histoire Romaine*，1654~1660 年

位于地图下方的第一个城市是新友谊城。由于柔情出现的原因可能有三：或因尊敬，或因感激，或因爱慕，三个柔情城市因此分别位于三条不同的河流旁边，另外也有三条不同的路分别通往这三个城市……我们因而有了尊敬柔情城、爱慕柔情城和感激柔情城。因此，由于源自爱慕的柔情本身并不需要其他要素便已完整，这条河的河谷上并没有其他村落，因为在这条路上的行进速度相当快，河岸沿途并不需要住宿地点。

然而，若要抵达尊敬柔情城，情况就不一样了，因为途中有许许多多的村落，就如能通过尊敬催生出柔情的各种大小因素。你们事实上也可以看到，从新友谊城出发以后会经过大智慧城，因为尊敬通常都是源自大智慧。

之后，还会看到几个宜人的城市，如美言村、骑士村、甜蜜村等……然后，沿着这条路，还有真诚村、宽大村、诚信村、尊重村、忠诚村、善良村等挡在柔情前面。

在此之后，我们必须重新回到新友谊城，以了解从哪条路才能抵达感激柔情城。因此我请你们仔细看一下，必须先从新友谊城到礼貌城，然后经过一个叫做顺从村的小村落，以及另一个怡人的细微照顾村。然后，就可以由此经由勤勉城前往热忱村和偏爱村。在这里要强调，偏爱村比其他村落都还小，只有少数人能够认出来。继续往前，会经过感性村，然后再经过服从村，最后穿过恒久友谊村，这条路无疑是抵达感激柔情城最稳妥的路线。

不过请注意：如果太向右或太向左，都可能会迷路：因为如果在大智慧城的出口不小心走到忽略城，而且一直错下去，到了矛盾村，并继续走到不冷不热村、轻率村与遗忘村等，就会到不了尊敬柔情城，反而会来到只有冰冷死水的冷漠湖。

另外，如果在新友谊城的出口

雷内·马格利特（René Magritte），《比利牛斯山的城堡》，1959 年绘制，目前为以色列耶路撒冷以色列博物馆收藏。

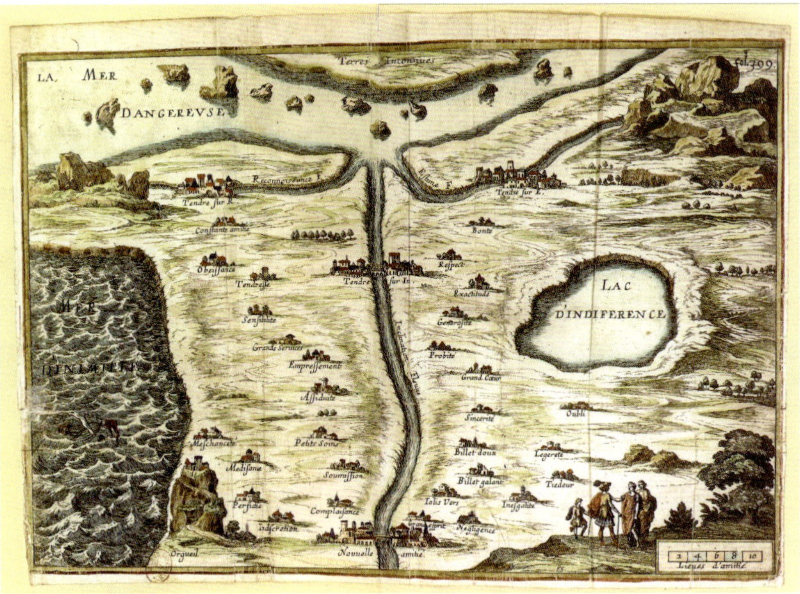

《爱的地图》，玛德莲·德·史居德利于1654年创作的想象地图，弗朗索瓦·索瓦刻版完成。

太往左走，就会抵达越轨村、背信村、诽谤村或恶村，如此一来就到不了感激柔情城，反而会抵达所有船只都会沉没的恩怨海。爱慕河会流入一个叫做危险海的海域，在过去就是我们称为未知大陆的地方，因为没有人知道那里到底有什么。

阿莱夫

豪尔赫·路易斯·博尔赫斯

《阿莱夫》*L'Aleph*，1949年

现在，我终于来到故事的真正核心，而我身为作者的绝望也由此开始。每一种语言都是一种符号字母，然而，其使用前提在于对话者必须具有共同的历史；在这种状况下，我该如何向其他人描述这条无穷无尽、连我自己的可怕记忆几乎都很难接受的阿莱夫？……

在那巨大的一瞬间，我看到数百万计宜人或恶劣之举；不过没有一件让我感到惊讶，因为它们全都占据着同一个点，而且全部都不重叠也不透明。我眼所见是同步发生的：我接下来抄录的这些，都是我注意到的一些事情，其实因为语言之故，才会有时间先后的感觉。

我在楼梯的右下方看到一个闪亮的小球，散发着耀眼无比的光彩。我原本以为这颗球会旋转，不过后来发现，那其实是球体内让人眼花缭乱的活动所造成的错觉。阿莱夫的直径大概两三厘米，不过它里面却包含着宇宙空间，而且宇宙空间的浩瀚庞大并不因此受到影响。一切（例如镜子的水晶）都是无限，因为我可以清楚看到宇宙的每一个

点。我看到生物众多的海洋，我看到黎明和夜晚，我看到人口稠密的美洲，我看到一座黑色金字塔的中心有一只银色蜘蛛，我看到破碎的迷宫（指伦敦），我看到许许多多宛如在镜中瞪着我的眼睛，我看到行星上的所有镜子，而且没有一面反射出我的倒影，我在索勒街的一座内院看到我在三十年前经过弗雷班托斯街上一间房屋时看到的砖头，我看到一串串的东西、雪、烟草、金属矿脉与水蒸气，我看到凸起的赤道沙漠以及上面的每一粒沙子，我在印威内斯看到一位让我永远无法忘怀的女性，我看到高傲身体与那动作猛烈的鬈毛，我看到胸部里的肿瘤，我在一条路上看到一圈干燥的土地，那儿原有一棵树，我在阿德罗奎的一间屋子里看到菲尔蒙·霍兰德翻译的普林尼著作英文版初版，我也同时看到每一页里的每一个字母（小时候，书本在晚上合上时不会把所有字母搅混在一起，常让我感到惊叹），我看到同一天的早上与夜晚，我看到克雷塔罗州的落日似乎反射出孟加拉一朵玫瑰的颜色，我看到我的卧房空无一人，我在阿尔克马尔的一个柜子里看到一个由水和陆地构成的地球，它被放在两面镜子之间毫无止境地反射倍增，我看到黎明时分里海海滩上随风飘扬的马鬃，我看到一只手细腻精致的骨骼，我看到幸存者竞相发送明信片，我在米尔扎布尔的橱窗看到一叠西班牙扑克牌，我在温室地板上看到一些蕨类植物斜斜的影子，我看到老虎、活塞、野牛、海上暴风雨和军队，我看到存在于地球上的所有蚂蚁，我看到一个波斯星盘，我在一张桌子的抽屉里看到比阿特丽斯写给卡罗·阿真提诺的信件（与让我颤抖的笔迹），内容傲慢、令人难以置信且极其精确，我在墓园看到一座让人钟爱的墓，我看到比阿特丽斯·维特波过去有多迷人，我看到自己体内深色的血液如何循环，我看到爱情的机制与死亡造成的改变，我从每一个点看到阿莱夫，我在阿莱夫看到地球，又在地球重新看到阿莱夫，然后又在阿莱夫里看到地球，我看到自己的脸和自己的脏器，我看到你的脸，感到晕眩而哭喊出来，因为我的眼睛看到了秘密且假定的事物，它霸占了所有人类，不过没有人深思过这一点：这里指的就是不可思议的宇宙。

阿卜杜勒·马蒂·克拉尔文（Abdul Mati Klarwien），《阿莱夫圣殿》，受到博尔赫斯作品《阿莱夫》启发而创作的装置艺术作品，1963~1970年创作。

古斯塔夫·多雷，《白蔷薇》，《神曲·天堂篇》第31首的插图。

白蔷薇

但丁·阿利吉耶里

《神曲·天堂篇》*Paradiso*，第31首

基督用自己的鲜血结盟的那支神圣军队，
就以白蔷薇之姿展现在我眼前：
但另一支飞翔的军队，
歌颂着爱着他们的上帝与让他们尊荣的至善；
就如一大群辛勤的蜜蜂，
一会儿飞舞花间，
一会儿飞回酿蜜的处所，
他们飞入茂叶装饰的巨花之间，
然后再飞了上来，
回到心所归属的地方。
他们脸上闪耀着熊熊烈焰，
翅膀金黄，
其余部分比白雪还更加雪白。
一群一群地，
他们停落花朵间，
献上他们振翅飞翔时获得的平静与热情。

参考资料

作者索引

参考书目

Abdelkader, Mostafa (1983)
"A Geocosmos: Mapping Outer Space Into a Hollow Earth", in *Speculations in Science & Technology*, 6, 1.
Adam, Jean Pierre (1988)
Le passé recomposé. Chroniques d'archéologie fantasque, Paris, Seuil.
Albini, Andrea (2012)
Atlantide. Nel mare dei testi, Genova, Italian University Press.
Andreae, Johann Valentin (1619)
Reipublicae christianopolitanae descriptio, Strassburg, Zetzner; trad. di Giampaolo Spano, Milano, Edizioni Spano, 1984.
Anonimo (1688)
Curious Enquiries, London, Taylor.
Anonimo (1721)
Relation d'un voyage du pôle arctique au pôle antarctique par le centre du monde, Amsterdam, Lucas.
Aroux, Eugène (1858)
Les mystères de la chevalerie et de l'amour platonique au Moyen Âge, Paris, Renouard.
Bacon, Francis (1627)
New Atlantis, London, Rawley; trad. di Giuseppe Schiavone, *Nuova Atlantide*, Milano, BUR, 2011.
Baër, Fréderic-Charles (1762)
Essai historique et critique sur l'Atlantide des anciens, Paris, Lambert.
Baigent, Michael - Leigh, Richard - Lincoln, Henry (1982)
The Holy Blood and the Holy Grail, London, Cape; trad. di Roberta Rambelli Pollini, *Il santo Graal*, Milano, Mondadori, 2004.
Bailly, Jean-Sylvain (1779)
Lettres sur l'Atlantide de Platon et sur l'ancienne histoire de l'Asie. Pour servir de suite aux lettres sur l'origine des sciences, adressées à M. de Voltaire par M. Bailly, Londres, chez M. Elmsly, et à Paris, chez les Frères Debure.
Baistrocchi, Marco (1995)
"Agarttha: una manipolazione guénoniana?", in *Politica Romana*, II, 1995.
Barisone, Ermanno (1982)
"Introduzione" a John Mandeville, *Viaggi, ovvero Trattato delle cose più meravigliose e più notabili che si trovano al mondo*, Milano, il Saggiatore.
Baudino, Mario (2004)
Il mito che uccide, Milano, Longanesi.
Benoît, Pierre (1919)
L'Atlantide, Paris, Albin Michel; trad. di Dario Albani, *L'Atlantide*, Milano, Sonzogno, 1920.
Bérard, Victor (1927-1929)
Les navigations d'Ulysse, Paris, Colin.
Bernard, Raymond W. (1964)
The Hollow Earth, New York, Fieldcrest Publishing; trad. di Vito Messana, *Il grande ignoto*, Milano, Sugar, 1972.
Bernard, Raymond W. (1960)
Agartha, the Subterranean World, Mokelumme Hill (CA), Health Research.
Berzin, Alexander (1996)
Mistaken Foreign Myths about Shambhala, Internet, The Berzin Archives.
Blavatsky, Helena (1877)
Isis Unveiled, New York, Bouton; trad. di Mario Monti, *Iside svelata*, Milano, Armenia, 1990.
Blavatsky, Helena (1888)
The Secret Doctrine, II, London, Theosophical Publishing Society; trad. di Stefano Martorano, *La dottrina segreta*, II, Roma, Istituto Cintamani, 2005.
Blavier, André (1982)
Les fous littéraires, Paris, Veyrier.
Borges, Jorge Luis (1940)
"Tlön, Uqbar, Orbis Tertius", in *Sur*, poi in *Ficciones* (1944); trad. di Franco Lucentini in J.L. Borges, *Tutte le opere*, a cura di Domenico Porzio, I, Milano, Mondadori, 1984.
Borges, Jorge Luis (1949)
"El Aleph", Buenos Aires, Losada; trad. it. *L'Aleph*, in J.L. Borges, *Tutte le opere*, a cura di Domenico Porzio, I, Milano, Mondadori, 1984.
Bossi, Giovanni (2003)
Immaginario di viaggio e immaginario utopico, Milano, Mimesis.
Bradshaw, William R. (1892)
The Goddess of Atvatabar, New York, Douthitt.
Broc, Numa (1980)
"De l'Antichtone à l'Antarctique", in *Cartes et figures de la Terre*, Paris, Centre Pompidou.
Brugg, Elmar (Rudolf Elmayer-Vestenbrugg) (1938)
Die Welteislehre nach Hanns Hörbiger, Leipzig, Koehler Amelang Verlag.
Bulwer-Lytton, Edward (1871)
The Coming Race, Edinburgh and London, William Blackwood and Sons; trad. di Gianfranco de Turris e Sebastiano Fusco, *La razza ventura*, Carmagnola, Arktos, 1980.
Buonanno, Errico (2009)
Sarà vero. Falsi, sospetti e bufale che hanno fatto la storia, Torino, Einaudi.
Burnet, Thomas (1681)
Telluris theoria sacra, London, Kettilby.
Burroughs, Edgar Rice (1914)
"At the Earth's Core", in *All-Story Weekly*, 4-25 April.
Burroughs, Edgar Rice (1915)
"Pellucidar", in *All-Story Weekly*, 8-29 May.
Burton Russell, Jeffrey (1991)
Inventing the Flat Earth, New York, Praeger.
Butler, Samuel (1872)
Erewhon, London, Trübner; trad. di Lucia Drudi Demby, Milano, Adelphi, 1975.
Butler, Samuel (1897)
The Authoress of Odissey,

London, Longmans.
Calabrese, Omar - Giovannoli, Renato - Pezzini, Isabella (1983)
Hic sunt leones. Geografia fantastica e viaggi straordinari,
Milano, Electa.
Calmet, Antoine-Augustin (1706)
Commentaire littéral sur tous les livres de l'Ancien et du Nouveau Testament,
Paris, Emery.
Campanella, Tommaso (1602)
La Città del Sole, manoscritto;
"Civitas solis. Idea Reipublicae Philosophicae",
in *Realis philosophiae epilogisticae,* Frankfurt am Main,
Tampach, 1623;
La Città del Sole - Questione quarta sull'ottima repubblica, testo latino a fronte,
a cura di G. Ernst,
Milano, BUR, 1996.
Cardini, Franco (2000)
I Re Magi. Storia e leggenda,
Venezia, Marsilio.
Cardini, Franco - Introvigne, Massimo - Montesano, Marina (1998)
Il santo Graal, Firenze, Giunti.
Casanova, Giacomo (1788)
Icosameron. Histoire d'Edouard, et d'Elisabeth qui passèrent quatre vingts ans chez les Mégramicres habitantes aborigènes du Protocosme dans l'intérieur de notre globe,
Praha, Imprimerie de l'École Normale.
Charroux, Robert (1972)
Trésors du monde enterrés, emmurés, engloutis, Paris, Fayard.
Churchward, James (1926)
The Lost Continent of Mu: Motherland of Man, New York, Rudge.
Ciardi, Marco (2002)
Atlantide. Una controversia scientifica da Colombo a Darwin, Roma, Carocci.
Cocchiara, Giuseppe (1963)
Il mondo alla rovescia, Torino, Boringhieri.
Collin de Plancy, Jacques (1821)
Voyage au centre de la terre, ou Aventures diverses de Clairancy et ses compagnons, dans le Spitzberg, au Pôle-Nord, et dans des pays inconnus, Paris, Callot.
Collodi, Carlo (1880) "Pinocchio",
in *Il Giornale per i bambini,*
poi *Le avventure di Pinocchio,*
Firenze, Paggi, 1883.
Colombo, Cristoforo (1498)
"Lettera ai Re Cattolici dalla Spagnola, maggio-agosto 1498",
in C. Colombo,
Relazioni di viaggio e lettere,
Milano, Bompiani, 1941.
Conan Doyle, Arthur (1929)
The Maracot Deep and Other Short Stories, London, Murray;
trad. di Anna Cavazzoni,
L'abisso di Maracot,
Milano, Mondadori, 1995.
Corbin, Henry (1964)
Histoire de la philosophie islamique, Paris, Gallimard; trad. it.
Storia della filosofia islamica,
Milano, Adelphi, 1973.
Costes, Guy - Altairac, Joseph (2006)
Les terres creuses,
Paris, Les Belles Lettres.
Crowe, Michael J. (1896)
The Extraterrestrial Life Debate, 1750-1900, Cambridge, CUP.
Daston, Lorraine - Park, Katharine (1998)
Wonders and the Order of Nature,
New York, Zone Books;
trad. it. *Le meraviglie del mondo,*
Roma, Carocci, 2000.
Daunicht, Hubert (1971)
"Die Odyssee in Ostasien",
in *Frankfurter Neue Presse,* 14 febbraio.
De Camp, Lyon Sprague - Ley, Willy (1952)
Lands Beyond, New York, Rhinehart; trad. it. *Le terre leggendarie,*
Milano, Bompiani, 1962.
Delumeau, Jean (1992)
Une histoire du Paradis,
Paris, Fayard.
De Sède, Gérard (1962)
Les templiers sont parmi nous ou l'énigme de Gisors,
Paris, Juillard.
De Sède, Gérard (1967)
L'or de Rennes ou la vie insolite de Bérenger Saunière, curé de Rennes-le-Château (poi ripubblicato
in tascabile come *Le Tresor Maudit de Rennes-le-Château,* e infine
nel 1977 come *Signé: Rose+Croix*).
De Sède, Gérard (1988)
Rennes-le-château. Le dossier, les impostures, les phantasmes, les hypothèses, Paris, Laffont.
Di Carpegna Falconieri, Tommaso (2011)
Medioevo militante, Torino, Einaudi.
Dick, Philip K. (1964)
The Man in the High Castle,
New York, Putnam; trad. it.
La svastica sul sole,
Piacenza, La Tribuna, 1965.
Digby, Kenelm (1558)
Discours fait en une célèbre assemblée, touchant la guérison des playes par la poudre de sympathie, Paris, Courbé.
Digby, Kenelm (1660)
Theatrum sympatheticum,
Nürnberg, Impensis J. A. & W. J. Endterorum Haered.
Dohueihi, Milad (2006)
Le Paradis Terrestre. Mythes et philosophies, Paris, Seuil;
trad. it. *Il paradiso terrestre. Miti e filosofie,*
Costabissara, Colla, 2009.
Donnelly, Ignatius (1888)
The Great Cryptogram: Francis Bacon's Cipher in the So-called Shakespeare Plays,
London, Sampson Low, Marston, Searle & Rivington.
Donnelly, Ignatius (1882)
Atlantis: The Antediluvian World,
New York, Harper.
Eco, Umberto (1993)
La ricerca della lingua perfetta,

Roma-Bari, Laterza.
Eco, Umberto (2002)
"La forza del falso", in *Sulla letteratura*, Milano, Bompiani.
Eco, Umberto (2011)
"Sugli usi perversi della matematica", in *La matematica*, vol. III, a cura di Claudio Bartocci e Piergiorgio Odifreddi, Torino, Einaudi, 2011.
Emerson, Willis George (1908)
The Smoky God, Chicago (IL), Forbes.
Eumaios (1898)
Odysseus als Afrikaumsegler und Amerikaentdecker, Leipzig, Fock.
Evola, Julius (1934)
Rivolta contro il mondo moderno, Milano, Hoepli.
Evola, Julius (1937)
Il mistero del Graal,
Roma, Edizioni Mediterranee, 1994.
Fabre d'Olivet, Antoine (1822)
De l'état social de l'homme ou vues philosophiques sur l'histoire du genre humain, Paris, Brière.
Fauriel, Claude (1846)
Histoire de la poésie provençale,
Paris, Labitte.
Fauth, Philip (1913)
Hörbigers Glazial-Kosmogonie, Kaiserslautern, Hermann Kaysers Verlag.
Ficino, Marsilio (1489)
De vita libri tres – Apologia – Quod necessaria sit ad vitam securitas, Firenze, Miscomini.
Fieux, Charles de, Cavaliere de Mouhy (1734)
Lamekis, ou les voyages extraordinaires d'un égyptien dans la terre intérieure avec la découverte de l'Isle des Silphides, Paris, Dupuis.
Filippani-Ronconi, Pio (1973)
Ismaeliti e "Assassini", Basel, Thoth.
Fitting, Peter, a cura di (2004)
Subterranean Worlds, Middletown (CT), Wesleyan University Press.
Foigny, Gabriel de (1676)
La terre australe connue;
trad. di Maria Teresa Bovetti Pichetto, *La Terra Australe*,
Napoli, Guida, 1978.
Fondi, Roberto (s.d.)
"Nascita, morte e palingenesi della concezione del mondo cavo",
in *Arthos*, 29.
Fontenelle, Bernard de (1768)
La République des philosophes ou Histoire des Ajaoiens... Ouvrage posthume de Mr. De Fontenelle, Genève.
Fracastoro, Girolamo (1530)
Syphilis sive morbus gallicus, Verona.
Frau, Sergio (2002)
Le Colonne d'Ercole. Un'inchiesta, Roma, Nur Neon.
Frobenius, Leo (1910)
Aud dem Weg nach Atlantis,
Berlin, Vita.
Frugoni, Francesco Fulvio (1697-1689)
Il cane di Diogene, Venezia, Bosio.
Galli, Giorgio (1989)
Hitler e il nazismo magico,
Milano, BUR 2005, ed. accresciuta.
Gardner, Marshall B. (1913)
A Journey to the Earth's Interior, Aurora (IL), The Author.
Gardner, Martin (1957)
Fads and Fallacies in the Name of Science, New York, Dover.
Garlaschelli, Luigi (2001)
Indagini sulla spada di San Galgano. Convegno su *Il mistero della Spada nella Roccia* (San Galgano, settembre 2001), http://www.luigigarlaschelli.it/spada/resoconto1292001.html.
Geiger, John (2009)
The Third Man Factor: The Secret of Survival in Extreme Environment, Toronto, Viking Canada.
Giannini, Francis Amedeo (1959)
Worlds beyond the Pole, New York, Health Research Books.
Giovanni di Hildesheim (1477)
Historia de gestis et translatione trium regum, Köln, Guldenschaiff;
trad. di Alfonso M. di Nola, *Storia dei Re Magi*, Roma, Newton Compton, 1980.
Giuda Levita (Jehuda Halevy) (1660)
Liber Cosri, Basel, Decker.
Goodrick-Clarke, Nicholas (1985)
The Occult Roots of Nazism, Wellingborough, Aquarian Press;
trad. it. di Carlo Donato,
Le radici occulte del nazismo,
Milano, Sugarco, 1993.
Godwin, Joscelyn (1996)
Arktos: The Polar Myth in Science, Symbolism, and Nazi Survival, Kempton, Adventures Unlimited Press; trad. di Claudio De Nardi,
Il mito polare: l'archetipo dei poli nella scienza, nel simbolismo e nell'occultismo,
Roma, Edizioni Mediterranee, 2001.
Graf, Arturo (1892-1893)
Miti, leggende e superstizioni del Medio Evo, Torino, Loescher.
Grimm, Jacob e Wilhelm (1812)
Kinder und Hausmärchen, Berlin, Realschulbuchhandlung;
trad. di Clara Bovero, *Fiabe*,
Torino, Einaudi, 1951.
Guénon, René (1925)
Le roi du monde, Paris, Gallimard;
trad. di Bianca Candian,
Il re del mondo, Milano, Adelphi, 1977.
Guénon, René (1950)
"L'ésotérisme du Graal", in *Lumière du Graal* [*Les Cahiers du Sud*, n. spécial], Paris 1951.
Grube, E. J. (1991)
"Automa", in *Enciclopedia dell'arte medievale*, Roma, Treccani.
Haggard, Rider Henry (1886-1887)
"She", in *The Graphic*,
ottobre 1886-gennaio 1887;
trad. di Giorgio Agamben, *Lei*,
Milano, Bompiani, 1966.
Hall, Joseph (1607)
Mundus alter, Hanau, Antonius.
Halley, Edmund (1692)
"An Account of the Cause of the Change of the Variation of the Magnetical Needle with an Hypothesis of the Structure of the Internal Parts of the Earth",
in *Philosophical Transactions of the Royal Society*, XVI.
Hammer-Purgstall, Joseph von (1818)
Die Geschichte der Assassinen, Stuttgart-Tübingen, Cotta;
trad. it.
Origine, potenza e caduta degli Assassini. Opera interessantissima, attinta alle fonti orientali ed occidentali,
Padova, Penada, 1838.
Hilton, James (1933)
Lost Horizon, Essex, Woodford Green; trad. di Simona Modica,

Orizzonte perduto,
Palermo, Sellerio, 1995.
Holberg, Ludwig (1741)
Nicolai Klimii iter subterraneum, Hafniae-Lipsiae, Preuss; trad. it.
Il viaggio sotterraneo di Niels Klim, Milano, Adelphi, 1994.
Howgego, Raymond J. (2013)
Encyclopedia of Exploration. Invented and Apocryphal Narratives of Travels, Otts Points, Hordern House.
Huet, Pierre-Daniel (1691)
Traité de la situation du Paradis terrestre, Paris, Anisson.
Introvigne, Massimo (2005)
Gli Illuminati e il Priorato di Sion. La verità sulle due società segrete del "Codice da Vinci" e di "Angeli e demoni", Casale Monferrato, Piemme.
Jacolliot, Louis (1873)
Les fils de dieu, Paris, Lacroix.
Jacolliot, Louis (1875)
Le Spiritisme dans le monde. L'initiation et les sciences occultes dans l'Inde
et chez tous les peuples de l'Antiquité, Paris, Lacroix.
Jones, William (1769)
"The Circles of Gomer",
in *The Philosophy of Words,*
London, Hughs.
Justafré, Olivier (s.d.)
Grains de folie. Supplément aux fous littéraires, Perros-Guirec, Anagramme.
Iannaccone, Mario Arturo (2004)
Rennes-le-Château, una decifrazione. La genesi occulta del mito, Milano, Sugarco.
Iannaccone, Mario Arturo (2005)
"La truffa di Rennes-le-Château",
in *Scienza e Paranormale,* 59.
Kafton-Minkel, Walter (1989)
Subterranean Worlds: 100,000
Years of Dragons, Dwarfs, the Dead, Lost Races and Ufos from inside
the Earth, Washington D.C., Loompanics Unlimited.
Kircher, Athanasius (1665)
Mundus subterraneus,
Amsterdam, Jansson & Weyerstraten.
Kuipert, Gerard (1946)
"German astronomy during the war", in *Popular Astronomy,* LIV.
Lamendola, Francesco (1989)
"Terra Australis Incognita",
in *Il Polo,* 3.
Lamendola, Francesco (1990)
"Mendaña de Neira alla scoperta
della Terra Australe", in *Il Polo,* 1.
Lancioni, Tarcisio (1992)
"Viaggio tra gli isolari", in *Almanacco del Bibliofilo,* Milano, Rovello.
Las Casas, Bartolomé de (1551-1552)
Apologética historia sumaria,
prima ed. completa Madrid,
Biblioteca de Autores Españoles, 1909.
Le Goff, Jacques (1985)
"Le merveilleux dans l'Occident médiéval", in *L'imaginaire médiéval,*
Paris, Gallimard; trad. it. *Il meraviglioso e il quotidiano nell'Occidente medievale,*
Roma-Bari, Laterza, 1983.
Le Goff, Jacques (1981)
La naissance du Purgatoire,
Paris, Gallimard;
trad. it. *La nascita del Purgatorio,* Torino, Einaudi, 1982.
Le Goff, Jacques (1985)
L'imaginaire médiéval,
Paris, Gallimard;
trad. it. *L'immaginario medievale,*
Bari, Laterza, 1988.
Leonardi, Claudio (1989)
"La via dell'Oriente nella *Historia Mongolorum",* in Giovanni di Pian
di Carpine, *Storia dei mongoli,*
Spoleto, CISAM - Centro Italiano
di Studi sull'Alto Medioevo.
Le Plongeon, Augustus (1896)
Queen Móo & The Egyptian Sphinx, New York, The Author.
Leon Piñelo, Antonio de (1656)
El Paraiso en el nuevo mundo,
ed. critica Lima 1943.
Ley, Willy (1956)
"The Hollow Earth", in *Galaxy Science Fiction,* 11.
Lloyd, John Uri (1895)
Etidorhpa, Cincinnati (OH), Lloyd.
Lopez de Gómara, Francisco (1554)
La historia general de las Indias,
con todos los descubrimientos, y cosas notables que han acaescido en ellas, dende que se ganaron hasta agora,
Antwerpen, Stesio.
Manguel, Alberto - Guadalupi, Gianni (1982)
Dizionario dei luoghi fantastici, Milano, Rizzoli.
Mather, Cotton (1721)
The Christian Philosopher,
London, Matthews.
Mazzoldi, Angelo (1840)
Della diffusione dell'incivilimento italiano alla Fenicia, alla Grecia,
e a tutte le nazioni antiche poste
sul mediterraneo,
Milano, Guglielmini e Redaelli.
Montaigne, Michel de (1580-1595)
Les Essais, Paris, Abel l'Angelier;
trad. di Fausta Garavini, *Saggi,*
Milano, Bompiani, 2012.
More, Thomas (1516)
Libellus vere aureus, nec minus salutaris quam festivus de optimo rei publicae statu, deque nova insula Utopia, Leuwen;
trad. di Luigi Firpo, *Sull'ottima forma*
di stato, riferito dall'illustre
Thomas More, II, Napoli, Guida, 1990.
Moretti, Gabriella (1994)
Gli antipodi,
Parma, Pratiche.
Morris, William (1891)
News from Nowhere,
London, Reeves & Turner.
Nelson, Victoria (1997)
"Symmes Hole, or the South Polar Romance", in *Raritan,* 17.
Neupert, Karl (1909)
Am Morgen eine neuer Zeit,
Dornbin, Höfle & Kaiser.
Neupert, Karl (1924)
Welt-Wendung! Inversion of the Universe,
Augsburg, Druck v J. Scheurer.
Neupert, Karl (1927)
Umwälzung!
Das Weltbild der Zukunft, Augsburg, Verlag Karl Neupert.
Neupert, Karl (1928)
Umwälzung! Der Kampf gegen das kopernikanische Weltbild,
Memmingen, Verlags- und Druckereigenossenschaft.
Neupert, Karl (1929)
Umsturz des Welt-Alls, Memmingen, Verlags- und

Druckereigenossenschaft.
Neupert, Karl (1932)
Welt-Anschauungen. Der Sternhimmel ist optische Täuschung, Zürich, Zimmerli.
Newton, Isaac (1728)
The Chronology of Ancient Kingdoms Amended, London, J. Tonson,
J. Osborn, T. Longman.
Nietzsche, Friedrich (1888)
Der Antichrist, Leipzig, Kröner;
trad. it. *L'Anticristo. Maledizione del cristianesimo,* Milano, Adelphi, 1998.
Obručev, Vladimir Afanasievič (1924)
Plutonija, Leningrado.
Olender, Maurice (1989)
Les langues du Paradis, Paris, Gallimard;
trad. it. *Le lingue del Paradiso,* Bologna, il Mulino, 1990.
Olschki, Leonardo (1937)
Storia letteraria delle scoperte geografiche, Firenze, Olschki.
Ortenberg, Veronica (2006)
In Search of the Holy Grail. The Quest for the Middle Ages, London-New York, Hambledon Continuum.
Ossendowski, Ferdinand (1923)
Beasts, Men and Gods, London, Arnold;
trad. di Claudio De Nardi, *Bestie, uomini, dèi,* Roma, Edizioni Mediterranee, 2000.
Pauwels, Louis - Bergier, Jacques (1960)
Le matin des magiciens, Paris, Gallimard;
trad. it. *Il mattino dei Maghi,* Milano, Mondadori, 1963.
Peck, John W. (1909)
"Symmes' Theory", in *Ohio Archaeological and Historical Publications,* 18.
Pellech, Christine (1983)
Die Odyssee. Eine antike Weltumsegelung, Berlin, Reimer.
Pellicer, Rosa (2009)
"Continens Paradisi: el libro segundo de 'El paraíso en el Nuevo Mundo' de Antonio de León Piñelo", in *América sin nombre,* 13-14.
Penka, Karl (1883)
Origines Ariacae, Wien, Prochaska.
Petech, Luciano (1989)
"Introduzione" a Giovanni di Pian di Carpine, *Storia dei mongoli,* Spoleto, CISAM - Centro Italiano di Studi sull'Alto Medioevo.
Peyrère, Isaac de la (1655)
Prae-Adamitae, Amsterdam, Elzevir; trad. it. *I preadamiti,* Macerata, Quodlibet, 2004.
Pezzini, Isabella, a cura di (1971)
Exploratorium. Cose dell'altro mondo, Milano, Electa.
Piazzi Smyth, Charles (1864)
Our Inheritance in the Great Pyramid, London, Strahan.
Pigafetta, Antonio (1591)
Relazione del primo viaggio intorno al mondo, [1524].
Polidoro, Massimo (2003)
Gli enigmi della storia : un'indagine storica e scientifica da Stonehenge al Santo Graal, Casale Monferrato, Piemme.
Prado Villalpando, Geronimo - Prado Villalpando, Giovanbattista (1596)
In Ezechielem explanationes et apparatus urbis ac templi hierosolymitani commentariis et imaginibus illustratus opus, Roma, Zannetti, Vullietto, Ciaccone.
Rahn, Otto (1933)
Kreuzzug gegen den Gral. Die Geschichte der Albigenser, Freiburg im Breisgau, Urban Verlag;
trad. it. *Crociata contro il Graal. Grandezza e caduta degli albigesi,* Saluzzo, Barbarossa, 1979.
Rahn, Otto (1937)
Luzifers Hofgesind, eine Reise zu den guten Geistern Europas, Leipzig, Schwarzhäupter-Verlag;
trad. it. *Alla corte di Lucifero. I Catari guardiani del Graal,* Saluzzo, Barbarossa, 1989.
Raleigh, Walter (1596)
The Discovery of the Large, Rich, and Beautiful Empire of Guiana, with a Relation of the Great and Golden City of Manoa (which the Spaniards Call El Dorado), London;
trad. di Franco e Flavia Marenco, *La ricerca dell'Eldorado,* Milano, il Saggiatore, 1982.
Ramusio, Giovan Battista (1556)
"Discorso di messer Gio. Battista Ramusio sopra il terzo volume delle navigazioni e viaggi nella parte del mondo nuovo", in *Delle navigationi et viaggi,* a cura di Marica Milanesi, Torino, Einaudi, 1979
Reed, William (1906)
The Phantom of the Poles, New York, Rockey.
Restif de la Bretonne, Nicolas Edmé (1781)
La découverte australe par un homme-volant, ou Le Dédale français, Leipzig.
Roerich, Nicholas (1928)
Shambhala, the Resplendent, Talai-Pho-Brang;
trad. it. di Daniela Muggia, *Shambhala, la risplendente,* Giaveno, Amrita, 1997.
Rosenau, Helen (1979)
Vision of the Temple, London, Oresko.
Rosenberg, Alfred (1930)
Der Mythus des 20. Jahrhunderts, München, Hoheneichen.
Rousseau, Victor (1920)
"The eye of Balamok", in *All-Story Weekly,* 24 January.
Rudbeck, Olaus (1679-1702)
Atland eller Manheim – Atlantica sive Manheim, Uppsala, Henricus Curio.
Sacy, Sylvestre de (1838)
Exposé sur la religion des druzes, Paris, Imprimerie Royale.
Saint-Yves d'Alveydre, Joseph-Alexandre (1886)
Mission de l'Inde en Europe, I e II, Paris, Calmann Lévy;
trad. it. *Il regno di Agarttha,* Roma, Arkeios, 2009.
Saint-Yves d'Alveydre, Joseph-Alexandre (1911)
L'Archéomètre, Clef de toutes les religions et de toutes les sciences de l'antiquité, Paris, Dorbon-Ainé.
Scafi, Alessandro (2006)
Mapping Paradise. A History

of Heaven on Earth, Chicago,
Chicago University Press;
trad. it. *Il paradiso in terra. Mappe del giardino dell'Eden*,
Milano, Bruno Mondadori, 2007.
Schrade, Otto (1883)
Sprachvergleichung und Urgeschichte,
Jena, Costenoble.
Seaborn, Adam (Captain, forse pseudonimo di John Cleves Symmes) (1820)
Symzonia. Voyage of Discovery,
New York, Seymour.
Serimán, Zaccaria (1764)
Travels of Henry Wanton to the Undiscovered Austral Regions and the Kingdom of the Apes and of the Cynocephali;
trad. it. *I viaggi di Enrico Wanton alle terre incognite australi, ed ai Regni delle Scimie, e de' Cinocefali*,
Milano, Bestetti, s.d.
Shepard, Odell (1930)
The Lore of the Unicorn,
London, Allen & Unwin.
Smith, Paul (2011)
Pierre Plantard Criminal Convictions 1953 and 1956, http://priory-of-sion.com/psp/ppconvictions.html
Smith, Paul (2012)
Bibliography on the Priory of Sion, Rennes-le-Château, the Da Vinci Code, Rosslyn Chapel, Landscape Geometry and Other Modern Myths, http://www.rennes-le-chateau-rhedae.com/rlc/prioryofsionbibliography.html
Sobel, Dava (1995)
Longitude, New York, Walker; trad. it. *Longitudine*, Milano, Rizzoli, 1996.
Standish, David (2006)
Hollow Earth, Cambridge (MA),
Da Capo Press.
Steuerwald, Hans (1978)
Weit war sein Weg nach Ithaka, Neue Forschungsergebnisse beweisen: Odysseus kam bis Schottland, Hamburg, Hoffmann und Campe.
Stoker, Bram (1897)
Dracula, New York, Grosset & Dunlap; trad. di Adriana Pellegrino, *Dracula il vampiro*,
Milano, Longanesi, 1966.
Swinden, Tobias (1714)
An Enquiry into the Nature and Place of Hell,
London, Taylor.
Tardiola, Giuseppe, a cura di (1991)
Le meraviglie dell'India,
Roma, Archivio Guido Izzi.
Tardiola, Giuseppe (1993)
I viaggiatori del Paradiso,
Firenze, Le Lettere.
Teed, Cyrus Reed (1899)
The Cellular Cosmogony or The Earth, a Concave Sphere, Chicago, Guiding Star.
Tega, Walter, a cura di (2007)
Il viaggio tra mito e scienza,
Bologna, Bononia University Press.
Tomatis, Mariano (2011)
"Il gioco infinito di Rennes-le-Château", in *Query online*,
http://www.queryonline.it
Toudouze, Georges-Gustave (1914)
Le petit roi d'Ys, Paris, Hachette;
trad. it. *La città sommersa*,
Milano, Sonzogno, 1922.
Vairasse, Denis (1675)
The History of the Sevarites or Sevarambi, London, Brome.
Verne, Jules (1864)
Voyage au centre de la Terre,
Paris, Hetzel, rivisto nel 1867;
trad. it. *Viaggio al centro della terra*, Milano, Mursia, 1967.
Verne, Jules (1869-1870)
20.000 lieues sous les mers,
Paris, Hetzel;
trad. it. *Ventimila leghe sotto i mari*, Milano, BUR, 2004.
Vespucci, Amerigo (1745)
Vita e lettere di Amerigo Vespucci raccolte e illustrate da Angelo Maria Bandini,
Firenze, All'Insegna di Apollo.
Vico, Giambattista (1744)
Principi di scienza nuova,
Napoli, Stamperia Muziana.
Vidal-Naquet, Pierre (2005)
L'Atlantide. Petite histoire d'un mythe platonique, Paris, Les Belles Lettres;
trad. it. *Atlantide*, Torino, Einaudi 2006.
Vinci, Felice (1995)
Omero nel Baltico. Saggio sulla geografia omerica,
Roma, Palombi.
Voltaire (1756)
"Essai sur les moeurs et l'esprit des nations", in *Collection des œuvres complètes de M. de Voltaire*,
Genève, Cramer.
Ward, Cynthia (2008)
"Hollow Earth Fiction",
in *The internet review of Oscience fiction*,
www.irosf.com/q/zine/article/10460
Warren, F. William (1885)
Paradise found, Boston (MA), Houghton Mifflin.
Weston, Jessie (1930)
From ritual to romance, Cambridge, Cambridge University Press.
Wolf, Armin – Wolf, Hans-Helmut (1990)
Die wirkliche Reise des Odysseus. Zur Rekonstruktion des homerischen Weltbildes,
München, Langen Müller.
Zaganelli, Gioia, a cura di (1990)
La lettera del Prete Gianni,
Parma, Pratiche.
Zaganelli, Gioia (1997)
L'Oriente incognito medievale,
Soveria Mannelli (CZ), Rubettino.
Zambon, Francesco (2012)
Metamorfosi del Graal,
Roma, Carocci.
Zircle, Conway (1947)
"The Theory of Concentric Spheres: Halley, Mather and Symmes"
in *Isis*, 37, 3-4.
Zschätzsch, Karl Georg (1922)
Atlantis die Urheimat der Arier,
Berlin, Arier.